Aprendiendo PC

Título: Computación en 30 días
Coordinador: Pablo Katcheroff
Colección: Aprendiendo PC
Editorial: MP Ediciones
Formato: 19 x 25,4 cm
Páginas: 320

Editado por MP Ediciones S.A., Moreno 2062 (C1094ABF)
Ciudad de Buenos Aires, Argentina
Tel.: (54-11) 4959-5000, Fax: (54-11) 4954-1791

Computación en 30 días / Coordinado por Pablo Katcheroff -1a ed.-
Buenos Aires: MP Ediciones, 2005. (Aprendiendo PC; 1)

ISBN 987-526-315-X

1. Computación-Enseñanza I. Katcheroff, Pablo, coord.

CDD 005.101.

CURSO VISUAL Y PRÁCTICO

AprendiendoPC

HARDWARE

WINDOWS

SOFTWARE

INTERNET

PROYECTOS

Aprendiendo *PC*

Aprendiendo PC es un curso visual y práctico destinado
a todos aquellos que desean aprender a manejar desde cero una computadora
y aprovechar todas las ventajas que ofrece, sin dificultades.

Usted tiene en sus manos una obra única, especialmente pensada para sacar
el máximo provecho de su PC, ya sea para trabajar, estudiar o entretenerse.
Gracias a sus explicaciones didácticas y sencillas, y a su diseño visual cuidado,
ingresar en el fabuloso mundo de la computación resultará más simple que nunca.

Lo invitamos a recorrer juntos el camino que lo llevará
hacia el dominio de las herramientas informáticas.
Estamos seguros de que tendrá el mayor de los éxitos.

Aprendiendo PC

Para una mejor organización del aprendizaje, las clases que componen este curso están divididas en cinco secciones temáticas. De esta manera, se logra abarcar gran cantidad de temas, cuidando que la adquisición de los conocimientos sea completa y progresiva.

En cada una de las secciones encontrará explicaciones claras y didácticas, con procedimientos detallados paso por paso, así como ejemplos prácticos y concretos que reforzarán la incorporación de los conceptos y le permitirán dominar la PC sin inconvenientes.

Hardware

Un recorrido por los principales componentes de la PC. Sepa cómo funcionan y para qué sirven la impresora, el escáner, el módem, la tarjeta de sonido, la de video y las cámaras digitales, entre otros. Con explicaciones en detalle acerca del funcionamiento de cada dispositivo.

Windows

Un recorrido por todos los recursos del sistema operativo más difundido. Con explicaciones basadas en Windows XP y versiones anteriores, las herramientas fundamentales para obtener el máximo provecho de su computadora.

Software

Explicaciones paso a paso para aprender a utilizar los principales programas que le permitirán realizar las actividades más habituales, como escribir, dibujar, calcular, escuchar música, y mucho más. Aprenda a manejar con asombrosa facilidad Word, Excel, PowerPoint, Winamp, los programas antivirus y los principales utilitarios. Siempre, mediante ejemplos prácticos para aplicar en la oficina, el hogar o la escuela.

Internet

Todo lo que es necesario saber sobre la Red de redes. Cómo conectarse, navegar por la Web, enviar y recibir correo electrónico, comunicarse con personas de todo el planeta y descargar los mejores programas, entre otras opciones.

Proyectos

Actividades prácticas explicadas paso a paso, para obtener resultados desde el primer momento. Conozca el procedimiento para armar carteles, redactar un currículum, retocar fotografías, armar una presentación de negocios, y mucho más.

Las clases de este curso

El diseño de este curso está pensado para facilitar el aprendizaje, ofreciendo la mayor cantidad de información posible a través de una lectura visual, amena y veloz.

Por estos motivos, las páginas incluyen una serie de elementos que simplificarán la comprensión de cada uno de los temas, y permitirán lograr un aprendizaje más efectivo. Tome unos minutos

para conocerlos; luego, encienda su PC, dé vuelta la página y comience a disfrutar de los beneficios que puede brindarle la computadora en incontables actividades cotidianas.

En las páginas de este curso hallará recuadros de lectura rápida con información adicional, para obtener mayor provecho de cada uno de los temas tratados.

Cada clase comienza con una guía de lectura que permite conocer los temas que se tratarán, y así facilitar la organización del aprendizaje. Además, los elementos o conocimientos necesarios, y el tiempo estimado de lectura.

Para una mejor organización de la lectura, a lo largo de la obra encontrará estos botones, que lo remitirán a otras páginas donde se trata el mismo tema. De esta manera, podrá recorrer los contenidos siguiendo un eje temático.

Trucos y Consejos

Para saber más

A medida que vaya avanzado por cada una de las clases de este libro, encontrará una serie de recuadros con consejos, claves, trucos, preguntas frecuentes y secretos imprescindibles para obtener el mejor resultado y sacar el máximo provecho de su computadora. Éste es un contenido indispensable que garantiza el correcto aprendizaje de todos los temas centrales de la computación.

El mejor aprendizaje

El diseño visual cuidado de esta obra cuenta con varios recursos, entre los que se destacan las guías visuales, que le permitirán conocer a simple vista los elementos que forman parte de una pantalla o un componente de su PC; las infografías, que lo ayudarán a entender un concepto de manera didáctica; y los procedimientos paso a paso, que ofrecen una sucesión de explicaciones y pantallas que lo guiarán en el desarrollo de una tarea específica.

Las guías visuales le permitirán reconocer y aprender a utilizar muy fácilmente los menús y las opciones de una pantalla, así como los elementos que forman parte de los principales componentes de su computadora.

El mouse

Al igual que el teclado, el mouse se utiliza para ingresar datos en la computadora. Permite señalar con el puntero, seleccionar opciones, arrastrar objetos, abrir programas, crear elementos gráficos, etc.

Su nombre (que significa "ratón") se debe a su peculiar forma: un pequeño objeto redondeado del cual sale un cable, simulando el cuerpo y la cola de un roedor.

Funcionamiento

En la mayoría de los casos, la base del mouse descansa sobre una bola de goma, que gira cuando usted lo desplaza sobre una superficie plana. Ese movimiento se transmite hacia la PC, que reproduce en la pantalla el trayecto, mostrando una flecha conocida como "puntero". Al accionar los botones con una suave presión (clic), se ejecutan distintas acciones (**p. 86**).

Como la bola del mouse está en permanente contacto con la mesa de trabajo, al girar arrastra suciedad que se va adhiriendo a los contactos, y perjudica la precisión de los movimientos. Por eso, es muy importante que la superficie por la cual lo desplaza esté libre de polvo, y limpiarlo periódicamente (**p. 69**).

Mouses ópticos

Para evitar la falta de precisión del mouse generada por la acumulación de suciedad en la bola de desplazamiento, Microsoft presentó la tecnología **IntelliEye**: gracias a ella, las partes móviles del mouse (la bola ubicada en la base) desaparecen, y son reemplazadas por un microchip, una luz y una diminuta cámara digital.

Las ventajas de este sistema están a la vista: estos mouses funcionan sobre casi cualquier tipo de superficie (ya no hace falta contar con una "alfombrita") y eliminan la tediosa tarea de limpieza periódica. Esta tecnología fue muy bien aceptada (sobre todo, entre los profesionales que requieren una gran precisión en sus trabajos), y varias empresas ya están produciendo sus propias versiones de mouses ópticos.

Si bien la incorporación de esta tecnología mejora considerablemente la duración y el rendimiento de un mouse, el costo de estos nuevos dispositivos es bastante superior al de los modelos habituales, por lo que su uso está recomendado sólo para aquellos que se dediquen a tareas específicas que así lo requieran (diseñadores, dibujantes, etc.).

Mouses inalámbricos

Como vimos en el caso de los teclados, también existen algunos modelos de mouse que utilizan tecnología inalámbrica para no depender de un cable para conectarse a la PC.

Trucos y Consejos

Mousepad

Una buena medida para mantener limpio este dispositivo es utilizarlo sobre un mousepad. Así, el mouse se desplaza mejor y se evita el contacto con otras superficies que puedan desprender polvo.

En general, con la compra de una PC, se incluye un mouse pad. Si no es así, puede comprarlo en tiendas de computación, donde se ofrecen modelos muy variados a un precio accesible.

Botones del mouse

El botón izquierdo es el de mayor importancia. Valiéndose de él, se ejecutan numerosos comandos de la computadora, tanto haciendo clic como doble clic.

Algunos modelos de mouse incorporan una "ruedita" o botón adicional, que sirve para mover el contenido de una ventana hacia arriba o abajo, y evitar el uso de las barras de desplazamiento.

El botón derecho permite acceder a menús especiales (contextuales) y activar funciones adicionales.

26

Recuadros con trucos, consejos, advertencias, sugerencias y recomendaciones para ahorrar tiempo y lograr los mejores resultados. Además, las preguntas frecuentes que suelen plantearse los usuarios.

Los capítulos y las clases

Este libro se encuentra segmentado en cuatro grandes temáticas: Hardware, Windows, Software e Internet. En cada una encontrará que las clases están ordenadas de forma tal de ir adquiriendo los conocimientos gradualmente. No es necesario que termine la lectura de uno de estos temas antes de pasar al siguiente, sino que podrá ir avanzando progresivamente por cada una de las materias hasta conformar un conocimiento íntrego que le permita dominar las principales funciones de su computadora. Debido al carácter práctico de esta obra, es recomendable que siga las clases junto a la PC, para realizar los procedimientos propuestos, y probar las distintas opciones y herramientas que aquí se mencionan.

Sumario

h Hardware

W Windows

Sumario

s) Software

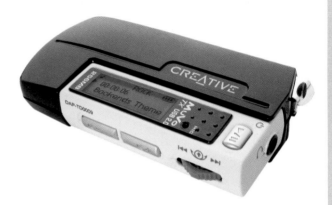

Internet

Sumario

p Proyectos

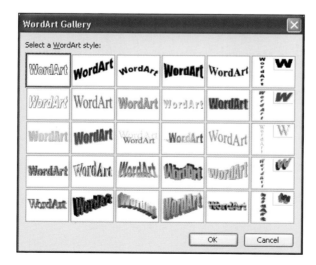

HARDWARE

En este capítulo

Bienvenida al hogar

Al adquirir una computadora, es importante que conozca los principales dispositivos, y los distintos consejos que le permitirán instalarla y utilizarla sin inconvenientes.

Supongamos que usted acaba de comprar una nueva PC, la llevó hasta su hogar u oficina, y sacó de las cajas todos los componentes. Muy bien, ha llegado el momento de efectuar las conexiones.

Si no sabe por dónde comenzar, no se preocupe. Tome las cosas con calma para poder descubrir dónde hay que ubicar cada una de las piezas. Con un poco de paciencia, y siguiendo los consejos de las próximas páginas, podrá instalar todos los dispositivos sin dificultad.

En primer lugar, controle que le hayan entregado todos los componentes. Luego, asegúrese de haber recibido las cajas, manuales y CD-ROMs de todos los accesorios, aunque ya vengan instalados.

En cuanto a cada dispositivo en particular, considere los siguientes aspectos:

- **Gabinete**: constate que los dispositivos adquiridos se encuentren instalados; por ejemplo, la disquetera, la lectora de CDs o el DVD. Además, revise que la fuente de alimentación, ubicada en la parte posterior, esté preparada para recibir el voltaje de su país.
- **Monitor**: además de la marca, el modelo y el tamaño, controle si incluye accesorios (algunos vienen con micrófono y/o parlantes).
- **Impresora**: muchas veces, las impresoras no traen el cable para conectarlas a la PC, de modo que deberá comprarlo por separado (de todas maneras, no es demasiado costoso).

- **Tarjetas y dispositivos internos**: para verificar que los componentes internos sean los que usted compró, debería abrir el gabinete y tener conocimientos avanzados para identificarlos. Por este motivo, es importante que adquiera su PC en un comercio de confianza, que además brinde garantía por escrito.
- **Software**: si compró una PC con Windows y otros programas ya instalados, exija los manuales y los CD-ROMs originales. Reclame también la licencia de uso, porque sin ella, no tendrá ningún derecho sobre el software.

En esta clase... (20')

> **Aprenderá:**

A reconocer los principales periféricos.

Cómo conectarlos sin dificultades.

Algunas precauciones para el correcto funcionamiento.

Los periféricos

En computación se utiliza el término periféricos para denominar a aquellos dispositivos que se conectan a la PC, están "fuera" del gabinete y se encargan de realizar tareas específicas.

La principal clasificación que se realiza con estos dispositivos es según su función. Pueden ser **de entrada** (cuando se utilizan para ingresar datos en la computadora), **de salida** (permiten mostrar o exteriorizar los datos de la PC) y **mixtos** (aquellos dispositivos que cumplen funciones de entrada y salida).

A continuación, veremos los principales periféricos que se utilizan en la actualidad, con una pequeña descripción de cada uno de ellos.

Periféricos de entrada

Cámaras digitales

Son similares a las convencionales, pero permiten obtener imágenes sin necesidad de contar con un soporte material. Las fotografías se almacenan en una memoria, y luego pueden ser transferidas a la PC para observarlas, editarlas e imprimirlas. Lo mismo sucede con las cámaras digitales de video y las webcams (ver **p. 65**).

Joystick y consolas

Se utiliza en los juegos. El movimiento de la palanca y la presión de los botones se transmiten por el cable hacia la PC, que interpreta la acción y la traduce en un comando del juego.

Lectora de CD o DVD

Por lo general, está ubicada en el interior del gabinete y se utiliza para ingresar los datos almacenados en un CD (ver **p. 41**) o un DVD (**p. 45**), lectora que también permite examinar CDs.

Escáner

Este periférico permite pasar imágenes del papel a la PC (ya sean fotos, dibujos o documentos), con el fin de almacenarlas, modificarlas o imprimirlas. La imagen se ubica sobre una base de vidrio (como en una fotocopiadora), y luego se procede a "escanearla". En **p. 57** conocerá este dispositivo, mientras que en **p. 51** aprenderá cómo utilizarlo.

Teclado y mouse

Son imprescindibles para operar la computadora. Cuando usted presiona una tecla, mueve el mouse o hace clic sobre algún icono en la pantalla, la orden impartida "viaja" por el cable hacia la PC, generando una entrada de datos. Tanto el mouse como el teclado se presentan en una gran variedad de modelos (en **p. 24** y **p. 26** se verán en profundidad).

Teclado MIDI

Se asemeja a un órgano electrónico, pero los sonidos que emite se trasladan y guardan en la PC. Una vez que las canciones están almacenadas en la computadora, es posible editarlas y, por supuesto, reproducirlas a través de los parlantes. Además de teclados, hay otros instrumentos musicales que pueden conectarse a una PC.

Periféricos de salida

Monitor

Es uno de los principales periféricos de salida, ya que muestra en la pantalla todo lo que usted hace con la computadora (ver **p. 49**). Funciona en conjunto con la tarjeta de video (ver **p. 51**), y ambos permiten ver las acciones que se van realizando y los elementos almacenados en la PC.

Parlantes

Son la vía de salida de los sonidos generados por la computadora. Se conectan a la tarjeta de sonido, ubicada en la parte posterior del gabinete, y funcionan de la misma manera que los parlantes convencionales. En **p. 27** encontrará más información acerca del manejo de sonidos en la PC.

Impresora

A través de este periférico (ver **p. 27**), se plasman en papel los documentos, gráficos y fotografías procesados con la computadora. Los datos se trasladan desde el programa que esté usando hasta la memoria de la impresora, y salen reproducidos en el papel.

Dispositivos internos y externos

Además de agruparse por la función que cumplen (entrada o salida de datos), los periféricos también pueden clasificarse según su ubicación respecto del gabinete.

Los que se encuentran en su interior se denominan "internos", mientras que los de afuera son "externos". Entre los internos puede encontrar la disquetera, la tarjeta digitalizadora de video y la tarjeta de sonido; mientras que entre los externos se destacan el teclado, el mouse, la impresora, el escáner, el joystick, la cámara digital y el teclado. A su vez, un mismo periférico puede presentar modelos internos y externos, como sucede con los módems, las grabadoras o quemadoras de CDs, y algunos otros medios de almacenamiento, como la unidad Zip.

Trucos y Consejos

Preste atención al voltaje

Al conectar la computadora o cualquiera de los dispositivos a la corriente eléctrica, tenga cuidado con el voltaje de la alimentación.

Como muchos gabinetes se fabrican para su uso indistinto en países con 220 o 110 V de tensión hogareña, incluyen un selector de voltaje, generalmente ubicado en la parte posterior del gabinete.

Controle que éste indique el valor correcto, para no dañar la fuente de alimentación.

En los países donde la corriente posee una tensión de 220 voltios, si adquiere dispositivos que sólo funcionan a 110 V, deberá utilizar un transformador especial que soporte como mínimo 150 Watts de potencia.

Por otro lado, en la actualidad existen dispositivos multivoltaje, es decir que detectan la tensión de la corriente eléctrica y se adecuan a ella de manera automática. Siempre es recomendable leer detenidamente el manual antes de conectar cualquier componente, ya que en él se especifica toda la información sobre este tema.

Periféricos mixtos

Disquetera

Aunque cada vez es menos utilizada, la disquetera es un componente que está presente en casi todas las computadoras. Los disquetes permiten grabar y recuperar información, así como transportar datos de una PC a otra. Justamente por su capacidad limitada, y por su alta propensión a los errores, es probable que este medio de almacenamiento caiga en desuso en un futuro no muy lejano (ver **p. 40**).

Medios de almacenamiento

Además de las unidades de almacenamiento más conocidas (como el CD-ROM o la disquetera), existen otros dispositivos que cumplen diversas funciones (por ejemplo, hacer copias de seguridad, o backups, tal como se ve en **p. 213**).

Entre estos dispositivos, el más popular es el Zip Drive (ver **p. 47**), unidad que actualmente está muy difundida.

Módem

Este dispositivo (ver **p. 33**) permite conectar la PC con Internet a través de la línea telefónica. Como el "lenguaje" que utilizan las computadoras no es apto para realizar transmisiones por este medio, el módem se encarga de traducirlo con el fin de que los datos puedan ser transferidos.

Se comporta como periférico de entrada a la hora de recibir información, y de salida cuando se envían datos desde la PC.

Sin cables

En los últimos tiempos, se empezaron a popularizar los dispositivos externos que no necesitan cables para conectarse al gabinete. Se los denomina dispositivos inalámbricos y pueden ser de dos clases: infrarrojos o de radio frecuencia. Mientras que los primeros necesitan que haya "contacto visual" para funcionar y tienen poco alcance, los segundos permiten mayor movilidad.

Entre los periféricos que ya cuentan con modelos con esta tecnología, figuran el mouse, el teclado y la impresora.

Tarjeta de sonido

Permite el ingreso y egreso de audio desde y hacia la computadora (ver **p. 54**). Se aloja dentro del gabinete, y tiene dos fichas de entrada y dos de salida. En ella se conectan parlantes, micrófono, auriculares, instrumentos MIDI, joysticks, etc.

Grabadora o quemadora de CDs

Este dispositivo, llamado grabadora o quemadora, se utiliza para grabar discos compactos con la PC (ver **p. 43** y **p. 309**). Esta función lo convierte en un periférico de salida, pero también puede funcionar como una lectora de CDs.

Trucos y Consejos

Cuidado con los cables

Uno de los problemas que suelen generar los periféricos externos es la cantidad de cables que se despliegan sobre el escritorio. Además de quitarle espacio a su lugar de trabajo, la mezcla de cables puede derivar en que, al mover algún componente, otro periférico caiga al suelo. Para evitar este tipo de inconveniente, lo ideal es tomarse unos minutos periódicamente para ordenar los cables que rodean su PC.

Cómo conectar los periféricos

A continuación, una guía visual le muestra la parte posterior del gabinete de la computadora, que es el lugar donde se conectan todos los periféricos externos. Si bien la ubicación de los conectores puede variar de un modelo a otro de PC, lo importante es que conozca las formas de cada uno y la utilidad que tienen. Por lo tanto, dedique unos minutos a identificar cada ficha y cada puerto, y tenga en cuenta las precauciones que se detallan en la próxima página.

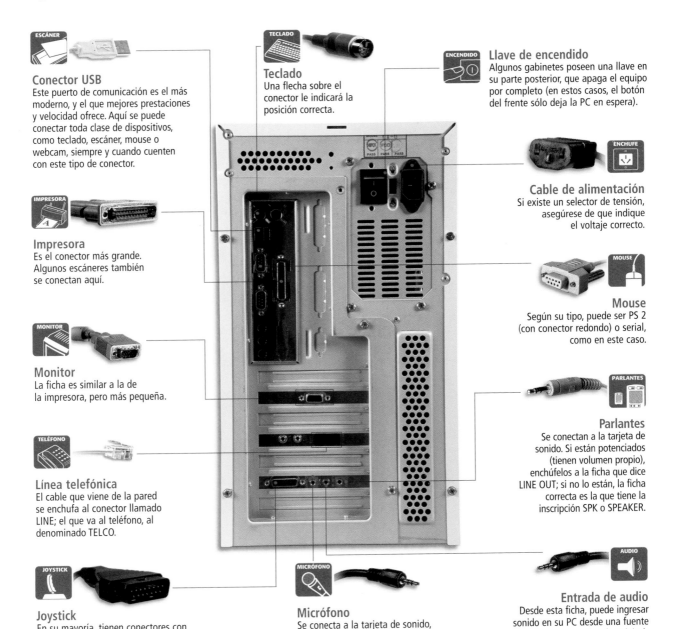

Conector USB
Este puerto de comunicación es el más moderno, y el que mejores prestaciones y velocidad ofrece. Aquí se puede conectar toda clase de dispositivos, como teclado, escáner, mouse o webcam, siempre y cuando cuenten con este tipo de conector.

Teclado
Una flecha sobre el conector le indicará la posición correcta.

Llave de encendido
Algunos gabinetes poseen una llave en su parte posterior, que apaga el equipo por completo (en estos casos, el botón del frente sólo deja la PC en espera).

Cable de alimentación
Si existe un selector de tensión, asegúrese de que indique el voltaje correcto.

Impresora
Es el conector más grande. Algunos escáneres también se conectan aquí.

Mouse
Según su tipo, puede ser PS 2 (con conector redondo) o serial, como en este caso.

Monitor
La ficha es similar a la de la impresora, pero más pequeña.

Parlantes
Se conectan a la tarjeta de sonido. Si están potenciados (tienen volumen propio), enchúfelos a la ficha que dice LINE OUT; si no lo están, la ficha correcta es la que tiene la inscripción SPK o SPEAKER.

Línea telefónica
El cable que viene de la pared se enchufa al conector llamado LINE; el que va al teléfono, al denominado TELCO.

Joystick
En su mayoría, tienen conectores con "patitas" y se enchufan a la tarjeta de sonido.

Micrófono
Se conecta a la tarjeta de sonido, en la ficha llamada MIC.

Entrada de audio
Desde esta ficha, puede ingresar sonido en su PC desde una fuente externa (como un equipo de música).

Precauciones básicas

Como habrá notado al leer las páginas anteriores, la conexión de los distintos componentes no representa ningún problema, ya que cada uno tiene una forma y un lugar particular asignados en la parte posterior del gabinete, que le indicará dónde enchufarlo correctamente.

Sin embargo, tanto en el momento de la conexión de cualquier dispositivo como en el uso cotidiano, es importante tomar algunas precauciones:

Computadora y dispositivos
Tienen que estar apagados y desconectados de la corriente eléctrica hasta finalizar la instalación.

Cables
Cada uno tiene su lugar en el gabinete. Si ve que el enchufe no concuerda con la ficha, no fuerce la conexión.

Manual
Cada dispositivo tiene el suyo. Léalo en su totalidad antes de la instalación.

Conectores
Algunos tienen su manera de ser asegurados, ya sea con tornillos o trabas. Úselos para evitar desconexiones indeseadas o inoportunas.

Dispositivos externos
También se conectan a la red eléctrica. Antes de enchufarlos, controle que la tensión que admiten sea la misma que utiliza la red de su país. En caso contrario, recurra a un adaptador. Algunos dispositivos se conectan a 110 o 220 V indistintamente.

Ubicación de la PC
Debe estar en un lugar aireado. Asegúrese de que el ventilador de la parte posterior del gabinete y los transformadores en uso tengan suficiente ventilación.

Impresoras, escáneres y otros componentes
Suelen tener cintas adhesivas para sujetar las partes móviles mientras están en cajas. Asegúrese de haberlas quitado antes de conectar y encender el equipo.

Fundas
Son muy útiles para proteger el equipo del polvo y otros factores que pueden afectarlo. Mantenga la PC cubierta mientras esté apagada, pero quite todas las fundas antes de encenderla.

La PC

Conozca cuáles son y cómo funcionan los principales componentes físicos que en conjunto forman su computadora.

S in dudas, la PC es, en la actualidad, una herramienta imprescindible y de gran utilidad, que permite realizar diferentes tipos de trabajos, fácil y eficientemente. Si bien es posible utilizarla sin necesidad de conocer en detalle su funcionamiento interno, al saber cuál es el papel que cumple cada componente dentro de la máquina, no se sentirá a la deriva cuando suceda algún imprevisto.

En la jerga informática, el término **hardware** (en inglés, *hard* significa "duro", y *ware*, "producto") se utiliza de modo genérico para referirse a los dispositivos y partes físicas, tangibles, de una computadora. Esta palabra alude tanto a los componentes que se encuentran a la vista (monitor, teclado, impresora, etc.), como a aquellos que están dentro del gabinete (disco duro, memoria, procesador, etc.).

En esta clase... (20')

> **Conocerá:**

La PC.

El gabinete.

El teclado.

El mouse.

Principales componentes

El gabinete es la "estructura" que contiene en su interior los componentes vitales de la PC. Existen distintos modelos y tamaños, que se adaptan a los diferentes dispositivos y a las necesidades de cada usuario.

Mediante una webcam (ver **p. 65**), es posible filmarse y enviar las imágenes a través de Internet.

El monitor presenta los textos e imágenes generados en la PC.

Los parlantes (ver **p. 53**) permiten oír sonidos, música y efectos especiales.

La impresora (**p. 27**) es el periférico que se utiliza para trasladar los trabajos de la PC al papel. Se pueden imprimir cartas, informes, dibujos, fotografías y otros documentos que realice con su computadora.

El escáner se utiliza para digitalizar textos, fotos o imágenes (**p. 57**).

El micrófono sirve para grabar sonidos y puede utilizarse para hablar con otras personas a través de Internet.

El teclado es uno de los principales medios de comunicación entre el usuario y la computadora. Es muy similar al de una máquina de escribir, pero incorpora otras teclas con más funciones.

El mouse es un dispositivo que permite dar órdenes a la PC, seleccionando las opciones que se presentan en la pantalla.

El gabinete

El gabinete de la PC es una "caja" o carcaza de metal y plástico que guarda en su interior los principales componentes de la computadora: el **procesador**, el **motherboard** o "tarjeta madre", la **memoria** y el **disco duro** (también llamado disco rígido, como se ve en **p. 37**).

Dentro del gabinete también se alojan los distintos componentes internos, como la tarjeta de sonido, el escáner, etc.

Además de conectarse en el interior, algunos dispositivos se ven a través de las ranuras que tiene el gabinete en el frente: **disqueteras** (**p. 40**), **lectoras o grabadoras de CDs** (**p. 41**), **DVDs** (**p. 45**) y otros dispositivos.

La parte posterior presenta una serie de entradas donde se conectan los componentes externos (teclado, monitor, impresora, etc.), tal como se explicó en **p. 29**.

Los distintos gabinetes

La mayoría de los gabinetes actuales son del tipo ATX. La diferencia de tamaño con otros gabinetes y el cambio en la distribución de los conectores se debe, entre otros factores, a que está preparado para albergar motherboards ATX. Esta tecnología permite, por ejemplo, encender la PC desde el teclado y apagarla automáticamente al salir del sistema operativo. El funcionamiento es similar al de los televisores: cuando usted apaga la TV desde el control remoto, en realidad la está dejando "en espera" (*stand by*), pero no interrumpe el ingreso de corriente en forma definitiva (para hacerlo debe utilizar una llave especial o, directamente, desenchufarla). En la mayoría de los modelos de gabinete ATX, cuando usted apaga el equipo desde el frente o desde el menú Inicio/Apagar equipo, tampoco está interrumpiendo el flujo de corriente; para hacerlo tiene que utilizar la llave que se encuentra en la parte posterior del gabinete.

Trucos y Consejos

El tamaño del gabinete

Generalmente, el tamaño de un gabinete se asocia al modelo de motherboard y a la cantidad de dispositivos que pueden instalarse en su interior. La elección de un modelo u otro también puede depender del espacio disponible en la mesa de trabajo.

Tenga en cuenta que una correcta ventilación es fundamental en cualquier computadora, y los gabinetes más grandes permiten dejar más espacio libre entre los componentes instalados, además de que proporcionan una ventilación más adecuada.

El frente del gabinete

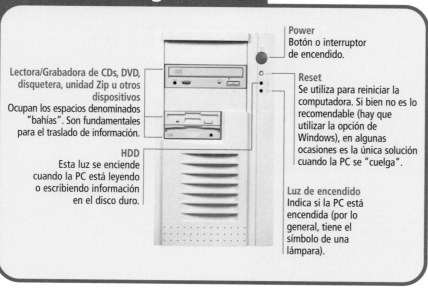

Lectora/Grabadora de CDs, DVD, disquetera, unidad Zip u otros dispositivos
Ocupan los espacios denominados "bahías". Son fundamentales para el traslado de información.

HDD
Esta luz se enciende cuando la PC está leyendo o escribiendo información en el disco duro.

Power
Botón o interruptor de encendido.

Reset
Se utiliza para reiniciar la computadora. Si bien no es lo recomendable (hay que utilizar la opción de Windows), en algunas ocasiones es la única solución cuando la PC se "cuelga".

Luz de encendido
Indica si la PC está encendida (por lo general, tiene el símbolo de una lámpara).

El monitor

Básicamente, la función del monitor consiste en mostrar lo que sucede en la PC. Sin él, usted no podría recibir la información que procesa la computadora, ya que es el principal dispositivo de salida de datos del sistema. Por ejemplo, mientras realiza un dibujo con su PC, irá viendo en pantalla cada línea que trace, o cada color que seleccione y aplique. Lo mismo sucede con cualquier tarea que lleve a cabo. El monitor le permite interactuar con la PC, ya que muestra cómo van quedando los documentos para que usted pueda modificar los aspectos que desee.

En p. 49 veremos el funcionamiento del monitor con mayor detalle.

El funcionamiento de un monitor puede compararse con el de la TV. La diferencia es que, para convertir las imágenes sobre la pantalla, en vez de recibir la señal de la antena (o cable), lo hace desde el interior del gabinete, brindando, además, una calidad de imagen muy superior.

Preguntas frecuentes

¿Qué es un protector de pantalla?

Un protector de pantalla es un programa que se activa automáticamente cuando la computadora se encuentra encendida pero no detecta ninguna actividad (del mouse o del teclado), es decir, cuando nadie la está usando por un período determinado.

Al activarse, evita que una imagen impacte mucho tiempo sobre un mismo lugar, "quemando" la pantalla y dejando marcas irreversibles. Para evitarlo, el protector proyecta imágenes en movimiento hasta que usted vuelva a usar la PC. Cuando la computadora detecta actividad, muestra la pantalla tal como estaba antes de activar el protector.

Algunos protectores de pantalla se incluyen con Windows, pero existen otros más sofisticados que se pueden descargar de Internet. En p. 114 aprenderá a configurarlos.

Los controles del monitor

En la parte inferior de su monitor verá una serie de perillas o botones que le permitirán regular la imagen. Puede haber dos tipos de controles: los independientes (con un botón o perilla para cada función) y los que se manejan a través de un menú que aparece en pantalla, también presionando algunas teclas ubicadas al frente. Cualquiera sea el sistema de ajuste, es importante que conozca los símbolos de cada uno para saber qué factor cambiar en caso de que no esté conforme con la apariencia de las imágenes. Éstos son los principales:

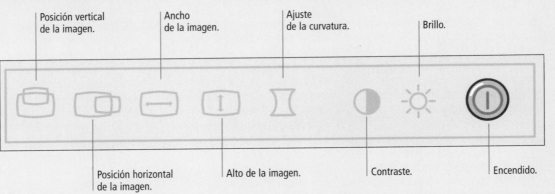

Posición vertical de la imagen.

Ancho de la imagen.

Ajuste de la curvatura.

Brillo.

Posición horizontal de la imagen.

Alto de la imagen.

Contraste.

Encendido.

El teclado

Es el elemento principal para ingresar datos y darle órdenes a la PC. Su apariencia es similar a la de una máquina de escribir, ya que consta de un conjunto de teclas que realizan diversas acciones (alfabéticas, numéricas, de función y de control), agrupadas en distintos sectores.

La distribución de los teclados en español se denomina **QWERTY**, debido al orden que siguen las teclas alfabéticas de la primera fila. A este esquema tradicional se le han agregado algunas teclas nuevas que cumplen funciones específicas para el manejo de la PC.

Uno de estos agregados es el sector numérico (*keypad*), ubicado en el extremo derecho del teclado, que contiene las cifras del 0 al 9, las teclas de las operaciones aritméticas fundamentales y <Enter>. El objetivo de este "mini teclado" es que el usuario que necesite ingresar cifras numéricas pueda hacerlo con mayor rapidez.

En la guía visual de la siguiente página encontrará un detalle de las distintas teclas y sectores.

Varias opciones de teclados

Los teclados de computadoras son muy cómodos y fáciles de utilizar; sobre todo, comparados

con las máquinas de escribir. Si bien las funciones principales están presentes en todos los modelos que se venden habitualmente, en el mercado existen muchas variedades con ciertas diferencias (y, por supuesto, distintos costos).

Algunos teclados incorporan **botones especiales**, para realizar funciones específicas de un modo rápido (por ejemplo, abrir el navegador, controlar el volumen o apagar la computadora). En ciertos modelos, estas teclas

pueden ser programables por el usuario, según las acciones que necesite ejecutar con más frecuencia.

También existen los llamados **teclados ergonómicos**, que tienen una distribución de teclas especialmente diseñada para evitar el cansancio de los dedos y muñecas.

Por otra parte, últimamente se han popularizado los teclados **inalámbricos**, que no necesitan cables para realizar la conexión al gabinete.

Trucos y Consejos

Cuidados y advertencias

El teclado posee una placa con un contacto electrónico para cada tecla. Al marcar una letra, se ejerce presión sobre su contacto, y la información se transmite a la computadora a través del cable. Para que este mecanismo funcione correctamente hay que tomar ciertas precauciones:

- No es recomendable beber, comer o fumar mientras se trabaja con la PC, ya que los restos de comida y las cenizas se van depositando en los intersticios y, al acumularse,

impiden el normal funcionamiento del mecanismo; por ejemplo, letras que "no se marcan" o se repiten al pulsarlas.
- Tampoco es aconsejable dejar la taza de café cerca del teclado o sobre el gabinete. El derrame accidental de cualquier líquido puede anular el funcionamiento de los contactos y favorecer la adherencia de partículas de suciedad.
- Al quedar expuesto sobre la mesa de trabajo, el teclado se

convierte en un inevitable depósito del polvo ambiental. Por eso, es prudente cubrirlo con una funda mientras no está en uso. Si desea limpiarlo superficialmente, nunca emplee alcohol común o sustancias solventes. En cambio, puede utilizar aerosol de aire comprimido o algún otro producto especial para la limpieza de elementos de computación (como se verá en **p. 69**).

Las teclas principales

<Tab>
Permite ingresar tabulaciones al trabajar en un documento. También se utiliza para "saltar" entre las distintas opciones de un cuadro de diálogo.

<Esc>
Esta tecla suele usarse para salir rápidamente de un menú y, en algunos casos, de una pantalla. "Esc" es una abreviatura de Escape.

Teclas de función
<F1> a <F12>
Las funciones que cumplen estas teclas varían en los diversos programas. Por convención, la tecla <F1> activa la Ayuda de la aplicación que se esté ejecutando.

<Insert>
Se utiliza en los procesadores de texto para alternar entre el Modo Sobrescribir, en el que el texto que se ingresa reemplaza al que está escrito; y el Modo Insertar, en el que el texto nuevo desplaza al anterior sin borrarlo. También cumple la función del comando Pegar.

<Backspace> y <Delete>
Se utilizan para eliminar caracteres u otros objetos. <Backspace> elimina elementos hacia la izquierda, y <Delete>, hacia la derecha.

<Home>, <End>,
<Pg Up>, <Pg Dn>
Permiten el rápido desplazamiento del cursor dentro de un documento. <Home> lleva el cursor al comienzo de la línea donde está ubicado, y <End>, al último carácter del renglón. <Pg Up> y <Pg Dn> lo trasladan una página hacia abajo o hacia arriba, respectivamente.

Keypad
Es el sector numérico del teclado, que se utiliza para ingresar cifras y efectuar cálculos con rapidez.

Tecla
<Windows>
Abre el menú Inicio.

<Alt Gr>
Permite ingresar el tercer símbolo dibujado en algunas teclas (ver el recuadro Teclas "multifunción").

Letras, Números y Barra Espaciadora
Es una réplica del teclado de una máquina de escribir, y funciona de la misma manera.

<Ctrl>
Se utiliza en combinación con otras teclas para efectuar acciones puntuales en los distintos programas.

Tecla <Menú contextual>
Despliega el menú contextual del elemento seleccionado.

<Enter>
En los procesadores de texto, se utiliza para pasar al renglón siguiente. También sirve para presionar botones, activar comandos o aceptar opciones.

Flechas de dirección
Desplazan el cursor en la dirección indicada.

<Alt>
Se emplea en combinación con otras teclas para efectuar diversas acciones. También puede usarse en combinación con los números del keypad: por ejemplo, para el símbolo @, debe presionar <Alt> + 64.

<Shift> y <Caps Lock>
Cumplen la misma función que la tecla "mayúsculas" y "traba mayúsculas" de las máquinas de escribir.

Teclas "multifunción"

Para escribir el símbolo superior, hay que oprimir <Shift> junto con la tecla.

Para obtener el símbolo de la derecha, debe presionar <Alt Gr> junto con esta tecla.

Para obtener el carácter que se encuentra abajo, se presiona solamente la tecla.

El mouse

Al igual que el teclado, el mouse se utiliza para ingresar datos en la computadora. Permite señalar con el puntero, seleccionar opciones, arrastrar objetos, abrir programas, crear elementos gráficos, etc.

Su nombre (que significa "ratón") se debe a su peculiar forma: un pequeño objeto redondeado del cual sale un cable, simulando el cuerpo y la cola de un roedor.

Funcionamiento

En la mayoría de los casos, la base del mouse descansa sobre una bola de goma, que gira cuando usted lo desplaza sobre una superficie plana. Ese movimiento se transmite hacia la PC, que reproduce en la pantalla el trayecto, mostrando una flecha conocida como "puntero". Al accionar los botones con una suave presión (clic), se ejecutan distintas acciones (**p. 86**).

Como la bola del mouse está en permanente contacto con la mesa de trabajo, al girar arrastra suciedad que se va adhiriendo a los contactos, y perjudica la precisión de los movimientos. Por eso, es muy importante que la superficie por la cual lo desplaza esté libre de polvo, y limpiarlo periódicamente (**p. 69**).

Mouses ópticos

Para evitar la falta de precisión del mouse generada por la acumulación de suciedad en la bola de desplazamiento, Microsoft presentó la tecnología **IntelliEye**: gracias a ella, las partes móviles del mouse (la bola ubicada en la base) desaparecen, y son reemplazadas por un microchip, una luz y una diminuta cámara digital.

Las ventajas de este sistema están a la vista: estos mouses funcionan sobre casi cualquier tipo de superficie (ya no hace falta contar con una "alfombrita") y eliminan la tediosa tarea de limpieza periódica. Esta tecnología fue muy bien aceptada (sobre todo, entre los profesionales que requieren una gran precisión en sus trabajos), y varias empresas ya están produciendo sus propias versiones de mouses ópticos.

Si bien la incorporación de esta tecnología mejora considerablemente la duración y el rendimiento de un mouse, el costo de estos nuevos dispositivos es bastante superior al de los modelos habituales, por lo que su uso está recomendado sólo para aquellos que se dediquen a tareas específicas que así lo requieran (diseñadores, dibujantes, etc.).

Mouses inalámbricos

Como vimos en el caso de los teclados, también existen algunos modelos de mouse que utilizan tecnología inalámbrica para no depender de un cable para conectarse a la PC.

Trucos y Consejos

Mousepad

Una buena medida para mantener limpio este dispositivo es utilizarlo sobre un mousepad. Así, el mouse se desplaza mejor y se evita el contacto con otras superficies que puedan desprender polvo.

En general, con la compra de una PC, se incluye un mouse pad. Si no es así, puede comprarlo en tiendas de computación, donde se ofrecen modelos muy variados a un precio accesible.

Botones del mouse

El botón izquierdo es el de mayor importancia. Valiéndose de él, se ejecutan numerosos comandos de la computadora, tanto haciendo clic como doble clic.

Algunos modelos de mouse incorporan una "ruedita" o botón adicional, que sirve para mover el contenido de una ventana hacia arriba o abajo, y evitar el uso de las barras de desplazamiento.

El botón derecho permite acceder a menús especiales (contextuales) y activar funciones adicionales.

Impresoras

La impresora es un elemento casi imprescindible para la PC, debido a que permite plasmar en papel cualquier tipo de trabajo, como una carta, un gráfico o una fotografía.

E xisten diversos tipos de impresoras: algunas imprimen en colores, y otras, sólo en negro; ciertos modelos logran calidad de imprenta; las hay muy rápidas, más o menos silenciosas, etc. De hecho, hay una para cada tipo de usuario. Por lo tanto, antes de comprar una impresora, debe tener en cuenta varios factores, además de la variable precio, para elegir la que mejor se adapte a sus necesidades.

La primera pregunta que debe hacerse al comprar una impresora es simple: para qué la va a utilizar. Si el uso será hogareño (para imprimir textos, fotos, afiches, carátulas y tarjetas), habrá que pensar en un equipo a color, de mediana calidad y precio accesible.

En cambio, si trabajará con el equipo en la oficina para imprimir documentos y cartas formales, lo ideal será una impresora monocromática de buena calidad.

Por último, si la usará en forma intensiva para facturar e imprimir listados (inventarios, listas de precios, de clientes, etc.), lo mejor será un equipo láser, monocromático y veloz.

Cuestiones como la variedad de colores, la calidad de impresión y la velocidad están fuertemente relacionadas con el tipo de impresora, y dependen de la tecnología que utiliza cada modelo.

Por este motivo, en las páginas siguientes recorreremos los distintos tipos y modelos de impresoras disponibles actualmente en el mercado, no sólo para que las conozca, sino también para que pueda tomar una buena decisión a la hora de comprar una.

Los insumos

Los insumos son todos los elementos que utiliza la impresora para funcionar y que necesitan un recambio periódico, tales como cartuchos de tinta, tóner o papel. Cuanto más seguido haya que reemplazar alguno de los insumos, más costoso será el funcionamiento de la impresora.

Una buena idea para cuando decida comprar una impresora consiste en averiguar los costos de los insumos y su duración, así como asegurarse de que se puedan conseguir sin dificultad.

En esta clase... 20'

> Conocerá:

Los distintos tipos de impresoras.

Sus características.

La instalación.

Cómo cambiar el cartucho de tinta.

Tipos de impresoras

Básicamente, las impresoras se pueden clasificar de acuerdo con la tecnología que utilizan para imprimir. Las más difundidas y utilizadas en la actualidad son las **láser** y las de **chorro de tinta**. Además, aunque su uso no sea tan común, existen algunas impresoras que no se encuadran bajo ninguna de estas categorías, como las de matriz de puntos y las de transferencia térmica (presentes en las máquinas de fax).

Cada uno de los dos tipos principales de impresora agrupa una gran variedad de modelos, que pueden diferir entre sí por diversos factores: opción de imprimir en colores o no, capacidad para usar distintos tipos de papel, calidad (definición), precio, etc.

En esta sección usted conocerá cómo funcionan estos equipos, cuáles son sus ventajas y desventajas, qué alternativas ofrecen y en qué ámbitos se utilizan, datos fundamentales para decidir cuál es el que mejor se adapta a sus necesidades.

Impresoras láser

En la actualidad, éstas son las impresoras estándar para el ámbito profesional. Su tecnología es compleja, y sus resultados, óptimos.

Aunque el costo de impresión es menor que en las impresoras a chorro de tinta, el precio de los equipos es un poco más elevado, por lo que su compra generalmente se justifica para trabajos de calidad profesional o para ámbitos laborales.

El mecanismo de impresión es similar al de las fotocopiadoras láser: poseen un cilindro de material fotostático, capaz de adoptar una carga eléctrica positiva o negativa cuando recibe rayos de luz (en este caso, cuando es sometido a los efectos de un haz láser). Este rayo "dibuja" el texto o la imagen sobre la superficie del cilindro, generando una carga eléctrica en los puntos que conforman la imagen a imprimir. Luego, el cilindro recibe una lluvia de tóner (una especie de polvo), que queda adherido a su superficie sólo en aquellos puntos con carga eléctrica opuesta. Cuando el cilindro se somete a una nueva carga eléctrica, el tóner se desprende, cae sobre el papel, y una temperatura de alrededor de 400°C lo funde a él irreversiblemente. Por supuesto, todo esto sucede a gran velocidad y sin que el usuario tenga más intervención que dar la orden de imprimir.

Estas impresoras, que por lo general no admiten papel en rollo continuo, son las más rápidas (50 páginas por minuto en las más veloces) y las que logran mejores resoluciones.

Si bien se obtienen excelentes resultados, también son más costosas y algo más grandes que las de chorro de tinta, especialmente en el caso de las impresoras láser color.

Clases de papel

Siempre y cuando la impresora lo permita, se pueden utilizar, básicamente, los siguientes tipos de papel:
- **Papel continuo**: son hojas unidas una a continuación de la otra por un troquelado, con bandas perforadas en ambos bordes. Se las usa para facturación o impresión de listas en comercios e industrias.
- **Resma común**: es el papel tradicional y puede usarse en cualquier tipo de impresora. Hay distintos tamaños: oficio o legal, A4 y carta, entre otros.
- **Hojas especiales**: se usan para impresiones de calidad profesional (por ejemplo, papel ilustración o fotográfico).

Impresoras a chorro de tinta

Una impresora a inyección o chorro de tinta funciona mediante la pulverización sobre el papel de diminutas gotas de tinta, que tienen la propiedad de secarse rápidamente.

En la actualidad, existen dos tecnologías: la **Bubblejet**, en la que se coloca una resistencia eléctrica que calienta la tinta hasta su punto de ebullición, lo cual crea burbujas dentro del cartucho que fuerzan la tinta a través de la boquilla de salida; y la **piezoeléctrica**, en la que la tinta se dispara sobre el papel, por efecto de la presión aplicada sobre el contenido del cartucho. Esta última tecnología es algo mejor, ya que crea gotas más pequeñas y redondas que el sistema **Bubblejet**, no dispersa tanto la tinta y logra resoluciones superiores.

La velocidad de las impresoras a chorro de tinta es bastante apreciable en impresión blanco y negro (17 páginas por minuto, ppm, en las más veloces), aunque resulta un poco más lenta en modo color (13 ppm en calidad regular).

En el caso de los equipos para impresión en colores, existen dos modalidades: que la impresora utilice dos cartuchos separados (uno con tinta negra y otro con los colores), o que sólo tenga uno con los colores primarios. Si puede elegir, es preferible la primera opción, ya que las impresoras que tienen un solo cartucho generan el negro combinando los colores básicos, por lo que se obtiene una tonalidad gris o con un tinte verdoso (además, son más lentas). Por otra parte, también existen modelos que admiten cartuchos especiales para tareas que exigen calidad fotográfica.

En lo que respecta al papel, son convenientes las hojas diseñadas para ser utilizadas en este tipo de equipo (llamadas *coated paper*), ya que si se usan papeles muy porosos, es posible que la tinta se desparrame ligeramente al ser aplicada.

La calidad de impresión puede variar entre 300 dpi (puntos por pulgada) y 2880 dpi, niveles de resolución más que aceptables para imprimir cartas, tarjetas, carátulas o documentos con textos y gráficos. Este motivo, sumado a su bajo precio, hace de las impresoras a chorro de tinta una buena opción para los usuarios hogareños y de oficinas que buscan un equilibrio entre calidad y precio.

En la actualidad, las impresoras a chorro de tinta son el estándar para el uso hogareño.

Matriz de puntos

Estas máquinas realizan la impresión por impacto de agujas sobre una cinta embebida en tinta que pega contra el papel (como sucede en una máquina de escribir). Esta tecnología, por ser la más antigua, presenta varias limitaciones, comenzando por la calidad de impresión que se obtiene, ya que los puntos que conforman las letras o gráficos no quedan lo suficientemente juntos como para crear contornos suaves.

En general, se trata de equipos bastante lentos, y como la impresión es por franjas, resulta común encontrar líneas horizontales sin tinta, que cruzan el papel de lado a lado. Por lo tanto, no resulta conveniente emplearlos para imprimir gráficos e imágenes.

Algunas de las ventajas que ofrecen estos equipos son: el más bajo costo de impresión por página, admiten papel continuo y son las únicas impresoras capaces de generar varias copias al mismo tiempo (usando papel carbónico).

Aunque fueron las impresoras más usadas hace algunos años, en la actualidad ya no es recomendable comprar un equipo de estas características, a menos que el uso específico así lo requiera.

Características

A la hora de adquirir una impresora, no son muchos los aspectos que deberá tener en cuenta. Básicamente, se trata de lograr un equilibrio entre el precio que usted está dispuesto a pagar, y las características que se detallan a continuación.

Velocidad

La velocidad de las impresoras suele expresarse en **páginas por minuto** (**ppm**). Este dato refleja la velocidad máxima que puede alcanzar el equipo en la calidad de impresión más baja, de modo que si una impresora es de 8 ppm, en realidad significa que será capaz de imprimir "hasta" 8 páginas por minuto.

La velocidad que desarrolla una impresora es inversamente proporcional a la calidad exigida.

Puede descender notablemente cuando usted desea imprimir gráficos complicados, con muchos colores y alta calidad; y alcanzar sus valores máximos cuando el trabajo a realizar es la impresión de un simple texto en blanco y negro, y a baja calidad.

Calidad

Al igual que sucede con los monitores (ver **p. 49**), la calidad de las impresoras se mide en puntos por pulgada o dpi (*dots per inch*, en inglés). Cuanto mayor sea la cantidad de puntos que el equipo pueda ubicar dentro de una pulgada, más elevada será la calidad de sus impresiones.

Esta característica se denomina **resolución**. Las mejores impresoras son capaces de imprimir en más de 1440 dpi (algunas, incluso, pueden llegar hasta 2880 dpi). Para la mayoría de las impresiones de textos, 300 dpi es una resolución aceptable, en tanto que para los gráficos, 600 dpi permite generar un producto de muy buena calidad.

Costo de impresión

Por último, hay que tener en cuenta algunos otros aspectos a la hora de hacer la compra. El precio de una impresora no es el único factor económico a considerar: si bien el costo de la máquina puede ser bajo, el de impresión puede incrementarse porque sus insumos (ya sean de cinta, tinta, tóner o lo que corresponda) quizá resulten muy caros y tengan una vida útil reducida. En tales casos, el recambio repetido de los cartuchos llega incluso a compensar el ahorro realizado en la compra del equipo.

Esto indica que siempre es conveniente averiguar cuál es el costo por página de la impresora que desea comprar (dividiendo el precio del cartucho por la cantidad de páginas que es capaz de imprimir en condiciones normales).

Si bien la empresa fabricante puede dar una idea de esta cifra, es mucho más confiable el dato brindado por un usuario familiarizado con el modelo que usted pretende adquirir.

Trucos y Consejos

Cuidados

Para prolongar la vida útil de su impresora y mantenerla en buen estado, existen algunas recomendaciones que conviene tener presentes al utilizarla:

- Cuide de no introducir hojas que contengan ganchos, clips u otros elementos metálicos, porque pueden trabar el mecanismo de impresión y dañar el equipo.
- Mientras no esté en uso, es conveniente cubrir la impresora con

una funda para que no se deposite tierra y/o polvo sobre ella. Otra buena medida es evitar ubicarla donde haya corrientes de aire (ya que estaría más expuesta a la entrada de polvo) y donde reciba luz solar directa.
- Si se atasca el papel, no tironee de la hoja; intente liberarla de las trabas que la sostienen sin forzar ninguna pieza. Algunas impresoras poseen un sistema

de rodillos que deslizan la hoja trabada sin ningún inconveniente (hay que abrir primero las tapas correspondientes).
- Por ningún motivo invierta la posición natural de las impresoras láser o a chorro de tinta. En las primeras, se puede volcar el aceite que se aplica al cilindro, mientras que en las segundas, es posible que se derrame el contenido de los cartuchos.

La instalación

Todas las impresoras requieren una instalación similar, que consiste en conectar dos cables: uno, de la impresora a la PC, y otro, al enchufe de la pared para obtener la corriente eléctrica.

Para instalar el equipo, asegúrese de tener a mano los siguientes elementos: un destornillador pequeño, el manual de la impresora y el cable para conectarla (algunos modelos no lo incluyen, de modo que deberá comprarlo por separado).

El proceso es sencillo: desembale la impresora sacando todos los precintos y colóquela en un sitio firme a menos de dos metros de la PC (es la longitud del cable). Conecte un extremo del cable paralelo a la PC y el otro a la impresora. Antes de ponerla en funcionamiento, deberá enchufarla a la corriente eléctrica (previamente, verifique el voltaje del equipo, ya que debe coincidir con el de su país).

Luego de este procedimiento, la impresora estará conectada, pero no lista para su uso: falta colocar el cartucho de tinta e instalar los controladores para que Windows la reconozca. Como los pasos a seguir para realizar esta operación varían según el equipo, lo mejor es consultar el manual para saber cómo hacerlo.

Conexiones

Al conectar el cable de la impresora o de la PC, ambas máquinas deben estar apagadas. De este modo no se corre el riesgo de que las afecte una descarga de electricidad estática. Este consejo debe aplicarse a cualquier dispositivo.

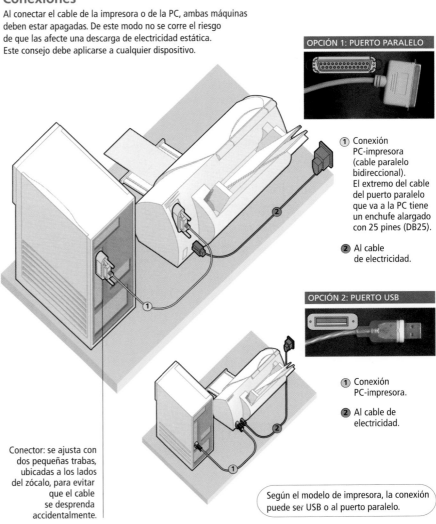

OPCIÓN 1: PUERTO PARALELO

① Conexión PC-impresora (cable paralelo bidireccional). El extremo del cable del puerto paralelo que va a la PC tiene un enchufe alargado con 25 pines (DB25).

② Al cable de electricidad.

OPCIÓN 2: PUERTO USB

① Conexión PC-impresora.

② Al cable de electricidad.

Conector: se ajusta con dos pequeñas trabas, ubicadas a los lados del zócalo, para evitar que el cable se desprenda accidentalmente.

Según el modelo de impresora, la conexión puede ser USB o al puerto paralelo.

Los controladores

Para que una impresora funcione, tiene que comunicarse con el software que está en su PC, para lo cual utiliza un programa controlador (*driver*) que actúa de nexo entre ambos. Básicamente, la función de los controladores es enviar las órdenes de "dibujar" un círculo, una letra o lo que sea necesario. Además, los drivers de las impresoras más modernas permiten manejar parámetros como el tipo de papel, la velocidad de impresión, la cantidad de tinta, etc. Cuando compre una impresora, asegúrese de que incluya el CD-ROM o los disquetes con los drivers, ya que desde allí deberá instalarlos para que el equipo funcione.

Cómo cambiar el cartucho

Según el uso que le dé a una impresora a chorro de tinta, deberá cambiar los cartuchos con bastante frecuencia. Si no sabe cómo realizar el cambio, aquí encontrará una explicación del procedimiento genérico. De todos modos, será conveniente que consulte el manual de su equipo para estar al tanto de detalles específicos:

1. Mediante un botón o el programa controlador, comuníquele a la impresora que va a reemplazar el cartucho.
2. Abra la tapa principal de la impresora y localice el cartucho; luego proceda a extraerlo con cuidado.
3. Retire la protección del cartucho nuevo, colóquelo en su lugar y, finalmente, cierre la tapa.

En general, el procedimiento es similar para la mayoría de los modelos de impresoras.

Trucos y Consejos

Problemas más frecuentes

Si usted envía un archivo a imprimir y el equipo no responde, no se desespere; preste atención a algunos detalles que pueden ayudarlo a resolver el problema:

- Verifique primero si la impresora está encendida y preparada para imprimir (on line), observando la luz correspondiente. Cuando está off line (fuera de línea), los

trabajos se almacenan en el administrador de impresión hasta que usted determine que esté lista. En este caso, el programa controlador le avisará que la impresora "no está disponible".
- Compruebe que haya papel en la bandeja de entrada. La impresora suele marcar error cuando no encuentra ninguna hoja.

- Si la página sale en blanco, controle el estado del cartucho.
- Revise que la impresora esté configurada en el programa con el cual está trabajando. Para hacerlo, vaya al menú Archivo, accione la opción Imprimir y asegúrese de que la impresora que figura como predeterminada corresponda a la que usted tiene instalada.

Cómo comprar una impresora

Como ya se dijo, antes de comprar una impresora, es preciso tener en claro qué uso se le va a dar. A continuación, presentamos una tabla que lo ayudará a decidir cuál será el equipo que mejor se adapte a sus necesidades:

Característica	Chorro de tinta	Láser
Velocidad	Baja o media.	Alta.
Manejo del papel	Por lo general, no hay problemas.	Por lo general, no hay problemas.
Calidad	Muy buena.	Muy buena.
Papel	Utiliza hojas individuales, aunque hay modelos que admiten papel continuo.	Hojas individuales.
Utilidad	Por su precio y calidad, son ideales para oficinas pequeñas y hogares.	Son frecuentes en oficinas, y para usuarios que requieran un uso intensivo y alta calidad.
Costo de equipo	Bajo a medio.	Medio a alto.
Costo de impresión	Alto.	Bajo.

El módem

El módem es el dispositivo que conectará su computadora con Internet. Conozca cómo funciona y los diferentes modelos que se pueden adquirir.

Existen distintas maneras de intercambiar información entre dos o más computadoras. Una de ellas consiste en trasladar físicamente los datos, utilizando un medio específico de almacenamiento; por ejemplo, un disquete, un CD-ROM o un cartucho Zip (ver **p. 40**). Otra forma es comunicar dos o más computadoras entre sí a través de cables, integrando una red de equipos dentro de un mismo lugar físico (recurso muy utilizado en oficinas o empresas).

Como se ve en **p. 225**, Internet es una inmensa red que une computadoras ubicadas en todo el mundo. Por lo tanto, se necesita un gigantesco tendido de cables que cubra todos los edificios y vincule todas las computadoras entre sí. Dicho tendido existe: se trata de la red telefónica.

Como las líneas de teléfonos están pensadas para la transmisión de sonidos de manera analógica (generalmente, voces), resultan inadecuadas para transmitir la información digital que utilizan las computadoras. Para cumplir con esa función existe un dispositivo especial, el **módem**, que realiza la traducción entre ambos tipos de señales. La palabra módem surge de contraer los vocablos "Modulador" y "Demodulador". La modulación consiste, justamente, en transformar en sonidos los datos digitales producidos por una computadora. Del otro lado de la línea, una computadora remota, con su correspondiente módem, recibe esos sonidos y los convierte otra vez en información digital (demodulación).

Como un fax

Para entender mejor el funcionamiento del módem, se lo podría comparar con el fax, que, básicamente, utiliza un sistema similar, de manera que constituye un ejemplo muy concreto de comunicación modulada y demodulada.

Cuando usted envía una hoja escrita a través de este dispositivo, puede escuchar una serie de sonidos. Éstos corresponden al fax emisor, que está "leyendo" el contenido de la hoja, y convirtiéndolo en sonidos que envía a través de la línea telefónica. Del otro lado, el receptor demodula esa información y vuelve a "dibujar" la página, con lo cual se completa el proceso de comunicación.

En esta clase... 20'

> Conocerá:

Cómo funciona un módem.

Los módems externos e internos.

Las conexiones del módem externo.

Otras tecnologías para conectarse a Internet.

Tipos de módems

Existen dos clases de módems: **internos** y **externos**. Los primeros están formados por una tarjeta que se coloca dentro de la PC y que deja a la vista, en la parte posterior del gabinete, dos "enchufes" que permiten conectarlo a la línea telefónica y a un teléfono.

Los módems externos, en cambio, se conectan a la PC mediante un cable que se enchufa en una de las entradas serie disponibles en la parte trasera del gabinete. Cuentan con una carcaza de plástico y un panel luminoso, que informa acerca de la comunicación.

Si bien los módems internos son más económicos y no ocupan lugar en el escritorio, requieren la intervención de un técnico o una persona con ciertos conocimientos para conectarlos y configurarlos correctamente.

Además de su ubicación con respecto al gabinete, otro factor importante en un módem es su velocidad de transferencia, es decir, lo que tarda para enviar o recibir una determinada cantidad de información. Dicho valor se mide en Kbps (kilobits por segundo) o baudios, que son unidades equivalentes. En la actualidad, la velocidad estándar de los módems es 56 K.

Por otra parte, los equipos que incluyen el recurso Voice también son capaces de transmitir y procesar sonidos. Con un dispositivo de este tipo, su PC puede funcionar como un teléfono, siempre que disponga de bocinas o parlantes y del programa correspondiente (también podrá usarla como contestador automático).

Trucos y Consejos

Para tener en cuenta

- Cuando utiliza el módem, la línea telefónica permanece ocupada y no podrá hacer ni recibir llamadas. Por lo tanto, si piensa instalar un módem para darle un uso continuo, lo mejor sería contar con una línea de teléfono adicional.
- Durante las tormentas eléctricas, pueden producirse descargas sobre la línea telefónica. Si bien no es muy frecuente que esto suceda, evite utilizar el módem en días tormentosos, o adquiera un protector contra descargas.
- Para mayor seguridad, y hasta que esté seguro de que su módem funciona bien, compruebe (levantando el teléfono) que la comunicación se haya cortado cuando finalice la conexión a Internet.

Ventajas y desventajas

Internos

Ventajas	Desventajas
• Son más económicos.	• Hay que abrir el gabinete para instalarlos.
• No requieren alimentación eléctrica separada.	• Instalación más dificultosa (se requieren algunos conocimientos técnicos).
• No tienen cables (sólo el de la línea telefónica).	• No son portátiles.
• Protegidos de caídas y golpes.	• Ocupan un slot de expansión dentro del motherboard.
• Más espacio libre en el escritorio.	

Externos

Ventajas	Desventajas
• Fácil instalación.	• Son más caros.
• Portátiles.	• Ocupan lugar en la mesa de trabajo.
• Gracias al panel luminoso, permiten el control directo de sus funciones.	• Están expuestos a caídas y golpes.
• No ocupan un slot de expansión en el motherboard.	• Tienen más cables externos.
	• Requieren una alimentación eléctrica separada.

Algunas características

Al igual que el resto de los dispositivos que estamos viendo en este curso, el módem también posee algunas particularidades que es necesario conocer.

Corrección de errores

La información que circula a través de la línea telefónica no siempre llega a destino correctamente, debido a que puede sufrir interferencias que alteren el contenido del mensaje. Con el fin de evitar ese problema, se creó un protocolo ("de corrección de errores"), cuya función es verificar que la información recibida sea igual que la enviada. Para lograrlo, los datos se envían en bloques, con un código de control al final, que dependerá de su contenido. Cuando el módem recibe la información, compara los datos con el código de control: si no coinciden, rechaza el bloque y lo solicita nuevamente. Este sistema garantiza la fidelidad de la información que circula a través de las líneas telefónicas, pero puede llegar a disminuir la velocidad de transmisión.

Velocidad

Actualmente, la velocidad estándar de los módems es de 56 Kbps (ya no se consiguen equipos de menor velocidad). Por este motivo, el principal aspecto que debe tener en cuenta a la hora de adquirir un módem es su calidad, ya que si no cumple con ciertos estándares, puede ocasionar problemas (en general, todos los módems son de buena calidad, aunque debe desconfiar de aquellos cuyos precios sean excesivamente bajos).

Winmódem

Además de los módems convencionales, también existen los llamados winmódems. Estos últimos sólo son internos, y debido a su bajo costo, su uso es muy frecuente. Su principal desventaja es que, al carecer de controlador propio, utilizan recursos del procesador de la computadora, lo cual, en ocasiones, provoca una disminución en el rendimiento del sistema en general y del módem en particular.

Conexión de un módem externo

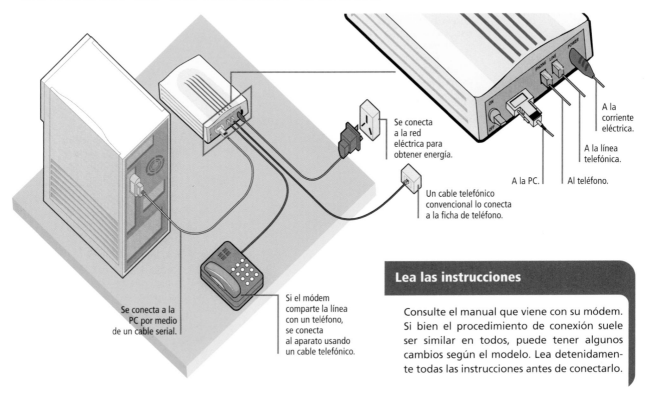

Se conecta a la red eléctrica para obtener energía.

A la corriente eléctrica.

A la línea telefónica.

A la PC.

Al teléfono.

Un cable telefónico convencional lo conecta a la ficha de teléfono.

Se conecta a la PC por medio de un cable serial.

Si el módem comparte la línea con un teléfono, se conecta al aparato usando un cable telefónico.

Lea las instrucciones

Consulte el manual que viene con su módem. Si bien el procedimiento de conexión suele ser similar en todos, puede tener algunos cambios según el modelo. Lea detenidamente todas las instrucciones antes de conectarlo.

Otras tecnologías

En los últimos tiempos se han empezado a popularizar los servicios denominados de **banda ancha**. Este tipo de tecnología ofrece dos ventajas principales: mayor velocidad de conexión que el módem

El servicio de internet por cable está cada vez más difundido y permite conexión a la red a muy alta velocidad.

A través de las centrales telefónicas actuales, la tecnología DSL permite acceso a internet de alta velocidad, sin interrumpir el uso normal del teléfono.

telefónico; y posibilidad de contar con un enlace permanente, sin tener ocupada la línea telefónica ni pagar cada llamada por separado (esto significa que es posible estar conectado las 24 horas sin abonar ningún costo extra). Entre los distintos servicios que brindan este tipo de tecnología se encuentra el cablemódem, el acceso inalámbrico y las tecnologías DSL (encontrará más detalles sobre el uso y la difusión de todos ellos en p. 277).

Por el momento, estos servicios todavía resultan algo costosos para los usuarios hogareños (que no se conectan gran cantidad de horas), pero con el tiempo, el precio irá bajando, y así terminarán por reemplazar a la conexión dial up (telefónica).

Por supuesto, aquellas computadoras que se conecten a Internet utilizando alguna de las tecnologías de banda ancha no necesitan un módem, aunque sí deben contar con un dispositivo especial, dependiendo del tipo de conexión.

Cablemódem

Algunas empresas de televisión por cable brindan acceso a Internet utilizando su propio cableado, para lo cual proveen al usuario de un módem especial, denominado **cablemódem**, y de una tarjeta de red.

Mediante este dispositivo, es posible navegar o transmitir datos a una velocidad de 10 Mbits (Megabits) por segundo, lo cual indica que este medio es mucho más veloz que el más rápido de los módems convencionales.

DSL

La tecnología DSL da la posibilidad de utilizar la línea telefónica para transmitir datos a alta velocidad, al mismo tiempo que permite el uso normal del teléfono. De esta manera, es posible estar conectado a Internet a través de la línea telefónica en forma permanente sin que el aparato esté ocupado, con lo cual no hay inconvenientes para efectuar y recibir llamadas al mismo tiempo.

La tecnología DSL más utilizada es la ADSL (sigla de *Asymmetric Digital Subscriber Line* o Línea Digital de Abonado Asimétrica). El término asimétrico se debe a que la velocidad de recepción de información es más rápida que la de envío. En ocasiones, el servicio de ADSL es prestado en conjunto entre una compañía telefónica y un proveedor de Internet, mientras que en otras, es la misma empresa telefónica la que se encarga de ambas tareas.

Para emplear esta tecnología, es necesario contar con un **splitter**, un pequeño dispositivo encargado de dividir la señal de la línea telefónica en dos canales: uno para la voz, que va al teléfono; y otro para los datos, que se envían a la PC.

Acceso inalámbrico

También existe la posibilidad de acceder a Internet a través de una conexión inalámbrica: mediante una antena instalada en el techo de una casa o edificio, es posible realizar un enlace bidireccional de alta velocidad con un proveedor de Internet.

Este sistema, que comenzó a utilizarse en áreas poco urbanizadas donde no había otra opción de conexión a Internet, ofrece prestaciones similares a las otras tecnologías, aunque su principal desventaja es que, en condiciones de lluvias o tormentas, pueden ocurrir cortes o demoras en la velocidad.

La antena, que se coloca en el techo o en un balcón, se conecta a la computadora a través de un módem especial.

Medios de almacenamiento

Los dispositivos de almacenamiento permiten guardar los programas y archivos que genere con su PC, de forma segura.

Los medios de almacenamiento son uno de los principales componentes de la PC, ya que proveen un espacio físico donde guardar los datos, aun después de apagar la computadora. Los hay de todos los tamaños, fijos, portátiles, más lentos, más rápidos, de distinto precio y capacidad, características que los hacen apropiados para diferentes usos. A continuación, analizaremos las particularidades de cada medio.

Clasificación

Para realizar una clasificación de los medios de almacenamiento, se pueden tomar en cuenta dos factores.

En primer lugar, es posible diferenciar los medios que permanecen "fijos" en la computadora, de los "removibles", diseñados, especialmente, para trasladar información de una máquina a otra.

Dentro del primer grupo se destaca el disco duro, que se ha convertido en el dispositivo estándar para almacenar todo tipo de datos.

Entre los componentes removibles, los más utilizados son los disquetes y los discos Zip. En general, se emplean para trasladar información o como medio de almacenamiento alternativo (por ejemplo, para hacer una copia de seguridad). Por eso, se podría decir que estos medios complementan al disco duro.

También, es posible hacer una distinción entre dispositivos de **lectura/escritura**, que permiten grabar y borrar archivos una y otra vez; y de **sólo lectura**, en los que se puede acceder a los datos, pero no modificarlos ni eliminarlos.

En la primera categoría se incluyen todos los dispositivos mencionados anteriormente y los CD-RW (CDs regrabables, que conocerá en **p. 43**).

Entre los dispositivos de sólo lectura, se encuentran el CD-ROM y el DVD (ver **p. 45**), que ofrecen la posibilidad de reunir una gran cantidad de información en cada disco.

El disco duro

El principal medio de almacenamiento es el disco duro, también llamado disco rígido. Todas las computadoras deben tener, al menos, uno de estos dispositivos. Allí se guardan todos los programas y archivos necesarios para que la PC trabaje correctamente. En esta clase veremos en detalle su funcionamiento, mientras que en las siguientes conocerá los medios de almacenamiento alternativos (**p. 41** y **p. 45**).

En esta clase... ⑩'

> **Conocerá:**

Cómo se almacena la información.

Los discos duros.

Los disquetes.

El disco duro

Es el medio de almacenamiento básico de la PC, ya que en él se guarda absolutamente toda la información de la computadora: desde el sistema operativo, hasta los documentos del usuario, pasando por las aplicaciones, las imágenes, etc.

Se llama disco duro porque es una unidad completamente cerrada, que se ubica dentro del gabinete de la PC. Los usuarios no tienen acceso a su interior, ni pueden extraerlo con facilidad.

Mantener el disco duro en buen estado

La seguridad de los datos del disco duro es bastante alta (es muy raro que se dañe físicamente), ya que se encuentra en el interior del gabinete, protegido por una carcaza, y el usuario no tiene acceso a él. Sin embargo, es importante tomar ciertas precauciones, como las que se detallan a continuación:

• Los discos duros son sensibles a los golpes, por lo que se recomienda no mover mucho el gabinete. Si por algún motivo debe trasladarlo, hágalo con suma delicadeza.

• Cuando la computadora está encendida, los cabezales de lectura/escritura del disco duro se encuentran desprotegidos. En estas situaciones, la superficie del disco es más vulnerable, de modo que se recomienda no mover ni golpear el gabinete cuando el sistema está encendido.

• Mantenga limpia la PC y lejos de corrientes de aire que levanten polvo.

• Asegúrese de que la parte posterior del gabinete se encuentre despejada y con espacio, ya que allí se ubica el sistema de ventilación.

• Utilice periódicamente las herramientas del sistema operativo que permiten mantener la integridad de los datos almacenados, además de mejorar la velocidad y eficiencia del acceso a los archivos.

En la imagen de la izquierda se muestra un disco abierto, pero siempre se mantienen cerrados (derecha), lo cual hace que los datos queden mejor protegidos.

Preguntas frecuentes

¿Qué debo tener en cuenta al comprar un disco duro?

A la hora de comprar un disco duro, deberá considerar los siguientes aspectos:

• La capacidad es fundamental, dependiendo del uso que le vaya a dar, tal como verá en la siguiente página.

• Es recomendable que sea de una marca reconocida. En los últimos años los precios han bajado notoriamente, de manera que no existe mucha diferencia entre los discos duros de las principales marcas y otros menos conocidos.

• Con respecto a la interfase, en la mayoría de los casos ésta puede ser IDE, la interfase estándar. Los discos SCSI se utilizan cuando se necesita una excelente performance de velocidad, por ejemplo, en los servidores de red, o para la edición de video y audio.

• Al igual que en cualquier compra, no deben faltar la garantía escrita y la factura, sobre todo considerando la posibilidad de que se produzca algún desperfecto.

Capacidad de almacenamiento

La capacidad de almacenamiento de un dispositivo define la cantidad de información que se puede guardar en él. Por ejemplo, si usted quiere instalar Office XP en su PC, debe contar con, por lo menos, 250 MB (megabytes) libres. En caso de no tener esta capacidad, no podrá instalar este paquete de aplicaciones. ¿Por qué? Porque la capacidad de su disco duro es inferior a la que requiere Office XP para instalarse. Por eso, la cantidad de programas que usted puede guardar en el disco dependerá del espacio disponible en él.

Los sistemas operativos y las aplicaciones en general son muy flexibles al instalarse, ya que permiten que el usuario elija los componentes que se cargarán (evitando ocupar espacio con aquellos que difícilmente usará).

Los requerimientos mínimos de los programas suelen variar, de modo que resulta difícil indicar qué disco le conviene tener. Además, no hay grandes diferencias de precios entre unos y otros, por

lo que deberá evaluar, en el momento de la compra, cuál es más conveniente. A continuación, encontrará un indicativo de la capacidad mínima necesaria, según los distintos usos que pueda darle. Tenga presente que cuanto mayor sea la capacidad de la PC y el espacio libre en el disco, mejor funcionará; además, siempre de-

berá mantener, al menos, un 10% libre:
- **Hogar u oficina** (aplicaciones tradicionales, Internet, imágenes, archivos MP3): 50 GB.
- **Juegos**: 80 GB.
- **Diseño web, gráfico y multimedia**: 120 GB.
- **Animación, edición de audio y video**: más de 120 GB.

Unidades de medida

Las unidades de medida que utilizan los medios de almacenamiento expresan "cuánto puede guardarse" en cada dispositivo. Los datos en la PC se manejan de forma digital (ver **p. 144**). Por eso, la unidad básica, el bit, es un dígito binario. Las otras unidades de medida se forman a partir de combinaciones de bits. En el siguiente cuadro, se presentan las diferentes medidas y sus equivalencias:

UNIDAD	EQUIVALE A
1 bit	Un dígito binario
1 byte	8 bits
1 kilobyte (KB)	1024 bytes
1 megabyte (MB)	1024 kilobytes
1 gigabyte (GB)	1024 megabytes

El disco duro y la memoria

Es muy importante comprender la diferencia entre el disco duro y la memoria, ya que es muy frecuente que los usuarios principiantes confundan ambos términos:
- El disco duro almacena permanentemente los datos y los programas, mientras que la memoria RAM lo hace en forma temporaria (de ahí la necesidad de contar con un dispositivo de almacenamiento permanente). Cuando usted apaga la PC, el

contenido de la memoria se elimina, en tanto que el del disco se conserva.
- El disco duro es un dispositivo mecánico y magnético (de unos 500 gramos de peso); en cambio, la memoria RAM se compone de pequeñas placas electrónicas (de alrededor de 20 g).
- Para cumplir las funciones requeridas por el usuario, el procesador se nutre de los datos de la memoria RAM, mientras que

ésta los obtiene del disco duro.
- Para resumir, el disco duro tiene gran capacidad de almacenamiento y baja velocidad de acceso. La memoria tiene menos capacidad y velocidad de acceso casi instantánea. Por lo tanto, la principal función de la memoria es acelerar el trabajo y mantener los datos necesarios mientras se utiliza la PC (hasta apagarla). El disco duro, por su parte, se emplea para guardar información.

El disquete

Los disquetes fueron, durante años, el medio de almacenamiento más utilizado, después del disco duro. El disquete pudo imponerse por su bajo costo, su facilidad para transportar información y, sobre todas las cosas, su compatibilidad: todas las PCs del mundo cuentan con una disquetera.

Un disquete es un disco de material flexible revestido de partículas magnéticas, resguardado en un envase plástico cuadrangular de 3.5" (pulgadas) de lado o casi 9 cm.

A través de la disquetera, la PC puede leer la información que contiene un disquete y grabar nuevos datos en él.

La hegemonía del disquete como principal medio removible está llegando a su fin por varios motivos. Por un lado, su capacidad de almacenamiento (1.44 MB) resulta escasa para los volúmenes de archivos que se utilizan en la actualidad. Otro aspecto negativo es su fragilidad, ya que es muy común que los datos se borren o arruinen.

Precauciones

Dado que los disquetes son un medio de almacenamiento de suma fragilidad, se deben tomar varios recaudos al utilizarlos:

- Uno de los principales peligros, y de los más comunes, es la suciedad. Para protegerlos del polvo, es recomendable guardarlos en cajas cerradas.
- Otros elementos nocivos son el calor y las fuentes magnéticas. Por lo tanto, evite el contacto de los disquetes con la luz solar o la parte superior del monitor, ya que se puede dañar el contenido; lo mismo sucede con otros focos magnéticos, como imanes, transformadores o parlantes.
- Si tiene que trasladar algún trabajo utilizando disquetes, luego de copiar los archivos (**p. 102**), ábralos, para asegurarse de que fueron copiados correctamente.

Consultar la capacidad de almacenamiento

Si abre la carpeta Mi PC (seleccionándola del botón Inicio), verá el listado de todos los dispositivos de almacenamiento.

Seleccione el que desea, haciendo un clic sobre su icono, y presione el botón derecho del mouse. Del menú que se despliega, elija Propiedades. En la ficha General, verá el espacio utilizado, el libre y el total, además de un gráfico en el que se visualiza claramente qué porcentaje de la capacidad total se encuentra ocupado.

Allí también podrá asignarle un nombre al disco duro, reemplazando el existente, en la casilla de la parte superior.

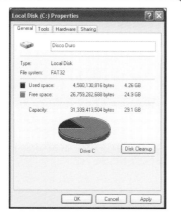

Trucos y Consejos

Copias de seguridad

Por más que los discos duros son altamente confiables en cuanto al almacenamiento de la información, es muy importante que, periódicamente, realice copias de seguridad de sus datos (ver **p. 213**). De esta manera, dispondrá de una copia de sus archivos en caso de que surja algún problema con el disco (como ataque de virus, borrado accidental, etc.).

El CD-ROM

Conozca todas las características del medio de almacenamiento estándar para la distribución del software y otras utilidades.

La sigla CD-ROM proviene de *Compact Disc-Read Only Memory* (en español, disco compacto con memoria de sólo lectura). Este elemento tiene dos características fundamentales: los datos allí almacenados no se pueden modificar, y es capaz de guardar hasta 650 o 700 MB de información (el equivalente a más de 450 disquetes).

Estos factores lo convirtieron rápidamente en un excelente medio para ubicar y distribuir grandes bases de datos, enciclopedias con textos, sonidos, videos y colecciones de archivos.

¿Cómo funciona?

Los CD-ROMs y los compact discs musicales son prácticamente idénticos; la única diferencia es la clase de datos que almacenan. Ambos están fabricados con los mismos materiales y emplean la misma tecnología digital para funcionar: los famosos ceros y unos (**p. 144**).

Para leer los datos grabados en un CD-ROM se utiliza un sistema compuesto por un haz láser, de baja potencia y extrema precisión, que lee millares de microscópicas variaciones impresas en la superficie del disco. Se trata de planicies y depresiones que representan los unos y los ceros. La computadora puede reconocer estas variaciones gracias a un dispositivo específico, la lectora, que emite ese haz láser para realizar la lectura del CD.

¿Para qué se puede usar?

Los principales usos del CD-ROM son:
- **Distribución de software**: desde librerías de archivos, programas y juegos, hasta enciclopedias completas.
- **Almacenamiento masivo de texto, audio y video**: especialmente necesario para aplicaciones multimedia y juegos.
- **Backups**: medio de gran seguridad que permite guardar datos vitales (ver **p. 213**), para lo cual es necesario contar con una lectora/grabadora.

Tipos de CDs

Si bien parecen todos iguales, hay distintos tipos de CDs, para los diferentes usos:
- **CDs estampados**: son los de música y programas, que incluyen los datos desde el proceso de fabricación. No es posible grabar en ellos.
- **CD-R**: se utilizan para grabar información a través de una quemadora o grabadora. No se pueden sobrescribir.
- **CD-RW**: se usan con las unidades regrabadoras, y su ventaja es que permiten sobrescribir los datos grabados. Suelen ser más costosos que los CD-R.

En esta clase... ⏱15'

> **Conocerá:**

El CD-ROM.

Sobre la lectura y escritura de los datos.

CD-R
650MB
74min

La lectora

La lectora de CD-ROMs es uno de los periféricos imprescindibles para utilizar una PC, ya que desde esta unidad, se puede trabajar con archivos y programas de gran tamaño (de hecho, el sistema operativo que usted está usando fue instalado a partir de un CD). Al comprar su PC, seguramente instaló los principales controladores y aplicaciones desde CDs, de manera que ya habrá tenido su primer acercamiento a esta unidad.

La velocidad

Existen dos factores relacionados con la velocidad de lectura. Por un lado, está la velocidad de transferencia, que indica la rapidez con que la lectora pasa los datos del CD-ROM a la PC; este parámetro se mide en KB/seg (kilobytes por segundo). El otro factor es el tiempo de acceso, y se refiere a la demora necesaria para que la lectora ubique el primer dato que debe leer y lo transfiera; esta velocidad se mide en ms (milisegundos).

Los fabricantes de lectoras han establecido una denominación esquemática. Partieron de la lectora más sencilla que existe, la de velocidad simple (ya obsoleta), cuya denominación es 1X y posee una velocidad de transferencia de 150 KB/seg. Más tarde, aparecieron las lectoras de 2X y 4X, que duplicaron y cuadruplicaron, respectivamente, la velocidad de la original.

Siguiendo el mismo camino, actualmente existen lectoras de 56X. Esta unidad indica la cantidad de veces por la que hay que multiplicar la velocidad de las lectoras de primera generación para saber la velocidad real de transferencia de la lectora. En la actualidad, el mínimo necesario para correr con rapidez las aplicaciones y ver videos con movimientos fluidos es 24X.

Un CD puede albergar 650 MB de información, lo que equivale a, aproximadamente, 250000 páginas de texto o 20000 imágenes de media resolución. A través de las lectoras, es posible transferir esta información a la PC.

Trucos y Consejos

Cuidado de los CDs

Los CDs deben tratarse con el mismo cuidado con que se manipula un negativo fotográfico. Dado que es un medio óptico, su superficie debe mantenerse limpia y en perfecto estado para no reducir su vida útil. Para manipular un CD es conveniente sujetarlo por los bordes o a través del orificio central, sin tocar su superficie para no rayar accidentalmente la cara que almacena los datos.

Escuchar música en la PC

Si inserta un CD de audio común en una unidad de CD de su computadora, podrá escuchar música mientras realiza cualquier otra tarea.

Todas las PCs pueden reproducir CDs de audio, ya sea a través de auriculares que conecte en el frente de la lectora o por medio de los parlantes enchufados a la salida de la tarjeta de sonido de su computadora.

Al insertar un CD, Windows XP reconoce automáticamente de qué tipo se trata y le consulta qué desea hacer.

En el caso de los de música, podrá reproducirlos con el Reproductor de Windows Media (o con cualquier programa que haya instalado para ese fin, como Winamp) o visualizar su contenido en una ventana.

Cuando el CD comience a sonar, podrá manejar sus comandos como si se tratara de un equipo de audio, adelantando, retrocediendo, etc., de un modo muy sencillo y práctico. En **p. 133** encontrará más información sobre el manejo del sonido en la PC.

Dispositivos para escribir CDs

Como consta en su definición, el CD-ROM es un medio "de sólo lectura". Sin embargo, es obvio que en algún momento no lo fue: si no, ¿cómo se hizo para grabar la información que contiene? Evidentemente, alguien dispone de los medios para hacerlo. Hasta hace un tiempo, semejante tecnología sólo estaba al alcance de unos pocos, pero en la actualidad, los costos han bajado y la mayoría de las PCs están equipadas con lectoras/grabadoras. El aspecto económico, sin embargo, no es la única variable que define la compra. También influyen su instalación, configuración y el uso que se le dará al equipo. Dos preguntas básicas que debería responder si tiene intención de comprar una quemadora son: ¿qué uso le daré?, ¿necesito realizar copias de respaldo de gran cantidad de información? Entonces, antes de comprar un dispositivo de este tipo, infórmese sobre todos los detalles y, si le quedan dudas, haga que le instalen el nuevo dispositivo en su PC y se lo entreguen en funcionamiento.

¿Cómo funcionan las grabadoras de CDs?

Las grabadoras de CDs funcionan de forma similar a las lectoras. Además, tienen un láser de escritura que posee la habilidad de modificar la superficie de un CD-R (*Compact Disc Recordable* o disco compacto grabable). Como el láser de lectura no dispone de la potencia suficiente, no es posible que la información sea modificada por una lectora convencional.

Ambos láser (el de escritura y el de lectura) se mueven de modo similar, pero el de escritura cuenta con unas guías impresas en los CDs (son CDs especialmente diseñados para ser escritos) para poder realizar el proceso de escritura de forma correcta. A través de estas guías, el láser se enciende y se apaga de manera sincrónica con los unos y ceros que debe escribir en el disco. Sin embargo, no es necesario conocer todo esto para grabar un CD. Simplemente, deberá aprender a usar un programa específico, como se explica en **p. 309**.

Si bien la tarea principal de las grabadoras es almacenar los datos en los discos compactos, también pueden usarse como lectoras. Es por eso que conforman el grupo de periféricos mixtos: permiten el ingreso y la salida de datos.

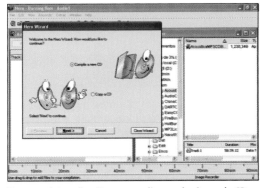

Una completa aplicación para realizar grabaciones de CDs.

CD-ROM en equipos de audio

Si los CDs de datos que utiliza con la PC poseen algunas pistas de audio, en general pueden escucharse en los equipos de audio comunes, sin ningún problema. No pasa lo mismo si poseen archivos del tipo MP3 (ver **p. 177**), que sólo es posible reproducir en la PC o en dispositivos especiales.

Pero si inserta en un equipo de audio CDs que contengan datos únicamente, escuchará un sonido de error, ya que éstos no están preparados para leerse como pistas de audio.

Si graba CDs con canciones para escuchar en equipos comunes (no en PCs), recuerde siempre cerrar los discos en la aplicación correspondiente (como Nero o Easy CD Creator, entre otras).

Preguntas frecuentes

¿Cuánto demora la grabación de un CD de audio?

Cuando se graba un CD de audio, la velocidad original (1X) se mide en tiempo real de duración. Es decir que si un CD dura 60 minutos, en una quemadora de 1X tardará ese mismo tiempo en grabarse. En cambio, si utiliza una de 2X, tardará 30 minutos, y así sucesivamente.

Tenga en cuenta que estos tiempos son aproximados (son los de grabación del contenido), porque siempre deberá sumarles los minutos que el programa utiliza para preparar las pistas y cerrar la sesión o disco.

Regrabadoras de CDs

Las regrabadoras de CDs, a diferencia de las que sólo graban, poseen un láser extra cuya función es borrar el contenido ya grabado en el disco, que tiene que ser del tipo CD-RW (*Compact Disc ReWritable* o disco compacto regrabable), ubicado en un punto medio entre el de escritura y el de lectura.

Los CD-RW funcionan con los mismos principios que los CDs convencionales y los CD-R; es decir que permiten e impiden la reflexión de la luz. Lo que los hace distintos es la posibilidad de borrar estos discos y volver a escribir sobre ellos, porque utilizan un material que puede cambiar su estado o fase (al ser calentado, se convierte en líquido, y cuando vuelve a enfriarse, se transforma en sólido). Además, los discos CD-RW no reflejan tanta luz como los CDs estampados o los CD-R. Es necesario que el sensor óptico sea más sensible a la luz que los sensores convencionales. Los equipos capaces de leer estos discos se identifican como "Multiread".

La ventaja de las regrabadoras de CDs es que pueden escribir varias veces sobre un mismo disco, aunque éste debe ser regrabable.

Los formatos más populares de CDs

Los distintos modelos de quemadoras graban en diferentes formatos:

CD-DA: CD Digital Audio, definido en 1982. Fue el primer estándar y se utilizó para crear los discos de audio que se emplean en la actualidad.

CD Extra o CD Plus: es un disco multisesión, en el que la primera sesión se utiliza para guardar pistas de audio convencional, y la segunda, para almacenar datos. Se lo suele emplear en juegos que incluyen música en el CD.

CD-I: este formato está hoy en desuso, pero la idea era utilizarlo en aplicaciones multimedia junto a un reproductor enchufado al televisor.

CD-ROM XA: otro formato en desuso, que era una variación del ISO 9660 con mejores capacidades de audio y video. Se sigue utilizando para los PhotoCD y los VCD.

CD Text: se trata de un CD-DA convencional con el agregado de 5000 caracteres en la tabla de contenidos, para guardar información, como el título de las pistas, autores, álbum, etc. Para visualizar estos datos, se requiere un reproductor que contemple la norma.

Joliet: otra extensión del formato ISO 9660, desarrollada por Microsoft. Permite utilizar nombres largos (estilo Windows) de hasta 64 caracteres, incluyendo los espacios.

Preguntas frecuentes

¿Qué significan las distintas velocidades que aparecen en las unidades de CDs?

Cuando adquiere una quemadora o regrabadora de CDs, habrá notado que aparecen indicadas dos o tres velocidades (dos en el caso de las quemadoras, y tres cuando también rescriben). Estos números representan la velocidad con que realizan las diferentes tareas. Por ejemplo, 50X 16X 8X significa que esa unidad lee a 50X, graba a 16X y regraba a 8X.

La velocidad de grabación y regrabación siempre son menores que las de lectura, y hoy el estándar está ubicado entre 8 y 24X.

DVDs y otros medios

Descubra la tecnología de los DVDs y otros dispositivos existentes para almacenar datos, transportar archivos y realizar copias de seguridad.

Sin la posibilidad de almacenar datos, una computadora resulta de poca utilidad. Aunque su equipo cuente con un disco duro de gran capacidad, necesitará guardar la información en otras unidades para poder transportarla o resguardarla con efectividad frente a una ocasional pérdida o falla.

Para lograr este objetivo, además del CD-ROM (**p. 41**), existen otros tipos de sistemas cuya conveniencia depende de sus necesidades personales, de las tareas que vaya a realizar y del uso que le dé al equipo. Por ejemplo, si usted precisa intercambiar gran cantidad de información con otros usuarios, lo más adecuado será que recurra a un medio de almacenamiento de uso habitual, ya sea un disquete o un CD. De esta manera, se asegura de que todos recibirán la información sin inconvenientes y podrán acceder a ella de forma sencilla.

Los diferentes tipos

Los medios de almacenamiento alternativos pueden clasificarse, a grandes rasgos, en dos grupos:

- **Internos**: se insertan e integran en el gabinete del equipo, y se conectan directamente a la placa madre. Desde el exterior, sólo se ve su frente.
- **Externos**: son independientes del equipo, y se conectan a él a través de alguno de los puertos (paralelo, USB o SCSI).

Importancia del DVD

En los últimos años, los DVDs han tomado mucha importancia como medio de almacenamiento, ya sea dentro del ámbito de la informática como fuera de él.

Además de utilizarse para almacenar archivos, el DVD-ROM fue diseñado originalmente para distribuir películas, debido a su gran capacidad. Este formato se conoce como DVD-video. Allí, las películas se almacenan como archivos de video comprimiendo la información y logrando una excelente calidad.

En esta clase... (15')

> **Conocerá:**

Qué son los DVD.

Los ZIPs y Superdisk.

Otras tecnologías.

Las características comparadas de todos los medios de almacenamiento.

DVD

El DVD-ROM es una evolución de la tecnología desarrollada y empleada en los discos compactos o CDs. Las lectoras de DVD-ROM pueden ser

Con una tecnología en permanente crecimiento, en poco tiempo el DVD se establecerá como un estándar.

El DVD-ROM externo (como el de esta foto) se conecta a la PC. El DVD hogareño, en cambio, se conecta al televisor.

internas o externas, aunque en la actualidad, las primeras están mucho más difundidas. También son capaces de leer CDs tradicionales, tanto los de audio como los de datos, como si se tratara de una lectora de CDs.

Un DVD puede almacenar desde 4 GB hasta 17 GB de información, lo que equivale, aproximadamente, a 25 CDs. Esto significa que es posible guardar una gran cantidad de información en un solo disco; en términos de imágenes y sonidos, el DVD soporta hasta dos horas de película de alta definición.

Por estos motivos, este dispositivo está reemplazando a las lectoras de CDs en las computadoras, y a las reproductoras de video hogareñas.

CD vs. DVD

A primera vista, los DVDs parecen CDs comunes, aunque un poco más gruesos. Básicamente, trabajan de la misma manera que un disco compacto: la información se almacena en una

serie de *pits* o pequeños pozos en la superficie de un disco reflector, y un láser se encarga de leer los datos, que pueden representar ceros o unos.

Sin embargo, la gran diferencia entre ambos dispositivos radica en que el DVD tiene mayor capacidad de almacenamiento y mayor velocidad que un CD. Además, la información en los DVDs está mucho más comprimida que en los CDs, por lo que se necesita un láser de alta precisión para leerla.

Los DVDs utilizan ambos lados del disco para almacenar información y también pueden hacer uso de una tecnología denominada de doble capa (*dual layering*), es decir que en cada cara del disco hay dos capas en donde guardar los datos. Mediante un ajuste en el foco del láser, es posible leer una capa u otra. Este fenómeno se pone de manifiesto cuando la imagen de una película en DVD se detiene por un instante, para que el láser cambie de capa.

Preguntas frecuentes

¿Qué son las regiones de los DVDs?

Para evitar la piratería de películas, la distribución de títulos en DVD está dividida en regiones. Por medio de este sistema, las grandes empresas intentan evitar que aquellos filmes licenciados para determinados países se vendan en otros. Para lograrlo, la grabación de cada película está asociada a un método de compresión diferente según la región de distribución, de manera similar al método utilizado por los canales de TV codificada.

América Latina (México, y todos los países de América Central y del Sur) integra la denominada Región 4. Los DVDs de la Región 4 sólo pueden reproducirse en aparatos preparados para esta misma zona. De igual manera, un DVD comprado en Europa sólo funcionará en reproductores diseñados para ese continente.

Sin embargo, este mecanismo es válido únicamente para los equipos reproductores de DVD que se conectan al televisor. No ocurre lo

mismo cuando se instala un dispositivo de lectura de DVD en la computadora, o cuando los equipos son **multizona** (y, por lo tanto, permiten la reproducción de DVDs de cualquier región) o brindan la posibilidad de permutar de una a otra un número ilimitado de veces. Además, en Internet ya existen programas comerciales y shareware que habilitan a las máquinas para leer los DVD como multizona, de forma legal y permanente.

Otros medios de almacenamiento

Constantemente surgen nuevos medios de almacenamiento. En general, tienen un excelente diseño y performance, mientras que los precios son bastante accesibles. Sin embargo, antes de elegir alguno de ellos, tenga en cuenta para qué lo utilizará: si va a intercambiar archivos con otras personas, todos deberán tener el mismo dispositivo para leerlos. A continuación, veremos las opciones más difundidas, y en la siguiente página encontrará algunas novedades.

Iomega Zip Drive

La empresa Iomega es mundialmente famosa por el desarrollo de nuevos medios de almacenamiento. Pero el más usado hasta hace pocos años era el **Zip Drive**, gracias a su reducido costo y a la facilidad de instalación. Existe una gran variedad de unidades para este medio, incluyendo versiones tanto internas como externas, y para conectar en interfaces paralelas, IDE, SCSI o USB, además de diseños específicos para computadoras portátiles. Actualmente están siendo reemplazados por grabadoras de CDs y de DVDs.

Las unidades Zip presentan dos modelos diferentes: uno con una capacidad de 100 MB y otro de 250 MB. Aunque no es el medio de almacenamiento más rápido del mercado (su velocidad es, aproximadamente, de 1 MB/seg), el Zip está muy difundido.

El Zip 250 tiene mayor capacidad de almacenamiento y mayor velocidad en la transferencia de datos; además, presenta una mejor relación de precio por megabyte. Esta unidad también es capaz de leer y grabar discos de 100 MB.

Se trata de un dispositivo magnético que se coloca y se extrae de la lectora mediante un botón, y permite grabar y borrar en su superficie tantas veces como se desee.

Imation Superdisk

Las unidades compatibles con el formato del Superdisk son externamente muy similares a cualquier disquetera convencional. De hecho, son capaces de leer y escribir en disquetes flexibles estándar de 3.5 pulgadas, a una velocidad 5 veces superior que la de la disquetera habitual. Pero lo que las distingue es el uso de unos disquetes de alta capacidad, que alcanzan hasta los 120 MB. Se asemejan bastante a un Zip en cuanto al precio por megabyte y la velocidad, pero hasta que no se conviertan en un estándar (algo bastante difícil que suceda), sólo servirán para realizar copias de seguridad para uso personal.

El Superdisk parece un disquete de 3.5", pero su capacidad es de 120 MB (unas 100 veces más).

Las unidades Zip eran muy usadas en el ámbito del diseño gráfico. Actualmente van siendo reemplazadas por grabadoras de CDs o de DVDs.

También existen unidades, como este modelo, que no tienen discos extraíbles, sino que funcionan como discos duros externos, y se pueden llevar de una PC a otra fácilmente.

Trucos y Consejos

Costo vs. velocidad

Aunque, por su costo, el CD suele ser el medio más económico para resguardar la información de su disco duro, recuerde que, para archivos que se modifican con mucha frecuencia o que deben ser transportados permanentemente, quemar o grabar un CD es una operación bastante lenta. En tales casos, es conveniente contar con un medio como los explicados en esta página.

Medios alternativos

Existen otros dispositivos de almacenamiento que son más pequeños y sirven para transportar algunos archivos.

El Pen drive es un dispositivo muy popular que permite almacenar información de manera práctica y fácil.

Pen drive

Este es uno de los dispositivos de almacenamiento que mayor aceptación ha tenido en los últimos años. Son el reemplazo ideal del disquete por su bajo costo, pequeño tamaño, gran capacidad y seguridad. Se conecta a un puerto USB y permite guardar de 16 MB hasta 2 GB de información utilizando una tecnología llamada Flash.

Algunos incluyen funciones especiales como bloqueo por contraseña, reproducción de MP3 o borrado automático con sólo oprimir un botón.

Clik!

Se trata de un dispositivo que utiliza como medio de almacenamiento unos pequeños discos de 2 pulgadas de diámetro. Hasta hace poco tiempo, estos discos tenían 40 MB de capacidad, pero recientemente, Iomega lanzó los Pocket ZIPs, similares a los anteriores, aunque con posibilidad de almacenar 100 MB de información.

Este formato demuestra poseer numerosas ventajas, principalmente, tamaño reducido, gran capacidad y bajo consumo de energía. Además, es silencioso, y presenta una gran variedad de modelos para distintos usos, tanto para los diferentes puertos como en lo relativo a la alimentación de energía, ya que incluso hay algunos que funcionan a batería.

Comparación de los distintos medios de almacenamiento

La siguiente tabla resume las características de las unidades mencionadas en esta clase y en las anteriores. Tenga en cuenta que cada modelo cumple una función específica, y puede haber dos o más en una misma PC. Además, a la hora de comprar uno de estos dispositivos, es importante considerar el precio por megabyte (el costo total dividido por la capacidad).

Dispositivo	Capacidad	Velocidad	Ubicación	Costo	Comentario
Disco duro	50 a 120 GB	Muy alta	Interna	Medio	Almacena datos y programas. Es imprescindible.
Disquetera	1.44 MB	Baja	Interna	Bajo	Es básica e imprescindible. Todas las PCs la utilizan.
Lectora de CD-ROMs	650 a 700 MB	Alta	Int. / Ext.	Bajo	Es imprescindible. Permite cargar programas, juegos, etc.
Quemadoras y regrabadoras de CDs	650 a 700 MB	Media	Int. / Ext.	Medio	Recomendable. Permite guardar datos en un CD-R o CD-RW.
DVD	Hasta 17 GB	Alta	Int. / Ext.	Alto	Almacena grandes volúmenes de información y video.
ZIP	100 o 250 MB	Media	Int. / Ext.	Medio	Puede servir para reemplazar a la disquetera.

El monitor en detalle

Conozca cómo funcionan los dispositivos que le permiten a la PC mostrar la información: el monitor y la tarjeta de video.

Como usted ya sabe, el monitor de la computadora se parece mucho a un televisor, pero tiene una diferencia sustancial: la señal que genera la imagen en la pantalla no proviene de una estación de TV (vía antena o cable), sino de la propia PC, que le envía la información.

El monitor no posee un sintonizador de canales ni un control remoto, porque se utiliza con un único fin: **dar una salida visual a la información procesada por la computadora**. Aun cuando use la PC como televisor (esto es posible si cuenta con una tarjeta especial a la que conecta el cable que lleva la señal de TV, como verá en este capítulo), la imagen también será procesada y generada por la computadora.

Si bien la fuente que provee la señal es distinta, en un monitor color la imagen se origina de la misma manera que en una TV. La pantalla es recorrida por tres haces de electrones, uno para cada color: rojo, verde y azul. Cada uno de esos rayos se dirige a un punto de la pantalla, que responde al estímulo encendiéndose con el color correspondiente. Combinando los colores, la pantalla puede exhibir millones de tonalidades distintas. Este recorrido a través de la pantalla se denomina "barrido", y se produce a un ritmo de 50 a 120 veces por segundo. Una velocidad tan elevada engaña a la vista, y el usuario percibe una imagen estática sin parpadeos.

Los nuevos monitores

Los monitores han experimentado un gran aumento de calidad. Este salto cualitativo se evidencia, especialmente, en la fabricación de pantallas más pequeñas, livianas y de muy poca profundidad, que permiten ahorrar bastante espacio en el escritorio, son más atractivas y brindan una mejor calidad. También emiten muy pocas radiaciones y prácticamente carecen de reflejos, lo que implica un gran alivio cuando se pasa mucho tiempo trabajando frente a la computadora.

Un ejemplo de la alta calidad de estos periféricos son los monitores con pantalla LCD ultradelgada. Si bien estos dispositivos todavía tienen un costo elevado, el progresivo abaratamiento de las nuevas tecnologías hace pensar que pronto cualquier usuario podrá disponer de este tipo de monitor.

En la actualidad, el mercado pone al alcance del consumidor estándar buenos monitores de 17 pulgadas, de cristal líquido, ultradelgados, con pantallas completamente planas y de excelente calidad de imagen.

En esta clase... 15'

> Conocerá:

Las características del monitor.

Los nuevos monitores.

La resolución y el tamaño.

Las tarjetas de video.

El cuidado de la salud.

Resolución de pantalla

Se conoce como resolución de pantalla al tamaño, en puntos o pixeles, de la imagen generada por la tarjeta gráfica.

La resolución determina el nivel de detalle de la imagen que se representa en la pantalla del monitor, y es una variable que depende directamente de éste y de la tarjeta de video. Si cualquiera de estos dos dispositivos no permite trabajar con altas resoluciones, las fotos, por ejemplo, no se verán bien en la pantalla, aunque hayan sido almacenadas con la máxima definición posible; los colores no parecerán naturales ni la imagen será nítida. En cambio, al trabajar con resoluciones altas, casi no notará ninguna diferencia de calidad entre una foto vista en un monitor y una convencional.

En los monitores SVGA (súper VGA, la mayoría de los que se comercializan en la actualidad), la resolución máxima varía de acuerdo con la marca y el modelo. De todas maneras, nunca es inferior a 1024 x 768 puntos. Dichos valores indican la cantidad de puntos o pixeles que se pueden representar en la pantalla en forma horizontal y vertical, respectivamente.

Esta "resolución máxima" que soportan los monitores no suele ser aprovechada por los usuarios, ya que la resolución de una imagen también depende de la tarjeta de video.

Consejos

A mayor resolución, mejor será la calidad de la imagen, pero también menor será su tamaño. Por lo tanto, no siempre es conveniente utilizar la máxima resolución posible, ya que si su monitor no es lo suficientemente grande, los distintos elementos que se encuentran en la pantalla se verán muy pequeños (y, por lo tanto, tendrá que forzar la vista).

En **p. 113** se explica cómo modificar la resolución de la pantalla en Windows.

Preguntas frecuentes

¿Cuántos colores debería poder mostrar el monitor?

Cualquier monitor nuevo debería ser capaz de mostrar un mínimo de 16.7 millones de colores, lo que se conoce, generalmente, como color de 24 bits. Esta profundidad de colores es el umbral de lo que se considera "color verdadero". Las tarjetas de video y los monitores actuales pueden mostrar más de 4000 millones de colores (color de 32 bits), mucho más de lo que el ojo humano es capaz de distinguir.

Resoluciones

Resoluciones que es conveniente adoptar en los monitores de distintos tamaños:

Resolución	14"	15"	17"	19"	21"	Uso más frecuente
640 x 480	*					Hogar y oficina
800 x 600	*	*				Hogar y oficina
1024 x 768		*	*	*		Hogar, oficina y profesional
1152 x 1024			*	*		Profesional
1280 x 1024				*	*	Profesional
1600 x 1200					*	Profesional

Nota: estos valores dependerán también de la tarjeta de video y del modelo de monitor.

Tarjetas de video

La tarjeta de video (también conocida como **adaptador de video**) es la interfase entre las señales digitales que manipula la computadora y el monitor. Se trata de un componente esencial para el funcionamiento de la PC, que en los últimos tiempos experimentó gran cantidad de innovaciones y cambios con vistas a aumentar notablemente sus prestaciones.

En pocas palabras, la función básica de las tarjetas de video es convertir la información que procesa la computadora en una señal que un monitor pueda interpretar y mostrar en la pantalla.

Al profundizar un poco más en el tema, encontrará que existen diversos modelos de tarjetas de video, cuyas prestaciones, precio y rendimiento difieren en alto grado.

Diferentes tipos

Básicamente, existen dos tipos de tarjeta de video: las **SVGA** y las llamadas **aceleradoras gráficas**.

Cabe aclarar que los adaptadores de video modernos, es decir, las aceleradoras gráficas, tienen en general su propia memoria, de manera que no consumen memoria RAM de la computadora. También, utilizan procesadores especiales que les permiten realizar cálculos. La popularidad de las aplicaciones de alta exigencia visual y multimedia ha hecho que las aceleradoras gráficas sean elementos no sólo de uso frecuente, sino también imprescindible, en especial si usted quiere disfrutar de juegos y multimedia.

SVGA AGP con 16 MB de memoria DRAM

Son las tarjetas "comunes" (suficientes para un uso hogareño o de oficina), que permiten resoluciones superiores a los 800 x 600 pixeles, y 16 millones de colores. La mayoría de estos dispositivos cuenta con un conector AGP, que permite mayor velocidad de comunicación con la CPU (las tarjetas PCI cada vez son menos frecuentes). En la actualidad, suelen presentarse con la opción 3D incorporada, lo que permite ejecutar aplicaciones propias de este tipo de tecnología (por ejemplo, juegos en tres dimensiones).

Aceleradoras gráficas

Para representar en pantalla una escena en 3D, el procesador tiene que realizar una gran cantidad de cálculos. Si a esto se le suma la variedad de efectos que debe generar, este trabajo puede resultar sumamente exigente para cualquier procesador. Para solucionar este problema, la aceleración 3D brinda a las PCs los recursos de hardware y las funciones necesarias para producir resultados asombrosos, tanto por su velocidad como por la calidad de la imagen obtenida.

Por otro lado, las aceleradoras más comunes en la actualidad realizan todo el trabajo 2D y 3D en una misma placa; es decir que casi todas las tarjetas de video son, también, aceleradoras. Los avances que se experimentan en este campo son notorios, no sólo en cantidad y calidad de memoria, sino también en el procesador de imágenes interno que poseen, que libera al procesador central de estas tareas. Si el programa a utilizar emplea imágenes en forma intensiva (diseño, juegos, etc.), asegúrese de que sea compatible con la tecnología usada en su controladora de video.

Debido a la gran demanda de recursos por parte de los programas, en la actualidad resulta imprescindible contar con una tarjeta de video de calidad.

Memoria

Cuanto más complejos sean los gráficos, como los que encontrará en los juegos de última generación, mayor cantidad de memoria deberá tener la tarjeta de video utilizada.
El mínimo necesario para llevar a cabo trabajos con gráficos livianos debería ser de 32 MB, pero si usted disfruta de los juegos electrónicos o trabaja con gráficos de alta calidad, tendría que considerar un mínimo de 64 MB.
En la actualidad, es posible conseguir placas de hasta 128 MB.

Los tipos de memoria más usados en estos momentos para las tarjetas de video son SDRAM, SGRAM y VRAM (todas más rápidas que la básica DRAM). Las tarjetas más sofisticadas también pueden emplear CDRAM o 3DRAM.

Cómo comprar un monitor

Una vez que se decida por un monitor estándar o uno LCD, y escoja el tamaño que prefiera, deberá analizar los modelos disponibles en el mercado. El factor decisivo a la hora de adquirir un monitor es la calidad de la imagen. Para evaluar esta característica, existen algunos parámetros que debe tener en cuenta. Uno de ellos es el llamado *dot pitch*, que corresponde al tamaño de los puntos del monitor. Cuanto menor sea este valor, mayor será la nitidez de las imágenes. Por ejemplo, un monitor de 0.28 milímetros no se verá mal, pero mucho mejor será uno de 0.25.

Otro factor que debe considerar es la resolución máxima que soporta el monitor. En el caso de los de 15", no usará más de 1024 x 768 de resolución. Los de 17" pueden llegar hasta 1280 x 1024, y algunos incluso a 1600 x 1200.

Por último, siempre recuerde que es necesario contar con una tarjeta de video de buena calidad para apreciar resoluciones altas de color (de 16, 24 o 32 bits).

Televisión en la PC

También hay tarjetas que se conectan a la PC y que permiten sintonizar canales de televisión. Para lograrlo, poseen una ficha en donde se enchufa el cable que se conectaría al televisor (ya sea proveniente de una antena o de televisión por cable). Existen muchas tarjetas de este tipo, con diversas prestaciones: sonido estéreo, radio, entradas adicionales para audio y video externos. Algunos modelos, también, incluyen un control remoto.

Cuidando la salud

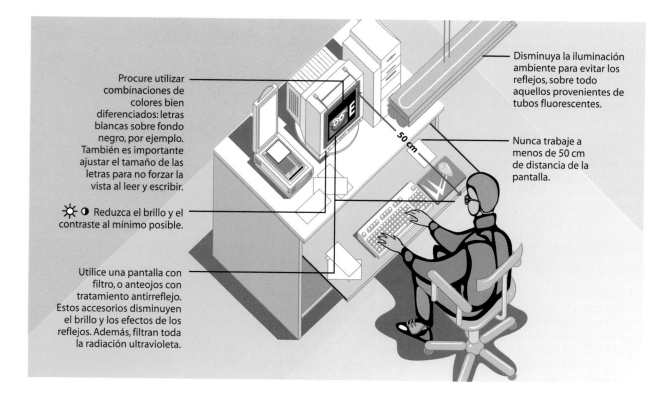

Procure utilizar combinaciones de colores bien diferenciados: letras blancas sobre fondo negro, por ejemplo. También es importante ajustar el tamaño de las letras para no forzar la vista al leer y escribir.

☼ ◑ Reduzca el brillo y el contraste al mínimo posible.

Utilice una pantalla con filtro, o anteojos con tratamiento antirreflejo. Estos accesorios disminuyen el brillo y los efectos de los reflejos. Además, filtran toda la radiación ultravioleta.

Disminuya la iluminación ambiente para evitar los reflejos, sobre todo aquellos provenientes de tubos fluorescentes.

50 cm

Nunca trabaje a menos de 50 cm de distancia de la pantalla.

El sonido

Conozca las distintas opciones que le brinda la PC en cuanto al sonido y sepa qué necesita para aprovecharlas al máximo.

La tecnología multimedia logra un efecto asombroso al estimular dos de los sentidos más preciados por el ser humano: la vista y el oído. El desarrollo de los dispositivos destinados a ofrecer excelencia de imagen y sonoridad ha sido una clave fundamental para la difusión masiva de las computadoras en todo el mundo.

En este capítulo nos ocuparemos de una de estas tecnologías en particular: el sonido digital, cuya importancia en la vida cotidiana es innegable. De hecho, escuchar un CD musical, consultar una enciclopedia multimedia o jugar con la PC son actividades que habitualmente se realizan en cualquier hogar. Por supuesto que, para poder aprovecharlas al máximo, es necesario que la computadora tenga capacidad de emitir sonidos, para lo cual deberá contar con una **tarjeta de sonido** (también llamada adaptador) y un juego de **bocinas** o **parlantes**.

Además, las PCs no sólo ofrecen una salida de audio; también permiten el ingreso de sonido con los más diversos fines. Por ejemplo, podrá grabar archivos con voces, siempre que disponga de un **micrófono**; o componer y ejecutar temas musicales (para almacenar en formato digital), en cuyo caso deberá tener, por ejemplo, un **teclado MIDI**.

El sonido que se puede lograr en la PC es de un nivel excelente, y es posible obtener la misma fidelidad que brinda un reproductor de CDs convencional. De todas formas, cabe aclarar que la calidad sonora está estrictamente relacionada con la tarjeta de sonido y las bocinas que tenga en su equipo.

Existen varios tipos de archivos de sonido, cada uno de los cuales presenta una característica diferente y se genera con distintos programas. En la actualidad, los más populares son los archivos WAV y los MP3; estos últimos permiten almacenar temas musicales con excelente calidad y en muy poco espacio (en **p. 177** se analiza este aspecto en profundidad).

Las tarjetas

Las tarjetas que veremos en esta clase permiten reproducir, grabar, editar y modificar cualquier sonido. Una de las características que más interesan a los usuarios de PC es la posibilidad de utilizar la lectora de CD-ROM para escuchar CDs musicales mientras trabajan con la computadora (ver **p. 133**) y, además, guardarlos en el disco duro con el fin de editarlos y escucharlos sin necesidad de volver a utilizar el CD.

Otra cualidad de la tarjeta de sonido es que debe ser **full-duplex**. De esta forma, usted podrá hablar fluidamente a través de Internet (micrófono de por medio) para realizar una videoconferencia, como se ve en **p. 273**.

En esta clase... (15')

> Conocerá:

Las tarjetas de sonido.

El micrófono.

Las bocinas o parlantes.

El teclado MIDI.

Las nuevas tecnologías.

Las tarjetas de sonido

Las tarjetas o adaptadores de sonido son los elementos que dan vida a la PC. Claro que no es lo mismo un equipo que reproduce algunos sonidos al momento de encenderse, que otro capaz de decir "Buenos días, ¿cómo se encuentra hoy?".

Estas tarjetas se colocan en el interior del gabinete de la PC, en una de las ranuras de la placa madre y su instalación es bastante sencilla. Aunque la primera utilidad de las tarjetas de sonido estuvo relacionada con los juegos para PC, la expansión de las capacidades multimedia ha terminado por convertirlas en un componente imprescindible de cualquier sistema.

La calidad del audio que se logra por medio de una tarjeta de sonido es directamente proporcional a la cantidad de bits que ésta sea capaz de manejar. En la actualidad, se venden tarjetas de 16 bits, suficientes para un uso hogareño, ya que permiten grabar o reproducir sonidos con una excelente calidad (la misma que un equipo de música convencional).

Si conecta su tarjeta de sonido a un sistema de bocinas que soporten sonido envolvente (*surround*), podrá experimentar al máximo la última generación de juegos, películas o música.

Trucos y Consejos

Tarjetas compatibles

Un factor muy importante a la hora de elegir una tarjeta de sonido es su compatibilidad. La mayoría de los adaptadores de audio son compatibles con la marca Sound Blaster de la empresa Creative. Este hecho resulta muy importante, ya que el 95% del software que utiliza sonido está configurado para esta tarjeta, y si no cuenta con una de este tipo o compatible, muchos programas (por ejemplo, los juegos) no podrán escucharse. Si no va a darle un uso profesional, no necesitará comprar una de esa marca, ya que las tarjetas Sound Blaster son más caras que las compatibles, pero no ofrecen grandes diferencias en sus resultados (siempre que se trate de un uso hogareño, por supuesto).

Las conexiones

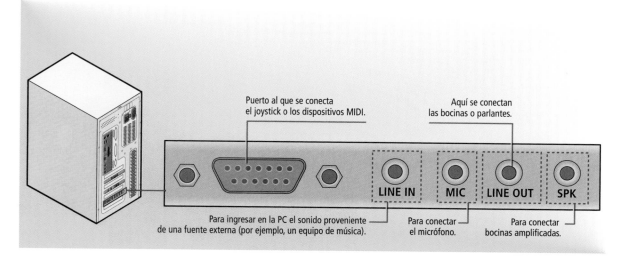

Puerto al que se conecta el joystick o los dispositivos MIDI.

Aquí se conectan las bocinas o parlantes.

LINE IN | MIC | LINE OUT | SPK

Para ingresar en la PC el sonido proveniente de una fuente externa (por ejemplo, un equipo de música).

Para conectar el micrófono.

Para conectar bocinas amplificadas.

El kit multimedia

Junto con la tarjeta, existen otros componentes adicionales que le permitirán explotar al máximo las capacidades del sonido en su computadora. Algunos, como los parlantes, son imprescindibles, ya que brindan una vía de salida para el sonido. Otros de los que veremos a continuación cumplen funciones específicas relacionadas con actividades como la música o el chat de voz.

Bocinas

Las bocinas o parlantes son los encargados de llevar el sonido hasta sus oídos. Se conectan directamente a la tarjeta de sonido ubicada en la parte posterior del gabinete, en el conector llamado SPK o LINE OUT.

Entre sus características más importantes se destacan su potencia y su tamaño. En el primer caso (SPK), los parlantes pueden o no estar **potenciados**. ¿Qué significa esto? Si están potenciados, quiere decir que tienen un amplificador propio de variada potencia y, por lo tanto, es preciso conectarlos a una fuente de alimentación. Como ventaja, ofrecen la capacidad de controlar el volumen y, a veces, de regular los graves y agudos. En cambio, los no potenciados (se conectan en LINE OUT) reproducen la señal tal como la reciben de la tarjeta de sonido, y el volumen debe manejarse directamente desde Windows. Debido a la escasa diferencia de precios entre un modelo y otro, es recomendable adquirir parlantes potenciados, ya que le proporcionarán mejores resultados.

En la actualidad, todos los parlantes son estéreo; sin embargo, también se pueden encontrar juegos de tres y hasta cinco parlantes con *subwoofers* que amplifican los sonidos graves o dan sonoridad espacial con sensación 3D. Claro que para utilizarlos, deberá contar con alguna de las nuevas tarjetas que ofrecen sonido envolvente.

Micrófono

Si lo que usted desea es grabar en la PC su voz o cualquier sonido ambiente, sólo necesitará contar con un micrófono. Hay una gran variedad de modelos disponibles (algunos incluyen auriculares) y, por lo general, son bastante económicos, de modo que no tendrá dificultades en adquirir uno. Para conectarlo, debe ubicar la salida de la tarjeta de sonido (en la parte posterior del gabinete) y enchufarlo en la ficha MIC.

Teclado MIDI

El teclado MIDI (*Musical Instrument Digital Interface*, o interfase digital para instrumentos musicales) permite ingresar sonido en la PC para escucharlo y grabarlo en un archivo. Se trata de un instrumento muy buscado por los amantes de la música, ya que da la posibilidad de componer a través de la PC con relativa facilidad.

Este teclado se conecta a la computadora por medio del puerto MIDI (el mismo que se utiliza para enchufar el joystick), ubicado en la tarjeta de sonido. La conexión a la PC es muy sencilla, de modo que si desea comprarlo, sólo necesitará un programa que le permita editar y componer música digital (generalmente, este tipo de teclado es muy intuitivo, por lo que no le costará demasiado aprender a usarlo).

Si posee una tarjeta de sonido que ofrece audio envolvente, puede adquirir parlantes especiales para obtener sonido con calidad cinematográfica.

El micrófono es un componente relativamente económico, y dependiendo de sus características, podrá emplearlo para realizar videoconferencias o componer música.

El teclado MIDI es un instrumento imprescindible para los músicos que quieran explotar al máximo las capacidades multimedia de su PC: permite grabar y editar sonidos de forma muy sencilla.

Nuevas tecnologías

Los avances en la industria cinematográfica, la aparición del DVD y los juegos 3D impulsaron notablemente el desarrollo de nuevos sistemas de hardware. En las salas de cine, por ejemplo, hace años que se están utilizando sistemas de audio de ocho o más vías, con lo cual el sonido resulta mucho más envolvente y aumenta el realismo.

Con la llegada del DVD a los hogares, fue necesario diseñar un sistema de sonido que lograra reproducir con la mayor fidelidad posible los efectos de sonido tridimensional. Por otro lado, los juegos de acción en tres dimensiones cada vez ganaron más popularidad y calidad gráfica. El estándar convencional de 16 bits

En la actualidad, es posible adquirir verdaderos sistemas de sonido que transformarán su hogar en un microcine y le permitirán disfrutar de los juegos con gran realismo.

no era suficiente para generar una ambientación realmente creíble, de modo que comenzaron a aparecer tarjetas de sonido que aumentaban considerablemente el realismo de los juegos.

Sonido 3D

El sonido tridimensional o envolvente permite que el oyente se sienta tal como si estuviera inmerso en la escena que está presenciando (sea ésta de una película o de un juego). La idea es que los sonidos se perciban de acuerdo con la ubicación de las fuentes que los emiten. Por ejemplo, cuando se dispara un arma, el sonido debería provenir de un lado de la escena, mientras que el impacto tendría que producirse en el lado opuesto. Este efecto se logra, básicamente, utilizando cuatro bocinas, dos frontales y dos traseras, y un sistema por hardware y/o software que balancee cada sonido

También existen modelos de tarjetas que conjugan bajos precios y una calidad relativamente alta.

en forma dinámica entre los parlantes de acuerdo con la ubicación de la fuente de sonido.

De todos modos, existen sistemas de sonido más sofisticados, como el **Dolby Digital 5.1** (también llamado **AC-3**), que utilizan seis vías de sonido: las cuatro bocinas antes mencionadas, un subwoofer central para los sonidos bajos y un sexto parlante dedicado únicamente a reproducir las voces.

Los estándares

Los dos estándares más utilizados actualmente son EAX, de la empresa Creative Labs, y A3D, de Aureal. Ambos logran excelentes resultados para juegos, aunque el primero está más difundido.

Otras mejoras que incluyen las nuevas tarjetas de sonido son la simultaneidad de voces (hasta 1024) y las tablas con patrones de onda (*wavetable*), que permiten que los temas MIDI suenen prácticamente como una orquesta.

Algunas tarjetas disponen de una memoria RAM propia, que en ciertos casos puede llegar a ampliarse. Otras, como la Sound Blaster Live!, utilizan la memoria RAM principal de la PC para almacenar las *soundfonts*, una especie de librería con fuentes de sonidos que permiten reproducir una amplia variedad de instrumentos a través de la tarjeta de sonido, con lo cual aumenta aún más la calidad de los sonidos MIDI. Si su intención es componer música, pero no dispone de un teclado MIDI, estas tarjetas representan una excelente alternativa.

Frecuencia y profundidad de sonido

La frecuencia de digitalización determina la resolución de un sonido, mientras que el número de bits empleados para cada muestra indica su profundidad. La resolución necesaria para digitalizar un sonido debe ser, como mínimo, el doble de la frecuencia más alta que presente dicho sonido. La voz humana suele alcanzar un máximo de 5.5 KHz, de modo que una resolución de 11 KHz es suficiente para preservar sus propiedades sonoras.

Escáneres

Conozca el funcionamiento de este interesante dispositivo que permite obtener imágenes a través de la PC, para guardarlas, modificarlas e imprimirlas.

E n general, las PCs actuales están equipadas con el hardware necesario para mostrar en pantalla fotografías y gráficos de alta calidad. Si a esto se le suma la ayuda del software apropiado, es posible modificar estos elementos para incorporarlos en distintos tipos de documentos (ver **p. 294**). En caso de querer imprimir las imágenes, es suficiente contar con una impresora a chorro de tinta, modelo que está al alcance de la mayoría de los usuarios y que permite generar copias impresas en colores de una calidad antes reservada sólo a profesionales.

Existen varias formas de incorporar imágenes a la PC. Una posibilidad es producirlas por medio de cualquier programa de diseño gráfico como CorelDRAW. Ésta puede ser la decisión adecuada si se trata de ilustrar carteles, tarjetas, carátulas, etc., pero no cuando hay que trabajar con imágenes ya generadas (una foto o material de una revista, por ejemplo). En este caso, habrá que poner en marcha un proceso de digitalización, que no es otra cosa que obtener una representación binaria de la imagen original, que puede almacenarse en el disco duro. Para lograrlo, se requiere un dispositivo adicional: el **escáner**, que convierte una imagen impresa en una con formato digital.

En esta clase... (15')

> **Conocerá:**

La función del escáner.

Los distintos tipos de escáneres.

Sus principales usos.

Cómo comprar.

Cómo funciona.

El proceso de digitalización.

Los problemas más frecuentes.

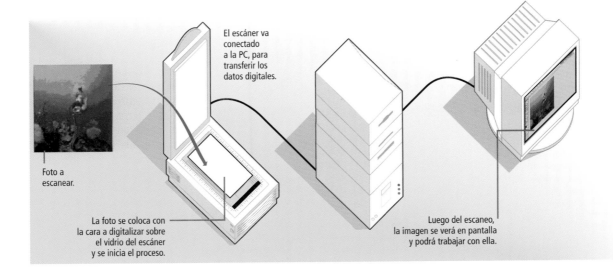

El escáner va conectado a la PC, para transferir los datos digitales.

Foto a escanear.

La foto se coloca con la cara a digitalizar sobre el vidrio del escáner y se inicia el proceso.

Luego del escaneo, la imagen se verá en pantalla y podrá trabajar con ella.

Tipos de escáneres

En la actualidad, los escáneres pueden dividirse en dos categorías principales, de acuerdo con el mecanismo utilizado para "leer" la imagen: los de página completa y los de alimentación de hojas (anteriormente, también existían los manuales).

Los modelos de página completa (los "comunes") son los más confiables y fáciles de manejar. El sistema para capturar imágenes es similar al de una fotocopiadora, ya que la imagen a escanear debe ir apoyada sobre el vidrio. Como el desplazamiento del cabezal es mecánico, el usuario no tiene una participación activa en el proceso (sólo debe configurar el software y aprender a utilizarlo).

En los escáneres de alimentación de hojas, el cabezal permanece inmóvil, y lo que se desplaza es la página. La principal limitación de estos modelos es que fueron diseñados para trabajar con hojas sueltas, de modo que no resultan adecuados para escanear libros o páginas que no sean de tamaño estándar. Como contrapartida, estos escáneres ocupan menos espacio en el escritorio y permiten digitalizar varias hojas en serie.

Los escáneres de página completa son los estándares del mercado, de modo que si va a adquirir uno, le conviene que sea de este tipo.

Principales usos

Aunque en sus orígenes los escáneres se utilizaron para importar gráficos e incorporarlos en publicaciones, hoy se han integrado en muchos de los programas informáticos (por ejemplo, en aplicaciones de ingeniería, educativas o en el campo de la medicina).

En el ámbito hogareño, posiblemente usted comience escaneando algunas de sus fotografías favoritas. Las fotos antiguas pueden ser mejoradas con la ayuda de un programa de retoque fotográfico, y otras pueden compartirse con la familia y amigos a través del correo electrónico, o incluirse como un álbum en una página web.

Si le agradan las aplicaciones más prácticas (en vez de creativas), ¿por qué no usar un escáner para mantener un archivo de sus documentos importantes? ¿O combinarlo con una impresión a chorro de tinta para obtener una fotocopiadora a color instantánea? Y si alguna vez usa un programa de fax, ¿no sería conveniente tener un escáner para enviar los documentos o imágenes que sean necesarios?

Entre las aplicaciones más útiles del escáner, se encuentra el OCR (*Optical Character Recognition*, o Reconocimiento Óptico de Caracteres). La idea básica de este sistema es llevar un documento de texto impreso (como la página de un libro) a la computadora, y hacer que el software de OCR lo convierta de un archivo gráfico a texto con formato. Entonces, si desea editar el archivo, no tendrá más que usar un editor de textos como Word, sin que haya sido necesario escribir nada, y ahorrando una invaluable cantidad de tiempo. Hoy en día, el OCR está tan avanzado, que la cantidad de errores que se producen es casi ínfima, y sólo bastarán algunas correcciones sobre el texto para que sea idéntico a su versión en papel.

Preguntas frecuentes

¿Es fundamental comprar un escáner al adquirir una PC?

Si no suele trabajar con imágenes, seguramente no le resultará rentable comprar un escáner. De todas formas, cuando necesite "incorporar" en su PC una foto o ilustración, podrá llevar la imagen a un negocio especializado para que realicen la digitalización. Sin embargo, debido a la disminución significativa del precio de estos dispositivos, puede pensar en adquirir uno, más que nada teniendo en cuenta el mundo de posibilidades que se abre con Internet, ya que, por ejemplo, podrá enviar fotografías a sus familiares y amigos a través de su computadora.

Cómo comprar

Cuando usted se decida a comprar un escáner, se enfrentará con el problema de la variedad de opciones que ofrece el mercado. Como vimos, estos periféricos pueden ser de página completa o de alimentación de hojas, y usted deberá tomar una decisión de acuerdo con sus necesidades.

En lo que se refiere al **tipo de interfase**, la compra de un escáner con conexión SCSI sólo se justifica para aplicaciones profesionales, ya que si bien son los más veloces, también son los más caros, y requieren una placa controladora. Los de puerto paralelo podrían ser una opción (son los más económicos, pero también los más lentos), mientras que los USB resultan la mejor alternativa para las tareas hogareñas y de oficina. De estas tres posibilidades, tal vez la última resulte la más adecuada. En este caso, la computadora debe contar con un puerto USB, y en la actualidad, la mayoría de los equipos lo tienen (de todas formas, antes de efectuar la compra, asegúrese de que su PC posea un puerto USB libre).

Hay también otras opciones que debe considerar al momento de elegir un modelo de escáner u otro: la resolución y la cantidad de colores.

La **resolución** de un escáner implica la definición con que es

capaz de digitalizar la imagen. Una resolución de 600 dpi (se utiliza la misma unidad de medida que en las impresoras) indica que el equipo puede leer hasta 600 puntos por pulgada. En muchas ocasiones, la resolución se expresa en términos de ancho y alto: por ejemplo, 600 x 1200 dpi. Aunque la resolución antes mencionada es suficiente para usos hogareños y de oficina, a nivel profesional, donde se precisa una alta calidad, es posible encontrar resoluciones de 1200 x 2400 dpi. Con respecto a este punto, es necesario tener presente que de nada le servirá contar con un escáner de alta resolución si no está acompañado de un monitor y una tarjeta de video que permitan visualizar imágenes de calidad, y de una impresora que pueda plasmar en el papel la imagen con la misma fidelidad con que fue escaneada.

Otro de los parámetros a considerar es la **cantidad de colores** que puede manejar el periférico. Cuantos más tonos sea capaz de identificar, más fidedigna será la digitalización en relación con la imagen original, aunque también mayor será el tamaño del archivo obtenido. Es bastante frecuente encontrar escáneres con 36 bits de profundidad de color, valor que garantiza reproducciones de gran nitidez.

También verifique que el **área**

de rastreo (el tamaño del vidrio) sea lo suficientemente amplia para cubrir sus necesidades. La mayoría de los escáneres abarcan las dimensiones de una hoja A4, pero algunos son Legal, lo que, sin duda, es mejor.

Por último, debe saber que todos los escáneres traen su propio driver o "programa controlador", software que permitirá manejar el dispositivo desde la PC. Por ese motivo, cerciórese de que esté incluido en el paquete y cumpla con la norma estándar TWAIN.

Para uso hogareño, un escáner USB, con resolución de 600 x 1200 dpi y la posibilidad de escanear una página A4 será más que suficiente.

Trucos y Consejos

Sobre la resolución

Por lo general, las compañías que desarrollan escáneres indican, para su promoción, dos valores de resolución máxima. Es importante aclarar que uno de esos valores (el más alto, que habitualmente se encuentra entre 9600 y 19200 dpi) está influenciado por efectos de software. Por lo tanto, para conocer la calidad real deberá consultar la resolución óptica (por ejemplo, 600 x 1200 dpi).

¿Cómo funciona?

No hay nada extraño en el funcionamiento de un escáner. Básicamente, la manera en que opera es similar a la forma de trabajo de una fotocopiadora.

Podríamos resumir el proceso de digitalización de una imagen impresa en los siguientes pasos. Consulte la infografía de esta página para conocer en detalle el proceso completo.

Primero, las diversas líneas que conforman la imagen son expuestas a un haz luminoso que las recorre de un extremo a otro; este proceso se conoce como "barrido" o "rastreo". Inmediatamente, varios sensores dispuestos en fila miden la intensidad de la luz reflejada y la transforman en un flujo de corriente eléctrica. Como los distintos colores reflejan una cantidad de luz diferente, cada "punto" de la imagen tendrá asociado un determinado nivel de voltaje.

Por último, actúa un componente que se encuentra en todos los dispositivos de digitalización de datos: el conversor analógico-digital. La función de esta pieza clave es transformar la corriente en un conjunto de números binarios.

El proceso se repite línea por línea, hasta obtener una representación digital completa de la imagen, que se almacena como un archivo de los denominados mapas de bits. La distancia existente entre cada una de esas líneas define la resolución vertical del escáner.

El proceso de digitalización

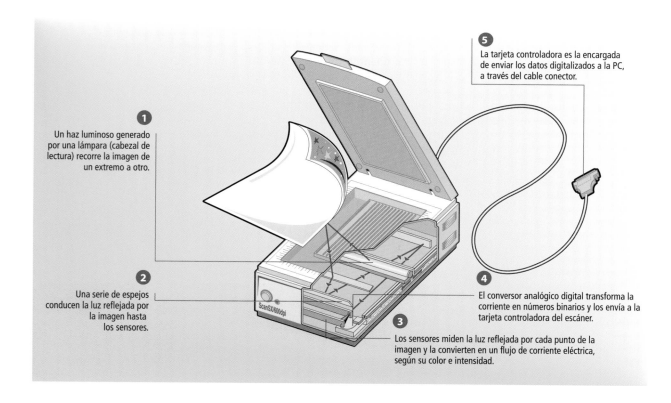

5 La tarjeta controladora es la encargada de enviar los datos digitalizados a la PC, a través del cable conector.

1 Un haz luminoso generado por una lámpara (cabezal de lectura) recorre la imagen de un extremo a otro.

2 Una serie de espejos conducen la luz reflejada por la imagen hasta los sensores.

ScanSX/600dpi

4 El conversor analógico digital transforma la corriente en números binarios y los envía a la tarjeta controladora del escáner.

3 Los sensores miden la luz reflejada por cada punto de la imagen y la convierten en un flujo de corriente eléctrica, según su color e intensidad.

Computadoras portátiles

Para quienes viajan con frecuencia, no tienen un lugar de trabajo fijo o, simplemente, quieren utilizar su computadora en todo momento, existen los dispositivos portátiles.

La estructura física de las computadoras determina que se las clasifique en dos grupos: de escritorio y portátiles. Las primeras fueron descriptas en páginas anteriores y son las más comunes, tanto en el hogar como en la oficina. En cambio, las portátiles, cuya principal característica es la facilidad para transportarlas, suelen circunscribirse al ámbito ejecutivo debido a su costo y prestaciones, aunque su uso se está generalizando a partir del desarrollo de equipos más económicos.

Cuando se habla de una computadora portátil, se suele pensar en una **notebook**. Sin embargo, hace poco tiempo aparecieron en el mercado dispositivos más pequeños, con un poder de trabajo similar al de una computadora personal, pero con algunas limitaciones; se trata de las **palmtops** y **las handheld PCs**.

Usted se estará preguntando cuándo conviene utilizar cada uno de los equipos mencionados. En esta clase sabrá las diferencias entre ellos y, en caso de que desee adquirir alguno, tendrá los conocimientos para discernir cuál le resultará más adecuado según sus necesidades.

Notebooks

Al pasar de una computadora de escritorio a una notebook, el usuario prácticamente no notará ningún cambio. Sólo deberá acostumbrarse a trabajar con un teclado un poco más pequeño y a usar un puntero, que puede ser un *touchpad* (una plantilla sensible al tacto ubicada debajo de la barra espaciadora), en vez del mouse.

Las notebooks poseen procesadores superveloces (los hay de más de 1GHz), pantallas grandes y de alta definición, y una memoria RAM de 128 MB como mínimo (algunas tienen 1 GB).

La capacidad de almacenamiento es casi comparable con la de una PC convencional (los discos duros son cada vez más grandes). Para los amantes de la multimedia, esta plataforma no sólo cuenta con bocinas que permiten obtener sonido de gran calidad, sino que, además, incorpora lectora y grabadora de CDs, y reproductor de DVDs. En general, todos los modelos incluyen módems para conectarse a Internet. En caso de que el usuario necesite disponer de algún accesorio adicional, como tarjetas de red o lectoras externas, podrá agregarlo utilizando los puertos de expansión PCMCIA.

Todas estas posibilidades están comprendidas en una máquina cuyas dimensiones son un poco menores que las de un maletín y cuyo peso ronda aproximadamente los dos kilos (y más), aunque también existen notebooks "extradelgadas", de sólo un kilo de peso.

¿Para qué sirve una notebook?

Una notebook permite realizar las mismas tareas que una PC, pero desde un avión, un bar, una plaza o cualquier otro sitio donde no se pueda utilizar una computadora de escritorio. Aquellas personas que no disponen de un espacio fijo de trabajo, o deben viajar constantemente y necesitan intercambiar información con su oficina pueden usar una notebook, por ejemplo, para leer un contrato en Word, proyectar resultados económicos en Excel, modificar planillas, firmar documentos, enviar mensajes por correo electrónico, jugar o escuchar música. Todas estas actividades pueden llevarse a cabo desde cualquier lugar, gracias a

que estas computadoras cuentan con un sistema de baterías recargables que proporcionan un funcionamiento independiente de la red eléctrica.

Todas estas posibilidades se amplían aún más teniendo en cuenta que existen impresoras portátiles para notebooks, mucho más pequeñas que las comunes, que permiten llevar todos los documentos al papel.

Ventajas

- **Portabilidad**: pueden trasladarse con facilidad y permiten trabajar en cualquier sitio.
- **Disponibilidad**: gracias a su batería, es posible usarlas aun en lugares donde no se disponga de energía eléctrica. Si bien los tiempos de uso son variables, por lo general es posible tener la máquina encendida durante dos o tres horas.

- **Espacio**: pueden apoyarse sobre las piernas para trabajar en ambientes reducidos.
- **Cables**: debido al nivel de integración de sus componentes, se evita el uso de cables.

Desventajas

- **Fragilidad**: aunque la mayoría de los modelos es a prueba de golpes, están permanentemente expuestas a los riesgos del traslado.
- **Precio**: debido a la miniaturización y calidad de sus componentes, y a sus bajos requerimientos de energía, sus precios son notablemente superiores a los de una PC de escritorio con la misma configuración.
- **Autonomía**: es limitada, aunque si se tiene cerca un tomacorriente, es posible trabajar utilizando la energía eléctrica tradicional.

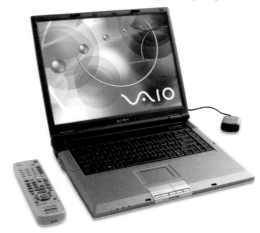

Existe una gran cantidad de modelos y marcas de notebooks, que varían en sus prestaciones y, por supuesto, en el precio.

Preguntas frecuentes

¿Qué significa PCMCIA?

Esta interfase (cuya sigla significa *PC Memory International Association*) fue creada con la intención de constituirse en el estándar para el agregado de memoria a una PC portátil. Con el tiempo, se convirtió en un slot de expansión que poseen casi todas las notebooks para conectar periféricos con ese formato, ya sea un módem o una tarjeta de red, además de memoria RAM.

No tan aisladas

Las notebooks no sólo utilizan los componentes que traen incorporados, sino que también permiten conectar dispositivos externos para obtener mayor comodidad, como mouse, módem, y hasta monitor y teclado. A través de periféricos específicos, también es posible conectarse con otras computadoras para intercambiar información.

Además, existen módems especiales que pueden enchufarse a la red telefónica tradicional o a un teléfono celular, para que el usuario pueda conectarse a Internet y comunicarse con todo el mundo. Por otra parte, si usted quiere compartir los archivos de su PC de escritorio con la notebook y viceversa, puede utilizar un cable serial o paralelo, y la Conexión directa por cable, el accesorio de Windows destinado a este fin.

Computadoras de mano

Durante años, las notebooks fueron la única opción para aquellas personas que necesitaban trabajar con una computadora portátil. A mediados de la década del 90, se desarrollaron nuevos dispositivos más prácticos. Se trata de las **palmtops** y las **handhelds**, también conocidas como **PDAs** (sigla de *Personal Data Assistant*). Su principal tarea es actuar como asistentes personales de datos; es decir, como agenda de citas, contactos, tareas y memos. Pero eso no es todo. A diferencia de las agendas electrónicas, esta plataforma permite instalar nuevas aplicaciones y, en la mayoría de los casos, ampliar sus capacidades de almacenamiento.

Las palmtops y las handhelds resultan de suma utilidad cuando el usuario necesita un dispositivo con capacidades de trabajo similares a las de una computadora y, a la vez, pequeño, liviano y de fácil manejo.

A simple vista, estos dispositivos comparten el hecho de poseer una pantalla sensible al tacto, y la posibilidad de ingresar datos o desplazarse entre los diferentes iconos u opciones de los programas mediante un lápiz plástico. Otra característica que los distingue es la duración de la carga de las baterías, que varía entre seis horas y dos meses, según el modelo.

Las **palmtops**, llamadas así porque caben en la palma de una mano, no tienen un teclado físico desde donde ingresar la información, por lo que los usuarios deben aprender un patrón de trazos para escribir, aunque también cuentan con la opción de utilizar un teclado virtual que aparece en la pantalla. La falta de teclado se debe a que estos dispositivos no fueron pensados para trabajar con documentos extensos.

Las **handhelds**, por su parte, tienen dimensiones un poco superiores a las de una palmtop, e incluyen un teclado combinado con la pantalla táctil, que permite trabajar de manera similar a una notebook. Su aspecto se semeja al de una agenda electrónica (aunque con muchas más prestaciones) y son bastante "poderosas", a tal punto que Microsoft creó una versión del sistema operativo Windows especial para estos equipos (llamado Pocket PC), y también versiones adaptadas de Word y Excel. Estos dispositivos no poseen unidades de almacenamiento, es decir que no cuentan con un disco duro, sino que toda la información se guarda en una memoria que oscila entre los 16 y los 32 MB. Esta capacidad alcanza para convertir y comprimir los datos, lo que resulta más que suficiente para trabajar con una gran cantidad de documentos.

Estas pequeñas computadoras también pueden intercambiar archivos con una PC y conectarse a Internet, ya sea por medio de teléfonos celulares o líneas de tierra (si cuentan con un módem incorporado), para navegar, chatear, comunicarse con otras personas, y enviar y recibir e-mails. La desventaja es que, necesariamente, se debe tener una computadora de escritorio con la cual intercambiar información y desde donde instalar nuevas aplicaciones.

Existen muchos modelos de handhelds que cuentan con capacidades similares a las de una notebook.

Trucos y Consejos

¿Cuál elegir?

Si precisa todo el poder de una PC y no posee una computadora, el trabajo lo mantiene mucho tiempo ocupado fuera de su oficina y no le molesta tener que cargar un maletín extra, la notebook es, sin lugar a dudas, la plataforma que debe elegir.
En cambio, si necesita un dispositivo que le permita consultar datos concretos, y quiere algo pequeño y fácil de transportar, que cuente con las funciones básicas de una computadora, su plataforma será una PDA.

Mediante una serie de botones en el frente o al costado, las computadoras de mano permiten acceder rápidamente a las aplicaciones más utilizadas por los usuarios.

Palm vs. Pocket

Existen dos tipos de PDAs que se disputan actualmente el mercado de las palmtops: las Palm y las Pocket PC.

Las Palm se han convertido en el organizador personal más vendido, debido a su facilidad de manejo, al bajo precio de su

Si la ausencia de color, de expansión de memoria y de capacidades multimedia no es un problema, el bajo costo y la sencillez de manejo convierten a la Palm m100 en la opción ideal para quienes desean introducirse en este maravilloso mundo.

No se deje engañar por el tamaño; estos pequeños dispositivos tienen las mismas funciones que una PC de escritorio y permiten navegar por Internet (ya sea usando teléfonos celulares o líneas de tierra).

sistema operativo, a la autonomía de sus baterías y a la gran cantidad de programas que se pueden instalar.

Pero también tienen un punto débil, y es que no presentan una gran definición de pantalla, por lo que resultan poco indicadas para trabajar con imágenes. Además, la calidad del sonido tampoco es muy buena, ya que no cuentan con bocinas, de modo que no son aptas para reproducir archivos MP3.

Con las mismas propiedades básicas que un asistente personal, una Pocket PC no se conforma con ser sólo una "agenda electrónica mejorada". La existencia de bocinas y micrófono, y la posibilidad de enchufar auriculares para trabajar con sonido transforman a este dispositivo en un reproductor MP3 o en un grabador de periodista. Además, cuenta con un slot de expansión que permite agregar memoria y anexar diferentes accesorios (por ejemplo, una cámara digital). La desventaja es que estos equipos son bastante costosos.

Sistemas operativos

En el universo de las palmtops y las handhelds existen tres sistemas operativos bien diferenciados. El más popular sigue siendo Palm OS, que, aunque parece sencillo y con pocas prestaciones,

es sumamente versátil a la hora de trabajar con muchas aplicaciones a la vez. Este sistema es el que gobierna los equipos de Palm.

El menos conocido, y no por eso el peor, es EPOC, utilizado en los equipos Psion. La velocidad y el bajo porcentaje de fallas lo convierten en el elegido por muchas personas.

La tercera opción es Windows CE (Pocket PC para palmtops y Windows CE para handhelds). Su entorno es muy similar al de las computadoras de escritorio, y permite el trabajo casi transparente con los formatos de archivos más populares.

Accesorios

Las PDAs se caracterizan por carecer de unidades de almacenamiento, lo que significa que se dispone de un espacio relativamente pequeño para guardar información. En muchos equipos, este problema se soluciona con la posibilidad de agregar más memoria mediante tarjetas diseñadas para este fin (memorias Compact Flash, Microdrives, etc.).

Pero no sólo es posible adicionar memoria a estos pequeños equipos, sino que también se les pueden incorporar módems, tarjetas de red, placas especiales de video y cámaras de video, entre otros accesorios.

Pantallas de matriz activa

A la hora de comprar una notebook, si pretende obtener una buena definición, asegúrese de que tenga pantalla de matriz activa (un transistor por cada pixel). Las ventajas que ofrecen estas pantallas es que pueden verse desde diversos ángulos sin que el brillo perturbe demasiado al usuario, y sin que la imagen sufra deformaciones (ideal para que trabajen varias personas). Por otra parte, son más sencillas de visualizar en lugares que no tengan una buena iluminación (ya sea por exceso o carencia de luz).

Cámaras digitales

Conozca la herramienta que permite sacar fotografías digitales al instante y llevarlas a la PC para imprimirlas, sin gastar dinero en películas y revelados.

A la mayoría de las personas le gusta tomar fotos en los momentos importantes. El procedimiento es sencillo: se coloca una película en la cámara, se sacan las fotos y, una vez que se termina, se la lleva al comercio para revelarla.

Durante mucho tiempo, éste fue el método más común para obtener fotografías. Pero todo parece indicar que, en algunos años, este procedimiento cambiará gracias a las **cámaras digitales**.

La apariencia exterior de las cámaras digitales es similar a la de las tradicionales, pero una de las grandes diferencias es que no utilizan película fotográfica ni hace falta el revelado. Las fotos que se sacan con estas cámaras se guardan en el mismo dispositivo, ya sea en una memoria, en un disquete o en algún otro medio de almacenamiento. Una vez obtenidas las imágenes, se transportan a la PC para guardarlas, modificarlas o imprimirlas, sin necesidad de contar con un equipamiento especial. La mayoría de las computadoras hogareñas es apta para el trabajo con fotografías digitales (siempre y cuando no se necesiten un rendimiento de alta calidad o resultados profesionales, para lo cual las exigencias son mayores).

Esta facilidad para obtener imágenes digitales permite, por ejemplo, que una vez obtenidas las fotografías, puedan insertarse en un texto, enviarse por correo o publicarse en páginas web.

Otras ventajas son el ahorro que supone no tener que comprar película, la posibilidad de ver los resultados de forma inmediata y de retocar las imágenes antes de obtener una copia impresa, la ausencia de procesos químicos de revelado y el hecho de no tener que esperar a terminar una película para comenzar a mirar las fotografías.

A la hora de imprimir las fotos, el resultado dependerá de la resolución de la cámara y de la calidad de la impresora. Otro punto importante es el tipo de papel que se utiliza. Con uno de baja calidad, la imagen se mostrará un tanto difusa, de modo que la mejor alternativa para la impresión es usar papel fotográfico.

De todas maneras, si necesita imprimir fotos de buena calidad, puede recurrir a los negocios especializados en impresión, que no cobran demasiado por trabajos semiprofesionales. En este caso, debe llevar el archivo guardado en cualquier soporte de almacenamiento.

La cámara en detalle

A diferencia de las cámaras convencionales, en las que el soporte de la imagen es una película fotosensible, las cámaras digitales utilizan un componente denominado **sensor de imagen**, para captar la fotografía. Este elemento está compuesto por cientos de miles de células o diodos fotosensibles, cada uno de los cuales registra la intensidad de la luz que incide sobre él y reacciona acumulando una determinada carga eléctrica. Cuanto mayor sea la cantidad de luz recibida, mayor será la carga.

Después de interpretar las cargas acumuladas en los diodos, para lo cual se asigna un valor numérico a cada una, correspondiente al color de cada punto de la imagen que será representada en pantalla, se almacena esta información en una memoria, con la finalidad de poder llevar a cabo el proceso de transferencia a la PC.

Algunos equipos pueden producir impresiones que se asemejan a las imágenes obtenidas con las cámaras tradicionales.

Bajar las imágenes a la PC

En el caso de las cámaras que almacenan las imágenes en disquetes, el procedimiento es extremadamente sencillo: se coloca el disquete en la disquetera, se copian las imágenes al disco duro y, con cualquier programa que permita visualizar archivos gráficos (como XnView, que se explica en **p. 293**), se las puede abrir para verlas, imprimirlas o editarlas. Si no cuenta con un programa de este tipo, no se alarme: por lo general, la misma cámara incluye algunos utilitarios para llevar a cabo estas tareas. En cambio, con las cámaras que almacenan las imágenes en la memoria, el proceso es un poco más complicado, ya que es necesario "bajar" los archivos a la PC mediante un cable (puede ser serial o USB), utilizando un programa de descarga incluido con la cámara.

Sonido y video

La posibilidad de grabar videos dejó de ser propiedad exclusiva de los equipos costosos. Casi todas las cámaras digitales que graban videos lo hacen en fragmentos cortos de entre 15 y 80 segundos de duración.

Trucos y Consejos

Tarjetas de expansión

A la hora de decidirse por un modelo, es conveniente optar por aquellos que, más allá de si poseen o no una memoria interna, ofrezcan la posibilidad de ampliarla con el fin de lograr mayor capacidad de almacenamiento. En la actualidad, la mayoría de las cámaras digitales permiten expandir su memoria por medio de tarjetas tipo CompactFlash, SmartMedia o Memory Stick, entre otras. Con respecto al almacenamiento, no es recomendable adquirir equipos que trabajen con disquetes, por tratarse de medios muy frágiles.

Cómo comprar

Es necesario que el usuario tenga en cuenta algunos aspectos a la hora de decidirse por un modelo de cámara digital. La resolución, las baterías y el zoom son algunos de los elementos a los que hay que prestar atención con el fin de que la compra resulte satisfactoria.

La resolución

Las cámaras digitales capturan las imágenes por medio de sensores llamados **CCD** (*Charge Coupled Device*, o dispositivo de carga acoplada), que trabajan a diferentes resoluciones. La resolución de una foto se mide en **pixeles** o en **megapixeles**. Estos pixeles son la unidad mínima que compone una imagen, y cuanto mayor es su número, más se puede ampliar la foto sin perder calidad, ya sea en pantalla o en una impresión en papel. Por ejemplo, una cámara que tenga un CCD de 3.4 megapixeles puede sacar fotos de hasta 2048 x 1536 pixeles; una de 2.1 saca fotos de hasta 1600 x 1200,

y una cámara digital de 1.3 llega a los 1280 x 960 pixeles en cada imagen. Las cámaras más económicas fotografían a 640 x 480 pixeles.

Pero no siempre es necesario trabajar a una máxima resolución. Muchas veces conviene hacerlo a una resolución menor, para aprovechar la memoria del equipo y así capturar más imágenes.

Las baterías

En lo referente a las baterías, los requerimientos de energía de las cámaras digitales son superiores que los de las filmadoras, pero el espacio físico disponible para colocar las pilas es menor. Por lo tanto, si se pretende que las baterías duren, es imprescindible que la pantalla **LCD** (*Liquid Cristal Display*) electrónica, ubicada en el sector posterior de la cámara, esté encendida únicamente cuando es necesario. La mayoría de los modelos utilizan pilas AA comunes, que se encuentran disponibles en distintos comercios; pero, en términos generales, resultan costosas

en relación con su durabilidad.

En cambio, algunos modelos tienen la ventaja de que funcionan con pilas recargables de la marca del fabricante de la cámara.

El zoom

Otro de los factores importantes es el zoom. Existen dos tipos: el **óptico**, que lleva a cabo un acercamiento mecánico del objeto (utiliza los lentes para crear dicho efecto), y el **digital**, en el cual el aparato amplía un sector de la foto por medio de un software. Toda cámara de calidad debe incluir un zoom óptico.

Las cámaras que poseen un visor óptico permiten sacar fotos sin tener encendido el monitor LCD, característica que reduce el consumo de la batería.

Webcams

Una webcam es una cámara de video que, conectada a una computadora, permite transmitir, en tiempo real y por medio de la Web, las imágenes que capta.

Gracias al abaratamiento de los costos de los productos tecnológicos, el precio de las webcams ha bajado considerablemente, por lo que han comenzado a hacerse populares en el mercado. Estos aparatos traen integrado el proceso de digitalización, ya que

toman las imágenes y entregan los datos directamente a la PC.

Por otra parte, con la llegada del puerto **USB** (un puerto de comunicación que ofrece, entre otras ventajas, mayor velocidad que el puerto paralelo), las webcams han evolucionado bastante, y combinan un precio bajo con una buena velocidad y calidad. Por estas razones, si está pensando en adquirir una cámara y su PC posee un puerto USB, no dude en comprar una de éstas.

La mayoría de las webcams pueden funcionar como cámaras fotográficas digitales. Por ejemplo, con este modelo se pueden obtener, además de video, fotos digitales con una resolución de 640 x 480 pixeles.

Aplicaciones

Sin lugar a dudas, la principal utilidad que tienen las webcams es la realización de **videoconferencias** a través de Inter-

Más allá de cualquier complejidad el diseño, lo importante a la hora de utilizar una webcam es que cumpla correctamente las principales funciones de estos dispositivos.

net. Con una conexión, una cámara, un micrófono y un programa especial, como **NetMeeting**, podrá realizar una videoconferencia con personas de todo el mundo, a muy bajo costo (recuerde que se conecta a través de una llamada local). En **p. 273** encontrará la explicación acerca de este programa, y conocerá todos los pasos necesarios para establecer una videoconferencia con éxito.

Por otra parte, con las webcams también es posible grabar pequeños videos que pueden ser enviados a través del e-mail, o publicados en un sitio web como tutoriales, videoclips o saludos de bienvenida.

Limitaciones

Transmitir y recibir video en tiempo real a una tasa de refresco aceptable (léase, entre 15 y 30 cuadros por segundo para actualizar la imagen), y lograr una continuidad de movimiento decente, son funciones sumamente difíciles de realizar con un módem telefónico convencional. Claro que las nuevas tecnologías de banda ancha y las conecciones permanentes permiten llevar a cabo videoconferencias con audio y video continuos de alta calidad; justamente, este tipo de conexión es ideal para enviar y recibir video por la Red y aprovechar al máximo las webcams.

Adquirir una webcam

Cuando se decida a adquirir una webcam, deberá pensar bien el uso que le dará. El mercado ofrece diversos modelos que cumplen necesidades bastante amplias. No tiene sentido invertir mucho dinero en el modelo más completo y novedoso si lo único que hará con él

será entablar videoconferencias con sus primos de Europa. ¿Por qué? Bueno, ocurre que el video que se puede transmitir y recibir con un módem convencional es bastante limitado, de modo que no hace falta (además, no se puede aprovechar) una cámara que

posea una resolución y/o tasa de refresco demasiado altas.

Ahora bien, si va a emplearla para realizar otras tareas, tal vez se justifique comprar una cámara capaz de ser desconectada de la PC o que cuente con una definición mayor de 640 x 480 pixeles.

Preguntas frecuentes

¿Puedo pasar mis videos a formato digital?

La relación entre el manejo de imágenes y la PC se ha profundizado en los últimos años. No sólo el proceso de digitalización de una imagen por medio de un escáner (ver **p. 57**) es cada vez más fácil y económico, sino que también el video puede verse a través de la computadora.

Hace ya bastante tiempo que existen **tarjetas digitalizadoras** que, conectadas al motherboard de la PC, son capaces de digitalizar las imágenes recibidas desde una cámara convencional o desde una videocasetera, lo que permite generar "clips de video" que pueden editarse y mirarse en la PC. Esta alternativa, dado

su elevado costo, estaba reservada para profesionales; aunque en la actualidad, es accesible para el común de los usuarios.

Si necesita editar video de manera profesional o semiprofesional, no dude en acudir a una tarjeta digitalizadora: le brindará resultados óptimos.

La limpieza de la PC

Una parte importante del mantenimiento del equipo es su limpieza, no sólo por la estética y la higiene, sino también para evitar posibles daños en sus componentes.

La PC es un dispositivo que posee componentes electrónicos y electromecánicos que generan a su alrededor cargas estáticas. La estática atrae polvo y partículas que, indefectiblemente, se adhieren al equipo.

La acumulación de polvo en el interior del gabinete causa la formación de "puentes eléctricos", lo que puede ocasionar un severo daño en el sistema o, simplemente, reducir la transmisión de impulsos eléctricos entre distintos componentes y paralizar la computadora.

A su vez, teclado, monitor, mouse y gabinete están expuestos a polvo, líquidos, alimentos, etc. Estos elementos no sólo interfieren en el normal funcionamiento de los dispositivos, sino que también los convierten en posibles focos infecciosos.

Por estos motivos, es conveniente someter a la PC a una limpieza mensual.

Nunca está de más recordar que para efectuar cualquier procedimiento de limpieza, el equipo debe estar apagado y desconectado de la corriente eléctrica.

Si bien no hay una sola manera de limpiar una computadora, en estas páginas encontrará algunas recomendaciones para llevar a cabo una limpieza de los principales componentes.

No postergue el cuidado de su equipo, si no quiere encontrarse, a futuro, con desperfectos que le impidan trabajar con normalidad.

Programe mensualmente una limpieza profunda de todos los componentes de su PC, tal como aprenderá en esta sección. Así, se asegurará de mantener el estado de higiene de su computadora.

En esta clase... (20')

> **Aprenderá:**

Cómo limpiar el monitor, el teclado, el mouse, la impresora y el gabinete.

Consejos para mantener limpia su PC.

Elementos de limpieza

Necesitará:
- Espuma antiestática.
- Aire comprimido.
- Destornillador tipo Parker.
- Destornillador tipo estrella o Philips.
- Hisopos.
- Paño seco.

El monitor

El monitor se encuentra expuesto a la acumulación de polvo (especialmente, en el momento de encenderlo y apagarlo) y a las marcas provocadas por los usuarios al tocar la pantalla.

En el interior del monitor, se deposita gran cantidad de suciedad, pero es recomendable que un técnico especializado se encargue de limpiarlo, ya que existen cargas eléctricas acumuladas aun cuando esté desconectado de la corriente.

Dado que el monitor es el medio donde se visualizan los resultados del trabajo, procure que la pantalla se encuentre libre de manchas, limpiándola con un paño seco o con espuma antiestática.

Aplique espuma al monitor evitando los espacios de ventilación. Luego de tres segundos, pase un paño seco. Enciéndalo después de una hora.

El teclado

Es uno de los componentes más expuestos. En los espacios que se encuentran entre las teclas, muchas veces se alojan migajas (galletas, pan, etc.) y líquidos diversos (café, té, gaseosas).

Esta acumulación de desperdicios, frecuente cuando los usuarios pasan varias horas al día frente a la computadora, interfiere en el funcionamiento del dispositivo. Los fluidos que contienen azúcares toman consistencia "pegajosa" cuando se secan, y atascan las teclas. Además de la limpieza explicada a continuación, dado el bajo costo de este dispositivo, cuando un teclado empieza a tener problemas, también puede optar por comprar uno nuevo.

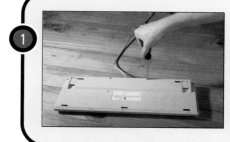

1 Apague la PC y desconecte el teclado. Quite los tornillos de la parte posterior y retire la cubierta plástica.

2 Aplique aire a presión para eliminar las partículas. Todos los desperdicios dejarán de interferir con el normal funcionamiento del teclado.

3 Humedezca con agua el extremo de un paño y limpie los sitios de las teclas atascadas. Coloque la cubierta plástica y atorníllela.

4 Rocíe con espuma el teclado. Deje actuar 30 segundos y pase un paño seco. Espere una hora para volver a usarlo.

El mouse

Este dispositivo suele ensuciarse con mucha frecuencia, ya que se encuentra en contacto con diversas partículas que se adhieren a los rotadores ubicados dentro del dispositivo, y con el polvo, que se pega a la bola de goma. Todos estos factores generan imprecisión en su manejo.

Por estos motivos, una limpieza periódica garantizará que el movimiento del cursor en la pantalla resulte continuo y suave.

1 Retire la cubierta inferior (simplemente, debe girarla) y saque la bola del interior.

2 Aplique una pequeña dosis de aire a presión en la parte interna, con el fin de retirar las partículas volátiles.

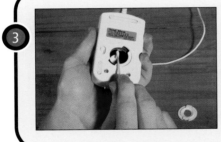

3 Con mucho cuidado, utilice un hisopo (o una pinza pequeña) para quitar las partículas adheridas a los rotadores.

4 Rocíe espuma sobre la bola y el exterior del mouse, y pase un paño. Una vez seco, acomode sus elementos y ciérrelo. Úselo una hora después.

La impresora

Un recurso esencial para cualquier usuario es poder imprimir sus trabajos. Por lo tanto, es fundamental mantener este periférico en buen estado. Tenga sumo cuidado al limpiar la parte externa de la impresora, y sólo utilice espuma sobre los elementos plásticos.

Debido a que en el interior suele acumularse gran cantidad de polvo y pelusas, para limpiar los mecanismos internos emplee aire comprimido, pero tome la precaución de retirar previamente la cinta de tinta, el cartucho o el tóner (dependiendo del modelo de impresora que tenga).

Al limpiar la impresora, tenga especial cuidado de que la espuma no ingrese en el interior.

El gabinete

Al igual que el monitor, el gabinete acumula en su interior una gran cantidad de polvo, además de la suciedad que se deposita sobre él. En este caso, la mejor opción es utilizar una buena cantidad de aire comprimido para limpiar la parte interna, mientras que para la cubierta, es posible usar espuma antiestática. Es importante que, una vez abierto el gabinete, tenga cuidado de no forzar ni quitar ningún componente interno.

1 Primero tome todas las precauciones necesarias: desenchufe la PC y desconecte los cables de la parte posterior. Luego, retire uno a uno los tornillos de la tapa del gabinete.

2 Aplique aire comprimido sobre los componentes, con el fin de eliminar la suciedad existente. Incluso, aplíquelo sobre las ranuras de la fuente de alimentación.

3 Coloque la tapa del gabinete y los tornillos. Rocíe espuma sobre la superficie (evite la zona posterior, y el frente de la disquetera y la lectora de CDs). Pase un paño seco y espere una hora antes de usarlo.

Trucos y Consejos

¡Cuidado!

Evite el uso de detergentes y, en general, cualquier producto líquido extraño para limpiar los componentes internos. En los comercios especializados encontrará accesorios para la limpieza de equipos de computación. Elija el más adecuado a su presupuesto y necesidad. Recuerde que, cuando más cuide a su equipo, más provecho obtendrá de él.

Claves para mantener la PC saludable

 Intente no exponer la computadora a la luz solar directa.

 No coloque el gabinete sobre el suelo.

 Evite comer, fumar y beber mientras usa la PC.

 No coloque el equipo en lugares sin ventilación.

 Procure no tocar la pantalla.

 Utilice una alfombra o mousepad para desplazar el mouse.

 Evite apoyar objetos sobre el equipo.

 Cubra los componentes con una funda, mientras no los usa.

 Mantenga alejados de la PC elementos que generen carga estática.

WINDOWS

¿Qué es Windows?

Sepa cómo funciona el sistema operativo más usado en la actualidad, con el que dirigirá el trabajo general de su PC.

Windows desempeña un papel fundamental dentro de la PC. Seguramente, más de una vez habrá oído hablar de él, pero, ¿qué es lo que lo distingue de las demás aplicaciones y qué es lo que lo hace tan importante? En principio, deberíamos hacer una diferenciación en cuanto al tipo de programa de que se trata: Windows es un **sistema operativo**, es decir, el programa encargado de manejar la PC en su totalidad. Además, es el sistema que utiliza la mayoría de los usuarios de computadoras personales, y lo más probable es que sea el que usted tenga instalado en su equipo.

El sistema operativo

Para que una computadora pueda funcionar, necesita un sistema operativo; sin él, carece de toda utilidad. El sistema operativo es el programa encargado de la administración general de la PC, y sus funciones básicas son:

- En primer lugar, se ocupa de manejar la relación entre el usuario y los recursos de la computadora: la pantalla, el teclado, la impresora, el mouse, los soportes de almacenamiento, los programas, los documentos, etc.
- Por otro lado, coordina las relaciones entre las distintas aplicaciones, permitiendo, entre otras cosas, que se pueda trabajar con más de una a la vez e intercambiar información entre ellas.

En la actualidad, la oferta de sistemas operativos para computadoras personales no es demasiado amplia. La mayoría de las PCs hogareñas cuentan con Windows (ya sea en su última versión o en alguna anterior). De todas maneras, existen otras "marcas" de sistemas operativos especialmente diseñados para realizar tareas específicas, como el trabajo en redes. Por otra parte, hace unos años surgió un sistema operativo que está ganando una gran cantidad de adeptos entre usuarios avanzados: Linux (es gratuito y tiene recursos bastante poderosos, aunque es más complicado de usar).

A lo largo de esta sección aprenderá a utilizar los recursos de Windows, y los conocimientos que adquiera le serán muy útiles para el trabajo general con los programas y con los archivos que vaya generando. Además, verá cómo optimizar sus tareas, y descubrirá que el manejo de este sistema operativo resulta muy sencillo.

En esta clase... (15')

> **Conocerá:**

Qué es un sistema operativo.

Las novedades de Windows XP.

Aspectos de la instalación y actualización.

Cómo utilizar Windows.

El sistema operativo, en este caso Windows XP, le da la apariencia general a su PC, y se encarga de administrar los recursos que necesita para utilizar las aplicaciones. Incluso, permite realizar varias tareas a la vez: escribir un texto, leer mensajes, escuchar música, hacer cálculos, etc.

Windows XP

El funcionamiento general del sistema operativo es bastante similar en todas las versiones. Sin embargo, Windows XP, la última versión, lanzada a fines del año 2001, incorpora una gran cantidad de novedades.

Los cambios más importantes son los tendientes a lograr un uso más sencillo e intuitivo. Además, incorpora algunas modificaciones en el diseño general de la interfase. Veamos las principales novedades de Windows XP:

- Mejoras importantes en la estabilidad del sistema, para trabajar con más seguridad, y evitar la pérdida involuntaria de archivos y componentes.
- Facilidad en su utilización, debido a la incorporación de tutoriales que lo ayudarán a llevar a cabo algunas tareas, solicitándole paso a paso la información necesaria para, por ejemplo, instalar un nuevo componente.
- Posibilidad de compartir la PC entre varios usuarios, manteniendo la confidencialidad de la información. De este modo, por ejemplo, usted podrá compartir la misma computadora con los demás integrantes de su familia, y cada uno podrá tener sus documentos y personalizar el funcionamiento del sistema operativo sin interferir en el trabajo de los otros.
- Menú Start mejorado, que organiza los elementos de su PC de un modo inteligente. Muestra, en primer lugar, las aplicaciones más importantes y aquellas que utilice con mayor frecuencia.
- Windows Media Player permite realizar las actividades multimedia en un mismo programa: reproducción de CDs y DVDs, y grabación de CDs, entre otras. También incluye una interfase más flexible y fácil de usar (ver **p .133**).
- Tratamiento de las imágenes de modo más eficaz, que permite ver la lista de fotografías de una carpeta y, directamente desde allí, realizar algunas tareas como ordenar, imprimir, girar, buscar, publicar en Internet, comprimir para enviar por correo electrónico, etc.
- Asistente para efectuar búsquedas de archivos en toda la PC y facilitar la localización de los distintos elementos.

Las presentaciones de Windows XP

La última versión de Windows se presenta en dos versiones: una para usuarios hogareños y otra para usuarios profesionales. La gran novedad de este lanzamiento es que ambas presentaciones están basadas en la misma estructura y tienen un funcionamiento similar (a diferencia de lo que sucedía antes con las versiones **Millennium,** para usuarios hogareños, y **2000,** para profesionales).

Windows XP Home Edition es la versión que seguramente utilizará en su PC, y está desarrollada para facilitarle el trabajo y obtener mayor beneficio de todos los recursos disponibles. En cambio, **Windows XP Professional** incluye algunas características avanzadas para el trabajo en redes corporativas. Al margen de las herramientas que agrega, funciona de manera similar a la versión para hogares.

Preguntas frecuentes

¿Puedo instalar Windows XP en mi computadora?

Para la instalación de Windows XP Home Edition deberá tener en cuenta los requerimientos mínimos de hardware. En la siguiente tabla encontrará tanto los requisitos mínimos como los recomendados. Estos parámetros le indicarán si le conviene o no instalar este sistema operativo; recuerde que no sólo deberá "poder" instalarlo, sino que también deberá lograr que funcione correctamente.

	Mínimos	Recomendados
Procesador	233 MHz	300 MHz
Memoria RAM	64 MB	128 MB
Espacio en disco duro	1.5 GB	1.5 GB
Unidades	CD-ROM	CD-ROM o DVD
Monitor	Súper VGA 800 x 600 pixeles	Súper VGA 1024 x 768 pixeles

La instalación

En general, Windows viene instalado en la PC en el momento de adquirirla, pero asegúrese de que sea así antes de comprar el equipo. En caso contrario, deberá solicitar a un técnico que lo instale. Si bien no se trata de una tarea demasiado complicada, instalar el sistema operativo desde cero requiere tener ciertos conocimientos de informática,

de modo que si cuenta con la ayuda de una persona especializada, se ahorrará bastante trabajo.

Actualización

Puede ocurrir que usted tenga instalada una versión anterior del sistema operativo y quiera actualizarla para trabajar con Windows XP (en primer lugar, deberá estar seguro de que su computadora

está preparada para esta versión, como se indica en el recuadro de la página anterior). En este caso, sólo deberá insertar el CD-ROM correspondiente (necesitará adquirir la versión de actualización) en la lectora y seguir las instrucciones que se presentan en pantalla. El proceso total demorará alrededor de una hora, dependiendo del estado general de su equipo.

Usuarios

Una de las principales mejoras de esta versión de Windows se relaciona con el trabajo de distintos usuarios en un mismo equipo. Ahora, cada vez que utilice Windows, lo hará bajo un nombre de usuario determinado. Esto significa que todas las tareas que realice y los cambios que efectúe en la personalización se guardarán bajo ese nombre. De esta manera, es posible que varias personas trabajen en la misma PC, cada una con su propia configuración.

Al finalizar la instalación, Windows XP le solicitará que genere por lo menos un usuario, para lo cual tendrá que ingresar la denominación que quiere utilizar (puede ser su nombre o un apodo).

También podrá configurar otras opciones (como una contraseña o una imagen característica para cada usuario), que se verán en detalle en **p. 117**. Así, cada vez que encienda su computadora, Windows le solicitará que se identifique (seleccionando alguno de los usuarios disponibles) e ingrese su clave, si es que asignó alguna.

La posibilidad de generar distintos usuarios permite que cada uno configure sus preferencias sin interferir en las tareas de los demás. Así, podrá compartir la PC con otros miembros de su familia sin que surjan conflictos. Su nombre de usuario aparecerá en la parte superior del menú Start.

Activación de Windows XP

Una vez instalado el sistema operativo, el siguiente paso que deberá realizar es activarlo. Este proceso resulta imprescindible para la posterior utilización de Windows y es el medio al que recurre Microsoft (la empresa creadora de este sistema operativo) para evitar la piratería de software. La activación se realiza rápidamente, y puede hacerse a través de Internet o de un llamado telefónico

(en ambos casos, un asistente le indicará paso a paso cómo hacerlo). No es necesario ingresar ninguna información personal; el único dato que se comprueba es que el software que usted está instalando sea original, y que no haya más de un usuario utilizando la misma copia. En caso de no activar el producto, al cabo de unos días éste dejará de ser funcional.

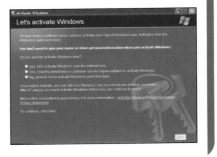

Utilizar Windows

Una vez que encienda su computadora, ya estará trabajando con Windows. Notará que la interfase con la que deberá interactuar (lo que ve en la pantalla, el aspecto que se presenta en el monitor) resulta muy clara.

Básicamente, usted dará órdenes y manejará la PC a través de

dos dispositivos: el mouse (**p. 26**) y el teclado (**p. 24**). En **p. 79** conocerá en detalle los distintos elementos de Windows con los cuales realizará cada tarea.

Al empezar a trabajar, encontrará un fondo liso llamado **Desktop** (**Escritorio**) (que podrá personalizar, como aprenderá en **p. 111**), una barra en la parte inferior de la pantalla y uno o algunos dibujos pequeños con leyendas en su parte inferior (los iconos). Además, verá una flecha blanca que se desplazará al mover el mouse. Por medio de ella podrá ir seleccionando los distintos elementos que se encuentran en el Desktop y en los programas, desplazando el mouse y haciendo clic con él. En **p. 86** verá más detalles sobre la utilización del mouse. Debido a que todos los componentes se despliegan, seleccionan y manejan de forma visual, se suele decir que la interfase de Windows es "gráfica".

Apagar la PC

Un requisito importante para el trabajo con la PC es que, al terminar de utilizarla, deberá cerrar el sistema operativo. Este paso es necesario porque si apaga la PC sin salir de Windows, pueden surgir algunos inconvenientes. Para evitarlos, entonces, cuando quiera apagar su computadora, haga clic sobre el botón **Start** y, del menú que se despliega, elija **Shut down**. Se abrirá un cuadro de diálogo con varias opciones; pulse en Shut down. Espere unos segundos hasta que aparezca en pantalla un mensaje avisando que ya puede apagar el equipo con seguridad.

Algunas computadoras (las más modernas) se apagan solas al realizar esta operación. Si éste no es su caso, una vez que aparezca el mensaje, deberá presionar el botón de encendido (en general, denominado **Power**), que se encuentra en el frente del gabinete.

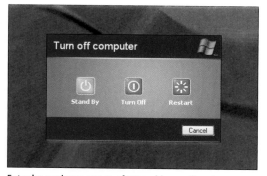

Entre las opciones que se ofrecen al hacer clic sobre Start/Shut Down equipo, elija Turn Off. Al cerrar el sistema, un mensaje le indicará que puede apagar la PC sin problemas.

Windows Millennium

Las explicaciones que encontrará en este curso están basadas en Windows XP, la última versión del sistema operativo, lanzada a fines del año 2001.

De todas formas, si usted tiene instalada en su computadora una versión anterior, no tendrá inconvenientes para utilizarla, ya que los conceptos que se tratan en este curso acerca del funcionamiento de este sistema operativo pueden aplicarse en computadoras que posean Windows 98 o Millennium.

Sin embargo, en los casos en los que las explicaciones o procedimientos sean sustancialmente

distintos, encontrará un recuadro similar a éste, en el que se indicará la diferencia y se aclarará la forma de realizar ese pro-

cedimiento en la versión anterior, Windows Millennium (bastante similar a Windows 95 y Windows 98).

En muchos casos, los cambios en la nueva versión se dan en la forma en la que se presentan las opciones y comandos. Por ejemplo, el botón Start de Windows Millennium está organizado de manera diferente que el de XP, pero, básicamente, contiene los mismos elementos.

Los elementos de Windows

Algunos conceptos básicos que lo guiarán tanto en el trabajo con el sistema operativo como con el resto de los programas.

Windows se convirtió en el sistema operativo más popular. Esta característica se debe, en gran medida, a la facilidad con que se utilizan algunos de sus elementos básicos. Así, conociendo ciertos aspectos del funcionamiento general y sus principales componentes, es posible manejar Windows de forma total.

En esta sección conocerá los elementos básicos de Windows, que le permitirán comprender cuál es su organización y modo de funcionamiento.

Por supuesto, más adelante verá cómo realizar cada una de las tareas en profundidad. Pero estos primeros conceptos sobre Windows le darán la posibilidad de trabajar sin problemas, tanto con el sistema operativo como con los demás programas.

Iniciar Windows

Como ya se habrá dado cuenta, al encender la PC, automáticamente se carga Windows. Entonces, en un primer paso, debe indicar su nombre de usuario y contraseña (si la utiliza). Luego, se presenta el **Desktop**, el punto de partida para trabajar con la computadora y los distintos programas.

Sobre el Desktop, y a partir de él, se realizan todas las tareas de Windows. Por ejemplo, cuando se utiliza un procesador de texto (en **p. 149** conocerá su funcionamiento), éste se abre en una ventana sobre el Desktop. Lo mis-

mo ocurre con el resto de las aplicaciones y ventanas que se despliegan (ya sea que quiera visualizar el contenido de un CD o configurar alguna opción).

El Desktop nunca se cierra (sólo cuando apaga el equipo), y siempre se mantiene por debajo de las otras pantallas que vaya abriendo.

Otro de los elementos que utilizará en su trabajo cotidiano con la PC es el **botón Start**, que se encuentra en el ángulo inferior izquierdo de la pantalla. Al desplegarlo, podrá acceder a todas las opciones disponibles: programas, documentos, carpetas, unidades de almacenamiento, configuración de los distintos componentes, ayuda, etc.

En esta clase... ⏱30'

> **Conocerá:**

El Desktop.

El funcionamiento del botón Start.

La Taskbar.

Teclas de acceso rápido.

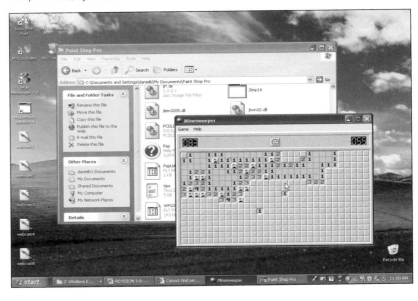

Desktop (el Escritorio)

Cuando comience a trabajar con Windows XP, notará que el Desktop incluye unos pocos componentes:

- **Fondo o Desktop propiamente dicho**: es el espacio que se utiliza para abrir los elementos. Además, allí se colocan los iconos de los programas o archivos, para tener un acceso más rápido a ellos.

- **Iconos**: son los pequeños dibujos que se ubican sobre el fondo. Un icono está formado por dos elementos: el icono en sí mismo (el dibujo) y su nombre. Por ejemplo, un icono puede representar a un programa, y contener el logotipo que lo identifica y su nombre. De esta forma, al hacer doble clic allí, el programa se abrirá (el icono está relacionado con el archivo correspondiente para ejecutarlo). En Windows XP, al comienzo sólo verá el icono de la

Recycle bin (**p. 105**), pero en **p. 115** aprenderá cómo agregar más iconos al Desktop.

- **Taskbar** (Barra de Tareas): en este lugar verá todas las aplicaciones que esté utilizando y las ventanas que se encuentren abiertas. Recuerde que una de las principales ventajas de Windows es la posibilidad de realizar varias tareas simultáneamente.

- **Botón Start**: desplegando este botón, hallará todas las opciones del sistema, tanto los programas instalados, como el acceso a las carpetas de archivos y a las funciones de configuración.

Trucos y Consejos

Ver el Desktop

Si tiene muchas ventanas abiertas y desea ver el Desktop rápidamente, puede hacerlo en un solo paso presionando <Windows> + <M>.

Guardar elementos en el Desktop

El Desktop de Windows también se comporta como una carpeta más dentro del disco duro. Esto significa que allí es posible guardar documentos y generar carpetas, y así tener un acceso rápido a estos elementos. Para hacerlo, en el momento de guardar un archivo (ver **p. 159**), simplemente deberá seleccionar el Desktop como ubicación. Tenga en cuenta que todo lo que guarde en este sector se verá como un icono. Por lo tanto, trate de no colmarlo de elementos, ya que se estaría complicando la organización y facilidad de acceso.

El Desktop de Windows XP

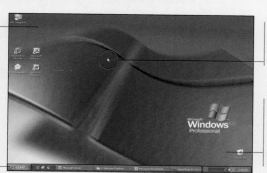

Desktop, puede ser de un color liso o incluir una imagen para visualizar como fondo. En **p. 111** verá todas las opciones para personalizar Windows.

Botón Start, para acceder al menú desde donde se realiza la mayoría de las tareas.

Taskbar, donde verá las distintas ventanas que se encuentran abiertas (carpetas, programas, etc.).

Cursor o puntero, se utiliza para seleccionar los objetos y se mueve por medio del mouse.

Recycle bin, donde se guardan los archivos que se van borrando. Actúa como un sistema de seguridad, ya que si elimina un archivo, y luego se arrepiente, puede recuperarlo. Su funcionamiento se verá en detalle en **p. 105**.

Notification Area, donde se visualizan la hora actual, y algunos iconos de configuración y de programas que están activos, pero sin necesidad de que se encuentren abiertos.

El Desktop en Windows Millennium

Como ya adelantamos, tanto Windows Millennium como las versiones anteriores funcionan de un modo bastante parecido a Windows XP, por lo que comprender la organización general y el manejo de los elementos principales le servirá para cualquier versión. Sin embargo, notará algunos cambios en el aspecto general del Desktop (especialmente en los colores y las formas).

Además de las diferencias visuales, verá que en el Desktop de Windows Millennium hay varios iconos que se utilizan para acceder a los programas y a las ubicaciones de archivos más comunes (My Computer, My Documents, My Networks Places), mientras que en Windows XP se ingresa en ellos desde el menú Start.

En esta misma página encontrará una guía visual para conocer las principales diferencias.

En **p. 111** aprenderá la forma de personalizar el Escritorio en todas las versiones del sistema operativo.

Los elementos de Windows Millennium

Acceso a la carpeta My Documents.

Desktop de Windows.

Acceso a My Computer, desde donde puede ingresar en las distintas unidades de almacenamiento.

Si su PC está conectada a una red, podrá ver los recursos de las demás computadoras.

Acceso a la Recycle bin (Papelera de reciclaje).

Cursor o puntero.

Notification Area.

Despliega el menú Start.

Quick Launch (barra de inicio rápido), que contiene accesos directos a algunos programas, para ejecutarlos con un clic.

Espacio para las ventanas que se estén ejecutando.

Menú Start (Inicio)

Al presionar el botón Start, se despliega un menú que contiene todas las tareas que se pueden realizar con su PC: abrir los diferentes programas, ver el contenido de las carpetas, buscar archivos, configurar y personalizar los distintos componentes y abrir alguno de los últimos archivos usados, entre otras opciones. Además, también se incluyen los comandos para Cerrar la sesión y Apagar el equipo.

En Windows XP, el menú Start es "inteligente", ya que tiene la capacidad de modificarse para mostrar los programas más utilizados y aquellos que fueron abiertos últimamente. De esta manera, por ejemplo, para acceder al navegador, sólo deberá hacer clic sobre la opción correspondiente del menú Start, sin necesidad de buscar el programa en el listado de todas las aplicaciones instaladas.

Usar el menú Start

Para seleccionar cualquiera de las opciones del menú Start, sólo deberá hacer clic sobre la que quiera abrir.

Además, recuerde que aquellas que tienen una flecha a la derecha incluyen opciones secundarias, que podrá visualizar haciendo clic allí. Por ejemplo, si presiona Games, verá que se despliegan todas las opciones con los entretenimientos disponibles.

Trucos y Consejos

Desplegar el menú Start

Puede desplegar el menú Start rápidamente, en cualquier momento, presionando la tecla <Windows> del teclado.

El menú Start

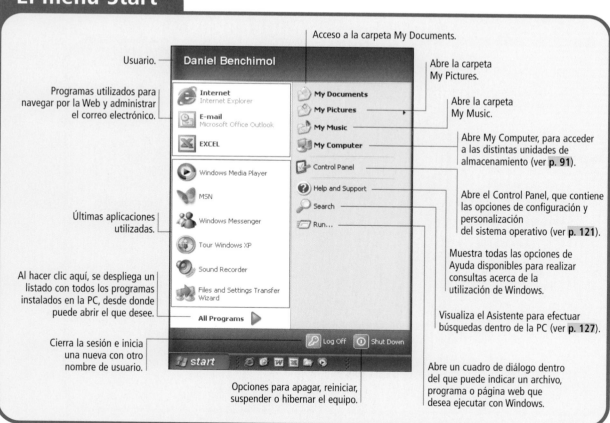

Acceso a la carpeta My Documents.

Usuario.

Daniel Benchimol

Programas utilizados para navegar por la Web y administrar el correo electrónico.

Internet
Internet Explorer

E-mail
Microsoft Office Outlook

EXCEL

Windows Media Player

MSN

Windows Messenger

Tour Windows XP

Sound Recorder

Files and Settings Transfer Wizard

Últimas aplicaciones utilizadas.

Al hacer clic aquí, se despliega un listado con todos los programas instalados en la PC, desde donde puede abrir el que desee.

All Programs

Cierra la sesión e inicia una nueva con otro nombre de usuario.

My Documents

My Pictures

My Music

My Computer

Control Panel

Help and Support

Search

Run...

Log Off   Shut Down

start

Abre la carpeta My Pictures.

Abre la carpeta My Music.

Abre My Computer, para acceder a las distintas unidades de almacenamiento (ver **p. 91**).

Abre el Control Panel, que contiene las opciones de configuración y personalización del sistema operativo (ver **p. 121**).

Muestra todas las opciones de Ayuda disponibles para realizar consultas acerca de la utilización de Windows.

Visualiza el Asistente para efectuar búsquedas dentro de la PC (ver **p. 127**).

Abre un cuadro de diálogo dentro del que puede indicar un archivo, programa o página web que desea ejecutar con Windows.

Opciones para apagar, reiniciar, suspender o hibernar el equipo.

Configurar el menú Start

Las principales opciones de visualización del menú Start pueden configurarse para adaptarlas al gusto y las necesidades de cada usuario.

En primer lugar, es posible elegir que el menú Start se visualice y organice tal como en las versiones anteriores de Windows (ver, por ejemplo, la guía visual del menú Inicio de Windows Millennium).

Para ingresar en estas opciones, presione el botón derecho del mouse sobre el botón Start y, del menú que se despliega, elija **Properties**. En el cuadro de diálogo que se abre, marque alguna de las dos opciones (Start Menu o Classic Start Menu).

También, presionando el botón **Customize...**, puede elegir si desea que los iconos se vean grandes o pequeños, la cantidad de programas recientes que se visualizarán, y qué aplicaciones usar para la Web y el manejo del correo electrónico.

Seleccionando **Classic Start menu**, podrá visualizar el menú Start como en las versiones anteriores.

Ingresando en **Customize...** podrá configurar los elementos que se presentan.

Windows Millennium

El menú Start en las versiones anteriores

Además de los cambios en el aspecto general de Windows, el menú Start de Windows Millennium muestra las opciones organizadas de distinta manera. La principal diferencia es que el menú no se modifica según los últimos programas usados (sólo el menú Documents, que muestra los últimos archivos abiertos).

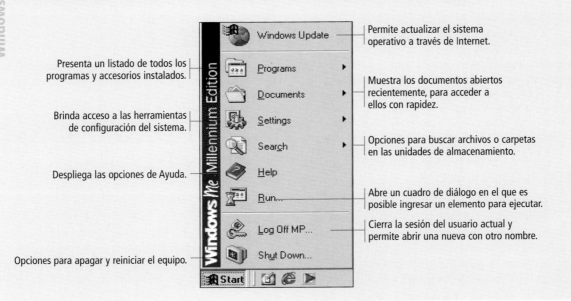

Permite actualizar el sistema operativo a través de Internet.

Presenta un listado de todos los programas y accesorios instalados.

Brinda acceso a las herramientas de configuración del sistema.

Despliega las opciones de Ayuda.

Opciones para apagar y reiniciar el equipo.

Muestra los documentos abiertos recientemente, para acceder a ellos con rapidez.

Opciones para buscar archivos o carpetas en las unidades de almacenamiento.

Abre un cuadro de diálogo en el que es posible ingresar un elemento para ejecutar.

Cierra la sesión del usuario actual y permite abrir una nueva con otro nombre.

Taskbar (Barra de Tareas)

Como ya vimos al comienzo de esta clase, en la Taskbar se muestran todos los elementos que están abiertos (en ventanas), de modo que, desde allí, usted puede visualizar o poner en primer plano el que le interese o con el que necesite trabajar.

En **p. 87** aprenderá todo lo relativo al trabajo con las ventanas. Por ejemplo, verá que cualquier elemento que abra en su PC se presenta en una ventana independiente. De esta forma, puede tener abiertos simultáneamente varios documentos de Word, una planilla de Excel, el programa de correo electrónico, el contenido de distintas carpetas, etc. Cada uno de estos elementos aparecerá en una ventana, que estará representada por un icono en la Taskbar.

Si quiere visualizar o trabajar con alguna de las ventanas abiertas, sólo haga clic en el elemento que la representa en la Taskbar, con el fin de que se coloque en primer plano y así pueda acceder a ella. Además, en Windows XP, los elementos similares (todos los documentos de Word, todas las carpetas) se agrupan en el mismo icono de la Taskbar para ocupar menos espacio.

En caso de que quiera acceder a un elemento que esté agrupado con otros semejantes, haga clic en él y, en las opciones que se despliegan, elija la que desee (verá los nombres de los documentos, archivos o carpetas que han sido agrupados).

Para acceder a alguna de las ventanas que se encuentran abiertas, sólo tiene que hacer clic sobre la representación del elemento en la Taskbar. De esta forma, la ventana pasará a primer plano (por encima del resto) y podrá trabajar con ella.

Si las ventanas están agrupadas, haga clic sobre el elemento de la Taskbar y, de las opciones que se despliegan, elija la que desee haciendo clic en ella.

Ventanas anaranjadas en la Taskbar

En ciertas ocasiones, notará que aparecen algunas ventanas de color anaranjado en la Taskbar. Por ejemplo, si tiene minimizada una ventana con una sesión de teleconferencia usando ICQ, Messenger o cualquier otro mensajero instantáneo (**p. 263**), cada vez que reciba un mensaje, el cambio de color se lo notificará (además, aparecerá titilando). Lo mismo ocurre cuando un programa que se encuentra minimizado finaliza una tarea o cuando surge algún mensaje de error, para avisarle lo ocurrido.

Trucos y Consejos

<Alt> + <Tab>

Si desea pasar rápidamente de una ventana abierta a otra, sin usar el mouse (para elegirla de la Taskbar), puede utilizar la combinación de teclas <Alt> + <Tab>.

En caso de que tenga dos o más ventanas abiertas, al utilizar esta combinación verá un pequeño recuadro en el centro del Desktop, con los iconos de las ventanas.

Cada vez que pulse estas teclas irá pasando por cada ventana, así que presiónelas la cantidad de veces necesarias para llegar a la que quiera.

Notification Area

En el sector derecho de la Task bar se encuentra la llamada Notification Area (Área de notificación). En ella se muestran la hora actual (la que esté configurada en su computadora), junto a otros iconos correspondientes a algunos programas, configuraciones del sistema o avisos (cuando llega un mensaje de correo nuevo verá el icono del programa administrador de mails en este sector).

En principio, sólo verá los iconos activos (aquellos que estén en uso o se hayan usado recientemente); si presiona el botón **Show hidden icons**, todos aparecerán por un instante, y se volverán a ocultar para ahorrar espacio en la Taskbar. Puede hacer que todos estén siempre visibles si ingresa en Properties, del menú que se despliega haciendo clic derecho sobre este sector.

Para ver u ocultar los iconos del Área de notificación, simplemente presione el botón Show hidden icons.

 Windows Millennium

Una Taskbar distinta

La Taskbar de Windows Millennium presenta varias diferencias operativas, aunque el concepto general de trabajo para administrar las ventanas abiertas es similar. Veamos los principales cambios:

- Cada ventana abierta está representada por separado (es decir que no se agrupan como sucede en Windows XP).
- El Área de notificación queda siempre abierta, sin ocultar los iconos inactivos. De esta forma, según la cantidad de iconos que allí se incorporen, esta zona puede ocupar gran parte de la Taskbar, quitando espacio a los demás elementos.
- Otra opción de Windows Millennium es la Quick Launch (barra de acceso rápido), ubicada a la derecha del botón Start, desde donde es posible abrir alguno de los programas más usados.

Teclas rápidas

Quienes prefieran no quitar las manos del teclado mientras están trabajando, tienen la opción de dar las órdenes mediante combinaciones de teclas. Esta posibilidad se conoce como "teclas rápidas" o "shortcuts".
Si bien cada programa tiene combinaciones propias para sus comandos, veamos algunas que le servirán para el trabajo general con Windows y con la mayoría de las aplicaciones:

Ver la Ayuda del programa	<F1>	Deshacer la última acción	<Control> + <Z>
Salir de un programa	<Alt> + <F4>	Abrir Explorador	<Windows> + <E>
Cortar el elemento seleccionado	<Control> + <X>	Buscar archivos	<Windows> + <F>
Copiar el elemento seleccionado	<Control> + <C>	Visualizar el Escritorio	<Windows> + <M>
Pegar el elemento copiado o cortado	<Control> + <V>	Cerrar sesión y cambiar de usuario	<Windows> + <L>

El puntero del mouse

Puntero normal

La mayoría de las veces, el puntero adopta la forma normal, una flecha de color blanco, apuntando hacia arriba y hacia la izquierda. Es el que se usa para hacer "clic", "doble clic", mover objetos, etc.

Trabajando en segundo plano

Si el puntero adquiere esta forma (flecha blanca con un reloj de arena), significa que la PC se encuentra procesando datos, pero aun así tiene la posibilidad de seguir trabajando en esa misma aplicación.

Ocupado

Cuando toma la forma de un reloj de arena, significa que la PC está trabajando. Mientras tanto, no puede realizar otras acciones, de modo que deberá esperar a que finalice. Si al moverlo hacia otra ventana o al Escritorio, adquiere la forma normal, puede seguir realizando otras tareas a la vez que la computadora continúa con la operación anterior.

Selección de hipervínculo

Cuando el cursor adopta la forma de una "mano", al hacer clic sobre un texto o imagen, se dirigirá hacia "otro lugar". Esto ocurre, sobre todo, con las páginas web, pero la utilización de hipervínculos (ver **p. 247**) está muy difundida en todas las aplicaciones (incluso muchas opciones de ayuda se manejan de esta forma).

Acciones con el mouse

Aunque hay mouses que poseen botones adicionales, la mayoría de estos dispositivos cuentan con dos botones principales (uno izquierdo y otro derecho) que permiten llevar a cabo distintas acciones:

Clic

Consiste en apoyar el puntero del mouse sobre algún lugar de la pantalla (botón, menú, opción, etc.) y presionar una vez (y soltar) el botón izquierdo.

Doble clic

Significa apoyar el puntero en algún lugar de la pantalla (por ejemplo, sobre un icono, para abrir un programa) y presionar dos veces seguidas el botón izquierdo, de forma rápida y continua. Si bien al principio parece un poco difícil hacerlo rápidamente, se acostumbrará luego de un poco de práctica.

Clic derecho

Implica apoyar el puntero sobre algún elemento y presionar una vez el botón derecho del mouse. Más adelante veremos la utilidad de este botón, pero es importante aclarar que es secundario: siempre que se indique hacer clic sobre un objeto, deberá hacerlo con el botón izquierdo; el derecho se reserva para casos puntuales que serán aclarados expresamente.

Arrastrar y soltar

Equivale a apoyar el puntero sobre un objeto, hacer clic y, sin soltar el botón izquierdo, mover el objeto (desplazando el mouse) hacia otro lugar. Al soltar el botón, el elemento quedará en su nueva ubicación.

Las ventanas

El trabajo con Windows se basa en el concepto de ventanas. Al conocer su funcionamiento y manejo, dominará gran parte del sistema operativo.

La palabra ***windows***, en inglés, significa ventanas. Y, como se imaginará, el nombre del sistema operativo no está asignado al azar. Justamente, la principal característica de Windows es la utilización de ventanas para realizar todas las tareas. Las ventanas no son otra cosa que marcos rectangulares en donde se muestra cierto contenido. Se trata de un concepto fundamental, y cuando se familiarice con él, habrá logrado gran parte del dominio del sistema operativo.

Cada vez que ejecuta un programa, Windows abre una ventana. Si abre un documento, lo verá dentro de una ventana. Cuando trata de visualizar el contenido de un CD, aparece una ventana con los distintos archivos. En general, al hacer clic o doble clic sobre un objeto (icono, botón, etc.), se abre una ventana.

Como ya vimos, otra característica de Windows es la posibilidad de realizar varias tareas simultáneamente, lo cual se logra ejecutando cada trabajo en una ventana diferente. Así es como el Escritorio (**p. 80**) se cubre de ventanas que se superponen unas con otras. En esta sección aprenderá todo lo relativo al manejo general de las ventanas, que le permitirá optimizar su trabajo con Windows.

Tipos de ventanas

De acuerdo con los elementos que incluyen, básicamente, encontrará dos tipos de ventanas bien diferenciadas: aquellas que muestran el contenido de

una unidad de almacenamiento y las que muestran programas.

Las primeras tienen características similares (varían algunas opciones según el tipo de archivos que se visualizan): menú, barra de herramientas, contenido, etc., tal como se verá en **p. 91**.

Por el contrario, las ventanas en las que se abren los programas adoptan los elementos propios de cada aplicación: opciones, menús, barras de herramientas, etc.

Más allá del tipo de elementos que contenga (aprenderá todo lo relativo a los distintos programas en los capítulos Software y Aplicaciones, y el manejo de archivos en **p. 101**), hay algunos conocimientos que le serán útiles para la organización general de todas las ventanas y de Windows.

En esta clase... (15')

> **Aprenderá:**

Sobre la organización en ventanas.

A mover y modificar el aspecto de las ventanas.

> **Necesitará:**

Conocer el funcionamiento de la Taskbar (**p. 84**).

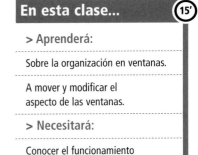

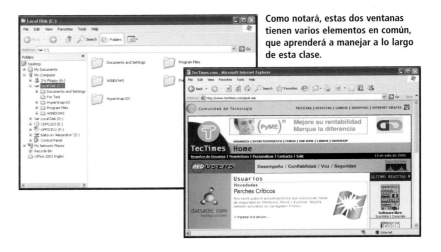

Como notará, estas dos ventanas tienen varios elementos en común, que aprenderá a manejar a lo largo de esta clase.

Organizar las ventanas

Si bien Windows permite tener varias ventanas abiertas simultáneamente, lo cierto es que sólo es posible trabajar en una a la vez. Supongamos que tiene abiertos un documento de Word, una planilla de Excel y una ventana con el contenido de la carpeta My Documents. Para escribir texto, deberá hacer que la ventana de Word pase al primer plano (se colocará por enci-

ma de las demás, en caso de que haya varias superpuestas), y entonces empezar a trabajar allí. Para ingresar un valor en la planilla, tendrá que activar la ventana de Excel, y luego escribirlo. Este cambio entre una ventana y otra se realiza rápidamente y permite la interacción entre distintos elementos: mover archivos de una carpeta a otra, copiar texto de un documento a otro, etc.

Cuando abre varias ventanas en el Desktop, éstas se superponen. En **p. 84** conoció el funcionamiento básico de la Taskbar, que permite manejar los elementos que se encuentran en el Desktop. A continuación, veremos otros detalles que le permitirán tener un manejo más específico de las distintas ventanas en Windows.

Como sólo puede haber una ventana activa (con la que está trabajando), ésta se verá en primer plano, por encima del resto. Además, el icono de esta ventana aparecerá como si estuviera presionado en la Taskbar, y el color de su barra de Título será más intenso que el de las otras.

Las demás ventanas pueden quedar atrás, en espera o inactivas, o "minimizadas", es decir, abiertas pero sin ocupar espacio en el Desktop, hasta que son activadas.

Para comenzar o volver a trabajar con una ventana que no se encuentre en primer plano, simplemente deberá presionar su icono de la Taskbar, tal como vimos en **p. 84**, o hacer clic sobre el interior de la ventana en caso de que esté a la vista.

Los estados de las ventanas

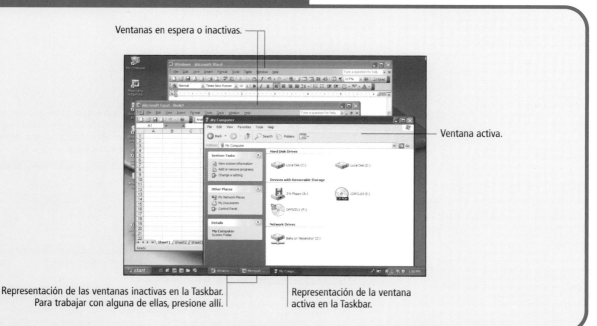

Ventanas en espera o inactivas.

Ventana activa.

Representación de las ventanas inactivas en la Taskbar. Para trabajar con alguna de ellas, presione allí.

Representación de la ventana activa en la Taskbar.

El tamaño de las ventanas

Si bien usted puede asignar un tamaño personalizado a las distintas ventanas (como verá a continuación), existen tres estados diferenciados en relación a las dimensiones del Desktop:

- **Ventana maximizada**: es una ventana que ocupa todo el espacio disponible; es decir, toda la pantalla, exceptuando la Taskbar.
- **Ventana minimizada**: la ventana está abierta pero no visible; se reduce a un botón en

la Taskbar, que, al presionarlo, devuelve la ventana a su tamaño original.

- **Ventana de tamaño intermedio**: es la forma de personalizar el tamaño, para que ocupe sólo una parte del Desktop.

Los botones de control

Utilizando los botones que se encuentran en el ángulo superior derecho de todas las ventanas, puede cambiar su estado rápidamente:

- El de la izquierda se utiliza para minimizar la ventana.
- El del medio, para maximizarla (si tiene otro tamaño o está minimizada) o restaurarla (si está maximizada). Al restaurar una ventana que está minimizada o maximizada, ésta adquiere el tamaño que usted le asignó antes de haberla maximizado o minimizado.
- El botón de la derecha, representado por una X, se utiliza para cerrar la ventana.

Cerrar programas y documentos

Cuando abra algún programa y, dentro de él, algún documento, verá que en la parte superior derecha aparecen dos botones para cerrar.

Si presiona el que se encuentra más arriba (en Windows XP, de color rojo), cerrará el programa (y también todos los archivos que se encuentran abiertos en él), mientras

que si presiona el de abajo, se cerrará sólo el documento, y se mantendrá abierto el programa para, por ejemplo, abrir otro archivo.

Si la ventana no está maximizada, el botón del medio permite maximizarla.

Si se encuentra maximizada, podrá restaurar el tamaño con el botón del medio, para volver al que tenía previamente.

Modificar el tamaño de la ventana

Luego de restaurar una ventana, puede personalizar su tamaño (esta acción no es posible si la ventana se encuentra maximizada).

Al posicionar el puntero del mouse sobre el borde de una ventana, éste cambia de forma, convirtiéndose en una flecha doble que le permite modificar su tamaño. Entonces, haga clic y, manteniendo presionado el botón del mouse, arrástrelo hasta lograr las dimensiones deseadas (hacia afuera para agrandarlo o hacia

adentro para achicarlo). Si realiza este procedimiento en el ángulo de la ventana, la modificará tanto horizontal como verticalmente, en la misma operación.

Puede cambiar el ancho, el alto o ambos parámetros simultáneamente, si coloca el mouse en uno de los ángulos de la ventana. El sentido que adopte la doble flecha le indicará la dimensión que se modificará.

Los elementos de las ventanas

Además de los botones de control, que se encuentran en el ángulo superior derecho, las ventanas poseen otros elementos comunes, que se utilizan para realizar diversas tareas, como los que veremos a continuación.

Barra de título

En este sector, de color azul, se especifica el nombre del programa o elemento abierto en esa ventana. Arrastrando esta barra, es posible desplazar la ventana de un lugar a otro (ver recuadro), mientras que si hace doble clic, puede maximizarla.

Scroll bars (Barras de desplazamiento)

Cuando el tamaño de la ventana no permite ver todo su contenido, aparecen las llamadas barras de desplazamiento, horizontales y/o verticales, según dónde se encuentre el contenido que no se visualiza en la pantalla en ese momento.

Barras de herramientas

En general, todas las ventanas poseen barras de herramientas, que agrupan las principales opciones disponibles.

Menús

Todas las opciones de una ventana o programa se encuentran agrupadas en la barra de menús, que se encuentra debajo de la barra de título. En la guía visual que se presenta en esta página, verá algunos detalles sobre los menús.

Utilizando las barras de desplazamiento horizontal y vertical, podrá visualizar los elementos de la ventana que no se ven en ese momento.

Mover una ventana

Para mover una ventana de un lugar a otro del Desktop, simplemente debe tomarla por la barra de título, ubicada en su borde superior, de color azul.

Una vez que ubicó el mouse en ese lugar, presione el botón izquierdo y, sin soltarlo, arrastre la ventana hasta su nueva posición y allí suéltelo.

Menús

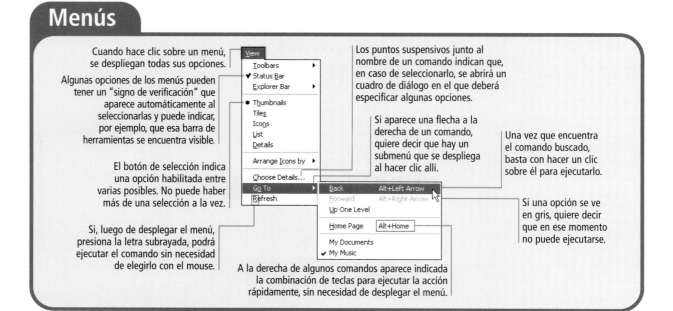

Cuando hace clic sobre un menú, se despliegan todas sus opciones.

Algunas opciones de los menús pueden tener un "signo de verificación" que aparece automáticamente al seleccionarlas y puede indicar, por ejemplo, que esa barra de herramientas se encuentra visible.

El botón de selección indica una opción habilitada entre varias posibles. No puede haber más de una selección a la vez.

Si, luego de desplegar el menú, presiona la letra subrayada, podrá ejecutar el comando sin necesidad de elegirlo con el mouse.

Los puntos suspensivos junto al nombre de un comando indican que, en caso de seleccionarlo, se abrirá un cuadro de diálogo en el que deberá especificar algunas opciones.

Si aparece una flecha a la derecha de un comando, quiere decir que hay un submenú que se despliega al hacer clic allí.

Una vez que encuentra el comando buscado, basta con hacer un clic sobre él para ejecutarlo.

Si una opción se ve en gris, quiere decir que en ese momento no puede ejecutarse.

A la derecha de algunos comandos aparece indicada la combinación de teclas para ejecutar la acción rápidamente, sin necesidad de desplegar el menú.

My Computer

Un aspecto muy importante dentro del trabajo habitual con Windows: las herramientas para visualizar el contenido de la computadora.

Usted ya sabe que cualquier elemento que quiera visualizar en su PC se muestra en una ventana. En **p. 87** hicimos una clasificación básica entre las ventanas que contienen programas y aquéllas que permiten visualizar el contenido de las unidades de almacenamiento.

En esta clase verá en profundidad todo lo relacionado con este último tipo de ventanas, destinadas a la exploración de carpetas y archivos. El manejo de este tema es fundamental, ya que le servirá en todo momento mientras trabaja con su PC: cuando necesite ubicar algún archivo, al guardar documentos desde los programas (**p. 159**), para copiar o mover elementos (**p. 101**), etc. El punto de partida para visualizar los elementos que están guardados en su computadora es, justamente, la carpeta **My Computer**. A partir de ella, podrá comenzar a explorar todas las unidades de almacenamiento, como veremos a lo largo de esta clase.

Abrir My Computer

Para ver el contenido de esta carpeta, debe presionar el botón Start y, del menú que se despliega, seleccionar la opción **My Computer**. Se abrirá una ventana que muestra las diferentes unidades de almacenamiento (**p. 37**) que tenga en su computadora: disco duro, disquetes, unidad de CD, DVD, etc.

La visualización que aparece por defecto (antes de que usted personalice o modifique la vista) divide las unidades

en **Hard Disk Drives** (los discos que se encuentran dentro del gabinete; en general, es uno) y **Devices with Removable Storage** (disquetes y unidad de CD son los principales).

Las unidades

Si bien cada unidad está representada por un icono que le indicará fácilmente de qué se trata, las unidades se identifican con distintas letras:

- El disco duro principal es la letra **C**. Si hay más discos duros, se los representa con las letras sucesivas: D, E, F, etc.
- Las unidades de disquete son las letras **A** y **B**. En general, sólo se utiliza la letra A.
- Los demás soportes de almacenamiento llevan las letras siguientes a las del disco duro: **D** para la unidad de CD, **E** para la lectora de DVD, **F** para el Zip (en caso de tener uno), etc.

En esta clase... 40'

> Conocerá:

Acerca de la organización en carpetas.

Cómo visualizar los diferentes tipos de archivos.

Las distintas operaciones y configuraciones.

Los menús y las barras de herramientas de las carpetas de exploración.

Windows Explorer.

Al abrir My Computer, verá todas las unidades de almacenamiento disponibles. Entre paréntesis se muestran las letras que identifican a cada una.

Carpetas y archivos

Dentro de las unidades de almacenamiento se guardan los archivos (**p. 147**) correspondientes a los programas y aquellos que vaya generando con su trabajo. Pero para mantener cierto orden, las unidades se estructuran jerárquicamente en distintas carpetas (folders).

De esta forma, por ejemplo, dentro del disco duro verá diferentes carpetas, cada una de las cuales contiene otras carpetas y distintos archivos. Así, Windows mantiene organizados los programas que se instalan (**p. 107**), y usted podrá conservar ordenados todos sus trabajos (generando, por ejemplo, una carpeta para sus documentos laborales, otra para los personales, etc., y, dentro de cada una de ellas, crear otras para dividir aún más la información). Usted decidirá qué organización le resulta más conveniente según el trabajo cotidiano que realice.

Abrir una unidad o carpeta

Para ver el contenido de una unidad, basta con hacer doble clic sobre el icono que la representa dentro de My Computer, y así pasará a visualizar, en la misma ventana, los elementos que incluye. Lo mismo sucede con las carpetas: haciendo doble clic en una, se abrirá y podrá ver sus componentes. De este modo, usted podrá ir recorriendo cada una de las carpetas y explorar el contenido de su PC.

Generar una nueva carpeta

Para organizar sus trabajos, lo mejor es ir guardando en distintas carpetas todos los archivos que genere. Podrá crear nuevas dentro de otra o, directamente, en la raíz del disco duro (es decir, sin colocarlas dentro de otra carpeta).

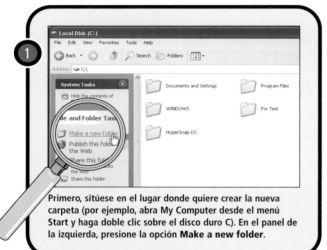

Primero, sitúese en el lugar donde quiere crear la nueva carpeta (por ejemplo, abra My Computer desde el menú Start y haga doble clic sobre el disco duro C). En el panel de la izquierda, presione la opción **Make a new folder**.

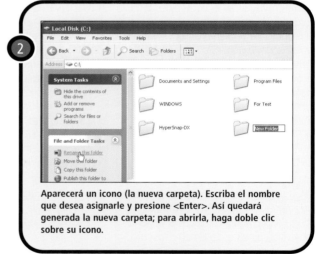

Aparecerá un icono (la nueva carpeta). Escriba el nombre que desea asignarle y presione <Enter>. Así quedará generada la nueva carpeta; para abrirla, haga doble clic sobre su icono.

My Documents

Windows cuenta con una carpeta específica para que usted guarde los archivos que va generando. Se trata de **My Documents**, a la que se ingresa desde el menú Start. Puede utilizarla para almacenar todos sus trabajos. Allí encontrará dos carpetas, **My Music** y **My Pictures**, para guardar estos tipos de archivos. Además, podrá crear otras subcarpetas en su interior, como aprendió anteriormente.

Windows Millennium

Nueva carpeta

Como en las versiones anteriores de Windows no existe la barra del explorador a la izquierda de la ventana, para crear una nueva carpeta debe hacerlo desde el menú File. Allí, despliegue la opción New y elija Folder. Luego escriba el nombre y presione <Enter>.

Visualización de los iconos

Al abrir una carpeta, podrá ver su contenido de diferentes modos, según sus preferencias y el tipo de archivos que contenga.

Básicamente, existen cinco vistas (en **p. 98** conocerá las vistas específicas para el trabajo con los archivos gráficos), que se distinguen por el tamaño con que se visualiza cada elemento y la información que muestra junto con el icono. Para cambiar el modo de visualizar una carpeta, puede indicar la opción en el menú **View**, o pulsar el botón **Views** de la barra de herramientas y marcar la correspondiente en el menú que se despliega.

Thumbnails (Vistas en miniatura): muestra todos los iconos en un tamaño grande, y si son imágenes hace una previsualización.

Tiles (Mosaicos): aparecen los iconos correspondientes a los distintos archivos, y los datos que muestra son nombre y tipo.

Icons (Iconos): esta opción presenta los archivos mediante iconos de tamaño medio, y sólo muestra el nombre de cada elemento.

List (Lista): los iconos se muestran de tamaño menor, junto con el nombre del archivo. Es aconsejable utilizarla cuando hay muchos elementos.

Details (Detalles): esta opción muestra los iconos pequeños y ofrece información adicional sobre los distintos elementos, ordenada en columnas.

Trucos y Consejos

Tamaño y datos

Como notará, cuando el tamaño de los iconos es mayor, menor es la cantidad de información que se ofrece de cada archivo. De todas formas, cualquiera sea la vista elegida, en el panel de la izquierda verá los datos del elemento seleccionado (p. 95).

Organización de los iconos

Mediante la opción **Arrange icons** del menú View, puede elegir la forma de ordenar los elementos dentro de la ventana. Las variantes son: por nombre, por tamaño, por tipo o por fecha en que fue modificado. En el caso específico de My Computer, las opciones cambian, y permiten ordenar por nombre, tipo de unidad, tamaño total o tamaño libre.

Además, existe la posibilidad de marcar la opción **Shows groups**, para ver los elementos similares según el ordenamiento establecido. Por ejemplo, si están ordenados por nombre, habrá una división por letra.

La opción Shows groups no está disponible para la vista List, pero la podrá utilizar en las demás.

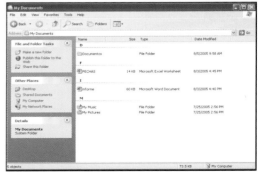

La vista Details (Detalles)

Como ya adelantamos, una de las formas más completas para visualizar archivos es recurrir a la vista Details, que permite ver los distintos documentos con sus iconos en tamaño pequeño, uno debajo del otro, como si fuera una lista. Lo más destacable de esta visualización son los distintos datos que aparecen a la derecha: tamaño, tipo de archivo, fecha y hora de la última modificación, entre otros.

Seleccionar detalles

Windows permite personalizar aún más la vista Details, eligiendo las columnas que desea ver. Para lograrlo, ingrese en **Choose details** del menú View. En el cuadro de diálogo que se abre, marque aquellos datos que quiera visualizar. También puede cambiar el orden en el que aparecen, utilizando los botones **Move up** y **Move down**. Entre las opciones más importantes se encuentran Author, Title, Categorm, Pages y Dimen-sions (los detalles que se pueden visualizar dependen del tipo de archivos que contenga la carpeta).

Ordenar elementos

Además de mostrar los diferentes datos, este modo de visualización permite utilizar las mismas categorías que incluye para realizar diversos ordenamientos. Sólo tiene que realizar un simple clic en los encabezados de las columnas (el nombre de los detalles), tal como se indica a continuación:

Por ejemplo, para ordenar los elementos de la ventana de acuerdo con el espacio que ocupan, deberá hacer clic sobre el encabezado Size (Tamaño.) De esta forma, se ordenarán según ese criterio, de modo ascendente.

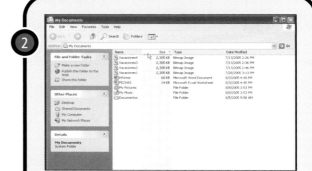

Si vuelve a hacer clic en el mismo encabezado, ahora los archivos se ordenarán de modo descendente. Lo mismo sucederá si hace clic en cualquiera de los otros detalles que esté visualizando.

Al insertar un CD

Cada vez que inserta un CD en la lectora, Windows XP muestra un cuadro de diálogo con diferentes opciones según su contenido. Por ejemplo, si se trata de un CD de audio, podrá escuchar el sonido con Windows Media Player o visualizar los elementos que incluye como archivos en una ventana de exploración.

Cuando se trata de programas para instalar o de imágenes, aparecen otras opciones. Windows analiza el CD y ofrece alternativas específicas según su contenido.

Simplemente, elija la opción que desea cuando aparezca este cuadro de diálogo, y luego presione OK. Si quiere que cada vez que inserte un CD similar, Windows realice la misma acción sin consultarlo, marque la opción **Allways do the selectiom action**.

Barra del Explorador

Windows XP incorpora un panel en la parte izquierda de las ventanas de exploración, que contiene información y distintas opciones para realizar dependiendo de cuál sea el elemento que se encuentra seleccionado en ese momento. Para seleccionar un elemento, simplemente debe hacer clic sobre él. Este panel se divide en tres sectores:

• **File and Folder Tasks (Tareas)**: allí se presentan las ac-

ciones más comunes que se pueden ejecutar con el elemento seleccionado (cambiar nombre, copiar, mover, etc.). Si no tiene seleccionado ningún elemento, le ofrecerá otras tareas, como crear nueva, compartir carpeta, publicar en la Web, etc.

• **Others places (Otros sitios)**: en este sector encontrará otras ubicaciones que puede visualizar, como las carpetas más comunes (Mi Computer, My do-

cuments, Desktop) o las últimas a las que haya ingresado.

• **Details (Detalles)**: aquí se incluyen todos los datos del elemento seleccionado (nombre, tipo, fecha de modificación, tamaño, autor, etc.).

Si quiere, puede cerrar alguno de estos tres sectores (o todos), presionando sobre su nombre. Así quedará sólo el nombre del sector y, para volver a abrirlo, deberá hacer clic allí nuevamente.

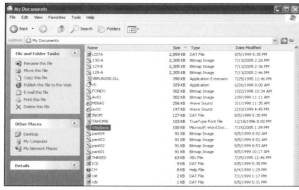

Las opciones que ofrece la barra del explorador con un archivo seleccionado incluyen cambiar nombre, mover, copiar y enviar por correo electrónico, entre otras.

Si no selecciona ningún archivo, tendrá algunas opciones para el trabajo general con la carpeta que está visualizando, como Make a new Folder.

Preguntas frecuentes

¿Se puede ocultar la barra del explorador?

La barra del Explorador está siempre visible en todas las ventanas de exploración que abra.

Para quitarla, ingrese en Folder del menú Tools. Allí, marque la opción Utilizar las carpetas clásicas de Windows y presione Ok.

Otra posibilidad es reemplazar la barra del explorador por otra de las opciones disponibles, que se ofrecen en ViewExplorer bar (ver p. 101).

Trucos y Consejos

Otras opciones de la barra del explorador

Cuando se seleccionan algunos tipos de archivos, como los de imágenes y de sonido, la barra del explorador muestra otro sector con opciones específicas. Por ejemplo, en el caso de una carpeta de sonidos, tendrá los comandos para reproducir el archivo y adquirir música en Internet, entre otras posibilidades.

El menú contextual

Algo similar a lo que sucede con la barra del explorador (que ofrece distintas opciones según el o los elementos seleccionados) ocurre al hacer clic con el botón derecho del mouse. Entonces se despliega el llamado menú contextual, cuya ventaja es, justamente, ser sensible al contexto y ofrecer los principales comandos disponibles para el elemento seleccionado.

Las opciones básicas que ofrece el menú contextual en Windows son Cut, Copy, Paste (**p. 101**), Delete y Rename. Si tiene seleccionado uno o varios archivos, también podrá elegir Print. La opción Properties abre un cuadro de diálogo con la información completa del elemento seleccionado.

Si despliega **Send to**, podrá adjuntar el archivo a un mensaje de correo electrónico, guardarlo en un disquete o comprimirlo.

Menús contextuales en los programas

La mayoría de los programas incluyen opciones contextuales al presionar el botón derecho del mouse. Esto significa que esta característica de Windows se ve potenciada en las aplicaciones, que añaden los comandos más utilizados para los distintos elementos, con el fin de acceder a ellos con mayor rapidez que a través de los menús o botones tradicionales. De esta forma, por ejemplo, al hacer clic con el botón derecho del mouse sobre un gráfico, verá las opciones para trabajar con él.

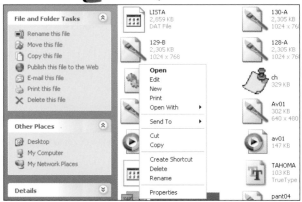

Las opciones que se muestran en el menú contextual varían según el elemento seleccionado: un archivo (dependerá de qué tipo), una carpeta, un acceso directo, etc.

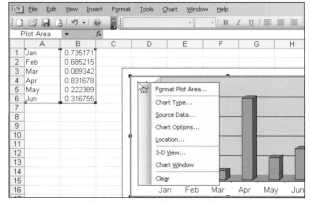

Los programas también incluyen opciones al realizar clic con el botón derecho del mouse luego de seleccionar algún elemento. Así, en el menú que se despliega, encontrará los comandos relacionados con él.

Preguntas frecuentes

¿Pueden aparecer otras opciones?

Sí, según la configuración de Windows y los programas que tenga instalados en su PC, es posible que el menú contextual incluya otras opciones. Por ejemplo, la posibilidad de analizar una unidad, carpeta o archivo con el programa antivirus instalado (**p. 219**) o de comprimir mediante WinZip.

Abrir un archivo

Al hacer doble clic sobre cualquier icono, se abrirá el elemento. Si se trata de una carpeta, mostrará su contenido. Si es un archivo, éste se abrirá en el programa que esté preestablecido por Windows para visualizarlo. Lo mismo sucede con **Open**, del menú contextual. En cambio, desplegando la opción **Open with**, podrá elegir con qué aplicación desea ejecutar el archivo en esa oportunidad.

Toolbar (Barra de herramientas)

Los distintos botones que se encuentran en la parte superior de las ventanas de exploración permiten realizar las tareas básicas de "navegación" entre las diferentes ubicaciones de los soportes de almacenamiento.

Las opciones más usadas son las que ofrecen los primeros tres botones. Con el primero, **Back**, se vuelve a la carpeta o unidad visualizada anteriormente. Si utiliza esta opción, se activará el segundo botón, **Forward**, para "volver" a la carpeta o unidad visualizada con posterioridad. Presionando

las flechas que se encuentran a la derecha de estos dos botones, se desplegarán todas las ubicaciones disponibles; seleccione de esa lista la que desee ver.

El tercer botón permite subir un nivel en la estructura jerárquica de carpetas. Se denomina "subir" a visualizar la carpeta o unidad inmediatamente superior en esta estructura de árbol.

Con los demás botones podrá acceder a las opciones de búsqueda, visualizando el Asistente en el panel de la izquierda (**p. 127**) y transformando la ventana en el Windows Explorer (**p. 100**), ade-

más de elegir la vista que más le agrade, desplegando el botón de la derecha (**p. 93**).

Barra de Direcciones

Al igual que con el navegador que utiliza para recorrer la Web (como, por ejemplo, Internet Explorer, **p. 251**), las ventanas de exploración contienen una barra de Direcciones, que muestra la ubicación de la carpeta que se está visualizando. Desplegando esta lista, podrá acceder rápidamente a otros sectores de su PC. También allí podrá escribir la ubicación a la que quiere dirigirse.

La barra de herramientas

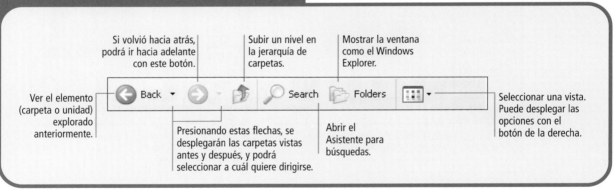

Si volvió hacia atrás, podrá ir hacia adelante con este botón.

Subir un nivel en la jerarquía de carpetas.

Mostrar la ventana como el Windows Explorer.

Ver el elemento (carpeta o unidad) explorado anteriormente.

Presionando estas flechas, se desplegarán las carpetas vistas antes y después, y podrá seleccionar a cuál quiere dirigirse.

Abrir el Asistente para búsquedas.

Seleccionar una vista. Puede desplegar las opciones con el botón de la derecha.

Trucos y Consejos

Las tips (pistas)

Las barras de botones de Windows ofrecen un recurso bastante práctico: las pistas. Al apoyar el puntero sobre cualquier botón, dejándolo quieto y sin hacer clic, aparece un pequeño cartel con una breve explicación acerca del comando que se activa en caso de presionarlo. Esta opción le resultará muy útil si, por ejemplo, no recuerda para qué se

utilizaba algún botón. En general, esto mismo sucede también en los principales programas.

En Windows XP, además, si posiciona el mouse sobre el nombre de un archivo o carpeta, aparecen varios datos sobre su contenido. Si se trata de una carpeta, conocerá su tamaño total y los archivos o subcarpetas que incluye.

La visualización de imágenes

S i abre una carpeta que contenga sólo archivos gráficos, se activará una nueva vista, **Filmstrip**. Para hacer la prueba, abra, por ejemplo, la carpeta Sample Pictures, que se encuentra dentro de My Documents/My Pictures. Automáticamente, verá que cambia el modo de visualización. En caso de que esto no ocurra, o si se trata de una carpeta que contiene también otro tipo de archivos, puede elegir esta forma de visualización desplegando las opciones de vistas.

De esta manera, la ventana se dividirá en dos sectores: en la parte inferior verá las imágenes como en la vista mosaico, mientras que en la parte superior verá una previsualización del archivo seleccionado.

Previsualizar las imágenes

Si hace doble clic sobre cualquier imagen, ésta se abrirá en una nueva ventana: el **Windows Picture and Fax Viewer**. Por medio de esta aplicación, es posible realizar las acciones básicas de la visualización de imágenes: pasar de un archivo a otro, acercar y alejar, rotar, eliminar, imprimir, guardar y editar, tal como verá en la guía visual que se presenta en esta página.

Abrir con otros programas

También podrá elegir abrir las imágenes utilizando otras aplicaciones que tenga instaladas en su PC, para modificarlas.

En este caso, debe hacer clic derecho sobre el archivo y, del menú que se despliega, elegir **Open with**. Se mostrarán los programas disponibles, entre los que podrá elegir el que desee.

Si la carpeta que está visualizando contiene archivos gráficos, puede seleccionar la vista Filmstrip.

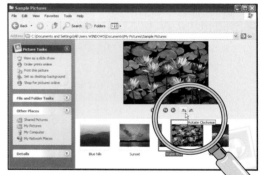

Los dos primeros botones se utilizan para pasar entre los archivos, y los dos de la derecha permiten girar las imágenes.

Visor de imágenes

Nombre del archivo.

Ver imagen anterior y siguiente.

Ajustar visualización al tamaño de la ventana y volver al tamaño real.

Ver imágenes como si fueran una presentación de PowerPoint (**p. 207**), a pantalla completa.

Acercar y alejar.

Girar hacia la derecha y hacia la izquierda.

Eliminar archivo.

Imprimir.

Abrir la imagen en otro programa para modificarla.

Ver la Ayuda.

Guardar con otro nombre.

Los archivos multimedia

Windows analiza el contenido de la carpeta que esté visualizando y ofrece opciones propias para el tipo de archivo que seleccione.

Ya vimos cómo la barra del explorador, que se encuentra en el panel izquierdo de las ventanas, ofrece distintos comandos y, cuando se trata de archivos de sonido, las opciones correspondientes para ejecutarlos.

Pero, además, es posible cambiar la barra del explorador para que muestre alguna de las otras alternativas. Si despliega las opciones del menú View/Explorer bar, hallará las distintas posibilidades:

- **Search**: muestra el Asistente para realizar búsquedas en su PC (como aprenderá en **p. 127**).
- **Favorites**: despliega el listado de ubicaciones y páginas web que tenga establecidas como favoritos (**p. 255**).
- **Multimedia**: muestra Windows Media player, en tamaño reducido (como se ve en la imagen).
- **History**: presenta un resumen de las carpetas y páginas web recorridas en los últimos días.

- **Folders**: al presionar este botón, la ventana se transforma en el Windows Explorer, como veremos en la siguiente página.

El panel Multimedia

Si visualiza las opciones multimedia (View/Explorer bar/ Multimedia), podrá ejecutar y controlar la reproducción de los archivos sonoros desde la misma ventana de exploración, sin necesidad de abrir otra aplicación. Además, en la parte superior, encontrará algunas opciones para escuchar música y radio, o ver videos a través de Internet.

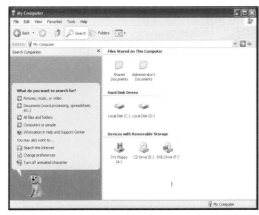

El asistente para realizar búsquedas permite buscar archivos o documentos almacenados en una unidad.

desde esta vista podemos acceder rápidamente al contenido de las diferentes unidades de la PC.

Preguntas frecuentes

¿Algunas de las opciones se asemejan a las del navegador?

Sí. Muchas opciones de las ventanas de exploración son similares a las que se encuentran en Internet Explorer (**p. 251**), el programa de Microsoft para recorrer sitios web. De esta forma, se trata de unificar el modo de "navegación" entre páginas web y las distintas carpetas de almacenamiento de archivos.

La barra de estado

Para visualizar la barra de estado, selecciónela opción Status bar del menú View. Esta barra se ubicará en la parte inferior de las ventanas, y mostrará algunos datos de la carpeta o archivos seleccionados, como la cantidad de objetos, el tipo, tamaño total, etc.

9 objects (plus 1 hidden) (Disk free space: 25.7 GB)   6.75 MB

Windows Explorer (el Explorador)

Si presiona el botón **Folders**, de la Toolsbar, visualizando cualquier ubicación, la ventana se transformará en el **Explorador de Windows**.

De esta manera, en el panel de la izquierda, verá la estructura del disco duro o de las demás unidades de almacenamiento, con la organización jerárquica, mostrando las carpetas que se encuentran una adentro de la otra, en forma de árbol.

Para visualizar el contenido de una carpeta, entonces, puede utilizar este panel. Sólo tiene que desplegar la estructura a través de los botones **+** y **-**, como se indica en la guía visual de esta página.

Muchos usuarios utilizan el Explorer para recorrer las distintas unidades y carpetas, ya que permite ver la organización completa del disco duro. Además, no es necesario abrir las diferentes carpetas con un doble clic, con lo cual se agiliza la "navegabilidad" entre las distintas unidades. Se trata de una buena opción si se acostumbra a explorar los archivos y carpetas de esta forma.

Windows Millennium

Una opción diferente

En las versiones anteriores de Windows, el Explorer es una aplicación separada, diferente de las ventanas de exploración, aunque cumple las mismas funciones y se maneja de la misma manera.

Para utilizar Windows Explorer, entonces, debe abrirlo desde View/Programs/Accesories/Windows Explorer. Otra forma más rápida es hacer clic derecho sobre el botón Start y, de las opciones que se despliegan, seleccionar Browse.

La "navegación" a través del Explorer

Botón para activar o desactivar la vista Explorer.

La visualización de los iconos en el panel de la derecha depende de la vista seleccionada.

Si la carpeta contiene un signo + a su izquierda, significa que tiene subcarpetas en su interior. Para desplegarlas, presione el signo.

Presionando el signo -, se cierran las subcarpetas que estén desplegadas.

Si la carpeta no contiene ningún signo, significa que no incluye subcarpetas. Sin embargo, haciendo clic sobre ella, puede ver los archivos que se encuentran en su interior.

Para ver el contenido de una carpeta, sólo debe hacer clic sobre ella.

Contenido de la carpeta seleccionada en el panel de la izquierda. Funciona igual que cualquier ventana de exploración.

Manejo de archivos

Copiar, mover y trasladar archivos de una PC a otra son actividades que comenzará a efectuar con frecuencia. Aprenda a realizar estas tareas de un modo eficaz.

¿Qué sucede si tiene que trasladar un archivo a otra PC para trabajar con él? ¿Cómo eliminar los elementos que ya no utiliza? ¿Cómo mover un documento de una carpeta a otra? Todas estas preguntas se responderán en esta clase, una de las más importantes, ya que aquí aprenderá todo lo referido al manejo de archivos en Windows.

Todas las opciones que veremos a continuación pueden realizarse desde cualquier ventana de exploración (tanto en vista simple como utilizando el Windows Explorer), desde el Desktop o, incluso, desde los cuadros de diálogo de los programas, empleados para guardar o abrir un archivo.

En cualquiera de estos procedimientos, lo primero que debe hacer es seleccionar el o los archivos con los que quiere trabajar.

Seleccionar elementos

Para seleccionar un archivo o carpeta, simplemente debe hacer clic sobre el icono que lo representa. Así, quedará "pintado" de color azul, lo que indica que se realizó la selección.

Pero en muchas ocasiones, es necesario trabajar con varios archivos o carpetas a la vez; por ejemplo, para copiar a un disquete todos los archivos que forman parte de un mismo proyecto. En estos casos, se utiliza la selección múltiple. En lugar de realizar la misma tarea (copiar) varias veces, se seleccionan

todos los archivos y se los copia juntos. Para efectuar este procedimiento, existen varias opciones:

- Si desea seleccionar todos los archivos de una carpeta, elija **Select all**, del menú Edit. También puede presionar <Control> + <A>.
- Si necesita seleccionar algunos archivos, y éstos se encuentran uno a continuación del otro, haga clic sobre el primero, presione la tecla <Shift> y haga clic sobre el último. De esta manera, quedarán seleccionados todos los que estén entre esos dos elementos.
- Si tiene que seleccionar elementos que no se encuentran ubicados consecutivamente, vaya seleccionándolos uno a uno, mientras mantiene presionada la tecla <Control>.

Una vez que tiene los archivos o carpetas seleccionados, ya podrá llevar a cabo cualquiera de las tareas que se explican a continuación.

En esta clase... 30'

> **Aprenderá:**

A mover y copiar archivos entre carpetas y unidades.

Cómo borrar archivos y recuperarlos usando la Recycle Bin.

Acerca del Clipboard de Windows.

A generar accesos directos.

> **Necesitará:**

Conocer el funcionamiento de las ventanas de exploración (**p. 91**).

Mover y copiar

Dos de las tareas más comunes que se realizan con los archivos son moverlos y copiarlos.

Al igual que sucede con el texto, cuando copia un archivo, éste queda en su posición original y también en aquella donde fue copiado. En cambio, al moverlo, el archivo sólo se conservará en la nueva posición, y desaparecerá de la original. Existen distintos métodos para mover y copiar archivos.

Usar el menú Edit

En el menú Edit, encontrará los comandos **Copy to folder...** y **Move to folder...**. Presionando alguno de ellos (según la tarea que quiera realizar), se abrirá un cuadro de diálogo con la estructura de unidades y carpetas de su PC, como si fuera el Windows Explorer (**p. 100**).

Allí podrá utilizar los botones **+** y **-** para expandir o contraer la visualización de las distintas carpetas. Cuando encuentre aquella a la que quiere mover o copiar el elemento seleccionado, haga clic con el mouse (para seleccionarla) y presione **Copy** o **Move** para completar la operación. Estas dos opciones también están disponibles en la barra del Explorer, a la izquierda de la ventana.

Usar el menú contextual

Si presiona el botón derecho del mouse sobre un archivo o carpeta seleccionado, también podrá copiar y mover elementos. La diferencia con el procedimiento anterior es que, en este caso, deberá manejar los archivos a través del Clipboard (**p. 106**), utilizando las opciones Cut o Copy y, luego, Paste, de ese menú.

Seleccione el o los archivos y presione el botón derecho del mouse. Del menú contextual que se despliega (ver **p. 96**), elija alguna de las opciones: **Copy** (si desea duplicarlos) o **Cut** (si quiere moverlos).

Luego, diríjase a la ubicación de destino (puede desplazarse empleando la barra de herramientas) y allí, del menú contextual, elija **Paste**.

Trucos y Consejos

Mover o copiar carpetas

Tenga en cuenta que si mueve o copia una carpeta, la acción incluirá a todo su contenido, es decir que estará moviendo o copiando todos los archivos y subcarpetas que se encuentren en su interior. Si está trabajando con varias carpetas y subcarpetas, en la nueva ubicación se repetirá la estructura jerárquica original.

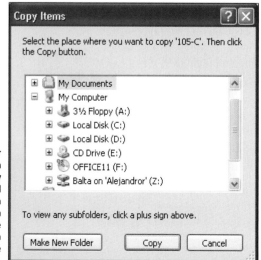

Luego de seleccionar el archivo que desea duplicar, elija **Copy to folder...** del menú Edit o de la barra del Explorer. En la ventana que se abre, elija la carpeta de destino y presione el botón Copy.

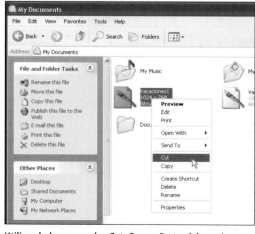

Utilizando los comandos Cut, Copy y Paste, del menú contextual (o del menú Edit), los archivos se almacenan temporalmente en el Clipboard, como veremos en **p. 106**.

Drag and Drop ("Arrastrar" los archivos)

Otra forma de mover y copiar archivos es haciéndolo directamente con el mouse. De esta manera, una vez seleccionados los archivos a mover, sólo deberá "arrastrarlos" de una ventana a la otra, manteniendo el botón presionado.

Para hacerlo, en primer lugar tiene que abrir las dos ubicaciones (la de origen y la de destino), en dos ventanas distintas que deben estar a la vista simultáneamente. Ábralas, entonces, y colóquelas en el Desktop de forma de poder verlas al mismo tiempo.

En la de origen, seleccione los archivos a mover. Haga clic y, con el botón del mouse presionado, "llévelos" hasta la ventana de destino. Al soltar el botón, los "dejará caer" en la nueva posición. Los archivos quedarán en la carpeta de destino y se eliminarán de la de origen.

Copiar archivos

Con el procedimiento visto anteriormente, los archivos se mueven de una carpeta a la otra (es decir que quedan sólo en la de destino). Si desea copiarlos,

puede realizar los mismos pasos, pero manteniendo presionada la tecla <Control>. Notará que aparecerá un signo + mientras arrastra los archivos. Esto significa que se están copiando, y quedarán tanto en la carpeta original como en la de destino.

Entre distintas unidades

Si en lugar de realizar estos procedimientos entre dos carpetas del disco duro, lo hace entre una del disco duro y un disquete, las opciones cambian mínimamente. Al arrastrar un archivo, éste se copiará, sin necesidad de presionar <Control>. En cambio, si desea moverlo (borrándolo de su posición original), deberá realizar el mismo procedimiento pero manteniendo presionada la tecla <Shift> mientras lo traslada.

De todas formas, para estar seguro de lo que está haciendo, un buen consejo es que antes de soltar el botón del mouse, se fije si aparece o no el signo +. Si está presente, quiere decir que el archivo se va a copiar; en caso contrario, se moverá, eliminándose del lugar original.

Para mover un archivo de una carpeta a otra del disco duro deberá "arrastrarlo" de una a la otra. De esta forma quedará sólo en la carpeta de destino.

En cambio, para copiarlo, deberá realizar el mismo procedimiento pero manteniendo presionada la tecla <Control>. Aparecerá el signo + bajo el cursor.

Mensajes

Si copia o mueve varios archivos de gran tamaño, la operación demorará unos minutos y aparecerá un mensaje para informarle acerca del progreso. Por un lado, verá el nombre del archivo que se está transfiriendo en ese momento, y las carpetas de origen y de destino. También verá una barra de avance y el tiempo que resta para finalizar la operación.

Además, en la parte superior observará una animación de hojas que se mueven de una carpeta a otra. Si éstas se desplazan, significa que la operación se está realizando correctamente; pero si durante unos minutos las hojas están quietas, quiere decir que surgió algún problema. En este caso, utilice el botón Cancel para finalizar el procedimiento, e inténtelo nuevamente.

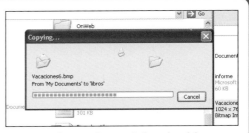

En un mensaje como éste, verá el nombre del archivo que se está copiando o moviendo, las carpetas entre las que se está realizando la acción y el tiempo que falta para finalizar la operación.

Otras opciones

A continuación, veremos algunas otras herramientas que le resultarán útiles para trabajar con archivos y carpetas en las ventanas.

Entre los datos que aparecen en la ventana de Properties, se encuentran el nombre del archivo, su ubicación, tamaño y fecha de modificación.

Cambiar nombre

Si desea modificar el nombre de un archivo o carpeta, puede hacerlo abriendo la carpeta en la que se encuentra. Luego de seleccionar el elemento, elija la opción **Rename this file**, de la barra del Explorador, y escriba la nueva denominación. Cuando finalice, presione <Enter>, y el archivo quedará con el nuevo nombre. Otra forma de realizarlo (válida también para las versiones anteriores de Windows) es hacer un clic sobre el nombre luego de seleccionar el elemento.

Propiedades

Otra posibilidad es abrir un cuadro de diálogo en el que podrá observar información del archivo seleccionado. Haga clic derecho sobre el archivo y, del menú contextual, elija **Properties**. Los datos que aparecen dependen del documento, pero los más frecuentes son nombre, tipo, fecha de creación y fecha de la última modificación. Si se trata de un documento de Word, por ejemplo, podrá agregar un resumen, las palabras clave y comentarios relacionados.

Imprimir

La opción **Print this file**, de la barra del Explorador, permite imprimir un documento seleccionado, sin necesidad de abrirlo en el programa correspondiente y ejecutar el comando de impresión. De esta manera, el archivo se abrirá, se imprimirá y volverá a cerrarse automáticamente.

Shortcuts (Accesos directos)

Los accesos directos son iconos que se usan como atajos, ya que, puestos en un lugar determinado, permiten acceder a un archivo que se encuentra en otro sitio. Por lo tanto, esta opción le dará la posibilidad de abrir rápidamente un archivo o programa que utilice con mucha frecuencia.

Si el acceso directo corresponde a un archivo ejecutable, el programa se iniciará; si se relaciona con una carpeta, ésta se abrirá; y si representa a un documento, un doble clic en él lo abrirá junto con el programa correspondiente para visualizarlo. Para diferenciar los accesos directos de los demás iconos, Windows coloca una pequeña flecha en la esquina inferior izquierda del icono.

Si quiere generar un acceso directo, primero seleccione el archivo. Luego, puede elegir la opción **Create shortcut**, del menú contextual que se despliega al hacer clic derecho. De esta forma, el icono de acceso directo aparecerá en la misma carpeta, y usted sólo deberá moverlo hasta el lugar donde desea ubicarlo (por ejemplo, al Desktop).

Otro modo de generar un acceso directo es mover el archivo o carpeta deseado de una ubicación a otra, utilizando el mouse (tal como aprendió a hacerlo en la página anterior) mientras mantiene presionada la tecla <Alt>.

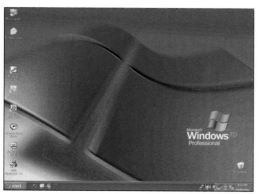

Colocar en el Desktop accesos directos a los archivos, programas y carpetas más usados es una buena medida, pero tenga la precaución de no incluir demasiados elementos, para evitar problemas cuando desee encontrar alguno.

Eliminar archivos

Quitar un archivo de una carpeta es tan sencillo como seleccionarlo y presionar la tecla <Delete>. Otra forma de hacerlo es utilizar la opción **Delete this file**, de la barra del Explorer (si tiene seleccionada una carpeta, la opción cambiará a **Delete this folder**).

De esta manera, aparecerá un mensaje para confirmar la acción (advirtiéndole que está por transferir ese elemento a la Recycle bin); presione **Yes**.

Como se habrá dado cuenta, el mensaje indica que el archivo no se elimina sino que se mueve a otra ubicación (la Recycle bin), como veremos a continuación.

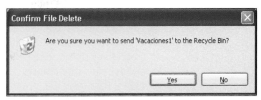

Al borrar un elemento de cualquier ubicación, aparecerá un mensaje de confirmación. Presione Yes, y el archivo o carpeta se moverá a la Recycle bin. Si hace clic en No, se cancelará la operación.

Recycle bin (Papelera de reciclaje)

Piense qué pasa si se equivoca y elimina un archivo por error, o si luego se arrepiente de haberlo borrado. Para estos casos, Windows utiliza el Recycle bin (Papelera de reciclaje). Se trata de una carpeta especial (ubicada en el Desktop) a la que Windows mueve todos los archivos que usted borra de su disco duro. De esta forma, los archivos no se eliminan definitivamente, sino que se trasladan de un lugar a otro, para permitir su recuperación. Se trata de un sistema de resguardo de la información, para evitar tener que rehacer un documento.

Recuperar un archivo

Si quiere recuperar un archivo que previamente eliminó, en primer término, debe abrir la Recycle bin, haciendo doble clic sobre su icono en el Desktop.

Allí verá el nombre de todos los elementos, su ubicación original y la fecha en que fueron eliminados, como si se tratara de una carpeta más. Seleccione el archivo que desea "devolver" a su carpeta original y presione **Resture this item**, de la barra del Explorer.

Vaciar la Recycle bin

Muchas veces se eliminan elementos para liberar espacio en el disco. Pero como éstos pasan a la Recycle bin, en realidad siguen ocupando la misma cantidad de bytes en el disco duro. Por lo tanto, es muy importante que vacíe la Recycle bin con cierta frecuencia, para borrarlos definitivamente. Para hacerlo una vez abierta la Recycle bin, ejecute la opción **Empty Recycle bin**, de la barra del Explorer.

También podrá configurar las opciones de la Recycle bin, con el fin de asignarle un porcentaje máximo del total de su disco duro. Así, cuando se complete ese espacio, automáticamente se eliminarán los elementos más antiguos.

Para realizar este procedimiento, haga clic derecho sobre el icono de la Recycle bin, que se encuentra en el Desktop, y elija Properties.

En el cuadro de diálogo que se abre, determine el porcentaje de su disco duro que quiere asignarle; suele ser entre 10% y 20% de la capacidad total.

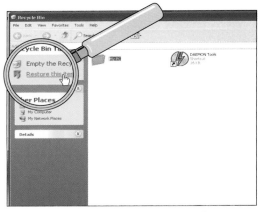

Para regresar un elemento a su carpeta original, selecciónelo y haga clic sobre la opción Restore this item, de la barra del Explorer.

En Properties, desplace el indicador para establecer el porcentaje máximo del disco duro que puede ocupar el Clipboard.

Clipboard (Portapapeles)

La posibilidad de intercambiar gráficos, textos y diversos elementos entre un programa y otro es una de las funciones más interesantes de Windows. Para realizarla, el sistema operativo recurre al Clipboard, una ubicación temporal donde se alojan los objetos que se copian o cortan de las distintas aplicaciones.

En la mayoría de los programas, dentro del menú Edit se encuentran los comandos Copy, Cut y Paste. Luego de seleccionar un elemento, si elige el comando **Copy**, Windows coloca ese objeto en el Clipboard, manteniendo el original en el documento; en cambio, con el comando **Cut** hace lo mismo, pero lo elimina de su ubicación original.

Cuando el Clipboard tiene contenido, se habilita la opción **Paste**. A través de ella, es posible insertar el objeto copiado o cortado, en una nueva ubicación (donde se encuentre el cursor al momento de ejecutar el comando).

Es importante tener en cuenta que sólo es posible colocar un elemento a la vez en el Clipboard. Por lo tanto, si primero corta un texto y luego copia otro, el primero será reemplazado; al seleccionar Paste, se insertará el segundo.

El Clipboard se utiliza del mismo modo al trabajar con archivos y carpetas en Windows. Como vimos en esta misma clase, si necesita copiar un archivo de una carpeta o unidad a otra, podrá aplicar las opciones Copy y Paste, del menú contextual. Al copiarse, el archivo o carpeta se almacena en el Clipboard hasta que usted decide pegarlo en otra ubicación.

El portapapeles de Office

Como se ve en **p. 157**, los programas del paquete Office utilizan su propio Clipboard, que, además, permite acumular varios elementos para luego seleccionar cuál pegar a partir del panel de tareas.

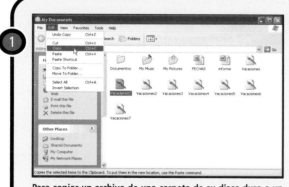

Para copiar un archivo de una carpeta de su disco duro a un disquete, selecciónelo y elija Copy, del menú Edit.

Luego, visualice el contenido del disquete y seleccione Paste (se activará esta opción) del menú Edit.

Trucos y Consejos

Memoria temporal

Un detalle que deberá tener en cuenta es que el Clipboard es una memoria temporal del sistema operativo, que se borra definitivamente al apagar la PC. Por lo tanto, no lo utilice para guardar elementos, sino para trasladarlos entre distintas ubicaciones. Además, trate de que no pase demasiado tiempo entre las acciones de cortar y pegar, para evitar pérdidas en caso de que la PC se apague involuntariamente.

Instalar y ejecutar programas

Aprenda cómo utilizar los distintos programas: la manera de instalarlos en su computadora y las diferentes formas de ejecutarlos.

Seguramente, ya habrá tenido la necesidad de instalar programas en su computadora, como el paquete Office o alguna de las aplicaciones que se ven en este curso. Además, en la actualidad es muy frecuente descargar software de todo tipo y para distintas tareas directamente desde Internet.

En la mayoría de los casos, no basta con copiar el o los archivos a su disco duro o colocar el CD en la lectora. Instalar un programa implica algo más que una copia de archivos. Se trata de dejar todo listo para poder usarlo correctamente: guardarlo en el disco duro, y preparar el sistema operativo y todos los componentes de la PC para que reconozcan la nueva aplicación y puedan operar con ella.

Instalar un programa

Cada programa suele incluir su propio archivo instalador: un archivo ejecutable que, por lo general, se llama install, instalar o setup. Al ejecutarlo, se abre un Asistente o Wizard que lo guía por los distintos pasos del proceso y le solicita la información necesaria para realizar una correcta instalación: el disco y la carpeta donde desea guardar los archivos, opciones de configuración y, en los casos de programas comerciales (ver **p. 145**), el número de licencia del producto, que se encuentra en el mismo CD o en la caja.

Los diferentes pasos de la instalación de los programas pueden variar según su complejidad y la cantidad de datos que requiera cada uno. Sin embargo, no debe preocuparse, porque instalar un programa es muy sencillo (el proceso se simplifica cada vez más). Sólo tiene que seguir los pasos que le indica el Wizard e ingresar la información que le solicita. Además, en la mayoría de los casos, conviene dejar las opciones que se presentan por defecto, de modo que, salvo excepciones, no tendrá que configurar ningún parámetro especial.

Ejecutar el programa

Una vez finalizada la instalación, ya tendrá todos los archivos necesarios, y el sistema operativo estará listo para trabajar con el programa. Cada vez que lo necesite, simplemente deberá abrirlo y comenzar a utilizarlo. Para hacerlo, puede dirigirse al menú Start o aplicar alguna de las variantes que veremos en esta sección.

En esta clase... 25'

> Aprenderá:

A instalar y ejecutar programas.

A desinstalar una aplicación.

Instalar un programa

Como ya adelantamos, la instalación de la mayoría de las aplicaciones suele realizarse utilizando un Asistente que indica, paso a paso, lo que se debe hacer y la información que se requiere para llevar a cabo este proceso.

Los programas pueden instalarse a partir de distintas fuentes:

- **Desde un CD**: en la mayoría de los casos, la instalación se ejecuta automáticamente (tal como vimos en **p. 94**, un mensaje le preguntará qué desea hacer). Si esto no llegara a ocurrir, deberá buscar el archivo instalador entre las distintas carpetas del CD y ejecutarlo. Por lo general, este archivo se denomina setup, install o instalar.
- **Descarga desde Internet**: sólo debe hacer doble clic sobre el archivo, en la ubicación del disco en que lo haya guardado.
- **CDs de compilaciones de software** (como los que acompañan a esta colección): en la pantalla de presentación, tiene que seleccionar el programa a instalar y seguir las instrucciones que aparecen; en general, basta con presionar el botón Setup, para dar comienzo al proceso.

A continuación, veremos, a modo de ejemplo, cómo instalar WinZip, la aplicación más usada para comprimir y descomprimir archivos.

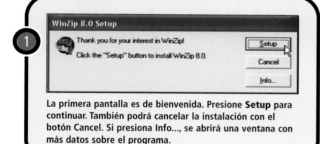

La primera pantalla es de bienvenida. Presione **Setup** para continuar. También podrá cancelar la instalación con el botón Cancel. Si presiona Info..., se abrirá una ventana con más datos sobre el programa.

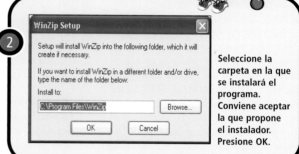

Seleccione la carpeta en la que se instalará el programa. Conviene aceptar la que propone el instalador. Presione OK.

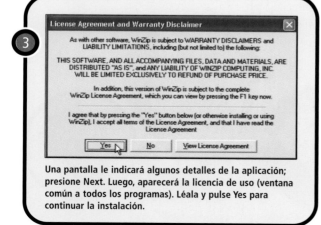

Una pantalla le indicará algunos detalles de la aplicación; presione Next. Luego, aparecerá la licencia de uso (ventana común a todos los programas). Léala y pulse Yes para continuar la instalación.

Elija entre las dos modalidades para instalar esta aplicación. Es conveniente seleccionar la segunda y presionar Next.

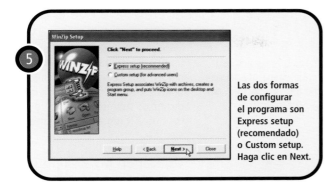

5

Las dos formas de configurar el programa son Express setup (recomendado) o Custom setup. Haga clic en Next.

Registrar programas

Algunas aplicaciones requieren un paso más para poder ejecutarlas (sobre todo, aquellas que son shareware o freeware, ver **p. 145**). Se trata de la registración, que se realiza a través de Internet. Puede ocurrir que, en los últimos pasos de la instalación, aparezca un cuadro de diálogo en el que se le soliciten algunos datos (nombre, país y dirección de e-mail son los más habituales), que podrá enviar al conectarse a Internet (**p. 229**).

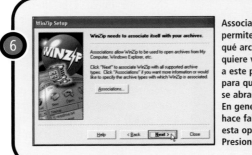

6

Associations… permite elegir qué archivos quiere vincular a este programa, para que siempre se abran con él. En general, no hace falta cambiar esta opción. Presione Next.

7

Este paso le indica que el programa se instaló bien. Presione Finish, y WinZip se abrirá, listo para comenzar a usarlo.

Compatibilidad

Windows XP cuenta con una utilidad que da la posibilidad de ejecutar sin problemas aquellos programas que fueron diseñados para las versiones anteriores del sistema operativo. Se trata de las opciones de compatibilidad, que permiten seleccionar qué versión del sistema operativo hay que simular para abrir una aplicación.

Esta herramienta es útil, sobre todo, para algunos juegos y pequeñas aplicaciones contables que fueron diseñados para Windows 95, 98, Me, Nt o 2000.

1

En primer lugar, despliegue el menú Inicio y localice el programa cuya compatibilidad desea modificar. Sitúe el mouse sobre él y haga clic derecho. Del menú que se despliega, elija Properties.

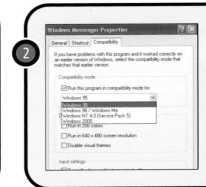

2

En la ficha Compatibility, marque la casilla **Run this program in compability for:**, y de la lista desplegable, elija el sistema operativo que desea utilizar.

Ejecutar los programas

La manera más sencilla de abrir un programa es seleccionarlo del menú Start. Tal como vimos en **p. 82**, las últimas aplicaciones utilizadas aparecerán directamente en el primer menú que se despliega, mientras que el resto se encuentra dentro de la opción **All programs**.

Aquellos elementos que tienen una flecha a su derecha contienen otras opciones en su interior. Despliegue cada uno de los distintos submenús hasta encontrar el programa que desea ejecutar.

Utilizando My Computer

Otra opción un poco más complicada de implementar es abrir un programa a través de su archivo ejecutable. Esta alternativa sólo es útil para algunas aplicaciones que, una vez instaladas, no se incluyen en el menú Start. En este caso, busque la carpeta donde se encuentra el ejecutable (explorando las distintas ubicaciones, como vimos en **p. 91**) y haga doble clic sobre él (en general, lleva el nombre del programa).

Trucos y Consejos

Shortcuts (Los accesos directos)

Así como es posible generar accesos directos a archivos y carpetas (**p. 104**), también se pueden crear atajos para abrir programas. Despliegue el menú Inicio/Todos los programas. Haga clic sobre el nombre de la aplicación y, sin soltar el botón del mouse, desplácelo hacia el Desktop manteniendo presionada la tecla <Control>. Mientras lo mueve, aparecerá el signo + debajo del cursor (como cuando copia archivos). Una vez realizado este paso, verá en el Desktop el icono del programa con la flecha inclinada, indicando que se trata de un acceso directo. Con un doble clic en él, ejecutará la aplicación.

Desinstalar programas

Para eliminar un programa de su PC, no basta con borrar la carpeta o archivo que lo ejecuta. Es necesario realizar un proceso que haga desaparecer del disco todos los archivos utilizados para que la aplicación funcione de manera correcta (que, generalmente, están en varias carpetas).

La mayoría de los programas incluyen un desinstalador propio, que elimina todos los componentes de la aplicación. Para ejecutarlo, debe seleccionar la opción que se encuentra dentro de los componentes del programa, en el menú Start (en general, se denomina Uninstall).

También puede desinstalar los programas abriendo el Control Panel (**p. 121**) y seleccionando la opción **Add or remove programs**. En la ventana que se abre, verá todas las aplicaciones que tiene instaladas en su PC. Seleccione la que desee, haciendo clic sobre ella.

Se habilitarán dos botones; presione **Remove**. Cuando aparezca un mensaje para confirmar la operación, pulse **Yes** para continuar o No para cancelar. Luego de unos instantes, el programa habrá sido desinstalado de su computadora.

Seleccione el programa y presione el botón Remove, para eliminarlo definitivamente de su computadora.

Personalizar Windows

Decore y organice el sistema operativo para trabajar con él cómodamente según sus gustos y necesidades concretas.

U sted ya conoce los distintos elementos de Windows y la forma en que se realizan las principales operaciones. Todas las tareas que vaya efectuando se llevan a cabo en ventanas sobre el Desktop. Si bien el sistema operativo está pensado para facilitar el trabajo de sus usuarios, lo cierto es que no a todas las personas les resultan útiles los mismos aspectos ni los mismos atajos. Por ejemplo, en **p. 104** vimos cómo crear accesos directos hacia carpetas y archivos. Esta opción permite acceder rápidamente a las carpetas que utilice con mayor frecuencia, las cuales, seguramente, no son las mismas que emplea otra persona.

Además de los accesos directos, Windows ofrece la posibilidad de personalizar la apariencia y algunos otros detalles de funcionamiento con el fin de optimizar gran parte de su trabajo en la PC.

Fondo

Uno de los cambios más visibles que puede realizar es modificar el fondo del Desktop. Para hacerlo, deberá ingresar en las propiedades de la pantalla; haga clic derecho sobre un lugar vacío del Desktop y, del menú contextual que se despliega, seleccione **Properties**.

En la ficha **Desktop** encontrará todas las opciones para modificar el fondo. Podrá asignarle un color (desplegando la lista correspondiente), incluir cualquiera de las imágenes que se ofrecen o, incluso, escoger alguna que tenga guardada en su disco o en un CD-ROM.

Para elegir alguna que no se encuentre en la lista, presione el botón **Browse...** En el cuadro que se abre, indique la ubicación dentro del disco y el archivo que quiere insertar, y luego presione **Open**. Las imágenes pueden ser del tipo BMP, JPG, JPEG y GIF.

Si la imagen elegida es más pequeña que el tamaño del Desktop, utilizando la lista **Position:** podrá seleccionar alguna de las opciones para indicar su ubicación: Center (la imagen queda en el centro, y el resto aparece del color indicado), Tile (se repetirá la cantidad de veces que sean necesarias para completar la superficie) o Stretch (la imagen será llevada al tamaño adecuado).

Una vez que realice las modificaciones, presione el botón Apply para ver los cambios realizados sin cerrar el cuadro de opciones o, directamente, pulse Ok para confirmar todas las modificaciones. Si desea volver al aspecto anterior del Desktop, haga clic en Cancel.

En esta clase... (25')

> **Aprenderá:**

A modificar el Desktop de Windows.

Cómo activar y cambiar el Screen Saver.

A personalizar la Toolbar.

> **Necesitará:**

Conocer los elementos principales de Windows (**p. 79**).

Puede elegir alguna de las imágenes que ofrece Windows o, incluso, colocar una foto personal como fondo del Desktop.

La apariencia de los elementos

Además del fondo del Desktop, desde las Display Properties es posible modificar otros aspectos relacionados con la apariencia general y los colores que se aplican a los distintos elementos del sistema operativo.

Esta posibilidad representa una gran ventaja, debido a que cuando usted pasa varias horas frente a la computadora, los colores y textos de las opciones del sistema adquieren mucha importancia, tanto para evitar el cansancio visual (ver recuadro) como para mantener la apariencia según su propio gusto.

Para cambiar los colores de las distintas ventanas, ingrese nuevamente en las Display Properties, seleccionando Properties, del menú contextual que se despliega al hacer clic derecho sobre el Desktop.

Allí, en la ficha Appearance, encontrará varias opciones:

• **Windows and buttons**: podrá elegir que el aspecto general de Windows se vea como en XP o del modo clásico correspondiente a versiones anteriores (las ventanas y otros elementos se ven de color gris, y la Title bar, en un degradado azul).

• **Color scheme**: si seleccionó Windows XP en el punto anterior, podrá elegir, además del color azul habitual, los colores plateado o verde. Si seleccionó Windows estilo clásico, tendrá una gran variedad de combinaciones posibles para seleccionar.

• **Font size**: podrá escoger el tamaño en el que se ven las opciones de los elementos del sistema, carpetas y programas. Puede ser Normal, Large fonts o Extra large fonts. Esta opción resulta ideal para aquellas personas que tienen problemas de visión.

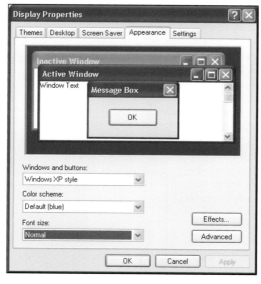

Modificando los colores de los elementos del sistema, cambiará el aspecto general de todos los programas y ventanas que visualice.

Ingresar en Display Properties

El modo tradicional para ver las Display Properties es acceder a través del Control Panel, cuyas opciones aprenderá a utilizar en **p. 121**.

Una vez abierto (seleccionando Control Panel, del menú Start), elija la opción Appearance and Themes y, luego, Display. De esta forma, se abrirá el mismo cuadro de diálogo, con el que podrá modificar las opciones descriptas en estas páginas.

Trucos y Consejos

Al elegir colores

Si bien algunas combinaciones pueden resultar bastante atractivas, trate de evitar los colores demasiado estridentes.

Si tiene que pasar muchas horas frente a su monitor, una combinación poco contrastada o de tonos pastel será mucho más relajante y cómoda.

Aunque parezca un consejo poco relevante, el cuidado de la vista es un aspecto muy importante a tener en cuenta, especialmente para aquellos que utilicen la PC de manera intensiva.

Personalizar cada elemento

Además de las opciones vistas en la página anterior, podrá personalizar cada elemento por separado, generando su propia combinación de colores y fuentes.

En la ficha Appearance, presione el botón **Advanced**. Se abrirá otra ventana en la que podrá definir, uno a uno, los colores de los distintos elementos: Desktop, barras de desplazamiento, barra de títulos activa e inactiva, cuadros de mensaje, menús, iconos, ventanas, objetos 3D, títulos de las paletas, etc.

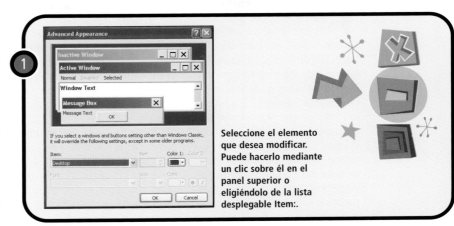

1 Seleccione el elemento que desea modificar. Puede hacerlo mediante un clic sobre él en el panel superior o eligiéndolo de la lista desplegable Item:.

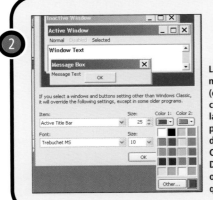

2 Luego, puede modificar el tamaño (en pixeles) y el color. En el caso de las barras de títulos, puede simular un degradado, eligiendo Color 1 y Color 2. Despliegue las opciones y escoja la que prefiera.

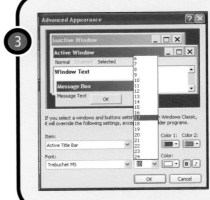

3 Realice el mismo procedimiento con todos los elementos que quiera modificar. También puede cambiar la tipografía de los títulos y menús, asignándoles un tipo de fuente, tamaño, color y estilo.

La resolución

Dentro de la ficha Settings, podrá modificar la resolución de la pantalla, que se mide en pixeles, y la calidad del color.

Las posibilidades que ofrecen estas dos variantes dependen de cada monitor (los de mejor calidad permitirán trabajar con una mayor resolución y calidad de color).

En cuanto al tamaño o resolución, se recomienda mantener el estándar de 800 x 600 pixeles si se trata de un monitor de 14" o 15", mientras que se puede aumentar a 1024 x 768 en aquellos más grandes.

En relación con el color, a mayor calidad, mejor será la definición gráfica, pero también necesitará más memoria para trabajar. Para las tareas habituales, es suficiente mantener una calidad media (de 16 bits), mientras que si desea trabajar con gráficos o fotografías con mucho detalle, podrá elegir la calidad más alta (32 bits).

Pruebe las distintas alternativas en su monitor antes de decidir con cuál trabajar. Fíjese cuál le resulta más cómoda, prestando atención, también, al tiempo que tarda en visualizar las imágenes con cada una.

En **p. 49**, encontrará más detalles acerca de la resolución del monitor.

Screen Saver (el protector de pantalla)

Es conveniente mantener siempre activo un protector de pantalla. Se trata de una imagen animada que impide que el fósforo del monitor se marque por la presencia de una imagen fija durante mucho tiempo. Al colocar un protector de pantalla, cuando Windows detecta que no hay actividad durante un período determinado (del mouse o del teclado), activa el protector, hasta que capta un movimiento del mouse o la presión de cualquier tecla.

Para configurar esta opción, ingrese en la ficha **Screen Saver** de las **Display Properties**. Windows incluye varias opciones con distintas figuras. Elija la que desee de la lista desplegable. En **Wait:** deberá indicar cuántos minutos de inactividad tienen que transcurrir para que el protector se active automáticamente.

Si marca la casilla **On resume, password protection**, puede establecer una clave que deberá ingresar para desactivar el protector.

Por otra parte, presionando el botón **Settings**, accederá a un cuadro de diálogo que le permitirá modificar algunos parámetros (las opciones dependerán de cada protector). Si presiona **Preview**, podrá tener una idea de cómo funcionará el motivo elegido.

Luego de definir todas las opciones, presione Ok. Cuando pase el tiempo indicado, se activará el **Screen Saver**.

Ahorro de energía

Otra opción interesante es la posibilidad que ofrece Windows de apagar el monitor cuando no se detecta actividad durante un determinado período. En general, se utiliza cuando pasa un tiempo mayor que el indicado para el **Screen Saver**; por ejemplo, 30 minutos. Al reanudar la actividad, el monitor se vuelve a encender.

Presione el botón **Power....** Allí tendrá que configurar el tiempo de espera que transcurrirá antes de que se apague el monitor.

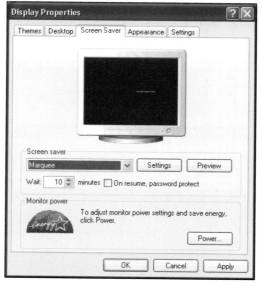

Con la opción Marquee, puede establecer un texto que recorra la pantalla. Presione Settings para ingresar en sus opciones.

Ingrese el texto que quiera que aparezca al activarse el protector. También podrá modificar la velocidad a la que recorrerá la pantalla, la posición y el color de fondo (es recomendable el negro u otro color oscuro).

Trucos y Consejos

Instalar otros protectores

Desde Internet, podrá buscar y descargar diferentes motivos. Dos sitios recomendados son www.sreensaver.com y www.freesaver.com. En general, estos protectores incluyen un archivo de instalación (se instalan como un programa), y basta con instalarlo para que se agreguen a la lista de opciones y queden activados. Para configurarlos, deberá seguir los mismos pasos que con los habituales de Windows.

Cambiar los iconos

En principio, como ya vi-
mos, Windows XP sólo
muestra el icono de la
Recycle bin en el Desktop. Sin
embargo, es posible colocar allí
otros iconos, como sucede en las
versiones anteriores. Recuerde,
que, además, puede generar accesos directos, tanto a programas como a archivos y carpetas
(**p. 110** y **p. 104**).

En la ficha Desktop, de Display
Properties, presione el botón
Customizer desktop.... En el
cuadro de diálogo que se abre,
podrá seleccionar otros iconos
para que aparezcan en el
Desktop.

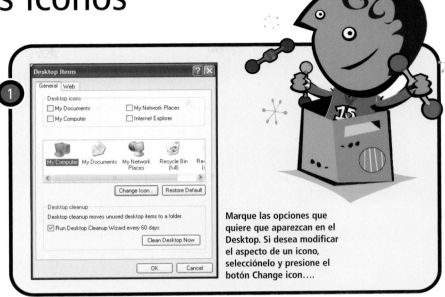

**Marque las opciones que
quiere que aparezcan en el
Desktop. Si desea modificar
el aspecto de un icono,
selecciónelo y presione el
botón Change icon....**

Seleccione el
icono que más le
guste de todas
las opciones que
se ofrecen, y
presione Ok. De
esta forma, el
icono quedará
en el Desktop
del modo
indicado.

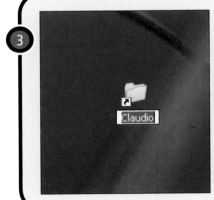

Además, podrá
cambiar el nombre de
los iconos del
Desktop,
seleccionando el
elemento y haciendo
clic sobre el texto
(como cuando cambia
el nombre de un
archivo o carpeta
(**p. 104**). Escriba la
nueva denominación
y presione Ok.

Preguntas frecuentes

¿Qué son los Desktop Items (Temas de Escritorio)?

Los temas son agrupamientos de
varias características de apariencia
de Windows. Al elegir un tema, se
modificarán todas las opciones
(transformando todo en relación
con la temática seleccionada) y, así,
usted no tendrá que seleccionar
una por una. Existen cientos de opciones para los más diversos gustos: de autos, películas, series de
televisión, grupos musicales, animales y los temas que se pueda
imaginar. En Internet podrá encontrar una gran provisión de temas de
escritorio. Basta que indique, en un
buscador, las palabras clave temas
de escritorio o desktop themes.

Personalizar la Taskbar

Además de las opciones propias para modificar la apariencia del Desktop, también es posible personalizar la Taskbar, incluyendo algunas opciones que pueden resultar muy útiles.

Para empezar, presione el botón derecho del mouse sobre la

Marque o desmarque todas las opciones para personalizar la barra de Tareas de Windows y presione Ok para aplicar los cambios.

Taskbar de Windows. Del menú que se despliega, elija Properties. Tenga la precaución de hacer clic derecho sobre una zona libre, que no esté ocupada con el botón de algún programa.

En el cuadro de diálogo que se abre, encontrará, en la ficha Taskbar, las opciones para personalizar la apariencia de la barra (en el sector superior) y el Notification Area (en el inferior).

Entre las opciones que podrá elegir se encuentran:
- **Lock the taskbar**: fija la barra para que sea imposible desplazarla a otro sector del Desktop.
- **Auto-hide the task bar**: esta opción puede resultar útil para liberar espacio en el Desktop. Mientras no la utilice, la barra se ocultará y, para visualizarla sólo deberá colocar el puntero en la parte inferior de

la pantalla y aguardar algunos instantes.
- **Keep the taskbar on top of other windows**: deja siempre visible la barra, por encima de las aplicaciones que se estén ejecutando.
- **Group similar taskbar buttons**: agrupa ventanas semejantes, tal como vimos en **p. 84**.
- **Show Quick Launch**: si marca esta opción, a la derecha del botón Inicio se agregarán iconos de acceso rápido a algunas aplicaciones (navegador, correo, reproductor de Windows Media, entre otros), tal como sucede en Windows Millennium.

Por otra parte, con respecto al Área de notificación, podrá elegir Show the clock y Hide inactive icons (**p. 85**).

Asistente para crear shortcuts

Además del modo visto en **p. 104**, es posible generar shortcuts (accesos directos) a diferentes elementos utilizando un Asistente

de Windows (Wizard) que, en sólo dos pasos, realiza esta tarea.

En primer lugar, haga clic derecho sobre el Desktop y, del menú contextual que se despliega, elija New/Shortcut. Se abrirá un cuadro de diálogo en el que podrá indicar el elemento que desea abrir, tal como verá a continuación:

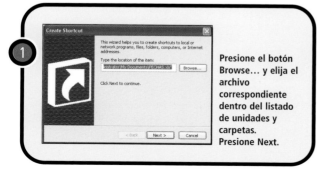

Presione el botón Browse... y elija el archivo correspondiente dentro del listado de unidades y carpetas. Presione Next.

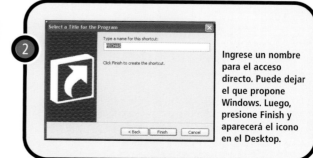

Ingrese un nombre para el acceso directo. Puede dejar el que propone Windows. Luego, presione Finish y aparecerá el icono en el Desktop.

Perfiles de usuarios

Comparta la PC con otras personas sin generar ningún tipo de conflictos y manteniendo la confidencialidad de los datos, utilizando los perfiles de usuario.

En la clase anterior, vimos la forma de personalizar el aspecto y el funcionamiento de Windows. Seguramente, usted ya habrá pensado qué imagen poner en el Desktop o habrá elegido sus colores preferidos para los distintos elementos, además de crear accesos directos a los programas que utiliza con más frecuencia.

Pero si comparte la computadora con otras personas, tal vez estas decisiones le hayan generado más de un problema, ya que cada usuario querrá personalizar los elementos según sus gustos personales.

Para solucionar estos problemas, Windows XP incorpora la posibilidad de crear distintos perfiles de usuario, y permite que cada uno de ellos personalice y utilice la PC a su gusto, sin interferir con

los demás. Además, de esta forma, cada usuario tiene la opción de ver sus propios archivos, manteniendo un alto nivel de confidencialidad.

Al instalar Windows, quizás haya creado una o más cuentas de usuarios. En esta clase veremos cómo optimizar su utilización, para comprender la verdadera función de esta herramienta.

Crear una nueva cuenta

Para agregar un nuevo usuario, en primer lugar seleccione Control panel, del menú Start, y allí haga clic en **User accounts**.

Se abrirá una ventana con todas las opciones para el manejo de los usuarios de Windows. Elija **Create a new account**.

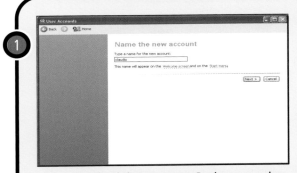

1 Ingrese el nombre de la nueva cuenta. Puede ser su nombre o cualquier otra denominación con la que desee identificarse dentro del sistema operativo. Presione Next.

2 Escoja la primera opción (Computer Administrator) para que el usuario pueda instalar aplicaciones y tener un manejo general. Presione **Create account**, y el proceso estará terminado.

Modificar una cuenta

Una vez que generó todas la cuentas que desea, puede modificar las opciones de cada una, cambiando todos sus detalles.

Para modificar una cuenta, en las opciones principales de la ventana User accounts, haga clic en **Change an account**. Se abrirá otra ventana con todas las cuentas que estén generadas. Elija la que desee modificar, haciendo clic sobre ella. Verá todas las op-

ciones que puede variar:
- Cambiar el nombre de usuario.
- Agregar o modificar la contraseña.
- Cambiar la imagen que la identifica.
- Modificar el tipo de cuenta.
- Eliminar la cuenta.

Simplemente, haga clic sobre la opción deseada, y un Asistente le indicará los datos a ingresar y los pasos a seguir para realizar cada una de estas acciones.

Agregar foto

Una de las opciones más atractivas es colocar la foto de cada uno de los usuarios, para que aparezca en la pantalla de bienvenida y en la parte superior del menú Start. Los archivos podrán ser del tipo JPG o GIF, y deberán estar guardados en la carpeta My Pictures. Por lo tanto, en caso de no tener las fotos en esta carpeta, cópielas o muévalas a esa ubicación, tal como aprendió en **p. 102**.

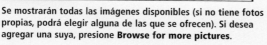

1 Haga clic sobre la cuenta que desea modificar, para que se abran todas las opciones disponibles.

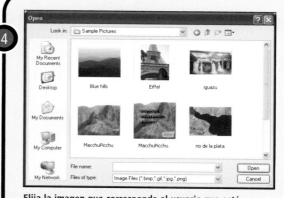

2 Luego de seleccionar la cuenta a modificar, escoja la opción **Change the picture**.

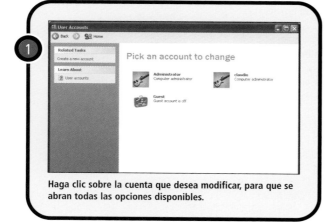

3 Se mostrarán todas las imágenes disponibles (si no tiene fotos propias, podrá elegir alguna de las que se ofrecen). Si desea agregar una suya, presione **Browse for more pictures**.

4 Elija la imagen que corresponda al usuario que esté modificando y presione Open. La imagen ya habrá quedado asignada.

La confidencialidad

Al generar una cuenta para cada usuario, cada uno tendrá su propia configuración, y sus propias carpetas My Documents, My Pictures y todas las que genere.

Con respecto a los programas que instale cada usuario, en el momento de la instalación podrá elegir si quedarán disponibles para todos o sólo para quien lo esté instalando. En general, lo mejor es hacer que todas las aplicaciones estén siempre disponibles.

Usar contraseñas

Otra opción para asegurar la confidencialidad es definir una clave. Para establecer una contraseña, diríjase nuevamente a la ventana de modificación de la cuenta y, allí, seleccione la opción **Create a password**. Windows la registrará tal como usted la ingrese, y siempre deberá escribirla del mismo modo. Para evitar errores es mejor hacerlo en minúsculas.

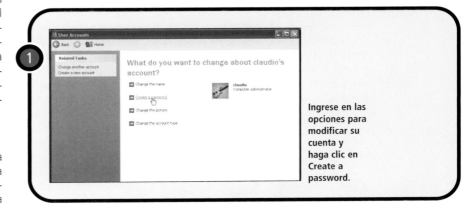

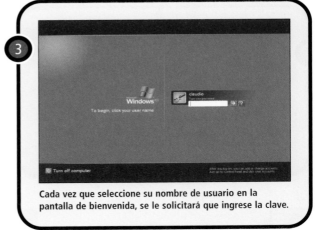

Ingrese en las opciones para modificar su cuenta y haga clic en Create a password.

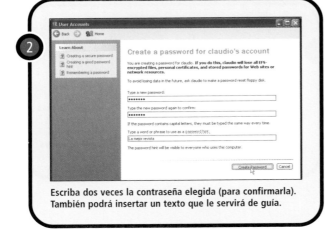

Escriba dos veces la contraseña elegida (para confirmarla). También podrá insertar un texto que le servirá de guía.

Cada vez que seleccione su nombre de usuario en la pantalla de bienvenida, se le solicitará que ingrese la clave.

Preguntas frecuentes

¿Qué es cuenta Guest?

Seguramente habrá visto que, entre las cuentas creadas, aparece una llamada "Guest". Esta cuenta se emplea en aquellos casos en que otras personas quieran utilizar la PC; por ejemplo, para consultar un sitio web, imprimir un documento o enviar un mensaje con una cuenta de webmail. Para que la cuenta Guest esté disponible, es necesario activarla. Haga clic sobre ella y, en la ventana que se abre, presione

Activar la cuenta Guest. Esta cuenta presenta algunas limitaciones, como imposibilidad de acceder a las carpetas y documentos de los demás usuarios, y de instalar programas.

Iniciar sesión

Si definió varios usuarios, cada vez que encienda su computadora, aparecerá la pantalla de bienvenida en la que deberá seleccionar el nombre con el que desea iniciar la sesión de trabajo.

En caso de que haya establecido una contraseña, deberá ingresarla, tal como aprendió en la página anterior (caso contrario, no podrá iniciar su trabajo en el sistema operativo). Windows

cargará su configuración personal, y ya podrá comenzar a trabajar normalmente, con todos los elementos que haya definido o personalizado.

Cambiar de usuario

Imagine una situación habitual cuando comparte la PC con otras personas: usted está trabajando en un documento de Word y bajando un archivo de la Web; entonces, llega otro de los usuarios y necesita consultar su correo electrónico o imprimir un archivo de forma urgente. Tradicionalmente, usted debía cerrar Word, cancelar la descarga del archivo y reiniciar la PC para que la otra persona pudiera iniciar su

propia sesión. Sin embargo, Windows XP permite que varios usuarios inicien sesiones de forma simultánea. De esta manera, usted no deberá cancelar todas las tareas que esté ejecutando, sino que podrá cambiar de usuario (conservando todo como estaba), y dejar que sus tareas se sigan ejecutando mientras la otra persona utiliza la PC. Luego, sólo deberá regresar a su perfil de usuario para retomar su trabajo.

Tenga en cuenta que cuantas más tareas se ejecuten simultáneamente, más recursos se consumirán de su PC. Esto quiere decir que puede disminuir el rendimiento de la computadora.

(1) Para cambiar de usuario, elija Log off, del menú Inicio. Luego, en la pantalla que aparece, presione el botón Cambiar de usuario.

(2) Volverá a la pantalla de bienvenida, en la que deberá seleccionar el usuario. Allí verá un resumen de las tareas que está ejecutando cada uno.

Windows Millennium

Perfiles en otras versiones

En las versiones anteriores a Windows XP, el manejo de los usuarios se realiza de un modo bastante más complejo. Además, no ofrecen las mismas prestaciones que Windows XP (por ejemplo, el trabajo simultáneo de varios usuarios). Por lo tanto, sólo es recomendable que los usuarios avanzados utilicen esta opción.

Preguntas frecuentes

¿Qué pasa si apago la PC cuando otros usuarios iniciaron una sesión?

Si hay varios usuarios utilizando la PC al mismo tiempo (con sesiones iniciadas) y alguno de ellos apaga la computadora, se perderán todos los datos de los demás. Esto significa que se cerrarán los programas y archivos que se estén ejecutando. Para evitar inconvenientes, cuando vaya a apagar su computadora, un mensaje le indicará que otros usuarios tienen programas en ejecución.

Control Panel

Utilice el Control Panel para configurar todas las opciones del sistema operativo y de su trabajo con Windows.

Todas las opciones de configuración de Windows se encuentran dentro del Control Panel. En **p. 111** y **p. 117** vimos las correspondientes al aspecto del sistema y al manejo de usuarios. En esta clase, analizaremos con más detalle aquellas que usted necesitará configurar para optimizar su trabajo con Windows. En principio, abra el Control Panel, seleccionándolo del menú Start.

Las formas de visualizar el Control Panel

Windows XP muestra los elementos del Control Panel organizados en categorías, dentro de las cuales se incluyen las acciones más comunes que se pueden ejecutar. Al seleccionar alguna de ellas, se abre el cuadro de diálogo o la ventana correspondiente para realizarla. Ésta es la llamada **Category view (Vista por categorías)** y es la vista por defecto del Control Panel de Windows XP.

Otra opción es ver los elementos tal como aparecían en las versiones anteriores de Windows. Una vez abierto el Control Panel, de la barra del explorador de la izquierda de la pantalla, seleccione **Swith to classic view**. Así, verá los iconos de los distintos elementos. Tenga en cuenta que si no trabaja con Windows XP, no tendrá la posibilidad de pasar de una vista a la otra, y los elementos sólo se presentarán de la forma clásica. Recuerde que, en la Classic View, podrá ordenar y visualizar los iconos de la manera que le resulte más adecuada, tal como aprendió en **p. 93**.

En esta clase... 25'

> **Aprenderá:**

Las diferentes vistas del Control Panel.

Cómo configurar algunos aspectos del sistema operativo: teclado, mouse, formato de números, idioma, fecha y hora.

La forma de instalar fuentes tipográficas.

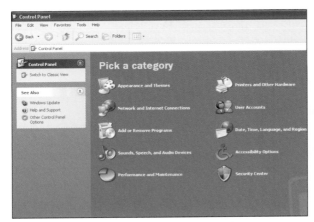

Dentro de Category View, las distintas opciones se ejecutan mediante un clic sobre el elemento.

En cambio, en Classic View, los elementos se abren haciendo doble clic sobre ellos.

El teclado

Para ingresar en las opciones de teclado, en la vista por categorías haga clic en **Printers and other hardware** y, luego, presione **Keyboard**. En la vista clásica, directamente haga doble clic sobre el icono **Keyboard**.

Dentro de las Keyboard Properties, encontrará dos fichas. En la primera, **Speed**, podrá configurar algunas opciones de su manejo, como veremos a continuación; mientras que la segunda, **Hardware**, se utiliza para instalar el dispositivo en caso de cambiarlo. Como esta tarea suele realizarse automáticamente en el momento de la conexión, no deberá usar esta ficha, excepto que surja algún inconveniente.

La ficha **Speed** presenta varias opciones:

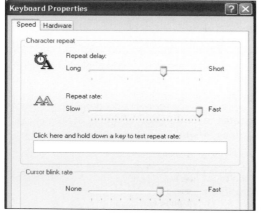

Desplace los controles para establecer los parámetros. Pruebe las distintas configuraciones hasta definir la que le resulte más apropiada.

- **Repeat delay**: determina cuánto tiempo debe mantener pulsada una tecla para que el carácter comience a repetirse e insertarse varias veces.
- **Repeat rate**: esta opción se refiere a la velocidad con que se realizarán las repeticiones. Para verificar los retrasos y velocidades, puede establecer diferentes parámetros y probarlos en el campo de texto que se encuentra debajo, antes de aceptar los cambios.
- **Cursor blink rate**: regula el ritmo de parpadeo del cursor. Esta opción se utiliza cuando se trabaja con textos.

A la izquierda, verá cómo quedaría el cursor con los valores indicados.

Regional Options

Dentro de las opciones regionales, encontrará aquellas relacionadas con el idioma del teclado (que aprenderá a configurar en la siguiente página) y, además, las que se refieren a la configuración regional de su equipo, que incluye el formato utilizado para los números (decimales, separación de miles, etc.) en todos los programas.

Para modificar estos parámetros, desde la vista por categorías, del Control Panel, ingrese en **Date, Time, Languaje and Regional options**.

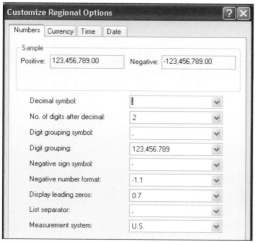

Si desea, puede configurar los distintos elementos en forma independiente. Dentro de las opciones regionales, presione el botón Customize… y, en cada ficha, podrá establecer uno a uno los diferentes formatos.

Formato de número, moneda, fecha y hora

Una vez abierto el cuadro de diálogo, diríjase a **Regional and languaje options**. Allí, en la ficha **Regional Options**, podrá seleccionar una configuración general, que contendrá los estándares utilizados en el país elegido de la lista desplegable. Cuando escoja uno, verá, en la parte inferior, cuáles son los formatos que utilizará.

Si desea configurar sus propias preferencias para cada uno de esos elementos, simplemente presione el botón **Customize…** y recorra las distintas fichas indicando los diferentes parámetros. Recuerde que las opciones que configure se utilizarán en todas las aplicaciones.

Idioma del teclado

El idioma del teclado determina la distribución de las teclas. Tal vez le haya sucedido que, al presionar una tecla, se marque un carácter diferente del que indica el dispositivo. Esto se debe a que el idioma seleccionado es distinto de aquel para el cual fue fabricado el teclado. Además, las letras o símbolos utilizados pueden variar según la convención de cada país o lenguaje.

Dentro de Regional and Languaje Options (tal como aprendió a ingresar en la página anterior), en la ficha Languajes, presione **Add other languages**. En el cuadro de diálogo que se abre, pulse el botón **Details...** para ver todos los idiomas instalados y tener la posibilidad de agregar otros.

Desplegando la primera lista, podrá elegir cuál será el idioma predeterminado (el que se utilizará hasta que cambie la opción). Seleccione el que desee usar, de acuerdo con el teclado que posea o con el que esté acostumbrado a trabajar.

Debajo, verá todos los que se encuentran instalados. Si desea incorporar otro, presione **Add...**. Tenga a mano el CD de instalación de Windows, ya que tal vez lo necesite.

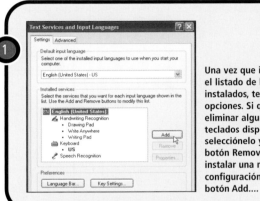

Una vez que ingresó en el listado de los teclados instalados, tendrá varias opciones. Si quiere eliminar alguno de los teclados disponibles, selecciónelo y presione el botón Remove. Para instalar una nueva configuración, pulse el botón Add....

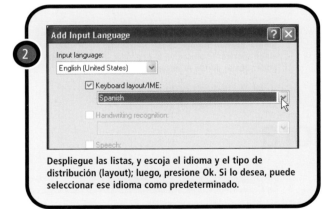

Despliegue las listas, y escoja el idioma y el tipo de distribución (layout); luego, presione Ok. Si lo desea, puede seleccionar ese idioma como predeterminado.

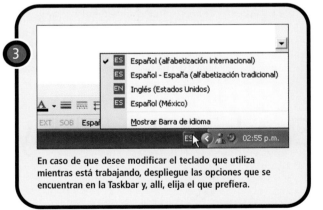

En caso de que desee modificar el teclado que utiliza mientras está trabajando, despliegue las opciones que se encuentran en la Taskbar y, allí, elija el que prefiera.

Preguntas frecuentes

¿Qué idioma debo elegir?

En general, al instalar Windows, el mismo sistema operativo determina el idioma del teclado según el país en donde se encuentre. Sin embargo, es posible que usted haya adquirido un teclado con una distribución distinta, sobre todo para las tildes y la letra "ñ". Por lo tanto, pruebe las diferentes configuraciones según el teclado que tenga o cómo esté acostumbrado a utilizarlo.

El mouse

La configuración del mouse resulta bastante útil para adecuar su funcionamiento a cada usuario. Dentro del Control Panel, en la vista por categorías, ingrese en **Printers and other hardware**. Allí, seleccione **Mouse**. Las fichas disponibles son:
• **Buttons**: para cambiar el orden de los botones (para las personas zurdas) y configurar la velocidad del doble clic. Para esta última opción, desplace el control y pruebe en el casillero de la derecha hasta lograr la velocidad que le resulte más cómoda.
• **Pointers**: permite elegir la forma de los diferentes punteros, seleccionando una combinación de la lista desplegable.
• **Pointer Options**: para agregar algunos efectos al movimiento del cursor.
• **Hardware**: para instalar o modificar el controlador del dispositivo. En general, no es necesario cambiar esta opción.

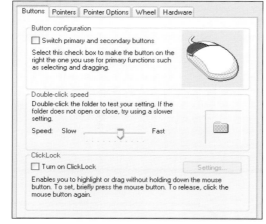

Si le resulta difícil hacer doble clic, reduzca la velocidad a la que debe presionar el botón del mouse. Pruebe las distintas opciones en la casilla de la derecha. La carpeta se abrirá y cerrará cuando considere que hizo un doble clic.

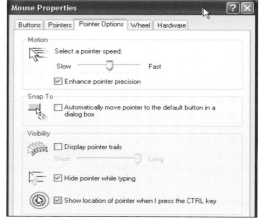

En la ficha Pointer options, encontrará distintos "efectos" para el movimiento del cursor. Una buena alternativa es elegir mostrar la ubicación al presionar <Control>, para poder ubicar dónde se encuentra el cursor.

Cambiar la fecha y hora

Si desea modificar la fecha o la hora que indica Windows en la Taskbar, simplemente haga doble clic sobre el sector correspondiente del Notification Area.

La ficha **Date & time** muestra dos paneles. En el de la izquierda, seleccione mes, año y día. En el reloj que se encuentra a la derecha, simplemente indique la hora. Para finalizar, presione Apply y, luego, Ok.

Seleccione la fecha y hora del sistema, que serán las que utilicen los programas y archivos al guardarse.

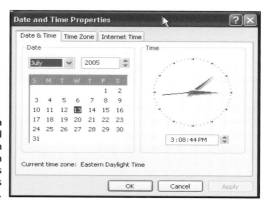

Manejo de fuentes

Todas las tipografías que puede elegir para modificar el aspecto de los documentos que genere provienen de archivos que contienen la información necesaria para crear las diversas fuentes (ya sea para visualizarlas en pantalla o para imprimirlas).

El conjunto de letras, números y signos que presentan un mismo diseño se denomina *font* (fuente, en español), tipo de letra o familia tipográfica.

Para que una fuente se encuentre disponible en los diversos programas, es necesario que esté instalada en su PC. De esta manera, podrá utilizarla tanto para las opciones del sistema operativo como para las distintas aplicaciones con las que trabaje.

Instalar nuevas fuentes

En Windows, el manejo de las tipografías se realiza a través de la carpeta **Fonts**, dentro del Control Panel. En ella verá los archivos correspondientes a los distintos tipos de letras instaladas y, desde allí, también podrá agregar otras nuevas.

Para abrir esta carpeta, primero deberá visualizar el Control Panel en la vista clásica. Allí haga doble clic sobre el icono Fonts.

En la carpeta Fonts, verá todas las opciones disponibles. Si desea agregar una tipografía, elija Install new font... del menú File.

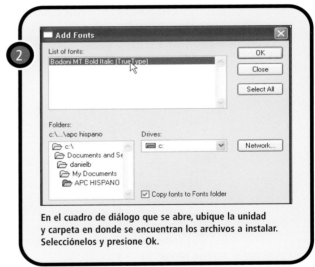

En el cuadro de diálogo que se abre, ubique la unidad y carpeta en donde se encuentran los archivos a instalar. Selecciónelos y presione Ok.

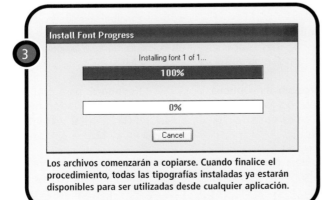

Los archivos comenzarán a copiarse. Cuando finalice el procedimiento, todas las tipografías instaladas ya estarán disponibles para ser utilizadas desde cualquier aplicación.

Trucos y Consejos

Instalar muchas fuentes

En un principio, seguramente querrá instalar todas las tipografías que pueda conseguir. Pero tenga en cuenta que las fuentes ocupan espacio en el disco y, cuando hay demasiadas, algunos programas funcionan con más lentitud. Por lo tanto, tenga la precaución de instalar sólo aquellos tipos de letras que va a utilizar.

Icono por icono

Si bien la Vista por categorías puede parecer más sencilla, lo cierto es que al ejecutar los distintos comandos, se abre el elemento correspondiente para realizar cada tarea. La Vista clásica suele resultar más práctica, ya que muestra todos los elementos y permite ingresar directamente en las configuraciones.

A continuación, se presentan uno a uno todos los iconos, con una breve explicación de su utilidad. Haciendo doble clic sobre ellos, podrá configurar cada elemento.

 Add hardware: se utiliza cuando se instala un nuevo dispositivo, si Windows no lo reconoce.

 Add or remove programs: permite instalar programas o nuevos componentes y, sobre todo, desinstalarlos (**p. 110**).

 Taskbar and Start Menu: para personalizar estos elementos de Windows, tal como vimos en **p. 116**.

 Network Connections: sirve para instalar los dispositivos necesarios y configurar las conexiones a redes.

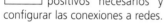 **Regional and Language Options**: incluye las opciones de formato de número e idioma del teclado, tal como vimos en esta sección.

 Mail: para agregar y modificar las diferentes cuentas de correo configuradas en el equipo.

 User Accounts: permite configurar la PC para que pueda ser utilizada por varias personas.

 Game controllers: permite configurar los diferentes elementos necesarios para algunos juegos (joystick, sonido, etc.).

 Sound and Audio Devices: para configurar los sonidos del sistema y los dispositivos relacionados.

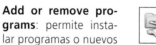 **Scanners and Cameras**: permite agregar estos dos dispositivos para la digitalización de imágenes (ver **p. 57** y **p. 65**) y configurarlos.

 Date and Time: abre el cuadro de diálogo para modificar la fecha y hora del sistema (**p. 124**).

 Fonts: abre la carpeta con las tipografías, como vimos anteriormente.

 Administrative Tools: contiene algunas opciones avanzadas para el manejo del equipo.

 Printers and Faxes: permite configurar y agregar estos dispositivos.

 Mouse: para modificar las opciones relacionadas con el mouse.

 Accessibility Options: para configurar el manejo de los recursos de forma diferente.

 Folders Options: para personalizar la visualización de las carpetas y los distintos tipos de archivos.

 Power Options: con las opciones de ahorro y utilización de la energía (para equipos portátiles).

 Internet Options: permite configurar la conexión, seguridad y programas, entre otras opciones.

 Phone and Modem Options: para instalar y configurar los módems, así como las características de las comunicaciones.

 Display: para personalizar la apariencia del Desktop, los colores y la configuración de los distintos elementos de Windows (**p. 111**).

 System: muestra la configuración general de la computadora y todos los dispositivos instalados.

 Scheduled Task: para automatizar la realización de algunas tareas, como el control de los discos o la optimización del sistema.

 Keyboard: para configurar la utilización del teclado, tal como aprendió en **p. 122**.

 Speech: permite configurar los dispositivos necesarios para ingresar sonidos a través de un micrófono.

Búsqueda de archivos

Utilizando las herramientas de búsqueda de Windows, no deberá preocuparse por recordar dónde o con qué nombre guardó cada archivo.

P or lo general, usted sabe dónde guarda sus archivos; es decir, en qué unidades y carpetas están almacenados. Sin embargo, cuando pasa cierto tiempo, tiene una gran cantidad de archivos o necesita un documento generado por otra persona, la tarea para localizarlo se complica un poco más.

Entonces, debe tomarse el trabajo de buscar el archivo en el disco o en otros soportes de almacenamiento. Para hacerlo, tiene varias opciones. La primera es un poco trabajosa y consiste en abrir todas las carpetas hasta localizar el archivo perdido. Por suerte, existe un método más práctico, porque gracias a su manera de funcionar, la computadora permite establecer mecanismos sumamente operativos para rastrear cualquier objeto automáticamente, sin necesidad de que intervenga el usuario (usted sólo deberá indicar algunos parámetros acerca de lo que necesita buscar).

Por ejemplo, si escribió una carta hace unos meses y no sabe qué nombre le asignó ni dónde está guardada, puede localizarla a través de la fecha de creación. Si no recuerda el día exacto, no se preocupe: ingrese dos fechas aproximadas entre las que pudo haberla escrito. En caso de que aun así siga confundido, piense en alguna frase que haya incluido en el texto. Como verá, las herramientas que ofrece Windows para la búsqueda de archivos son muy completas e, incluso, permiten indagar en el contenido de los documentos para localizar lo que necesita.

Comenzar la búsqueda

Las posibilidades para iniciar la búsqueda en Windows son diversas:
- Puede seleccionar la opción **Search**, del menú Start. Se abrirá el Asistente de Windows XP, que le permitirá rastrear archivos en cualquier unidad de almacenamiento.
- Si desea buscar un archivo en una unidad o carpeta particular (en caso de que sepa en cuál se encuentra), podrá seleccionarla desde My Computer o el Explorador, haciendo clic sobre su icono. Luego, presione el botón derecho y, del menú contextual que se despliega, elija **Search...** De esta manera, directamente podrá comenzar la búsqueda en esa carpeta. También podrá presionar el botón Search, de la ventana que esté visualizando.

De todas formas, sea cual sea el camino elegido para iniciar la búsqueda, en las siguientes páginas veremos los distintos parámetros para que el procedimiento resulte eficaz.

En esta clase... ㉕'

> Conocerá:

El Asistente para búsqueda de Windows XP.

Cómo realizar búsquedas avanzadas.

La forma de buscar en Windows Millennium.

> Necesitará:

Saber cómo se manejan los archivos y carpetas (**p. 91 y p. 101**).

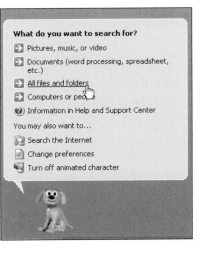

El Asistente para búsqueda

Windows XP facilita la búsqueda en su PC, a través de un asistente que se despliega en el panel de la izquierda de la ventana de exploración de archivos. En la búsqueda básica, los parámetros que debe indicar son muy pocos: el tipo de archivo, el nombre, la carpeta o unidad en la que se realizará y la fecha aproximada, entre otros. Cuanto más acote la búsqueda (en caso de conocer o acordarse de alguno de estos parámetros), mayores serán las posibilidades de éxito.

Para comenzar, despliegue el menú Start y seleccione la opción **Search**. Se abrirá una ventana, con el panel de la izquierda (la barra del explorador) transformado en el Asistente para búsqueda. En el primer paso, deberá indicar qué tipo de elemento busca. Las opciones que se mostrarán en los siguientes pasos dependerán del tipo de elemento que elija allí:

• **Pictures, music or video**: rastrea todos los formatos en los que es posible guardar estos elementos.

• **Documents**: archivos de texto, planillas de cálculo, presentaciones, etc. (generados con los programas de Office o aplicaciones similares).

• **All file and folders**: despliega las opciones para la búsqueda avanzada de todo tipo de archivo y con cualquier parámetro, como veremos en esta misma clase.

• **Computers or people**: para buscar equipos conectados mediante una red o contactos de su programa de correo electrónico.

El primer paso

Haga clic aquí para buscar imágenes, archivos de sonido o video.

Esta opción permite localizar documentos.

Para realizar búsquedas avanzadas.

Permite ubicar contactos y otros equipos conectados.

Para consultar en la Ayuda de Windows.

Se despliega el panel de Internet Explorer para realizar búsquedas en la Web.

En este panel, se mostrarán los resultados obtenidos luego de realizar la búsqueda.

Permite modificar las opciones de búsqueda.

Trucos y Consejos

Modificar el Asistente

Puede configurar algunas de las opciones de búsqueda de archivos, haciendo clic en Change preferences. Las distintas posibilidades son:
• Without an animated character.
• With a different character.
• With Indexing Service, para acelerar las búsquedas (no suele ser conveniente activar esta opción).
• Change file and folders search behaviour (estándar o avanzada).
• Don't show ballon tips.
• Turn Autocomplet off para el ingreso de datos.

Por otro lado, si hace clic con el botón derecho del mouse sobre el perro, aparecerán algunas opciones referidas a esta animación: modificar el personaje o desactivarlo. Si presiona Do a trick, el animal realizará algún movimiento.

Las distintas opciones

Como vimos, en el primer paso del Asistente, es posible especificar qué tipo de elemento se desea buscar. De acuerdo con lo que seleccione allí, las opciones que deberá indicar en el segundo paso serán diferentes. Veamos los elementos más importantes que se pueden localizar:

Imágenes, música o video

En este caso, en el segundo paso puede marcar qué elementos quiere incluir en la búsqueda:

Pictures and Photos, Music y Video. También es posible indicar una parte o el nombre completo del archivo. Luego, presione el botón **Search**. Así, se iniciará el rastreo en todos los soportes de almacenamiento, buscando aquellos archivos que coincidan con los parámetros especificados.

Documentos

Si desea buscar documentos, las opciones que aparecerán en el segundo paso son las relaciona-

das con la fecha en la que fue generado o guardado el archivo. Puede marcar **Don't remember**, para buscar sin especificar una fecha, o elegir cualquiera de las otras (The Last Week, The Past Month, The Past Year). Aquí también es posible ingresar el nombre del archivo. Luego, presione **Search** para comenzar.

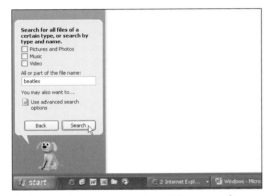

En el caso de las imágenes, música y video, marque los tipos de archivos que quiere buscar. Si deja vacía la casilla del nombre, buscará todos los archivos del tipo indicado.

En cuanto a los documentos, podrá indicar una fecha aproximada en la que el archivo fue guardado, y también el nombre.

Buscar desde carpetas

Ya adelantamos que la búsqueda de archivos puede iniciarse desde cualquier carpeta. Tiene dos opciones para comenzar el proceso de esta manera:
- Si está visualizando el contenido de la carpeta en la que desea buscar un archivo, presione el botón **Search**, en la barra de herramientas. En este caso, si hace clic en All Files and Folders, verá que la búsqueda se restringirá a la carpeta en la

que se encuentra.
- Si selecciona el icono correspondiente a una carpeta y presiona el botón derecho del mouse, del menú que se despliega podrá elegir **Search…**. Se abrirá una ventana, con el panel de búsqueda avanzada, y con esa carpeta seleccionada.

Elija Search… del menú contextual. Así, comenzará la búsqueda de archivos, pero sólo en esa carpeta, ahorrándose el paso de tener que indicar dónde realizarla.

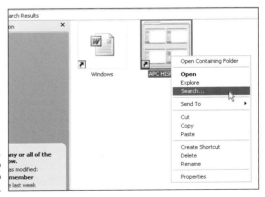

Búsquedas avanzadas

Las búsquedas realizadas hasta el momento fueron bastante sencillas. Pero, según lo que necesite en cada caso, los resultados obtenidos tal vez sean muchos, y esto, en algunas ocasiones, puede resultar contraproducente. Por ejemplo, si usted no se acuerda del nombre ni de cuándo generó un documento de Word, la búsqueda normal de documentos realizada anteriormente no le servirá de nada. Para un caso como éste, Windows ofrece una alternativa mucho más concreta: usted podrá especificar algunas palabras que haya escrito dentro del texto o algunos otros parámetros. Con estas herramientas, podrá localizar un archivo según los datos que tenga o recuerde. Además, tendrá la opción de acotar la búsqueda para que ésta resulte más eficiente.

Para comenzar una búsqueda avanzada, haga clic en **All files and folders**. En el segundo paso, encontrará tres cuadros para completar:

- **All or part of the filename**: si lo desea puede indicar la extensión del documento y utilizar caracteres comodín (ver recuadro).
- **A word or phrase in the file**: cualquiera que se encuentre dentro del documento que busca.

- **Look in**: es posible seleccionar alguna unidad de la lista desplegable o elegir Browse…, para indicar una carpeta específica.

Otras opciones

Además, en la parte inferior del panel de búsqueda, encontrará otras tres opciones. Para desplegar cada una de ellas, haga clic en las flechas de la derecha. Las alternativas son:

- **When was it modified?**: con las mismas opciones que en los casos anteriores (The Last Week, The Past Month, The Past Year), más la posibilidad de especificar un rango de fechas propio.
- **What size is it?**: para precisar el peso del archivo (pequeño, mediano, grande, o indicar un mínimo o un máximo de KB).
- **More advanced options**: podrá indicar un tipo de archivo y marcar otras opciones más específicas (buscar en carpetas del sistema y ocultas, incluir las subcarpetas en la búsqueda, distinguir mayúsculas y minúsculas, o buscar en copias de seguridad).

Entre las opciones avanzadas de búsqueda, puede ingresar parte del texto que se encuentra dentro de los archivos. Tenga en cuenta que este tipo de búsqueda demorará un poco más que si sólo tiene que comprobar los nombres de los archivos.

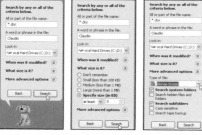

Puede indicar las fechas de creación del archivo (en **When was it modified?**), su peso en KB (**What size is it?**) o seleccionar un tipo de documento (**More advanced options**).

Trucos y Consejos

Caracteres comodín

Dentro de las búsquedas, es posible utilizar los llamados caracteres comodín, que sirven para representar cualquier tipo de texto.

Los más usados son los asteriscos (*), que se emplean para indicar "cualquier cosa antes (o después) de". Por ejemplo, si usted escribe ju*, el Asistente registrará los archivos llamados Juan, jueves, juventud, etc. Si la orden es *.txt, serán detectados todos los archivos cuya extensión sea TXT.

El signo de interrogación de cierre (?) se utiliza para reemplazar una letra. Se pueden emplear varios signos juntos, según la cantidad de letras que quiera reemplazar o no conozca. Por ejemplo, si escribe a?o, puede estar aludiendo tanto a año como a ajo. Insertando a??o, en cambio, podría referirse a alto o a arco.

Dentro de una misma búsqueda, es posible combinar varios comodines. Así, al indicar 1??a*.*, se buscarán archivos que contengan dos letras entre el 1 y la a, uno o más caracteres después y que sea de cualquier extensión; por ejemplo, 1anabel.bmp.

Los resultados

Una vez que estableció todos los parámetros, al presionar el botón Search, comenzará la indagación. A medida que avance, en el panel de la derecha irán apareciendo los resultados coincidentes. Tenga en cuenta que en este panel de resultados, los elementos se manejan del mismo modo que en cualquier ventana de exploración (**p. 91**).

Desde allí podrá, directamente, abrir el archivo haciendo doble clic sobre él, o modificar la forma de ordenar o visualizar los documentos (**p. 93**). Si obtiene muchos resultados, lo mejor es utilizar la **Details** (para seleccionarla, despliegue las opciones del botón Views o elíjala del menú View). De esta forma, además de ver el nombre, tipo, peso, fecha, etc., aparecerá la carpeta en la que se encuentra cada archivo localizado. Esta opción es muy útil porque, muchas veces, ante varios resultados similares, el hecho de saber en qué carpeta se ubica cada uno le podrá dar una pauta de las diferencias entre ellos.

Los resultados pueden visualizarse de la forma que prefiera. Cuando son muy numerosos, una buena opción es pasar a la vista Details.

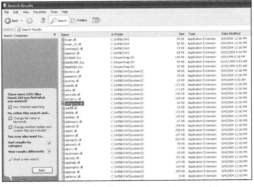

Como con cualquier visualización de archivos, podrá ordenar todos los resultados que aparezcan según alguno de los criterios mostrados en la vista Details. (**p. 94**).

Redefinir la búsqueda

Al finalizar el proceso, el Wizard para búsqueda indicará cuántos archivos se encontraron y ofrecerá algunas otras opciones. En primer lugar, le consultará si halló lo que buscaba. Si presiona **Yes, finished searching**, se cerrará el Wizard y verá la barra del explorador habitual.

Por otro lado, si no está conforme con los resultados obtenidos, podrá redefinir algunos parámetros de búsqueda, seleccionando cualquiera de las opciones que ofrece el Wizard, que dependerán de cuál haya sido la búsqueda realizada.

Además, también tendrá la posibilidad de ordenar los resultados y cambiar la vista desde este panel.

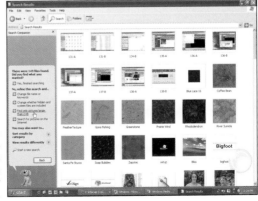

Las opciones que se ofrecen para redefinir la búsqueda varían de acuerdo con los resultados y los valores ingresados previamente. Por ejemplo, en el caso de estas imágenes, ofrece buscar sólo archivos de más de 2 KB.

Windows Millennium

Buscar en Windows Millennium

La principal diferencia con las versiones anteriores de Windows es que la búsqueda no se realiza a través de un asistente. Sin embargo, esto no representa ninguna complicación, ya que los parámetros que deberá indicar son similares a los vistos en esta clase para opciones de búsqueda avanzada

del Asistente de Windows XP; notará sólo algunas pequeñas variaciones en el aspecto y en la forma en que se encuentran ordenados ciertos datos.

Para iniciar una búsqueda, seleccione Search, del menú Start. Se desplegará un menú con varias opciones, de las que deberá elegir **Files and Foldres...**.

También, como se explicó antes, podrá comenzar una búsqueda directamente haciendo clic derecho sobre una carpeta y eligiendo **Search...** del menú contextual.

Ingrese el nombre del archivo (recuerde que puede usar caracteres comodín), el texto que contiene y seleccione dónde buscarlo. También puede desplegar las Search Options: Date, Type, Size y Advanced Options. Marcando cualquiera de ellas, se desplegarán sus opciones. Cuando termine de definir los parámetros, presione **Search Now**.

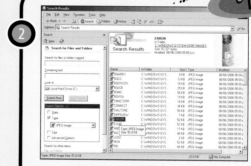

Luego de unos instantes, en el panel de la derecha aparecerán los resultados obtenidos. Notará que este panel se divide en dos partes; en la superior, muestra algunos datos del archivo que seleccione, y si se trata de una imagen, una previsualización. Si desea redefinir la búsqueda, deberá modificar los valores en el panel de la izquierda y volver a presionar **Search Now**.

 Preguntas frecuentes

¿Cómo se utilizan las otras opciones de búsqueda?

Como habrá notado, dentro del submenú que se despliega al elegir Search (del menú Start), hay otras opciones para hallar diferentes elementos. Tenga en cuenta que podrá utilizar cualquiera

de estas herramientas, simplemente seleccionándola e ingresando los parámetros que se le soliciten en cada caso: For Files or Folders..., On the Internet... o People...

Multimedia

Gracias a las capacidades multimedia con las que cuenta la mayoría de las PCs, podrá escuchar sonidos y ver videos a través de su computadora.

En la actualidad, la mayoría de las aplicaciones incluye algún archivo multimedia (un video, un sonido o una animación); esto sucede, por ejemplo, con los juegos. En este caso, su reproducción es automática, ya que el mismo programa se ocupa directamente de ejecutarlo.

Pero también puede llegar a sus manos un archivo multimedia que no forme parte de otro programa. Entonces, para verlo o escucharlo, deberá recurrir a aplicaciones específicas, que son muy fáciles de utilizar.

Reproducir archivos multimedia

Junto con Windows XP se incluyen algunas aplicaciones para manejar los formatos más comunes de archivos multimedia:

- **Windows Media Player**: es el reproductor de Windows, con el cual podrá ver videos, y escuchar música y radio, ya sea desde un CD, su disco duro, Internet u otra fuente.
- **Grabadora de sonidos (Sound recorder)**: permite reproducir archivos de sonido digitalizado (en formato WAV).
- **Windows Movie Maker**: se trata de una aplicación que da la posibilidad de editar y crear videos de manera sencilla.

Cada una de estas utilidades es apta para trabajar con alguna clase de archivo multimedia. Pero seguramente,

Windows Media Player es la que necesitará conocer más a fondo, debido a que con ella es posible reproducir casi todos estos archivos. Justamente, esta clase estará dedicada, en su mayoría, a explicar el funcionamiento de esta completa aplicación. También veremos cómo usar la Grabadora de sonidos, una herramienta que, por su sencillez, no guarda ningún secreto.

Finalmente, en cuanto a Windows Movie Maker, se trata de una aplicación demasiado específica y un tanto compleja, por lo que, a continuación, nos dedicaremos a ver en profundidad las otras dos utilidades.

En esta clase... 30'

> **Conocerá:**

Cómo controlar el volumen general.

La manera de reproducir archivos multimedia.

Las listas de reproducción.

Cómo grabar sonidos.

Control de volumen

Antes de comenzar a trabajar con sonido, asegúrese de que los volúmenes de entrada y salida se encuentren en los niveles adecuados. El volumen general se controla desde **Start/All Programs**. Allí diríjase a **Acce-**

ssories/ Entertainment/ Volume Control. Se abrirá el cuadro de diálogo **Volume Control**, con varios controles que representan las distintas opciones de su equipo: salida de ondas (sonido digital), de CD, etc.

Para definir qué controles se

muestran en el mezclador, haga clic en **Properties**, del menú **Options**. Según el modelo y las prestaciones de su tarjeta de sonido, tendrá más o menos alternativas para elegir.

Marque los casilleros de los controles que desea ver y deje en blanco los que no le interesan. Finalmente (y éste es un proceso de ensayo y error), utilice el mezclador para regular los volúmenes de entrada y salida de los diversos componentes.

Una vez que haya definido el sonido general de su PC, podrá ajustarlo desde las opciones correspondientes que se encuentran en cada una de las aplicaciones.

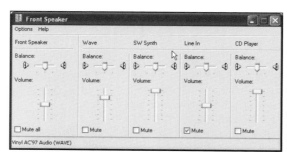

Desde aquí podrá controlar el volumen general de todos los sonidos de su PC, ya sean salientes o entrantes, de audio, de voz o de efectos.

Carpetas multimedia

Windows XP integra todas las capacidades multimedia de su PC con el entorno, con el objetivo de que resulte sencillo y rápido trabajar con este tipo de archivos.

Por ejemplo, dentro de la carpeta My Documents, hallará otra

denominada **My Music**, destinada a almacenar archivos de sonido. Si ingresa en ella, verá que la barra de la derecha incluye opciones de reproducción llamadas **Music Tasks**. Allí encontrará un botón para la reproducción automática de los archivos, y un enla-

ce a Internet para acceder a un sitio desde donde podrá comprar música en línea.

Pruebe haciendo clic en **Play all**, y se abrirá Windows Media Player con todos los archivos que se encuentren en esa carpeta.

Windows XP integra con éxito la mayoría de los componentes multimedia en un entorno de rápido acceso y reconocimiento de archivos.

Mensaje inicial

Al iniciar Windows Media Player por primera vez, aparecerá un cuadro de diálogo preguntando si desea buscar medios en su equipo. Este procedimiento puede durar unos minutos, y si desea hacerlo en otro momento, elija No. En las próximas páginas veremos en profundidad el tema de la biblioteca multimedia.

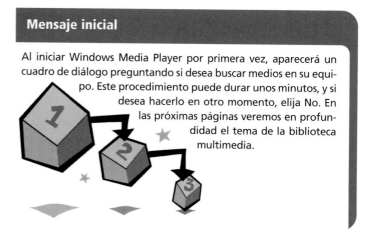

Windows Media Player

A lo largo de la evolución del sistema operativo de Microsoft, existieron varias aplicaciones destinadas a reproducir archivos multimedia. La creación del Windows Media Player tuvo como objetivo unificar bajo un mismo programa todas las actividades de este tipo; de hecho, con él podrá ver videos, escuchar música y radio, y ver programas de TV por Internet. Pero antes de comenzar a usar esta aplicación en profundidad, es necesario repasar sus principales funciones. A continuación, encontrará una guía visual para conocer los comandos básicos que ofrece.

Windows Millennium

Otros reproductores

Las versiones anteriores de Windows incluían otros reproductores para los distintos tipos de archivos multimedia. Por lo tanto, si usted posee una versión que no sea XP, es posible que no tenga instalado Windows Media Player.

En estos casos, al abrir un archivo de audio, por ejemplo, se abrirá el programa correspondiente y no tendrá inconvenientes en utilizarlo, aunque carecerá de algunas opciones avanzadas, que verá en las siguientes páginas. En caso de que desee tenerlo, podrá descargarlo de Internet (ver p. 269), desde la dirección **www.windowsmedia.com**.

La pantalla principal

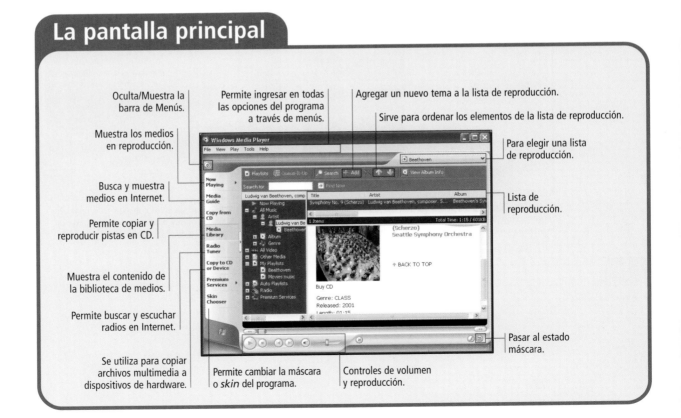

Oculta/Muestra la barra de Menús.

Permite ingresar en todas las opciones del programa a través de menús.

Agregar un nuevo tema a la lista de reproducción.

Sirve para ordenar los elementos de la lista de reproducción.

Muestra los medios en reproducción.

Para elegir una lista de reproducción.

Busca y muestra medios en Internet.

Lista de reproducción.

Permite copiar y reproducir pistas en CD.

Muestra el contenido de la biblioteca de medios.

Permite buscar y escuchar radios en Internet.

Pasar al estado máscara.

Se utiliza para copiar archivos multimedia a dispositivos de hardware.

Permite cambiar la máscara o *skin* del programa.

Controles de volumen y reproducción.

Reproducir un archivo multimedia

Windows Media Player es muy sencillo de utilizar. Lo primero que haremos será abrir un archivo multimedia. Si usted todavía no posee uno, no se preocupe, pues dentro de My Documents/My Music encontrará un acceso directo a algunos archivos de prueba. Para activarlos, sólo deberá identificar el icono característico de esta aplicación y hacer doble clic sobre él.

Se abrirá el programa asociado por defecto, que es, justamente, Windows Media Player, y el archivo comenzará a ejecutarse. En caso de que desee abrir el programa directamente, debe ir a Start/All Programs/Windows Media Player.

Agregar archivos

Una vez que haya abierto el programa, también podrá abrir archivos yendo a **File/Open...**. Se presentará el cuadro de diálogo **Open**, en donde deberá buscar el archivo que desea, en la unidad y carpeta correspondientes. Si quiere seleccionar más de un archivo de la misma carpeta, sólo debe ir haciendo clic sobre cada uno mientras mantiene presionada la tecla <Control>. Cuando termine, haga clic en Open. Los archivos seleccionados se incluirán en la lista de reproducción. Para cambiar de tema, puede hacer doble clic sobre el que desee, o bien ir subiendo y bajando con las flechas, y una vez que ubique el elemento a ejecutar, presionar <Enter>.

Los controles

Para ejecutar, detener y adelantar un tema, pasar al siguiente o al anterior, o bien regular el volumen, existe un panel de reproducción, cuyo aspecto es similar al de cualquier equipo de música o video. Por medio de la barra de progresión, podrá adelantar la canción o la película que esté reproduciendo.

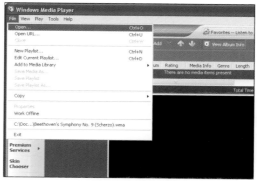

Desde File/Open..., puede agregar nuevos archivos a la reproducción. Si quiere seleccionar más de un archivo, mantenga presionada la tecla <Control> mientras los marca.

Otra manera de incluir archivos consiste en arrastrarlos desde la carpeta de origen hasta la pantalla donde se informa acerca de la reproducción en curso.

Preguntas frecuentes

¿Por qué en vez de Windows Media Player se abre otro programa?

Esto puede deberse a que usted ha instalado alguna aplicación que se activa por defecto con cierto tipo de archivos (por ejemplo, Winamp con los archivos MP3, ver **p. 177**). Si éste es el caso, y desea abrir un archivo con el Reproductor de Windows Media, haga clic derecho sobre el archivo en cuestión y seleccione la opción **Open/With...**. En el cuadro de diálogo que se abre, seleccione la aplicación con la que quiere ejecutar el archivo. También desde esta ventana puede hacer que algún programa se enlace con ciertos archivos específicos. Para lograrlo, marque el casillero Allways use the selected program to open this kind of file...

Media Library (biblioteca de medios)

Windows Media Player ofrece la posibilidad de crear listas de reproducción y almacenarlas en una biblioteca de medios. Esto significa que el usuario puede compilar sus archivos multimedia de acuerdo con un orden deseado, asignarle un nombre a la lista y guardarla. Por ejemplo, si crea una lista que incluya temas de música clásica y la llama "Clásica", podrá recuperarla en su biblioteca de medios cuando desee, y escucharla o editarla.

Crear una lista de reproducción

Para comenzar a enriquecer su biblioteca de medios y ordenar sus archivos multimedia, es conveniente crear listas de reproducción. El procedimiento es simple, y sólo deberá seguir unos pocos pasos para hacerlo:

1. Haga clic sobre el botón **Media Library**.
2. Allí haga clic en **Play lists/ New Playlist**.
3. Asigne un nombre a la nueva lista de reproducción y presione <Enter>.
4. Luego, vaya a **File/Add to Media Library/Add File or Playlist...**.
5. Se abrirá un cuadro de diálogo para buscar archivos multimedia en su equipo. Seleccione los que desee y presione <Enter>.

6. Si quiere seguir agregando archivos a la lista de reproducción, arrástrelos hasta la lista correspondiente, que se encuentra en la biblioteca multimedia.

Cuando desee escuchar las listas de reproducción, sólo deberá seleccionarlas desde la lista desplegable que se encuentra en la esquina superior derecha del programa.

Recuerde que, si agregó pistas que provienen de un CD u otra fuente externa, el programa no las ejecutará hasta que no introduzca la fuente indicada.

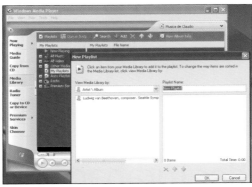

Haga clic sobre el botón **Playlists/New Playlist** e ingrese un nombre descriptivo.

Cuando agregue algún archivo a una lista de reproducción, podrá elegir la lista o bien crear una nueva.

Trucos y Consejos

Pantalla completa

Si está viendo una película o clip de video con Windows Media Player y desea hacerlo en pantalla completa, presione <Alt> + <Enter>. Luego de unos segundos, los controles de reproducción se ocultarán, y la película ocupará toda la pantalla. Para regresar al estado inicial, presione nuevamente la misma combinación de teclas.

Reproducir CDs y DVDs

Una de las ventajas de Windows Media Player es que permite ejecutar diversos tipos de archivos y formatos. Cuando introduzca un CD o un DVD en su equipo, un cuadro de diálogo le preguntará si desea escucharlo con Windows Media Player (**p. 94**). En caso de que esté conectado a Internet, el programa accederá a una base de datos para agregar la información de las pistas (nombre del tema, autor, género, etc.); lo mismo sucederá con el DVD. Además, si quiere buscar información adicional, puede hacerlo desde la **Media Guide**, cuyo botón se encuentra en la Taskbar.

Multimedia en Internet

Otra de las funciones destacadas del Reproductor de Windows Media es que dispone de una red de *broadcasting* (emisión de contenido multimedia por Internet), conocida como Windows Media. Para este fin, cuenta con la opción **Media Guide**, que facilita la búsqueda de material multimedia en toda la Red. Si desea utilizar esta herramienta, debe hacer clic en **Media Guide**. Allí encontrará varias opciones: **Home**, **Music**, **Movies**, etc. En cada una de estas áreas, encontrará contenido actualizado a diario y en su idioma. Asimismo, yendo al sitio **www.windowsmedia.com**, podrá disfrutar de contenido multimedia de todo el mundo. Recuerde que para aprovechar los elementos multimedia en Internet, primero debe conectarse. Luego, dependiendo de la velocidad de su conexión, los contenidos se descargarán en unos pocos segundos o demorarán algunos minutos.

Haciendo clic en cada uno de los elementos, podrá disfrutar del contenido que ofrece el Reproductor de Windows Media. Si desea tener más información acerca de ese contenido, vaya al sitio correspondiente en Internet.

Sound Recorder (grabadora de sonidos)

Una de las atracciones que ofrecen las herramientas multimedia es que el usuario no está limitado a ver o a escuchar ciertos archivos, sino que también puede producir su propio contenido, por ejemplo, a través de periféricos conectados a la tarjeta de sonido.

Windows incluye una aplicación muy sencilla que permite generar sonidos: la grabadora de sonidos. Para usarla es necesario tener un micrófono conectado a la tarjeta (si quiere saber más sobre este tema, consulte **p. 53**) y ejecutar esta herramienta desde **Start/** **All Programs/Accessories/Entertainment/Sound Record**.

Una vez abierta, para grabar su voz deberá proceder de la siguiente manera:
1. Presione el botón rojo para iniciar la grabación.
2. A medida que hable, las ondas irán oscilando, lo que significa que el programa está reconociendo su voz.
3. Cuando finalice la grabación, haga clic sobre el botón del cuadro negro.
4. Retroceda y presione el botón de reproducción para escuchar la grabación.
5. Desde el menú **Effects**, podrá realizar algunas modificaciones al sonido grabado.
6. Si desea guardar la grabación, vaya a **File/Save As...**. El sonido se grabará en formato WAV.

La grabación de sonidos puede cumplir muchas funciones, desde generar nuevos efectos para el entorno, hasta crear música.

SOFTWARE

En este capítulo

- Cómo funciona la PC.
- Programas y archivos.
- Word: introducción.
- El primer documento.
- Guardar e imprimir
- La organización del texto.
- Trabajo con imágenes.
- Tablas.
- Revisión de errores y traducción.
- Los archivos MP3.
- Excel: introducción.
- La primera plantilla.
- Las fórmulas.
- Bases de datos con Excel.
- Planillas avanzadas.
- PowerPoint: introducción.
- Las presentaciones.
- Seguridad informática. Backups.
- Virus informáticos.
- Programas antivirus

¿Cómo funciona la PC?

Conozca de qué forma trabaja la computadora con los datos, y sorpréndase ante la simplicidad con que se maneja toda la información.

Seguramente, usted ya está al tanto de la importancia que desarrolló la computación en los últimos años. Alguien le habrá dado una dirección de e-mail para que le escriba, o quizás un compañero de trabajo le entregó un disquete con una planilla para imprimir o un informe para completar. Tal vez, en estas ocasiones, haya tenido que recurrir a la ayuda de algún conocido o incluso de su hijo menor, que parece dominar a la perfección la computadora y todo lo relacionado con ella. ¿Por qué para él es tan sencillo? ¿Acaso es más inteligente? No. Es que para él la computadora no es algo que deba aprender a usar: es un elemento que le sirve para entretenerse, y para hacer mejor y más rápido las tareas escolares.

Uno de los principales secretos para comenzar a usar la PC es justamente ése: tomar la computadora como un instrumento más, que le servirá para realizar distintas tareas de un modo más sencillo y veloz. Verá que la computación es bastante más simple de lo que se imagina. Solo es cuestión de sentarse frente a su PC y, con la ayuda de este libro, comenzar a recorrer el camino que lo llevará a dominarla.

El software

Dos de las secciones de este libro se denominan Hardware y Software. Ambas designaciones son palabras comunes en la jerga informática, incluso en idioma español, y no suelen traducirse.

¿Cuál es la diferencia entre estos términos? Si fuera posible comparar la PC con el ser humano, diríamos que el hardware es el cuerpo (la parte física), y el software, los pensamientos (lo que no se puede tocar).

Entonces, en computación, se denomina **hardware** a todos los componentes físicos: monitor, teclado, gabinete, mouse, escáner, impresora, etc. En el capítulo Hardware de este libro verá en detalle cada uno de los elementos que conforman el equipo, y su funcionamiento.

Si bien la parte física de la PC desempeña un papel muy importante, otro aspecto fundamental es el **software**, la parte intangible de la computadora. Se trata de los programas, los archivos y el procesamiento de la información en general, que se materializan a través del hardware (un documento se imprime por medio de la impresora o se visualiza en el monitor, por ejemplo).

En esta clase... (10')

> **Aprenderá:**

Qué es el software.

Cómo "piensa" la computadora.

Sobre la organización de la información y los datos digitales.

El manejo de la información

Si bien las tareas que se pueden realizar con una computadora parecen muy diferentes entre sí, todas tienen un denominador común: **el procesamiento de la información**. Esto significa que, haga lo que haga con ella, la PC funciona a partir de un mecanismo básico: el ingreso de datos (un clic del mouse, los valores de una planilla o diferentes órdenes, como imprimir un archivo, girar una imagen o enviar un mensaje), que luego se procesan para obtener un resultado (ya sea la aparición de información en pantalla, una impresión, etc.).

EL PROCESAMIENTO DE LA INFORMACIÓN

CON QUÉ SE TRABAJA

Fundamentalmente, con dos elementos básicos: software y hardware.

SOFTWARE: programas que hacen funcionar una PC.

HARDWARE: componentes físicos de la PC.

Gabinete

Escáner

Monitor

Teclado

CD

Impresora

Módem

Parlantes

CÓMO SE TRABAJA

1 **Ingreso y procesamiento de datos**

Digitalización de textos e imágenes (con intervención de hardware y software).

→ Ingreso de datos
→ Salida de información

Se ingresa la información con el teclado y el mouse.

En el monitor se ven la interfase y las opciones del programa.

2 **Salida de información**

Impresión del trabajo, con uso de hardware y software.

→ Ingreso de datos
→ Salida de información

Este ejemplo es una de las tantas tareas que se suelen realizar con la computadora.

En el monitor se visualizan las opciones y cómo va quedando el trabajo.

Si el trabajo incluye imágenes, éstas se digitalizan utilizando un escáner y se incorporan al proyecto.

Los componentes internos y el software ejecutan las órdenes recibidas.

La impresora recibe la orden e imprime el trabajo.

Los componentes internos y los programas procesan las órdenes y las ejecutan (en este caso, la impresión).

Se da la orden de imprimir, con el teclado y el mouse.

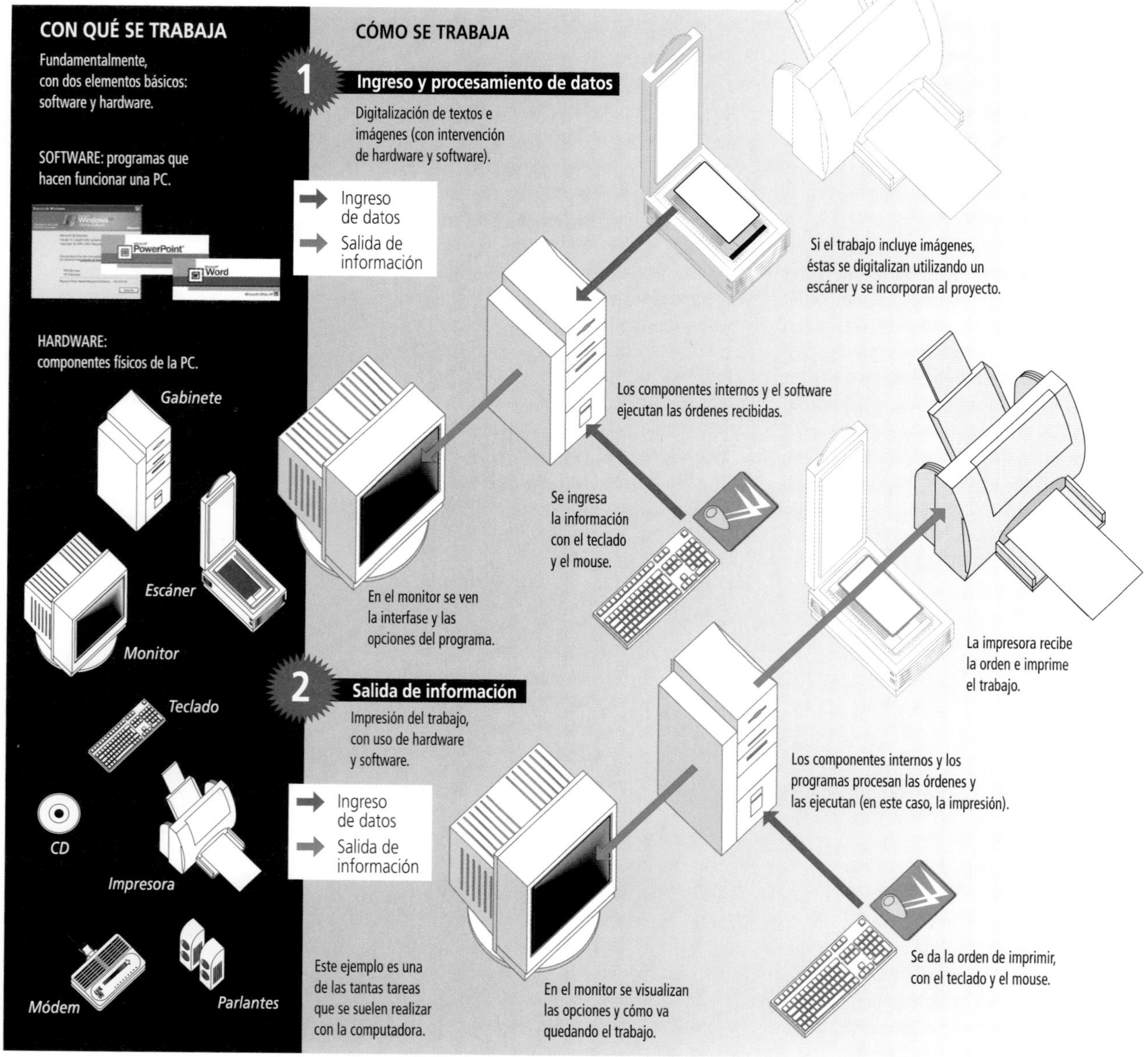

Los datos

La computadora le permite realizar distintos tipos de tareas, procesando la información que usted ingrese.

Los datos que se introducen pueden ser de diferentes clases: números, textos, gráficos, música, videos, presión de teclas y movimientos del mouse, entre otros. No importa la forma que adopten, la computadora se encarga de traducirlos al lenguaje con el que trabaja internamente. Pero más allá de esto, lo fundamental es que el proceso se realiza de modo transparente para el usuario. Esto significa que usted no tendrá que preocuparse por entender cuáles son los pasos que sigue la computadora para llevar a cabo lo que se le pide: la máquina lo hace sola y a una gran velocidad.

Cabe aclarar que la computadora hace exactamente lo que usted le solicita. En definitiva, no deja de ser una máquina: es incapaz de pensar o decidir por sí misma. Sólo actúa siguiendo un modelo lógico (programado de antemano por alguna otra persona) que le indica cómo debe responder ante ciertas órdenes. Por ejemplo, cuando se trabaja con un documento de texto, una condición ya especificada determina que al presionar el botón de la barra de herramientas representado por una impresora, la página que se está viendo en pantalla saldrá impresa utilizando el dispositivo correspondiente.

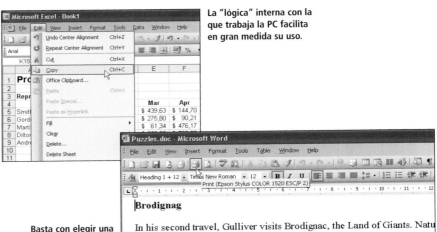

La "lógica" interna con la que trabaja la PC facilita en gran medida su uso.

Basta con elegir una opción de un menú o presionar un botón, para que se ejecute un comando u orden.

Las ideas detrás de la PC

Una de las diferencias fundamentales entre una computadora y otras máquinas semejantes es la clase de datos que acepta. Si bien es cierto que una calculadora de bolsillo también procesa los datos ingresados y devuelve un resultado, es evidente que no se puede escribir una carta con ella, ni acceder a Internet utilizando un cajero automático.

En una PC, la información que resulta del procesamiento suele plasmarse en documentos impresos, guardarse en discos o disquetes, o presentarse en pantalla. Pero las computadoras se utilizan también para realizar otras tareas más complejas, como controlar la línea de producción de una fábrica o guiar un Jumbo 747. Además, cualquiera de los equipos usados para este tipo de tareas no difiere demasiado de los que puede usar usted en su hogar o en la oficina: se trata de una máquina con componentes electrónicos, que procesa datos y órdenes siguiendo un método lógico. Lo que hace que pueda usarse en diferentes ámbitos y con distintos tipos de datos es, precisamente, el **software**, la idea que se pone en evidencia a través de los componentes materiales.

La revolución de la informática no es una moda pasajera. Por el contrario, la difusión que ha tenido en prácticamente todos los oficios y profesiones pone de manifiesto el hecho de que la computación ya está instalada en nuestro estilo de vida, en todo momento y cada vez en mayor escala.

La información digital

Ya se mencionó que la computadora puede procesar diferentes tipos de datos. Sin embargo, es necesario que éstos cumplan una condición: deben ser **digitales**. En el campo de la computación, digitalizar significa convertir en números. Los franceses no dicen "digital" sino *numèrique*, palabra que resulta mucho más explicativa.

¿Qué quiere decir convertir la información en números y por qué hay que hacerlo? La explicación es mucho más simple de lo que usted se imagina. Una computadora, por más flexible y compleja que parezca, no deja de ser un conjunto de circuitos electrónicos. Estos circuitos no son mágicos ni mucho menos, sino que se fabrican aprovechando una característica muy útil, la capacidad de adoptar dos estados posibles: con carga eléctrica y sin carga eléctrica. Podría decirse que los cir-

cuitos son como luces que están encendidas o apagadas. Normalmente, usted utiliza luces para iluminar. Pero bien podría poner un foco sobre la puerta de su oficina para indicar que, cuando está encendido, usted se encuentra ocupado, y cuando está apagado, cualquiera puede entrar. De esta manera, está utilizando el foco para generar un par de mensajes que no tienen que ver con la condición eléctrica ni con la función de alumbrar.

Del mismo modo, la computadora utiliza millones de transistores que son capaces de adoptar dos estados: con carga eléctrica o sin carga eléctrica. En lugar de asignarle un mensaje complejo, a cada

estado le asigna un dígito numérico: con carga significa 1 (uno); sin carga, 0 (cero). Otorgando combinaciones de unos y ceros a los distintos datos, la PC convierte la información tradicional en digital, es decir que la representa a través del sistema binario (denominado así porque emplea sólo dos números). En los disquetes y CDs se guardan números binarios, y por los cables de la impresora y del mouse la información "viaja" como números binarios. Eso es todo. Ahora ya sabe que la PC es capaz de absorber casi cualquier dato y transformarlo, para poder tratarlo de manera digital. A lo largo de este libro, verá que este sistema facilita notablemente todas las tareas.

Preguntas frecuentes

¿Para qué sirve trabajar con datos digitales?

En principio, la digitalización es el único modo de trabajar con la PC. Además, esto posibilita que, como todo está en un mismo "idioma", los procedimientos se realicen con mayor rapidez.

De analógicos a digitales

Para que la computadora pueda trabajar con datos, éstos deben ser digitales. Existen distintos dispositivos que toman la información tal como la vemos habitualmente (denominada analógica) y la convierten en digital. Pero no todos los datos pueden digitalizarse. Los perfumes, por ejemplo, no pueden transformarse en datos numéricos que la PC sea capaz de comprender. Veamos los principales tipos de datos que sí se pueden digitalizar:

- **Números**: cada número se representa internamente en la PC por

medio de la combinación de unos y ceros, lo cual permite realizar cálculos simples y complejos.
- **Texto**: las letras se convierten en dígitos binarios asignando un código a cada una de ellas. De esta forma, cada vez que usted presiona la letra A, la PC incorpora un número binario, y del mismo modo almacenará todo lo que escriba por medio del teclado.
- **Imágenes**: para digitalizar elementos gráficos se utiliza un escáner (dispositivo que verá en detalle en

p. 57), que examina cada milímetro de una foto y detecta los colores que contiene, entre otros datos. Toda esa información se almacena, también, en sistema binario, para poder procesarla, mostrarla en el monitor o imprimirla.
- **Sonido y video**: al igual que con los demás datos, la computadora recibe el sonido y el video a través de un dispositivo especial (micrófono, cámara de video digital) que los convierte en números binarios capaces de ser almacenados.

Programas y archivos

Conozca la forma en que trabajará con su PC, utilizando programas y generando contenido que almacenará en distintos archivos.

¿Cómo indicarle a su PC que haga lo que usted quiere? Hay una forma difícil de lograrlo: inscribirse en la universidad, estudiar varios años, volver a su casa, encender la computadora, escribir una lista de instrucciones en el lenguaje correcto e ingresarlas siguiendo los procedimientos de rigor.

Por suerte, en la actualidad no hace falta convertirse en un experto programador para manejar una PC, porque hay especialistas que se tomaron el trabajo de desarrollar diversos programas que simplifican la tarea de los usuarios, por medio de interfases (**p. 78**) fácilmente comprensibles y manejables para cualquier persona. Así, las órdenes para que la computadora realice alguna acción se pueden dar a través de un simple clic del mouse o seleccionando un comando determinado.

Los programas

Según la tarea que precise realizar, podrá recurrir a distintos tipos de programas (en la siguiente página se detallan algunas de las diferentes posibilidades). Además, dentro de cada rubro se incluyen varias marcas y versiones. Sobre todo para las tareas más frecuentes, existe una infinidad de opciones, con más o menos posibilidades y distinto nivel de complejidad.

Usted podrá elegir la aplicación que mejor se adapte a sus necesidades, probando y conociendo las ventajas de cada una.

Cómo se adquieren los programas

Teniendo en cuenta su forma de distribución, los programas se dividen, básicamente, en tres grandes clases: comerciales, shareware y freeware.

Para utilizar un programa **comercial**, deberá comprarlo en una tienda o a través de Internet. Este tipo de programas se rigen por las mismas reglas que los libros o los discos: no se pueden copiar ni alquilar. Además, sólo es posible instalarlos en una única computadora. Tenga en cuenta que si alguien vende una copia no original de algún programa comercial, tanto esa persona como usted estarán violando las leyes de propiedad intelectual.

En cambio, los programas **shareware** pueden distribuirse libremente. Tras conseguir el que usted necesita, podrá instalarlo y ver si le resulta útil; en ese caso, tiene la posibilidad de comprar una copia registrada, que en general, incluye algunas opciones más que la versión de prueba.

Por su parte, las aplicaciones **freeware** se pueden distribuir y utilizar libremente.

En esta clase... (15')

> Conocerá:

Los distintos tipos de programas.

Cómo se almacena la información.

Las clases de archivos.

Un universo de posibilidades

Como verá en los ejemplos que se presentan a continuación, existen programas para todas las actividades que se pueden realizar con una computadora.

Según la tarea para la cual se utilizan, los programas se agrupan en distintas categorías.

En una primera clasificación, se distinguen dos tipos bien diferenciados: los sistemas operativos y los programas generales.

Los primeros gobiernan la PC en su conjunto (en el capítulo sobre Windows aprenderá todo sobre el funcionamiento del sistema operativo más utilizado), mientras que el resto se emplea para fines más específicos: escribir textos (como Word, **p. 153**), navegar en Internet (Explorer, **p. 251**), jugar, dibujar (Paint, **p. 281**), diseñar, realizar cálculos (Excel, **p. 183**), y muchas otras tareas orientadas a distintas profesiones y necesidades.

Antes de empezar a ver cada uno de los diferentes programas que existen, es preciso aclarar un tema: en computación, es imposible aprender todo. Por lo tanto, ocúpese de conocer bien las herramientas generales y aquellas específicas que necesita para trabajar. El resto es tan vasto, que intentar abarcarlo todo sería como pretender contabilizar la arena del Sahara. Piense que no tendría demasiado sentido aprender a utilizar un programa para realizar planos si usted no se dedica a la arquitectura.

Algunas opciones

Procesadores de texto

Permiten crear y editar cartas, informes o cualquier otro tipo de documentos, de manera mucho más eficiente que las máquinas de escribir tradicionales.

Enciclopedias y diccionarios

Ofrecen textos, sonidos, imágenes y videos en una misma fuente, y permiten realizar consultas de manera muy fácil y rápida.

Correo electrónico

Utilice Internet para enviar y recibir mensajes de un modo rápido, sencillo y económico a personas que vivan en cualquier lugar del mundo.

Planillas de cálculo

Son aplicaciones muy potentes que se utilizan para efectuar todo tipo de operaciones, desde controles de presupuesto hasta cálculos financieros.

Diseño gráfico

Con este tipo de aplicaciones es posible diagramar folletos, carteles y revistas; retocar fotografías, dibujar, etc., de forma bastante eficiente.

Juegos

Diversión garantizada para chicos y grandes, los juegos actuales presentan entornos tridimensionales, gráficos y sonidos de excelente calidad.

Programas educativos

Tanto niños como adultos podrán aprender de forma interactivo, accediendo a diversas áreas del conocimiento de un modo dinámico y divertido.

Programas específicos

Infinidad de aplicaciones para distintas profesiones y tareas: realizar planos, circuitos eléctricos, animaciones, cálculos astrológicos; consultar guías jurídicas, etc.

Navegadores

Conectándose a Internet y utilizando estos programas, tendrá acceso a una gran cantidad de información correspondiente a millones de sitios de todo el mundo.

Los archivos

Toda la información que se ingresa en la PC (como los programas y el contenido que genere con ellos) está guardada en distintos medios de almacenamiento (CDs, discos duros, disquetes, o cualquier otra unidad, tal como se detalla en **p. 37**, **p. 41** y **p. 45**).

Pero, ¿cómo se realiza exactamente este proceso de almacenamiento? En este punto entra en escena un nuevo concepto: los archivos (*files*, en inglés). Toda la información que se produce se guarda en la PC en distintos archivos, ya sean los textos (por ejemplo, al escribir una carta), las instrucciones (el programa que utilizó para redactar), la tipografía o las imágenes que le permitieron mejorar el aspecto de su trabajo.

Un archivo podría definirse como un paquete de datos. Toda la información de la carta que escribió constituye un archivo particular, que tendrá un nombre y se guardará donde usted lo indique (en el disco, en un disquete, etc.). A su vez, el programa que usó para realizar ese archivo es un procesador de texto, que también está constituido por un conjunto de archivos, cada uno con un nombre y ubicado en un lugar del disco duro. Lo mismo ocurre con los programas y datos, que componen todo el software de su computadora.

El nombre de los archivos

Las últimas versiones de los sistemas operativos permiten asignar a los archivos nombres de hasta doscientos cincuenta y seis (256) caracteres. Esto incluye letras, números, espacios en blanco y algunos signos especiales (exceptuando \ / : * ? " < > | .).

Por lo tanto, es aconsejable utilizar nombres que permitan identificar fácilmente el contenido del archivo. Una vez que empiece a trabajar, notará que en poco tiempo genera un gran número de documentos, y si los mantiene correctamente identificados, le será muy sencillo encontrarlos cuando los necesite.

Además del nombre en sí mismo, los archivos se distinguen por el tipo de programa con el que fueron creados o con el que se pueden abrir. Esta información se indica, a continuación del nombre, por medio de un punto seguido de tres letras (la extensión), como veremos en la página siguiente.

Nombre y extensión

Carta a Bob 27-2-06.doc

Nombre: es elegido por quien genera el archivo y puede contener hasta 256 caracteres.

Extensión: luego del punto, se incorporan tres letras que indican el tipo de archivo.

Preguntas frecuentes

¿Puede haber archivos con el mismo nombre?

Dentro de una unidad de almacenamiento pueden existir archivos con igual nombre, siempre y cuando no estén en la misma carpeta (en **p. 91** vimos que los archivos se organizan en distintas carpetas y aprendimos cómo trabajar con ellas). Dicho de otro modo: dentro de una carpeta, no es posible que existan dos archivos con el mismo nombre y extensión. Si trata de copiar o guardar un archivo que tenga el nombre de uno ya existente allí, un mensaje de error se lo advertirá, y le ofrecerá la opción de reemplazarlo o de cancelar la operación. Por otro lado, si quiere copiar un archivo a otra carpeta, no tendrá ningún inconveniente en hacerlo por más que se encuentren en la misma unidad.

Clases de archivos

Así como existen diferentes programas, también existen distintos tipos de archivos. Como ya adelantamos, los archivos se identifican por su extensión: las tres letras que siguen al nombre, luego del punto, que representan la clase de información que contienen.

Si bien la variedad de tipos de archivos es muy grande, no es preciso memorizar todos. En este sentido, Windows proporciona una gran ayuda, identificando a cada tipo con un icono particular (un pequeño dibujo a la izquierda del nombre). Además,

si observa la información detallada de los archivos, podrá leer de qué tipo se trata, y abrirlo directamente desde la carpeta, ya que el sistema operativo mantiene una relación entre las clases de archivos y los programas en los que se abren.

Algunos de los archivos más usados

Video y animaciones
.MOV
.AVI
.MPG

Programas
.EXE
.COM
.BAT

Documentos de texto
.DOC
.TXT

Planillas de cálculo
.XLS

Fotos e ilustraciones
.BMP
.TIF
.GIF
.JPG

Sonidos
.MP3
.WAV
.MID

El tamaño de los archivos

Además de un nombre y una extensión, los archivos tienen un tamaño, que indica la cantidad de espacio que ocupan. Hay que tener en cuenta que los distintos dispositivos de almacenamiento tienen una capacidad limitada (en **p. 37** se explican todas sus características), de modo que es importante saber cuánto ocupa cada archivo. Esta información depende de la cantidad y complejidad de datos que contengan.

El tamaño de los archivos se mide en bytes. En un byte es posible almacenar una letra, pero en cada archivo es preciso guardar muchos otros datos. Por lo tanto, el tamaño de un archivo puede incrementarse hasta alcanzar cientos, miles o millones de bytes. En **p. 38** se vio con mayor detalle la denominación de todas las unidades y la forma de contabilizarlas.

Preguntas frecuentes

¿Para qué sirve trabajar con archivos?

Conocer y manejar archivos es la base del trabajo en computación, porque en todas las actividades que realice estará interactuando y generando distintos archivos.

Por ejemplo, usted redacta un informe en la computadora de su casa, y lo guarda con un nombre determinado en cierta ubicación del disco (en donde ocupará un espacio). Luego, puede copiar ese archivo a un disquete o CD para transportarlo (**p. 41**) o puede enviarlo por correo electrónico (**p. 235**) para que otra persona lo lea o imprima. A su vez, como el trabajo está almacenado en un archivo, usted podrá abrirlo cuando lo desee para continuar trabajando con él o, incluso, borrarlo si ya no lo necesita, y así liberar espacio en el disco. En resumen, con los archivos se pueden realizar diversas tareas: crearlos, abrirlos, trabajar con ellos, ejecutarlos, copiarlos, borrarlos y transmitirlos electrónicamente, entre otras (las posibilidades varían según el tipo de archivo). En **p. 101** aprenderá en detalle cómo manejar archivos en Windows.

Word

Aprenda los conceptos principales de esta aplicación, la más utilizada en diferentes ámbitos para el manejo de todo tipo de escritos.

U na de las principales virtudes de la PC es que permite redactar documentos con gran facilidad y con una prolijidad asombrosa. Esta característica se debe a una aplicación muy utilizada: **el procesador de texto**. ¿Qué es eso? Es un programa que convierte a la computadora en una máquina de escribir muy avanzada, tal como veremos a lo largo de este curso.

Existen muchas aplicaciones de este tipo, pero la más difundida y utilizada en todo el mundo es **Microsoft Word**, incluido en el paquete Office. Debido a su indiscutible popularidad, las explicaciones que presentaremos se basan en Word XP, la última versión de este programa. En caso de que usted todavía no haya actualizado su versión de Word, no se preocupe, ya que la gran mayoría de las explicaciones que encontrará en estas páginas también pueden aplicarse a versiones anteriores, así como a los productos de otras marcas.

Por medio de Word, usted tendrá la posibilidad de crear y editar documentos de índole tan diversa como cartas, currículum vitae con fotografías, trabajos escolares, monografías y revistas semiprofesionales, sólo por nombrar algunos ejemplos. Todas estas tareas se llevan a cabo de manera muy simple, ya que los procesadores de texto cuentan con las más variadas herramientas que facilitan tanto la escritura como la edición de los documentos.

La facilidad de escribir con la PC

Usar Word es muy sencillo. Cuando usted abre el programa, la pantalla de la computadora se presenta como una hoja en blanco, sobre la cual puede ponerse a trabajar. Desde el principio notará las ventajas de los procesadores de texto en comparación con las viejas máquinas de escribir. Por ejemplo, cuando la oración llega al margen derecho de la hoja, no hace falta presionar ninguna tecla para pasar al renglón siguiente, ya que el cursor baja automáticamente. Otro caso: si la proximidad del margen no deja espacio para terminar una palabra, ésta pasa completa a la próxima línea, función que se denomina "retorno automático de carro". Además, cuando usted inserta un punto y aparte porque quiere empezar una nueva línea, sólo tiene que presionar la tecla <Enter>.

En esta clase... (15')

> Conocerá:

Cómo abrir el programa.

Los elementos principales de Word.

> Necesitará:

Tener instalado en su PC el procesador de texto Word.

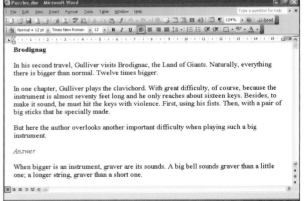

Escribir un documento utilizando Word es tan sencillo como hacerlo con una máquina de escribir. La diferencia es que este programa posee muchas otras funciones que lo hacen muy completo, y que irá conociendo en las siguientes páginas.

Abrir Word

Tal como suele suceder con la mayoría de las aplicaciones, el procedimiento para abrir Word es sumamente sencillo (sólo hay que seleccionar la opción correspondiente desplegando el menú Inicio). A continuación, veremos cada uno de los pasos necesarios para iniciar el procesador de texto y comenzar a trabajar con un nuevo documento en blanco:

En primer lugar, haga clic sobre el botón **Start**, ubicado en el vértice inferior izquierdo de la pantalla de Windows. En el menú que se despliega, vaya a **All programs**, y allí seleccione **Microsoft Word**.

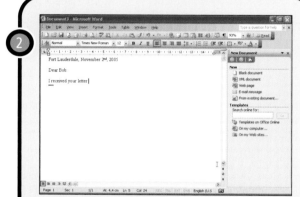

Una vez abierto el programa, verá la hoja en blanco sobre la cual podrá empezar a redactar lo que desee. Simplemente, escriba el texto como si estuviera utilizando una máquina de escribir.

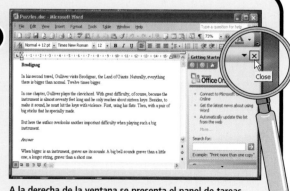

A la derecha de la ventana se presenta el panel de tareas **New document**. Allí aparece un listado de los últimos archivos utilizados; haciendo clic sobre alguno de ellos, lo abrirá directamente (si quiere abrir un archivo almacenado en su disco, haga clic en **My Documents...**). Cuando no necesite realizar ninguna acción en este panel, puede cerrarlo presionando la cruz ubicada en el ángulo superior derecho.

Preguntas frecuentes

¿Qué es el Task panel?

Una de las novedades que incorporan los programas de Office XP es el Task panel. Este panel, que se ubica a la derecha de la pantalla, contiene las funciones más frecuentes e importantes, organizadas según la tarea a realizar.

Existen diferentes paneles de tareas, como el del Clipboard (ver **p. 157**) o el de inserción de imágenes (ver **p. 165**). Por lo general, estos paneles se abren automáticamente cuando se realiza cualquier acción que los necesite, pero también es posible habilitarlos desde el menú View/Task panel (para elegir un panel en especial, una vez abierto, hay que hacer clic sobre la flecha ubicada a la derecha de su nombre). A la hora de cerrar este panel, sólo tendrá que hacer clic sobre la cruz ubicada en su ángulo superior derecho.

La ventana principal de Word

Antes de comenzar a trabajar con Word, es necesario que tome unos minutos para conocer su interfase, los elementos de la ventana principal y la función de los botones de las barras de herramientas más utilizadas.

BARRA ESTÁNDAR
Incluye las principales herramientas, como Print, Save, etc.

BARRA DE FORMATO
Contiene herramientas para variar la tipografía y el aspecto de los párrafos.

BARRA DE TÍTULO
Muestra el nombre del programa y el del documento.

BARRA DE MENÚS
En los diferentes menús están todos los comandos que ofrece Word.

AYUDA
Ingrese aquí una pregunta para que el programa intente responderla.

BOTONES DE CONTROL
Los tres de arriba permiten maximizar, minimizar y cerrar la aplicación. El de abajo cierra el documento activo sin salir de Word.

REGLA
Muestra la posición de los márgenes y la ubicación de las tabulaciones.

ÁREA DE TRABAJO
Es el espacio donde aparece el texto. El cursor indica la posición donde se insertarán los objetos (caracteres, imágenes, etc.).

MODO DE VISUALIZACIÓN
Para cambiar el modo de visualización del documento: Normal, Web layout (Diseño Web), Print layout (Diseño de impresión) y Outline (Esquema).

TASK PANE (PANEL DE TAREAS)
Contiene algunas funciones y varía según la actividad que se vaya a realizar. En ocasiones, es conveniente cerrarlo para ampliar el área de trabajo.

BARRAS DE DESPLAZAMIENTO
Permiten acceder a sectores del documento que no se encuentran en pantalla en ese momento.

STATUS BAR (BARRA DE ESTADO)
Proporciona información sobre el documento, como la cantidad de páginas o la posición del cursor.

BARRA DE DIBUJO
Contiene las opciones para insertar elementos gráficos en los documentos.

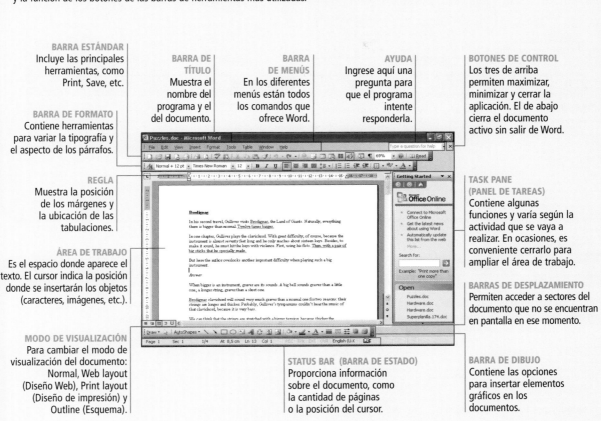

La barra de herramientas Standard

Abre un documento en blanco.

Guarda.

Permisos de acceso.

Abre el panel de Búsqueda.

Cortar.

Pegar.

Insertar hipervínculo.

Drawing (Dibujo).

Ver mapa del documento.

Zoom.

Abre un documento existente.

Envía el documento por e-mail.

Imprimir.

Vista preliminar.

Copiar.

Copiar formato.

Revisa ortografía y gramática.

Deshacer.

Rehacer.

Insertar tabla.

Insertar planilla de Excel.

Tablas y bordes.

Columnas.

Mostrar u ocultar los caracteres invisibles.

Ayuda.

Mostrar páginas enfrentadas.

La barra de herramientas Formatting (Formato)

Abrir el panel Styles and Formatting.

Tipo de letra.

Negrita.

Cursiva.

Alinear a la izquierda.

Insertar numeración.

Viñetas.

Interlineado.

Resaltar texto.

Color del texto.

Seleccionar un estilo.

Tamaño de letra.

Subrayado.

Centrar.

Alinear a la derecha.

Justificar.

Reducir sangría.

Aumentar sangría.

Agregar bordes.

Más opciones de esta barra de herramientas.

Teclas rápidas

Tanto Word como la mayoría de los programas poseen una serie de combinaciones de teclas para agilizar la ejecución de algunas acciones. A continuación, conocerá los principales atajos de este procesador de texto:

Acción	Atajo	Acción	Atajo
Cortar	<Control> + <X>	Cerrar el documento activo	<Control> + <F4>
Copiar	<Control> + <C>	Cerrar Word	<Alt> + <F4>
Pegar	<Control> + <V>	Buscar	<Control> + <F>
Seleccionar todo el documento	<Control> + <A>	Mover el cursor hasta el final de la línea	<End>
Deshacer	<Control> + <Z>		
Rehacer	<Control> + <Y>	Mover el cursor hasta el inicio de una línea	<Home>
Bold (Negrita)	<Control> + <B>		
Underline (Subrayado)	<Control> + <U>	Mover el cursor hasta el final de una palabra	<Control> + < → >
Italic (Itálica o cursiva)	<Control> + <I>		
Centrar	<Control> + <E>	Llevar el cursor al principio del documento	<Control> + <Home>
Justificar	<Control> + <J>		
Alinear a la izquierda	<Control> + <L>	Llevar el cursor al final del documento	<Control> + <End>
Alinear a la derecha	<Control> + <R>		
Guardar el documento	<Control> + <S>	Disminuir el tamaño de la fuente	<Control> + "<"
Guardar como	<F12>		
Abrir un documento	<Control> + <O>	Aumentar el tamaño de la fuente	<Control> + <Shift> + "<"
Imprimir	<Control> + <P>	Convertir el texto en mayúsculas o minúsculas	<Shift> + <F3>
Documento nuevo	<Control> + <N>	Desplegar el menú contextual	<Shift> + <F10>

El primer documento

Siéntese a escribir y asómbrese de la facilidad y rapidez con las que podrá generar los documentos de texto más atractivos.

En **p. 149** vimos algunos conceptos generales de Word, y conoció la interfase y la organización de los elementos en la ventana.

No hay dudas de que trabajar con un procesador de texto aligera la tarea de producir escritos, ya que la gran variedad de herramientas que ofrece aumenta las posibilidades de generar un documento a la medida de cada necesidad (que puede incluir tanto texto como elementos gráficos).

La flexibilidad de Word le permite cambiar el aspecto de un texto cuantas veces quiera, modificando parcial o totalmente el contenido, la forma y el orden en que se presenta. A medida que redacta, puede organizarlo y adaptar la presentación, es decir, modificar el formato según sus necesidades. La posibilidad de variar la apariencia de un documento y de cada uno de sus párrafos (destacando algunos, diferenciando otros) es una característica propia de los procesadores de texto.

Una vez que el texto está escrito, puede presentarlo remarcando las ideas centrales; ordenándolo mediante títulos, subtítulos y listados, o ilustrándolo con distintas imágenes y representaciones gráficas. Cualquier documento, una narración, una monografía, un boletín escolar, un curriculum vitae, una agenda telefónica o, incluso, un recetario de cocina, puede realizarse con Word para lograr la más adecuada presentación.

En esta clase, veremos cómo elaborar un documento sencillo, y algunas de las opciones que ofrece el procesador para mejorar su aspecto.

Un documento en blanco

Al abrir Word (ver **p. 150**), aparece un nuevo documento (así se denomina a los archivos generados por esta aplicación), en blanco, listo para comenzar a escribir y trabajar sobre él.

En caso de que lo haya cerrado o de que, por alguna razón, tenga abierto Word sin ningún documento (verá la pantalla gris), deberá generar uno nuevo. Para hacerlo, tiene dos opciones: presionar el botón **New blank document (Nuevo documento en blanco)**, representado por una página en blanco, de la barra de herramientas Standard, o elegir **New… (Nuevo)** del menú File y, en el panel de tareas que se abre a la derecha de la pantalla, presionar **Blank document (Documento en blanco)**.

En esta clase... 20'

> Aprenderá:

A generar un nuevo documento.

Las opciones básicas de formato.

Sobre el Clipboard.

Algunas opciones de menús y etiquetas inteligentes.

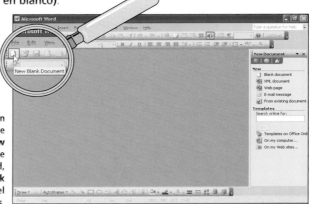

Para generar un documento puede pulsar el botón **New** de la barra de herramientas Standard, o presionar **Blank document** del panel de tareas.

Mejorar el aspecto del texto

Con el nuevo documento generado, ya puede comenzar a escribir lo que desee, ingresando las palabras a través del teclado.

Una vez que escribió todo el texto, llegó el momento de modificar su apariencia para, por ejemplo, destacar los títulos o los conceptos más importantes. Para hacerlo, utilizaremos los principales recursos de formato: variar el tipo de letra y su tamaño; aplicar cursiva, negrita, subrayado y color; y alinear los párrafos, entre otros.

La aplicación de diferentes atributos otorgará un aspecto cuidado y profesional a sus documentos, y permitirá que se destaquen entre los demás.

Seleccionar texto

Para cambiar el aspecto de un documento completo o de una parte, primero debe indicar qué sector va a modificar. Para hacerlo, seleccione el texto, de la siguiente manera:

1. Haga clic con el botón izquierdo del mouse sobre el comienzo del texto a seleccionar.
2. Sin soltar el botón, deslice el mouse hasta el final del texto.
3. Suelte el botón.

Observará que el texto se va "pintando" a medida que usted avanza en la selección (aparece en blanco sobre fondo negro). De este modo, el texto quedará seleccionado, y esto le indicará a Word que los cambios de formato que realice se aplicarán sólo a esa selección.

Utilizar la barra de formato

Una vez seleccionado el texto, puede elegir cualquier opción de formato para aplicarle. En **p. 152** conoció todas las posibilidades que ofrece la barra de herramientas Formatting. Aquí vemos paso a paso la forma de aplicar algunas de ellas.

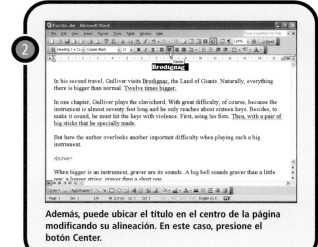

Para destacar el título del documento, primero selecciónelo. Luego, despliegue las opciones de Font y elija la que más le guste. También puede agrandar su tamaño y aplicar negrita, presionando los botones correspondientes.

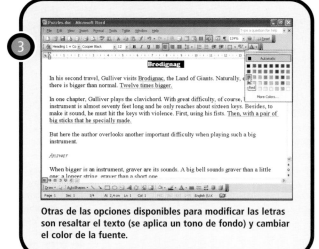

Además, puede ubicar el título en el centro de la página modificando su alineación. En este caso, presione el botón Center.

Otras de las opciones disponibles para modificar las letras son resaltar el texto (se aplica un tono de fondo) y cambiar el color de la fuente.

Utilizar los menús

Además de utilizar las opciones de la barra de herramientas Formatting, puede modificar la apariencia del texto recurriendo a los menús. A través de las opciones **Font…** y **Paragraph…** del menú Formato, es posible aplicar los atributos que se encuentran en las barras de herramientas. En estos dos cuadros de diálogo hallará todas las funciones disponibles para modificar el formato.

Para cambiar cualquier atributo de esta manera, primero debe seleccionar el texto y luego elegir alguno de estos dos comandos. En los cuadros de diálogo puede marcar o elegir los diferentes atributos:

• Dentro de **Font… (Fuente…)**: tipo de letra, tamaño, color, negrita, cursiva, subrayado, efectos visuales (tachado, sombra, superíndice, subíndice, etc.).

• Dentro de **Paragraph… (Párrafo…)**: alineación (izquierda, derecha, centrada, justificada), sangría, espacio anterior y posterior del párrafo, interlineado.

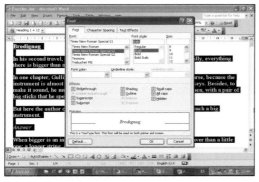

Seleccione el texto y vaya a **Font…** del menú Format. Allí puede elegir los diferentes atributos que quiere aplicar a la selección realizada. En la parte inferior del cuadro verá una previsualización de cómo quedará el texto.

Luego, ingrese en la opción **Paragraph…** del mismo menú. Aquí puede modificar la alineación del texto, aplicarle una sangría de primera línea y aumentar el interlineado (espacio entre los distintos renglones del texto).

Algunos ejemplos de formato

Tipografía Times New Roman, tamaño 12, negrita, alineación izquierda.

Tipografía Times New Roman, tamaño 10, alineación justificada, sangría de primera línea.

Tipografía Times New Roman, tamaño 16, negrita, subrayado, color azul claro, alineación centrada.

Tipografía Arial, tamaño 9, cursiva, alineación derecha.

Tipografía Times New Roman, tamaño 10, alineación izquierda, sangría izquierda y sangría derecha.

Cortar, Copiar y Pegar

Utilizando Word (o cualquier otro programa de su PC), es muy sencillo mover o duplicar una porción de texto sin necesidad de escribir todo otra vez. Para hacerlo se recurre a las herramientas **Cut & Copy (Cortar** y **Copiar)**.

El fragmento "cortado" o "copiado" permanece en un lugar especial de la memoria de la computadora llamado Clipboard (ver **p. 106**).

Desde allí, luego es posible "pegarlo" en otro sitio del mismo documento, insertarlo en otro archivo o, incluso, en un documento de otra aplicación.

Para mover un fragmento de texto de un lugar a otro de un documento de Word, realice los siguientes pasos:

1. Seleccione el texto a mover, como vimos en **p. 88**.
2. Luego, elija la opción **Cut** del menú Edit. El texto desaparecerá.
3. Ubique el cursor en el lugar donde desea colocar el texto.
4. Seleccione **Paste** del menú Edit. El texto que fue cortado aparecerá en la nueva ubicación.

Si en lugar de la opción Cut, usted elige Copy, el texto se duplicará: quedará en el lugar original y en la nueva ubicación, donde fue pegado.

Mover con el mouse

También puede mover una porción de texto de un lugar a otro usando el mouse:

1. Seleccione el texto que desea mover.
2. Haga clic con el mouse sobre la selección y, manteniendo presionado el botón, desplace el mouse hasta el lugar donde desea colocarlo.
3. Suelte el botón. El texto desaparecerá de la ubicación original y aparecerá en el nuevo lugar.

Si bien al comienzo puede parecer difícil, este procedimiento resulta muy práctico y sólo deberá acostumbrarse a manejar el mouse de forma correcta.

Dentro del menú Edit, encontrará los comandos Cut y Copy. Seleccione el texto y elija la opción que desee.

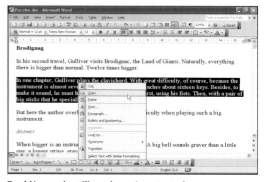

También puede utilizar el menú contextual que se despliega al presionar el botón derecho del mouse.

Trucos y Consejos

Volver atrás

Si se equivoca y desea volver atrás en las acciones realizadas, tiene la posibilidad de utilizar la opción Undo (Deshacer), del menú Edit. También puede presionar las teclas <Control> + <Z>.

En caso de que necesite anular varias acciones, presione reiteradas veces el botón Undo (Deshacer), de la barra de herramientas Standard, o bien despliegue el listado de acciones haciendo un clic en la flecha que se encuentra a la derecha de ese mismo botón.

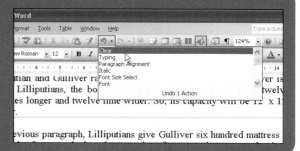

El Clipboard (Portapapeles)

Como ya se mencionó, todos los elementos que se cortan o copian se almacenan en el Clipboard. Los programas del paquete Office utilizan un Clipboard propio que permite guardar elementos cortados o copiados en cualquiera de los programas. De esta manera, es posible, por ejemplo, copiar un texto de Word en una presentación de PowerPoint.

A diferencia del Clipboard de Windows (**p. 106**), el de Office es acumulativo. Esto quiere decir que se pueden copiar y cortar varios elementos, y luego seleccionar cuál pegar. En Office XP, es posible acu-

mular hasta veinticuatro elementos, y el contenido del Clipboard se visualiza en el Taskbar, que se abre a la derecha de la pantalla al copiar o cortar elementos (en caso de no verlo, seleccione **Office clipboard (Portapapeles de Office)**, del menú Edit.

Si quiere pegar el último elemento cortado o copiado, simplemente seleccione la opción Paste. En cambio, si desea pegar alguno de los otros elementos que se encuentran en el Clipboard, deberá buscarlo en el Panel de tareas y hacer clic sobre él para que se pegue en el lugar donde está el cursor.

Al llevar el puntero del mouse sobre un elemento del Clipboard, aparece una flecha a la derecha; haciendo un clic en ella, se muestra un menú con dos opciones, **Paste** y **Delete**. El botón **Clear all (Borrar todo)** elimina la totalidad de los elementos acumulados en el Clipboard. Si necesita insertar todos los fragmentos que tiene almacenados en el Clipboard, puede hacerlo en un solo paso: luego de ubicar el cursor en el lugar escogido, haga clic sobre el botón **Paste all (Pegar todo)**.

Para cerrar el panel de tareas que muestra el Clipboard, haga clic en la cruz del margen superior.

1 Al elegir Cut o Copy, el texto seleccionado pasa al Clipboard de Office. A la derecha de la pantalla se muestran todos los elementos incluidos en el mismo, identificados con el logotipo del programa en el que fueron originados y el texto que contienen.

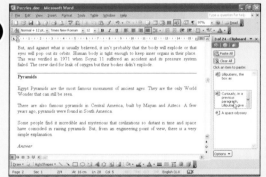

2 Para pegar cualquiera de los elementos, posicione el cursor en el lugar donde quiere hacerlo y presione el ítem correspondiente en el panel de tareas Clipboard.
De esta forma, se pegará en el lugar donde se encuentra ubicado el cursor.

Preguntas frecuentes

¿Por cuánto tiempo se guardan los elementos cortados o copiados?

El contenido del Clipboard se conserva hasta que es reemplazado o hasta que se apaga la computadora (Office XP da la posibilidad de guardar hasta veinticuatro elementos; cuando se pasa ese número, los antiguos se van reemplazando por los nuevos).
Es importante recordar que el Clipboard es una "memoria" temporal que se borra cada vez que se apaga la PC o se reemplaza su contenido. Luego de cualquiera de estas dos acciones, no hay posibilidades de recuperación.

Las smarts tags (etiquetas inteligentes)

Si ya realizó varias operaciones con Word, como copiar y pegar, habrá notado que, cuando realiza alguna tarea, aparecen determinadas herramientas en el área de trabajo. Se trata de las llamadas **smart tags** o etiquetas inteligentes, pequeños botones que se visualizan automáticamente luego de ejecutar algunos comandos, con diferentes opciones según la tarea que se haya efectuado.

Por ejemplo, después de pegar un texto, aparece un pequeño botón. Situando el mouse sobre él, se activa una flecha para desplegar las opciones relacionadas

con la acción realizada (pegado de un texto): **Keep source formatting (Conservar formato de origen)** mantiene la apariencia original del objeto; **Match destination formatting (Hacer coincidir formato de destino)** modifica el aspecto del texto u objeto en función del formato que esté aplicado en el destino; **Keep texto only (Conservar solo texto)** desecha cualquier elemento pegado que no sea texto; por ejemplo, elimina las posibles imágenes; y **Apply style or formatting (Aplicar estilo o formato)** abre el panel de tareas correspondiente.

Si está conforme con la acción realizada y no necesita utilizar la etiqueta inteligente, simplemente siga trabajando, y en unos instantes, ésta desaparecerá de la pantalla.

Encontrará etiquetas inteligentes en todos los programas de Office XP (no en las versiones anteriores), cada una con opciones específicas según las tareas que lleva a cabo. Pueden aparecer en forma de botón o, también, debajo de alguna palabra (subrayado punteado o un pequeño recuadro con líneas azules); al ubicar el mouse allí, aparecerá el botón con las opciones correspondientes a la acción realizada.

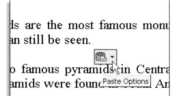

Las etiquetas inteligentes aparecen luego de realizar alguna tarea, como si fueran un botón. Al ubicar el mouse sobre ellas, desplegará las opciones.

También puede aparecer un recuadro azul debajo de alguna palabra. Si acerca el mouse, se mostrará una etiqueta inteligente.

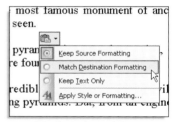

Es posible elegir alguna de las opciones o, simplemente, seguir trabajando. Las etiquetas inteligentes ofrecen opciones que puede usar o no.

Menús parciales

Puede ocurrir que cuando comience a trabajar con Word (y con los demás programas de Office) no se muestren todos los comandos de los menús. Esto sucede porque hay una opción para presentar sólo los que se utilicen con mayor frecuencia.

Si, al desplegar un menú, no ve la opción que necesita, haga clic en el botón con una flecha doble (que se encuentra al final del menú), para acceder a todos los comandos disponibles.

En caso de que siempre desee visualizar los menús completos (es una

buena recomendación, ya que en este curso aprenderá a utilizar nuevos comandos), debe ingresar en **Costumize...** del menú Tools. Allí, dentro de la ficha Options, marque la casilla **Allways show full menus**

(Mostrar siempre los menús completos) y presione Close. Al elegir esta opción en cualquiera de los programas de Office (por ejemplo, en Word), también se aplicará a los demás.

Para visualizar todas las opciones de un menú, presione la flecha doble o espere unos instantes y aparecerán.

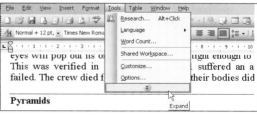

Guardar e imprimir

Conozca dos de las operaciones más importantes del trabajo con documentos: guardarlos, para acceder a ellos en otro momento, e imprimirlos correctamente.

Es muy importante guardar los trabajos realizados, porque es la única manera de poder acceder a ellos más adelante, ya sea para leerlos, modificarlos, enviarlos por e-mail o imprimirlos. Recuerde guardar periódicamente el documento con el que está trabajando, ya que si la PC se apaga de imprevisto, los datos se perderán. El procedimiento para guardar un documento es muy sencillo:

1. Vaya a **File/Save** o haga clic en **Save** de la barra de Herramientas.

2. Si es la primera vez que guarda el documento, se abrirá un cuadro de diálogo. Allí indique el disco y la carpeta en donde quiere almacenarlo. Además, en **File Name**, escriba el título, y presione el botón **Save**.

3. Luego de que el documento ha sido grabado por primera vez, cuando presione **Save** nuevamente, lo grabará bajo el mismo nombre. En caso de que desee modificar alguno de los parámetros (nombre o carpeta), deberá recurrir a **File/Save As...**.

En esta clase...   (10')

> **Aprenderá:**

A guardar un documento.

Cómo imprimirlo.

Guardar

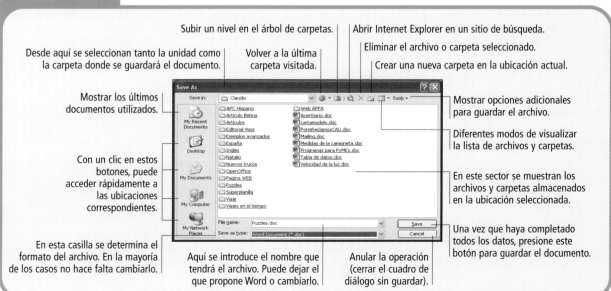

Subir un nivel en el árbol de carpetas.

Abrir Internet Explorer en un sitio de búsqueda.

Desde aquí se seleccionan tanto la unidad como la carpeta donde se guardará el documento.

Volver a la última carpeta visitada.

Eliminar el archivo o carpeta seleccionado.

Crear una nueva carpeta en la ubicación actual.

Mostrar los últimos documentos utilizados.

Mostrar opciones adicionales para guardar el archivo.

Diferentes modos de visualizar la lista de archivos y carpetas.

Con un clic en estos botones, puede acceder rápidamente a las ubicaciones correspondientes.

En este sector se muestran los archivos y carpetas almacenados en la ubicación seleccionada.

En esta casilla se determina el formato del archivo. En la mayoría de los casos no hace falta cambiarlo.

Aquí se introduce el nombre que tendrá el archivo. Puede dejar el que propone Word o cambiarlo.

Anular la operación (cerrar el cuadro de diálogo sin guardar).

Una vez que haya completado todos los datos, presione este botón para guardar el documento.

Imprimir un documento

Una de las grandes ventajas de los procesadores de texto es que, luego de escribir, modificar y editar un documento, es posible imprimirlo todas las veces que sean necesarias. Para hacerlo, sólo tiene que disponer de una impresora (ver **p. 27**) y seguir las instrucciones que se dan en esta página.

Para empezar, antes de imprimir, asegúrese de que la impresora esté encendida y tenga papel en la bandeja de alimentación. Luego, con el documento abierto, seleccione **Print...** del menú File, o presione conjuntamente las teclas <Control> + <P>. Se abrirá un cuadro de diálogo en el que podrá determinar algunos aspectos relacionados con la impresión, como la cantidad de copias, si se imprimirá todo el documento o sólo algunas páginas. Una vez que haya configurado todos los parámetros, haga clic en Ok.

En caso de que no necesite especificar ningún detalle, puede activar el proceso de impresión de manera más directa, haciendo clic en el botón **Print**, de la barra de Herramientas.

El cuadro de diálogo Print

Identifica la impresora mediante la cual se va a imprimir. En caso de tener instalada más de una, puede elegir cuál usar, desplegando la lista.

Abre un cuadro de diálogo para modificar los parámetros de impresión (por ejemplo, la calidad). Estas opciones dependen de la impresora instalada.

Dependiendo de la opción que se marque, se imprimirá todo el documento, la página donde está ubicado el cursor, la porción de texto que esté seleccionada o solamente algunas páginas (que usted deberá definir).

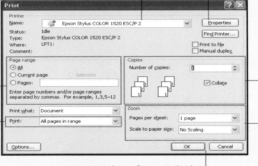

Permite establecer la cantidad de copias que va a imprimir. Si marca **Collate**, Word imprimirá las copias en el orden adecuado para la encuadernación.

Desde esta lista es posible imprimir sólo las páginas impares o las pares del documento. Esta opción es útil si va a compaginar las hojas o si quiere imprimir en ambas caras del papel.

Una vez que termine de configurar todas las opciones, asegúrese de que la impresora esté encendida y tenga papel. Luego, presione este botón para comenzar con la impresión.

Desde la lista **Pages per sheet**, puede determinar que se impriman varias páginas en una misma hoja (para hacerlo, Word asigna el tamaño necesario a cada una).

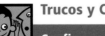

Trucos y Consejos

Configurar página

Para tener mayor control sobre los aspectos generales del documento, ingrese en Page setup... del menú File. Aunque por lo general no es necesario recurrir a esta opción, desde la ventana que se abre puede elegir el tamaño de la hoja que utilizará (en la ficha Paper) o si la orientación será vertical u horizontal (en la ficha Margins), entre otras posibilidades. Por otra parte, yendo a File/Print preview (Vista preliminar), tendrá una idea de cómo quedará su documento cuando esté impreso. Esta opción resulta muy útil para verificar que todo esté como corresponde, evitando así impresiones innecesarias (si se encuentra en la vista preliminar y desea volver a la visualización normal, presione el botón Close).

La organización del texto

Para realizar documentos bien organizados, catálogos, listados o informes, podrá acudir a los recursos que posee Word para lograr un diseño profesional.

Ahora que ya conoce las principales operaciones que se pueden realizar con Word (escribir un documento, modificar su aspecto, grabarlo e imprimirlo), es hora de ir un paso más allá, aprendiendo el manejo de las herramientas adicionales que le permitirán trabajar con escritos más voluminosos, asignándoles un diseño especial.

Entonces, en las próximas páginas verá cómo utilizar una serie de recursos que le servirán para dar a sus documentos una apariencia más cuidada.

Separación en columnas

Cuando comienza a trabajar con un nuevo documento, Word utiliza una sola columna. Sin embargo, tal vez usted necesite organizar su texto en más de una (por ejemplo, si está escribiendo un boletín o un artículo periodístico).

Para dividir el documento en columnas antes de empezar a escribir, debe seguir estos pasos:

1. En primer lugar, vaya al menú **Format** y elija la opción **Columns**.
2. En el cuadro de diálogo que se abre, elija cuántas columnas necesita, ya sea haciendo clic sobre las opciones que aparecen en el panel **Presets**, o escribiendo la cantidad en el casillero **Number of columns:**.
3. Si lo desea, en el panel **Width and spacing** puede definir el ancho de cada una de las columnas o marcar el casillero **Equal column width**.
4. Por último, haga clic en OK.

En caso de que quiera aplicar columnas a un texto ya escrito, primero debe seleccionar el o los párrafos en cuestión. Luego, en las opciones de columna, despliegue la lista **Apply to:** y escoja la opción **Selected text**.

Una vez que la división esté realizada, puede empezar a escribir normalmente, ya que Word se encargará de continuar en la siguiente columna cuando se acabe el espacio disponible. Ahora, si usted quiere pasar a la próxima columna manualmente, tiene la opción de forzar el salto de manera muy sencilla:

1. Ubique el cursor donde quiere insertar el salto.
2. Oprima simultáneamente las teclas <Control> + <Shift> + <Enter>.
3. Otra forma de hacerlo consiste en elegir la opción **Break** del menú Insert y, en la ventana que se abre, marcar **Column break**.

En esta clase... (20')

> **Aprenderá:**

A dividir un texto en columnas.

Cómo insertar una letra capital.

La manera de incluir notas al pie de página.

A trabajar con listas con viñetas y numeradas.

A numerar las páginas de sus documentos.

> **Necesitará:**

Los conceptos vistos en **p. 153**.

Si marca la casilla **Line between**, una línea vertical las separará a medida que las vaya generando. Además, en el panel Preview podrá ver cómo quedará el texto con las opciones elegidas.

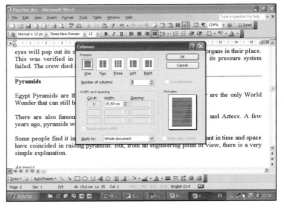

Drop Cap (Letra capital)

La Drop Cap es un recurso muy utilizado en todo tipo de publicaciones y consiste en destacar la primera letra de un capítulo o párrafo, asignándole un tamaño y/o formato especial. Hacer uso de este recurso en Word es sumamente sencillo:

1. En primer lugar, ubique el cursor en el párrafo donde desea colocar la letra capital.

2. Vaya a **Format/Drop Cap**.

3. En el cuadro de diálogo que se abre, escoja la ubicación que tendrá la letra capital respecto al párrafo. Luego, en el panel Options podrá elegir un tipo de letra, así como definir la cantidad de líneas que va a ocupar, y el espacio entre la letra capital y el resto del texto.

4. Finalmente, presione OK para que la primera letra del párrafo se convierta en capital, con los valores asignados.

Una vez que la letra capital ha sido insertada, puede seleccionarla y cambiar su tamaño y fuente, como lo hace con cualquier texto.

Para eliminar una letra capital, debe realizar el mismo procedimiento, pero marcando la opción None.

Notas al pie y al final

Por lo general, tanto las notas al pie de página como al final del documento se utilizan para hacer referencias bibliográficas, o para explicar, aclarar o comentar algún concepto o término mencionado en el texto.

El procedimiento para insertar estos comentarios en Word es muy sencillo. Cuando se introduce alguna de estas notas, aparece una marca de referencia en la posición donde está el cursor, y se accede al sector en el que se ingresa el texto correspondiente. Además, las notas se numeran en forma automática, de modo que si agrega o quita alguna, Word se encarga de actualizar la serie. Para incluir una nota en un documento, siga los pasos que se indican a continuación:

1. Ubique el cursor en donde desea insertar la nota.

2. Vaya a **Insert/Reference** y, en el menú que se despliega, haga clic sobre **Footnote**.

3. En la caja de diálogo que se abre, escoja **Footnotes** para que el comentario aparezca en la misma página, o **Endnotes** para que todas se agrupen al final del documento.

4. En el panel Format puede decidir si la numeración se hará mediante números decimales, romanos o letras. Además, puede indicar en qué número se iniciará la serie, y si la numeración será continua para todo el documento, o se reiniciará en cada página o sección.

5. Cuando haya terminado, presione OK para escribir la nota, tal como lo hace habitualmente.

Para eliminar las notas que ya insertó, borre la marca que aparece en el texto. De esta manera, se eliminará el contenido de la nota y Word volverá a calcular la numeración.

Sin dudas, el uso de las notas al pie de página mejora el aspecto de sus documentos.

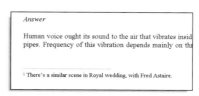

Tenga en cuenta que solamente podrá ver el contenido de las notas desde la vista Print Layout. Por lo tanto, si no se encuentra en esa vista, vaya al menú View, para efectuar el cambio.

Listas con viñetas y numeradas

O tra opción interesante de Word es la posibilidad de crear listas, ya sea con viñetas o numeradas. En ambos casos, el procedimiento es similar, y realmente muy sencillo:

1. Escriba la lista, colocando un ítem en cada línea (presione <Enter> entre ellos).
2. Luego, seleccione los párrafos a los que quiere aplicar las viñetas o la numeración.
3. Vaya a **Format/Bullets and Numbering**.
4. Elija la ficha **Bulleted** (para viñetas) o **Numbered**, según su preferencia, y allí escoja el estilo que desee aplicar a su lista.
5. Por último, presione OK.

En forma automática

Además de aplicarle estilo a la lista una vez que ha ingresado todos sus elementos, es posible crearla automáticamente a medida que la escribe. Para probar cómo hacerlo, al principio de una línea escriba un guión seguido de un espacio, y luego el texto que desee (el correspondiente al primer ítem). Cuando termine, presione la tecla <Enter> y observe lo que sucede: en la siguiente línea aparece un nuevo guión. Esto se debe a que Word supone que usted ha comenzado una lista y, entonces, la crea automáticamente. Ahora bien, en esta nueva línea vuelva a escribir cualquier texto y presione <Enter>; se generará otro ítem de la lista, también antecedido por un guión o el elemento usado como viñeta.

Cuando la lista esté completa, y usted no quiera que Word continúe generando viñetas, simplemente presione dos veces <Enter> o borre la viñeta tal como lo haría con cualquier carácter.

De la misma manera, usted puede crear listas con viñetas utilizando el asterisco (*), o numeradas empezando una oración con un número o una letra seguido de un punto y un espacio.

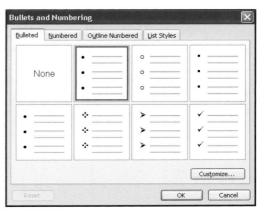

Una vez que selecciona el estilo de la viñeta o de la numeración, puede presionar el botón Customize, para definir el formato. Además, si accede a la ficha Outline Numbered, encontrará más opciones para sus listas.

Preguntas frecuentes

¿Es posible utilizar otras viñetas?

Si usted desea utilizar viñetas diferentes de las que aparecen en el cuadro de diálogo **Bullets and Numbering**, deberá seleccionar un estilo y presionar el botón **Customize**. Se abrirá una nueva ventana con varias opciones: el botón **Font** permite variar el aspecto de la viñeta; **Character** se utiliza para escoger un símbolo, y **Picture** da la posibilidad de optar por un archivo gráfico.

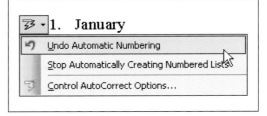

Cuando Word detecta una lista, agrega un nuevo ítem y muestra una smart tag. Si hace clic sobre ella, se desplegará un menú con el que podrá anular la acción o indicar que no vuelva a crear listas en forma automática.

Jerarquías

En ocasiones, es necesario asignar distintas jerarquías de organización a los diferentes ítems de un listado, creando nuevos niveles o subítems dentro de otros.

Para hacerlo, ubique el cursor al comienzo del párrafo al que quiera cambiarle la jerarquía y presione la tecla <Tab> tantas veces como niveles desee descender. Así se modificará el estilo de la viñeta, transformándose en más pequeña. Por el contrario, para ascender un nivel, presione las teclas <Shift> + <Tab>.

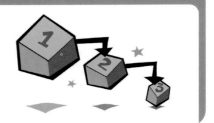

Numeración de páginas

Si su documento contiene varias páginas, y usted necesita imprimirlas para obtener una copia, una buena idea es numerarlas.

Para utilizar este recurso, que dará a sus textos un aspecto profesional, sólo debe indicarle a Word que incluya la numeración, y el programa lo hará en forma automática. Es más, si usted agrega o alarga el texto, intercala o elimina una o varias páginas, la numeración se actualizará automáticamente.

Además, podrá colocar el número en el lugar que desee de las páginas y elegir el estilo con el que se numerarán, entre otras opciones, como veremos a continuación.

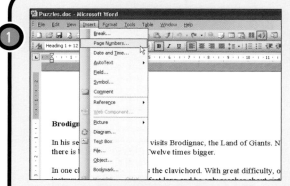

1 Abra el documento y coloque el cursor en cualquier lugar o página. Despliegue el menú Insert y allí escoja la opción **Page number....** De esta forma, se abrirá un cuadro de diálogo, en el cual podrá elegir algunas opciones para configurar la numeración.

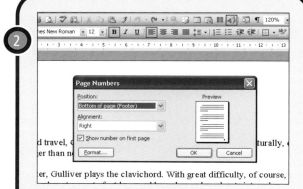

2 Aquí debe definir tanto la posición (Position) que ocupará la numeración (margen inferior o superior) como la alineación (Alignment) que tendrá. Además, si desmarca el casillero **Show number on first page**, la numeración comenzará a partir de la segunda (por ejemplo, si la primera es la presentación).

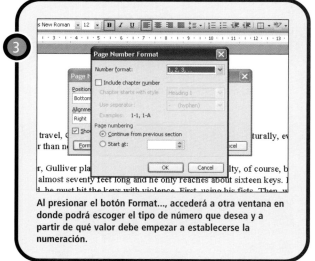

3 Al presionar el botón Format..., accederá a otra ventana en donde podrá escoger el tipo de número que desea y a partir de qué valor debe empezar a establecerse la numeración.

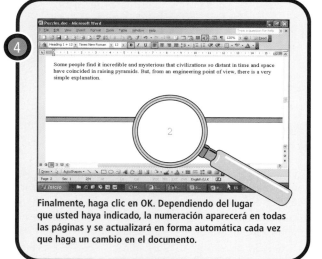

4 Finalmente, haga clic en OK. Dependiendo del lugar que usted haya indicado, la numeración aparecerá en todas las páginas y se actualizará en forma automática cada vez que haga un cambio en el documento.

El trabajo con imágenes

Complemente sus textos con fotos, ilustraciones y gráficos de todo tipo, generando así documentos más atractivos.

Una forma de enriquecer una explicación, mejorar la calidad de presentación del texto o, simplemente, decorar un documento es insertar diferentes archivos gráficos. Word permite ilustrar sus textos de una manera muy sencilla, a través de las herramientas de inserción de imágenes y generación de diversas ilustraciones.

Si usted realiza un dibujo con cualquier programa, como Paint (**p. 281**), puede luego incluirlo en un documento de Word. Además, el programa ofrece una galería de imágenes de una gran variedad temática para insertar directamente: desde bordes simples hasta dibujos de animales y objetos. También es posible incluir cualquier foto o dibujo que tenga en papel.

Por ejemplo, si quiere realizar su currículum, además de ingresar todos sus datos, un aspecto muy importante es que tenga una excelente presentación. Para lograrlo, puede utilizar las opciones de formato (**p. 154**) y, además, agregarle su fotografía.

Como usted ya sabe, para trabajar con cualquier tipo de datos en la PC (en este caso, con una fotografía), la información tiene que estar en un archivo (**p. 147**). En realidad, al insertar una imagen en Word, deberá incorporar el archivo gráfico que estará guardado en el disco duro o en cualquier otra unidad de almacenamiento.

Del papel a la PC

Para generar un archivo gráfico a partir de una imagen en papel, deberá "digitalizar" la información (**p. 144**). Esto se logra mediante un escáner, como se ve en **p. 57**. Este dispositivo funciona de manera similar a una fotocopiadora: usted coloca la fotografía (o cualquier otro documento en papel) en su interior, y le da la orden a la PC para que el escáner la "lea" y la transforme en un archivo digital. Una vez que la foto se encuentra en un archivo, usted puede modificarla, retocarla (utilizando programas específicos), e insertarla en cualquier documento de Word.

Insertar una imagen desde un archivo

Si tiene una foto o dibujo guardado en un archivo, primero debe abrir el documento de Word en el que desea insertarlo. Luego, sitúe el cursor cerca del lugar en el que quiera colocar la imagen. Elija **From file...** del menú Insert/ Picture. En el cuadro de diálogo que se abre, busque el archivo dentro de su computadora y presione **Insert**.

Listo, la imagen ya está colocada en la página del documento.

En esta clase... (15')

> Aprenderá:

A insertar archivos gráficos.

Cómo buscar y agregar ilustraciones.

A modificar la ubicación y el tamaño de las imágenes.

Seleccione el archivo correspondiente a la imagen y presione Insert.

Insertar ilustraciones

Una buena opción, accesible a cualquier usuario de Word, es recurrir a la galería de imágenes prediseñadas de Office. Allí encontrará una gran cantidad de ilustraciones de todo tipo, organizadas en categorías temáticas. De esta forma, usted podrá realizar búsquedas por palabras clave o recorrer las distintas categorías hasta hallar una imagen acorde con lo que necesita. Una vez que la haya localizado, directamente podrá insertarla en el documento. Para insertar una ilustración de esta manera, primero elija **Clip Art...** del menú Insert/Picture. Se abrirá el panel de tareas Clip Art, desde donde podrá buscar la ilustración que necesite para su trabajo.

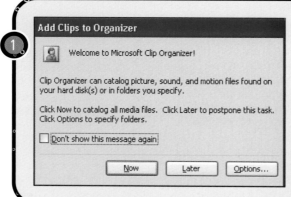

1 La primera vez que abra esta opción, Word le consultará si desea realizar una catalogación en ese momento, que luego le permitirá realizar búsquedas. Presione Now y aguarde a que termine este proceso (puede demorar varios minutos).

2 Se abrirá el panel de tareas Clip Art prediseñada. En **Search for:**, escriba la palabra o tema sobre el que desea encontrar ilustraciones, y presione **Go**.

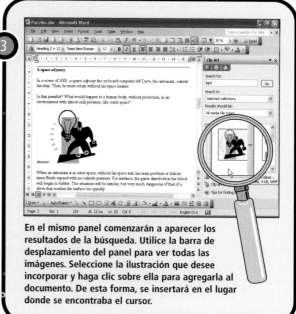

3 En el mismo panel comenzarán a aparecer los resultados de la búsqueda. Utilice la barra de desplazamiento del panel para ver todas las imágenes. Seleccione la ilustración que desee incorporar y haga clic sobre ella para agregarla al documento. De esta forma, se insertará en el lugar donde se encontraba el cursor.

Modificar la imagen

Una vez que insertó una ilustración en un documento, puede realizar diversas operaciones: moverla y modificar su tamaño, entre otras posibilidades.

En primer lugar, seleccione la imagen haciendo clic sobre ella. Así, aparecerán ocho nodos (pequeños cuadrados ubicados en los extremos, llamados **controladores de tamaño**). La función de estos puntos es permitir la manipulación del tamaño de las imágenes para agrandarlas, achicarlas, modificar sus proporciones o cortarlas.

En la guía visual de esta página, verá dónde colocar el cursor para realizar estas operaciones utilizando los controladores.

Mover una imagen

Para desplazar una imagen de un lugar a otro del documento, primero deberá seleccionarla. Luego, ubique el mouse sobre ella y, cuando el puntero se transforme en una flecha blanca, haga clic. Sin soltar el botón del mouse, desplace la imagen hasta su nueva ubicación.

Usos del mouse

Para modificar sólo el alto o el ancho, coloque el cursor sobre alguno de los nodos de los lados, hasta que se convierta en una flecha de dos puntas. Manteniendo presionado el botón del mouse, muévalo hacia adentro o hacia afuera, según quiera achicar o agrandar la imagen. Cuando adquiera el tamaño deseado, suelte el botón.

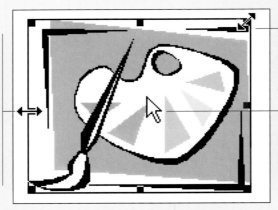

Para modificar el tamaño conservando las proporciones, coloque el mouse sobre cualquiera de los controladores de tamaño de las esquinas de la imagen. El puntero se convertirá en una flecha doble oblicua. Haga clic y, manteniendo presionado el botón, desplace el mouse en la dirección que quiera, para agrandar o achicar la ilustración. Luego, suelte el botón.

El cursor como flecha blanca se utiliza para seleccionar la imagen y moverla o copiarla a otro lugar. Si mientras desplaza la imagen, mantiene presionada la tecla <Control>, se duplicará.

Trucos y Consejos

Imagen y texto

Al insertar una imagen, habrá notado que ésta se ubica entre el texto, interrumpiéndolo, en el lugar donde se encontraba el cursor, tal como se ve en la imagen de la izquierda.

Sin embargo, es posible lograr que el texto recorra la imagen de forma más armónica, para obtener una presentación y un efecto más profesionales:

1. Seleccione la imagen.
2. En la barra Picture presione el botón Text wrapping (consulte la

guía visual de la página siguiente) y seleccione Square. La imagen quedará como se ve a la derecha.

La barra Picture (Imagen)

Seguramente, habrá visto que, cada vez que selecciona una ilustración o foto insertada, aparece la barra Picture. En caso de que no la vea, podrá abrirla, seleccionándola del menú View/Toolbars.

En esta barra encontrará varias opciones para realizar distintas acciones y modificar todos los aspectos de la imagen:

- **Insert picture**: abre el cuadro de diálogo para insertar una imagen desde un archivo.
- **Color**: permite definir si la imagen será a color, en blanco y negro o marca de agua.
- **More** y **Less contrast**: permiten

aumentar o disminuir el contraste de la imagen.
- **Brightness**: mediante estos dos botones, puede modificar el nivel de brillo.
- **Crop**: si presiona este botón y modifica el tamaño de la imagen utilizando los nodos, ésta se cortará.
- **Rotate left**: rota la imagen 90° hacia la izquierda.
- **Line style**: para agregar un borde a la imagen y seleccionar su estilo.
- **Compress pictures**: permite ajustar la resolución (y el peso) de las imágenes, según cuál sea su destino.

- **Text wrapping**: se utiliza para definir la posición de la imagen con respecto al texto (ver recuadro de la página anterior).
- **Format picture**: abre un cuadro de diálogo con distintas fichas para controlar cada uno de los parámetros de la imagen.
- **Set transparent color**: con este botón presionado, al hacer clic sobre un color sólido de la imagen, éste se vuelve transparente.
- **Reset picture**: anula todos los cambios realizados, volviendo a los valores originales.

La barra de herramientas Picture

Girar a la izquierda.

Aumentar y disminuir brillo.

Comprimir imágenes.

Formato de la imagen.

Picture

Insertar imagen.

Restablecer imagen.

Color.

Crop.

Definir color transparente.

Aumentar y disminuir contraste.

Estilo de línea.

Text wrapping (ajuste del texto).

Text box (cuadro de texto)

Otra opción muy utilizada en Word son los "cuadros de texto". Éstos funcionan como cajas con texto que puede mover libremente por cualquier lugar del documento. La mayor ventaja de este recurso consiste en que se los puede tratar como elementos gráficos en lugar de como si fueran texto común. Para trabajar con cuadros de texto:

1. Seleccione **Text box**, del menú Insert.
2. Arrastre el cursor para asignarle el espacio, como si dibujara un rectángulo (ver, por ejemplo, **p. 284**).
3. Escriba lo que desee dentro de él y aplique las opciones de formato.
4. Luego, podrá moverlo o modificar su tamaño, de la misma forma que trabaja con las imágenes.

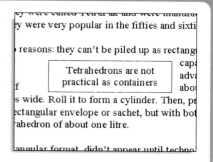

Las tablas

Una herramienta muy útil para ordenar la información y facilitar la lectura: Word permite crear y modificar tablas, sin necesidad de utilizar otros programas.

Cuando los documentos de texto requieren presentar información ordenada y jerarquizada en distintas columnas, una opción muy útil es utilizar tablas. Una tabla es una serie de **filas** y **columnas** que se cruzan para generar una cuadrícula. Cada una de las divisiones que se forman es una **celda**, donde se ingresan los diferentes datos, tanto textos como gráficos.

Word ofrece la posibilidad de insertar, diseñar y modificar tablas, desde el menú **Table**. Allí encontrará todos los comandos específicos que le permitirán dar un aspecto ordenado y elegante a la información de sus documentos.

Crear una tabla

Tal como sucede cuando quiere escribir o insertar un texto, para incluir una tabla en un documento debe ubicar el cursor en el punto donde desea que aparezca, utilizando las teclas de dirección o haciendo clic con el mouse. Luego, siga los próximos pasos:

1. Del menú Table, seleccione la opción **Insert**.
2. En el submenú que se despliega, elija **Table…**.
3. Se abrirá una caja de diálogo en la que tiene que indicar la cantidad de filas y columnas necesarias para armar la tabla. Por ejemplo, 5 filas y 2 columnas.
4. Presione OK.
5. Al cerrar la caja de diálogo, en el documento aparecerá la tabla con las especificaciones indicadas, lista para recibir sus datos. Es posible repetir este procedimiento todas las veces que sean necesarias.

Si ya sabe que tendrá que incluir en su documento varias tablas iguales, en la caja de diálogo **Insert Table** marque el casillero **Remember dimensions for new tables**. De este modo, cada vez que inserte una nueva tabla, ésta mantendrá la cantidad de filas y columnas que haya determinado la primera vez.

En **p. 289** se desarrolla un proyecto completo que le permitirá aplicar todos los contenidos de esta clase y conocer otras opciones en profundidad.

En **p. 289** se desarrolla un proyecto

En esta clase... (20')

> Aprenderá:

Los pasos para crear una tabla.

A ingresar los datos.

Cómo insertar y eliminar filas y columnas.

A combinar y dividir celdas.

Qué formatos pueden aplicarse.

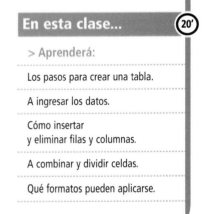

Al seleccionar la opción Table… del menú Table/Insert, Word solicita la información que permite definir la estructura de la tabla, con la opción de tomar este modelo para todas las que se incorporen más adelante.

Ingresar datos

Una vez que la tabla esté en el documento, deberá completar los casilleros o celdas con la información correspondiente (letras o números). Para hacerlo, desplácese a través de las distintas celdas utilizando el mouse, y cuando el cursor aparezca titilando dentro de la que desee, escriba los datos. Si necesita modificar algún registro, seleccione el contenido de una celda (como ya se vio en **p. 154**) y vuelva a escribirlo.

Para seleccionar columnas o filas completas, también puede utilizar el cursor del mouse. Si prefiere usar el teclado, deberá recurrir a la tecla <Tab>:

- Con cada <Tab> el cursor se desplaza una celda a la derecha.
- Cuando llegue a la última celda de una fila, otro <Tab> colocará el cursor en la primera celda de la fila inferior.
- Si el cursor está en la última celda de la última fila, oprimiendo <Tab> se insertará una nueva fila.
- Si presiona simultáneamente <Shift> + <Tab>, el cursor se desplazará una casilla a la izquierda.

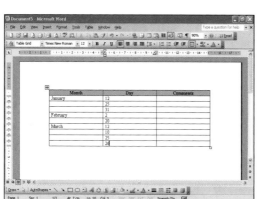

El cursor aparece en forma intermitente, como en cualquier página de Word. Cuando está en una celda, puede modificar su contenido ingresando los datos desde el teclado. Si presiona <Enter>, iniciará una nueva línea dentro de la misma celda, mientras que con <Tab>, pasará a la siguiente.

Seleccionar y modificar

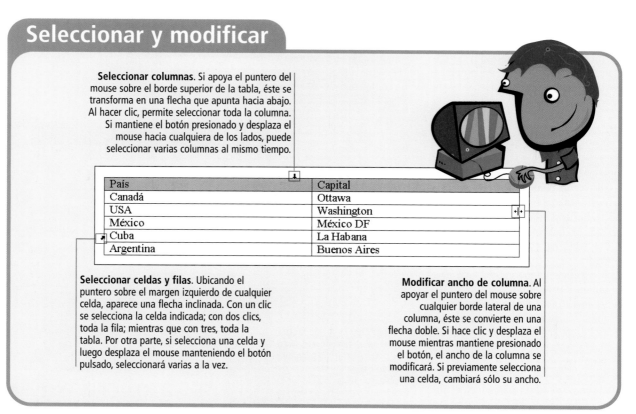

Seleccionar columnas. Si apoya el puntero del mouse sobre el borde superior de la tabla, éste se transforma en una flecha que apunta hacia abajo. Al hacer clic, permite seleccionar toda la columna. Si mantiene el botón presionado y desplaza el mouse hacia cualquiera de los lados, puede seleccionar varias columnas al mismo tiempo.

País	Capital
Canadá	Ottawa
USA	Washington
México	México DF
Cuba	La Habana
Argentina	Buenos Aires

Seleccionar celdas y filas. Ubicando el puntero sobre el margen izquierdo de cualquier celda, aparece una flecha inclinada. Con un clic se selecciona la celda indicada; con dos clics, toda la fila; mientras que con tres, toda la tabla. Por otra parte, si selecciona una celda y luego desplaza el mouse manteniendo el botón pulsado, seleccionará varias a la vez.

Modificar ancho de columna. Al apoyar el puntero del mouse sobre cualquier borde lateral de una columna, éste se convierte en una flecha doble. Si hace clic y desplaza el mouse mientras mantiene presionado el botón, el ancho de la columna se modificará. Si previamente selecciona una celda, cambiará sólo su ancho.

Agregar filas y columnas

Una vez creada la tabla, en cualquier momento de su trabajo podrá modificarla, agregándole filas o columnas. Primero, coloque el cursor en una celda contigua a donde quiera insertar una fila o columna. Luego, seleccione cualquiera de las siguientes opciones del menú **Table/Insert**:

- **Columns to the left**: agrega una columna a la izquierda de donde se encuentra el cursor.
- **Columns to the right**: la columna se agrega a la derecha de la celda actual.

- **Rows above**: incluye una fila completa por encima de la celda donde está el cursor.

Trucos y Consejos

Más rápido

Si quiere insertar filas de manera más rápida, ubique el cursor en el borde exterior derecho de la fila anterior a donde quiere realizar la acción. Con un doble clic, seleccione el espacio entre la última columna de la tabla y el margen derecho. Luego, pulse <Enter> y, automáticamente, se agregará una fila completa por debajo.

- **Rows below**: inserta una fila por debajo del punto donde se encuentra el cursor.

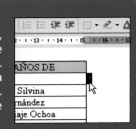

Combinar y dividir celdas

Según lo que desee obtener, en algunas ocasiones quizá necesite agrupar varias celdas para que formen una sola (por ejemplo, para colocar un título), o bien dividir una misma celda en varias (si necesita incluir más información). En el primer caso, seleccione las celdas que desee agrupar y elija **Merge Cells** del menú Table. Si quiere dividir alguna, selecciónela y elija **Split Cells...** del mismo menú; allí deberá indicar la cantidad de filas y columnas.

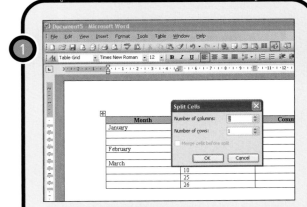

Ⅰ Ubique el cursor en la celda que desee separar y elija Split Cells… del menú Table. Allí ingrese la cantidad de filas y columnas que necesita para la división y presione OK. También puede seleccionar varias celdas y, por medio de esta opción, unirlas colocando 1 fila y 1 columna.

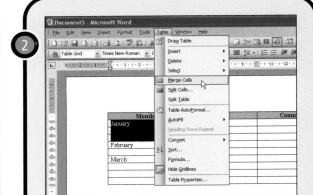

② Para unir varias celdas en una sola, la opción más rápida es seleccionarlas y elegir Merge Cells, del menú Table. Así, por ejemplo, las tres celdas seleccionadas correspondientes a un mismo mes pueden transformarse en una sola, otorgando un mejor aspecto a la tabla.

Aplicar formatos

Además de crear tablas y darles la forma exacta para el trabajo que esté realizando, es posible seleccionar distintas opciones de formato para mejorar su presentación y hacerlas más atractivas. Por un lado, en **p. 154** aprendió cómo dar formato a los textos y números (el texto dentro de la tabla se trabaja de la misma manera). Pero también es posible asignar colores al fondo de las celdas, aumentar el grosor de las líneas divisorias u ocultarlas.

En todos estos casos, siempre es conveniente definir primero las características del texto para que no pierda legibilidad ni exceda el tamaño de las celdas. Por ejemplo, seleccione la celda, fila o columna donde desea que todos los textos aparezcan de mayor tamaño, y asigne el formato Bold (o el que desee), utilizando el botón de la barra de herramientas (**p. 152**). Puede repetir esta operación con todos los tipos de formato e, incluso, modificar la fuente y el tamaño de la letra.

Una vez que haya dejado listo el texto interior de cada grupo de celdas, continúe con los siguientes pasos para aplicar otros formatos.

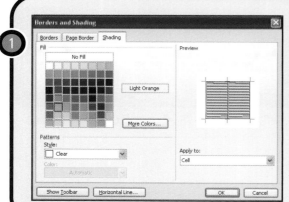

1 Seleccione la fila, columna o celda que desee modificar. Despliegue el menú Format y elija la opción Borders and Shading.... Del cuadro de diálogo que se abre escoja la ficha Shading. En el panel Fill, elija el color de fondo para las celdas seleccionadas. También tiene la posibilidad de aclarar el tono elegido, mediante el cuadro Style: donde se presenta un porcentaje. Pulse OK para aplicar los cambios.

2 Después de aplicar color a los fondos de las celdas, puede definir el grosor de las líneas que forman la tabla. En primer lugar, seleccione las celdas a modificar, y luego, diríjase al menú Format y elija nuevamente Borders and Shading.... Cuando se abra la caja de diálogo en la pantalla, seleccione la ficha Borders. En el campo Style: defina si la línea será continua, punteada, doble, o de otro tipo. También puede indicar el color y el ancho en los campos inferiores. En los títulos puede usar las opciones de Setting: para generar efectos 3D. Presione OK para aplicar los cambios realizados.

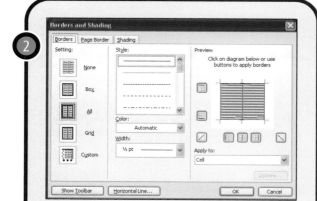

3 Ahora, la tabla habrá quedado conformada con los colores y efectos elegidos, que mejoran bastante su presentación. Si quiere volver a cambiar estas opciones o elegir alguna otra, sólo debe dirigirse al menú correspondiente luego de seleccionar la zona a modificar. Además del método explicado mediante los menús, los cambios pueden efectuarse desde la barra de herramientas Tables and Borders.
En **p. 291**, encontrará una guía visual con todas las opciones de esta barra para modificar las tablas (en ese mismo proyecto se ve paso a paso cómo generar un calendario).

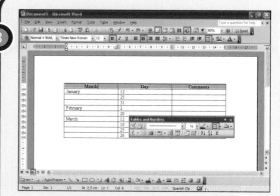

Revisión de errores

Word ofrece varias herramientas para corregir sus textos, y también un sistema de traducción que se activa desde el panel de tareas.

L a ortografía, la sintaxis y la utilización correcta de las palabras son algunos de los aspectos más importantes de cualquier documento, y hablan tanto o más de su autor que un prolijo diseño o una acertada combinación de estilos.

Las herramientas de corrección de Word le permitirán optimizar los siguientes aspectos de su documento:

- **Ortografía**: los completos diccionarios de Word pueden detectar este tipo de errores con gran facilidad.
- **Sintaxis**: aunque su evaluación es más compleja, Word sugiere las construcciones sintácticas más habituales.
- **Sinónimos**: para no repetir palabras, los diccionarios de Word incluyen numerosos sinónimos para su consulta.
- **Idiomas**: Word puede trabajar con varios idiomas a la vez, incluso en un mismo documento.
- **Errores de tipeo**: con las opciones de autocorrección, se solucionan muchos de los errores más frecuentes al escribir.
- **Traducción**: para insertar palabras o leer algunas en otro idioma.

Existen dos maneras de controlar los errores que se producen al escribir: **de forma automática** (a medida que va redactando, Word subraya en rojo los errores ortográficos y en verde los gramaticales, o usa la autocorrección); y **de forma manual** (el procesador revisa todo el documento cuando usted lo indica y, mediante un cuadro de diálogo, permite realizar las correcciones).

Definir idioma

Lo primero que debe hacer es determinar el idioma con el que trabajará. Para hacerlo, realice los siguientes pasos:

1. Una vez abierto el documento, antes de comenzar a escribir, vaya a **Tools/Language/Set Language...**
2. En el cuadro de diálogo, seleccione el idioma que utilizará.
3. Si quiere que este idioma sea el de todos sus textos, presione la casilla **Default...**. Ocasionalmente, Word le preguntará si desea cambiar el idioma predeterminado. Responda con un clic en el botón **OK**.
4. Recién entonces, el procesador de texto estará listo para utilizar las herramientas de revisión en el idioma correspondiente.

La ventana que se abre al seleccionar Set languaje..., del menú Tools/Language, tiene dos casillas de verificación en su parte inferior: **Do not check spelling or grammar** anula la revisión automática del documento; mientras que **Detect language automatically** activa la revisión y permite que Word reemplace la palabra errónea según el diccionario del idioma activado.

Revisión automática

Con el sistema de revisión automática, a medida que usted escribe, Word va marcando en rojo aquellas palabras que considera erróneas, y en verde los problemas gramaticales. No obstante, no siempre es capaz de detectar todas las equivocaciones. Por lo tanto, nunca confíe ciegamente en estas herramientas, ya que se encuentran en

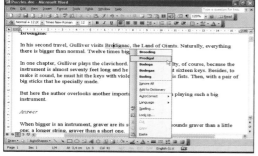

El menú contextual de la revisión automática presenta varias opciones adicionales. Con Ignore All, Word ignora en el resto del documento el error seleccionado. Language, por su parte, permite modificar el diccionario sólo para la palabra seleccionada, en caso de estar escrita en otra lengua.

pleno desarrollo y, en ocasiones, pueden fallar. Para corregir los errores que el programa haya marcado, siga estos pasos:
1. Ubique el cursor sobre la palabra subrayada.
2. Haga clic sobre ella con el botón derecho del mouse, para desplegar el menú contextual.
3. En la parte superior del menú encontrará las sugerencias de Word para corregir el término. Seleccione la correcta.

De esta manera, podrá corregir todas las palabras del texto, así como los errores gramaticales. Es importante mencionar que, a veces, Word no sugiere ninguna palabra o las que presenta no son útiles porque no las encuentra en su diccionario (como ocurre, por ejemplo, con los apellidos). La opción **Add to Dictionary**, dentro del mismo menú contextual, le

permitirá solucionar este problema para futuras oportunidades, incorporando al diccionario aquellos términos que usted sepa que son correctos.

Desactivar la revisión

A veces, la revisión automática de Word puede dificultar el trabajo de escritura o hacer que el programa funcione con más lentitud. Por eso, es bueno saber cómo deshabilitarla en caso de que lo necesite:
1. Vaya a **Tools/Options**. En la ventana que se abre, haga clic en la ficha **Spelling and Grammar**.
2. Para deshabilitar o habilitar la revisión ortográfica y gramatical, pulse sobre **Chek spelling as you type** y/o **Chek grammar as you type**.
3. Por último, presione **OK**.

La revisión ortográfica y gramatical puede resultar molesta durante la escritura. En la ficha Spelling and Grammar, del cuadro Options, podrá desactivarlas.

Iconos ilustrativos

En el extremo derecho de la barra de estado, verá un icono que indica si la revisión automática está activa (un cuaderno con una marca de verificación) o inactiva (un cuaderno tachado). Con un clic derecho en cualquiera de ellos, puede desplegar un menú con opciones.

Revisión manual

Si usted decidió no utilizar la revisión automática, de todos modos puede verificar que sus documentos estén correctamente escritos. Para hacerlo, primero ubique el cursor al inicio del texto. Luego, vaya al menú **Tools** y seleccione la opción **Spelling and Grammar...** Con esta acción, Word comenzará a recorrer el documento buscando las palabras que no se encuentren en su diccionario. Cuando detecte alguna, siga los pasos que se indican a continuación para corregirla.

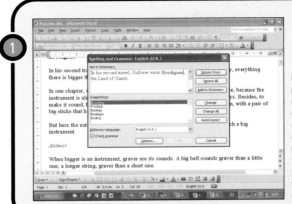

La caja de diálogo presenta dos paneles. En el superior, verá resaltada en rojo la palabra con el error ortográfico, en el contexto del párrafo que la contiene. En el inferior, se muestra una lista de sugerencias. Seleccione la opción correcta y pulse **Change** para reemplazar el término. Si no quiere efectuar el cambio, presione **Ignore Once**.

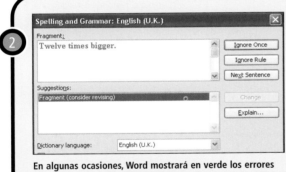

En algunas ocasiones, Word mostrará en verde los errores gramaticales, como en esta imagen. En este caso, quedará resaltada toda la oración donde aparezca el error, y se incluirán las sugerencias para corregir la frase. Presione **Ignore Once** para pasar al siguiente error, **Ignore Rule** para que Word ya no marque en el documento este tipo de variantes, o bien **Change** para reemplazar la frase después de haber seleccionado la sugerencia correcta.

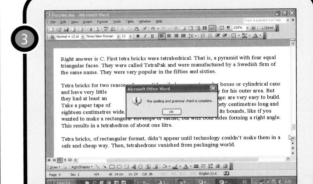

Cuando Word haya terminado la revisión, se lo comunicará con un cuadro de advertencia. Entonces, pulse OK para concluir el procedimiento. Si desea dar por finalizada la revisión antes de que termine, en cualquier momento puede pulsar el botón Cancel, y se cerrará la ventana.

Sinónimos

Para no repetir palabras en un texto, Word cuenta con una lista de sinónimos:
1. Seleccione el término.
2. Vaya al menú **Tools/Language/ Thesaurus....**
3. Verá una lista de posibles sinónimos. Apoye el puntero sobre el que

le parezca más adecuado. Aparecerá una flechita sobre la derecha. Haciendo un clic sobre esta flecha se descolgará una lista de opciones. Seleccione la opción **Insert** para reemplazar la palabra seleccionada por la que haya elegido.

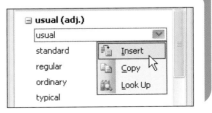

Autocorrección

Si usted escribe **accesories**, Word automáticamente cambiará esta palabra por **accessories**. En otros casos, cuando usted empieza a escribir una oración con minúscula, Word reemplaza la letra inicial por una mayúscula. ¿Cómo es posible que el procesador sepa qué quiere escribir? La respuesta es que cuenta con la herramienta de **autocorrección**, cuya función es corregir las palabras mientras usted escribe, en base a una serie de reglas predefinidas. Para ver estas reglas de corrección y modificarlas, diríjase a **Tools/AutoCorrect Options**.

Las opciones

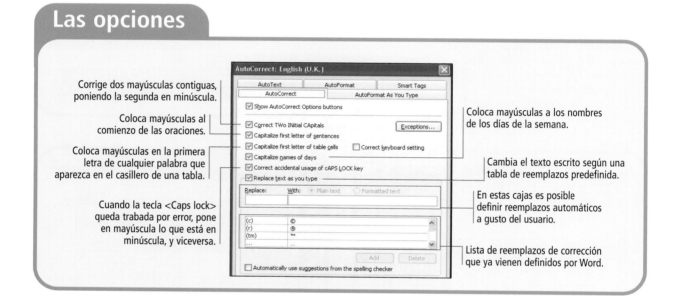

Corrige dos mayúsculas contiguas, poniendo la segunda en minúscula.

Coloca mayúsculas al comienzo de las oraciones.

Coloca mayúsculas en la primera letra de cualquier palabra que aparezca en el casillero de una tabla.

Cuando la tecla <Caps lock> queda trabada por error, pone en mayúscula lo que está en minúscula, y viceversa.

Coloca mayúsculas a los nombres de los días de la semana.

Cambia el texto escrito según una tabla de reemplazos predefinida.

En estas cajas es posible definir reemplazos automáticos a gusto del usuario.

Lista de reemplazos de corrección que ya vienen definidos por Word.

Traductor automático

Word XP cuenta con algunas opciones de traducción. Para acceder a ellas, despliegue el menú **Tools/Language** y elija **Translate….** Esta opción es útil para traducir palabras individuales o aisladas. Para textos más largos, o documentos completos, se requiere un programa especial y estar conectado a internet durante la traducción.

1. Vaya a **Tools/Language/ Translate…**, para desplegar el panel de tareas **Research**.

2. Dentro de Search for: escriba la palabra a traducir.
3. En la siguiente lista descolgable elija **Translation**.
4. En la opción **From:** indique el idioma de origen, aquél en el que está escrita la palabra a traducir.
5. En la opción **To:** indique el idioma al que quiere traducir.
6. El panel mostrará la traducción de la palabra indicada, con algunos ejemplos de uso.

Puede seleccionar
una palabra y traducirla
desde este panel.

Tecnología MP3

Conozca la tecnología que revolucionó el mundo de la música digital. Por su alta compresión, los archivos MP3 ocupan diez veces menos espacio que los tradicionales.

En los últimos años, se ha producido un gran auge en el uso de la PC para crear y reproducir archivos de audio. Esto se debe, fundamentalmente, al desarrollo del formato MP3. La sigla significa MPEG Layer 3 y, en principio, no es más que otro formato de archivo que permite almacenar audio digital en la PC.

Antes del MP3, para grabar o escuchar archivos de audio se utilizaba el clásico formato WAV. Si bien los archivos de este tipo tienen muy buena calidad de sonido (similar a la de un CD), su nivel de compresión es bajo, por lo que ocupan mucho espacio en el disco duro. Con los archivos MP3, esta situación cambió, y mucho.

Características

Los archivos MP3 han logrado distinguirse del resto de los formatos de audio, y en la actualidad son el estándar para la reproducción de audio. Esta diferencia se origina, principalmente, por las siguientes características:

- Ocupan muy poco espacio en el disco (aproximadamente el 10% de su equivalente en formato WAV). El alto nivel de compresión se consigue eliminando las frecuencias no perceptibles para el oído humano.
- La calidad del sonido es casi perfecta, y prácticamente no hay diferencia con un CD de audio convencional.
- Es el tipo de archivo más difundido en Internet.

- Se identifican con la extensión .MP3 (el nombre de un archivo podría ser, por ejemplo, canción.mp3).
- Brindan múltiples opciones de uso: pasar a la PC canciones que estén en un CD, difundir artistas a través de Internet o escuchar temas en un reproductor portátil.

Para terminar de comprender la diferencia entre MP3 y otros formatos, imagine la siguiente situación: usted desea guardar en un CD la mayor cantidad posible de temas de su artista favorito. Utilizando archivos WAV, una canción de 4 minutos ocuparía alrededor de 40 MB. Por lo tanto, en un CD de capacidad estándar (640 MB) podría almacenar 16 temas, de 4 minutos de duración promedio. En cambio, utilizando el formato MP3, podría grabar hasta 160 temas, una diferencia más que significativa. Claro que para reproducir las canciones deberá hacerlo desde la PC o un dispositivo especial.

En esta clase... (20')

> **Aprenderá:**

Los pasos para instalar Winamp.

Cómo reproducir archivos MP3 con Winamp.

A administrar Listas de reproducción.

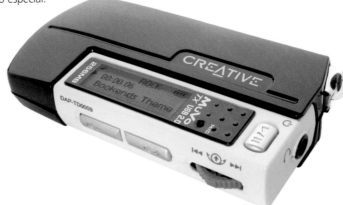

¿Cómo se obtienen archivos MP3?

Los archivos MP3 pueden crearse utilizando alguna aplicación específica (como MusicMatch, que se ve en **p. 309**) o bien obtenerse desde Internet o a través de CDs. En caso de que elija la Web como fuente de MP3, podrá bajarlos por medio del navegador o usando programas de intercambio de archivos.

Buscar archivos MP3 en Internet

En Internet existen muchos sitios que ofrecen archivos MP3 para descargar. Lamentablemente, gran cantidad del material que circula por la Red infringe los derechos de autor y, por lo tanto, no es legal (ver recuadro). Por supuesto que también existen sitios dedicados a la difusión de música en general, desde los cuales podrá descargar demos o versiones completas de sus canciones preferidas. Un líder indiscutido en la difusión de este formato es MP3.com, cuya dirección de Internet es **www.mp3.com**.

Intercambiar archivos en la Web

Otra de las maneras posibles para obtener archivos MP3 es recurrir a los programas de intercambio. Dichas aplicaciones se basan en la tecnología *peer to peer*, que consiste en compartir una carpeta con otros cibernautas que utilizan el mismo programa. En esa carpeta, usted podrá almacenar los archivos que desee compartir. De la misma manera, todas las demás personas que utilicen la misma aplicación dispondrán de una carpeta habilitada para que usted busque allí la música que desee escuchar. Algunos de los programas para intercambiar archivos en la Red son Audiogalaxy, Kazaa, Morpheus y LimeWire.

Algunos sitios de MP3

Internet cuenta con muchísimos sitios que ofrecen información y distintas utilidades para escuchar y trabajar con archivos MP3. Algunos sitios recomendados para consultar son:

- **www.mp3.com**
- **www.emepe3.com**
- **www.besonic.com**
- **www.vitaminic.es**
- **www.hispamp3.com**

En la Web encontrará numerosos sitios, como mp3.com, desde donde puede bajar su música preferida o los reproductores de audio que más le agraden.

Preguntas frecuentes

¿Es legal grabar archivos MP3?

El libre intercambio de archivos MP3 por Internet generó un gran debate acerca de la protección de los derechos de autor. ¿Es ilegal este formato? Por supuesto que no; MP3 es tan sólo un formato de archivos de sonido (así como .DOC es un formato de texto), a través del cual se puede:

- Grabar archivos MP3 al disco duro, para uso personal.

- Bajar archivos MP3 de Internet, que sean fragmentos de canciones cuya difusión esté autorizada.
- Descargar archivos MP3 de aquellos autores que lo permitan y publiquen sus obras.

Los usos ilegales de los archivos MP3 son:

- Distribuir por Internet un archivo MP3 sin autorización de su autor o sello discográfico propietario de los derechos.
- Copiar archivos MP3 en cualquier medio, para usos no personales.
- Bajar archivos MP3 de sitios de Internet que no poseen los derechos para publicar las canciones.
- Vender archivos o compilados de canciones de las cuales no se poseen los derechos.

Winamp

Desde que las PCs se convirtieron en multimedia, han surgido numerosas aplicaciones que permiten reproducir archivos de sonido. Justamente, el programa **Winamp** es uno de los reproductores más populares del mercado, ya que brinda la posibilidad de escuchar CDs de audio y reproducir canciones en la mayoría de los formatos, entre otras opciones.

Winamp es una aplicación muy sencilla de utilizar y, además, es completamente gratuita.

Puede obtenerlo en la dirección **www.winamp.com**.

En el sitio de Winamp no sólo podrá bajar las actualizaciones del programa, sino que, además, podrá utilizar un buscador para encontrar los mejores MP3, bajar skins para modificar su apariencia, escuchar música en vivo, etc.

Instalación del programa

El procedimiento para instalar esta aplicación es muy sencillo, de manera que no tendrá ninguna dificultad. Al comenzar la instalación, se abrirá un Asistente que lo guiará durante el proceso, compuesto por cuatro etapas:

1. En el primer paso, se presenta el contrato de licencia. Léalo, marque la casilla de aceptación y pulse el botón Next.

2. Luego, el programa le pedirá que indique la carpeta del disco en la que desea realizar la instalación. Si quiere reproducir canciones en el formato creado por Microsoft, marque el casillero Install Support for Microsoft WMA (es lo recomendable).

3. En el tercer paso se establece la configuración del programa a través de una serie de casillas. Si no desea que Winamp se ejecute cada vez que ingrese un CD en la reproductora, desmarque la opción **Autoplay audio CDs**.

Otra opción, poco práctica, es la de conexión a Internet, por lo que, en la lista desplegable, se recomienda seleccionar **No Internet connection available**.

4. Listo, el programa se encuentra instalado. Para ejecutarlo por primera vez, en la última ventana haga clic en **Run Winamp**.

El tercer paso de la instalación es el más importante, ya que permite establecer la configuración del programa. Es recomendable configurar las opciones tal como aparecen en esta pantalla.

Otros programas para reproducir MP3

Si bien Winamp es el reproductor más popular, existen muchos programas gratuitos que ofrecen funciones similares. Además, puede visitar los sitios de los programas más destacados, que se enumeran a continuación. Allí podrá decidir qué características le resultan más útiles:

• **Sonique: www.sonique.com**
• **QCD Player: www.quinnware.com**
• **UltraPlayer: www.ultraplayer.com**
• **FreeAmp: www.freeamp.org**

La ventana principal

Las principales funciones de Winamp se pueden ejecutar desde la pantalla principal, compuesta por los siguientes paneles:

Ecualizador:
el ecualizador gráfico
permite mejorar
la definición del sonido.
Es posible configurarlo
manualmente o elegir
un tipo de música
presionando el
botón Presets.

Controles de reproducción: ésta es la ventana principal,
donde se encuentran los controles de reproducción,
de volumen y de balance. También hay dos paneles
en los que se brinda información sobre el tema
y la reproducción en curso.

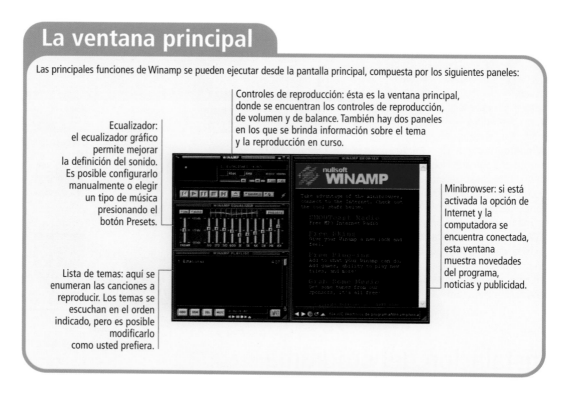

Minibrowser: si está
activada la opción de
Internet y la
computadora se
encuentra conectada,
esta ventana
muestra novedades
del programa,
noticias y publicidad.

Lista de temas: aquí se
enumeran las canciones a
reproducir. Los temas se
escuchan en el orden
indicado, pero es posible
modificarlo
como usted prefiera.

Cómo utilizar Winamp

A través del panel principal, pueden ejecutarse las dos funciones básicas del programa: reproducir archivos de sonido y escuchar CDs de audio.

Haciendo clic sobre el icono ubicado en la esquina superior de Winamp, accederá a varias opciones, entre las que se encuentra la reproducción de audio.

Reproducir un archivo

Los pasos para ejecutar un tema son los siguientes:
1. Presione el botón **Eject** (la flecha que apunta hacia arriba en el panel de controles). Se abrirá una ventana de exploración.
2. Busque el archivo a reproducir y selecciónelo con un clic.
3. Oprima el botón Open.

Con estos sencillos pasos, Winamp comenzará a reproducir el tema o sonido elegido.

Otras formas de iniciar la ejecución son arrastrar el icono del archivo desde una ventana de exploración (por ejemplo, My Music) hacia la ventana principal de Winamp (de la misma manera en que se copian elementos de una carpeta a otra, **p. 103**), o hacer doble clic sobre él.

Reproducir un CD de audio

La lectora de CDs de la PC también puede utilizarse para reproducir CDs de audio. En este caso, Winamp resulta de gran ayuda, ya que a través de sus comandos se puede controlar la reproducción. Para comenzar a reproducir un CD de audio, realice los siguientes pasos:
1. Introduzca el CD en la unidad correspondiente.
2. Presione el botón del extremo superior izquierdo, llamado Winamp Menu, cuyo icono es una sinusoide. Del menú que se despliega, seleccione la opción Play/Audio CD.
3. Los temas se incluirán en la Lista de reproducción (el tercer panel), y el CD comenzará a reproducirse.

Playlist (Lista de reproducción)

En el panel Winamp Playlist, se encuentra la Play List, que permite programar el orden y la cantidad de canciones a escuchar. Esta opción es muy práctica, ya que se puede establecer una lista de varios temas con el fin de que Winamp los reproduzca automáticamente. Para agregar un tema a la lista, debe realizar el siguiente procedimiento:

1. Presione el botón ADD y, de las opciones que se despliegan, seleccione ADD FILE. Se abrirá una ventana de exploración.
2. Señale el archivo a abrir. Si desea agregar más de uno, puede seleccionarlos manteniendo presionada la tecla <Control>.
3. Luego de haber seleccionado todos los archivos, presione el botón Open.
4. Los temas elegidos se agregarán a la Playlist, y si hace doble clic sobre alguno de ellos, comenzará a sonar, salteando el orden de la ejecución. Si desea generar una Playlist que contenga todos los archivos de una carpeta, sólo tendrá que elegir la opción ADD DIR, del botón ADD. Aquí, en vez de seleccionar el archivo, indique la carpeta que contiene los archivos a reproducir.

5. Para no tener que repetir el mismo procedimiento cada vez que quiera reproducir los archivos, tiene la opción de guardar la lista generada. En primer lugar, presione el botón LIST OPTS/SAVE LIST. Luego, asígnele el nombre que desee, y la lista se grabará en un archivo con extensión MPU. Para reproducirla, siga los mismos pasos que para agregar un archivo a la lista.

Los botones que se encuentran en la parte inferior del panel Winamp Playlist permiten agregar archivos y directorios, crear listas de reproducción, ver la información de los temas, y muchas opciones más.

El ecualizador de Winamp

Para obtener una mejor calidad de sonido, Winamp dispone de un ecualizador con dos modalidades: manual y automática.

La ecualización manual es muy sencilla, ya que sólo deberá modificar la posición de las perillas utilizando el mouse, del mismo modo en que lo haría en un equipo de audio tradicional. Modifique cada una hasta lograr el sonido que desee para cada tipo de sonido o canción.

Para hacer que Winamp ecualice los temas de forma automática, tendrá que realizar los siguientes pasos:

1. Haga clic sobre el botón PRESETS, ubicado en la ventana de ecualización.
2. Se desplegará una lista en la que debe seleccionar la opción Load/Preset.
3. El cuadro de diálogo que se abre incluye todas las ecualizaciones posibles.
4. Marque la opción que le parezca más apropiada para el estilo de música que está escuchando y luego presione el botón Load.
5. Las perillas quedarán ubicadas en la posición correspondiente, según cuál sea el estilo elegido. De esta forma,

puede modificar la ecualización tantas veces como considere necesarias.

Al seleccionar un estilo musical, Winamp configura el ecualizador automáticamente para que este tipo de música suene de la mejor manera posible.

181

Reproductores portátiles

Cuando la popularidad del formato MP3 comenzó a crecer en Internet, surgió una gran cantidad de programas para ejecutarlo desde la computadora, con lo cual alcanzó un alto nivel de difusión. Sin embargo, su uso quedó restringido a la PC, y entonces hubo que desarrollar dispositivos que permitieran la reproducción de archivos de este tipo "fuera" de la computadora.

Para cubrir esta necesidad, se diseñaron equipos del tamaño de un reproductor portátil de casetes, que contienen una memoria RAM interna en la que se puede almacenar cierta cantidad de archivos MP3. Al día de hoy, ya se han vendido varios millones de estos reproductores portátiles de MP3 en todo el mundo, con lo cual los clásicos discman y walkman han pasado a ser especies en peligro de extinción.

El procedimiento para utilizar estos equipos es sumamente sencillo. Suponga que usted tiene guardada una colección de canciones en formato MP3 en el disco duro de su computadora. Simplemente, debe conectar el reproductor a la PC a través de un cable, y transferir los archivos que desea escuchar. Éstos permanecerán en el pequeño equipo hasta que usted decida eliminarlos para copiar otros nuevos. Luego, puede enchufar los auriculares y disfrutar del sonido de alta calidad en el lugar que le resulte más cómodo.

El tamaño y la capacidad de los reproductores varía según el modelo. Por un lado, hay pequeños equipos del tamaño de un encendedor, que a través de una pequeña pila de reloj permiten reproducir ocho horas de sonido y tienen una capacidad cercana a la media hora de música. Por el otro, hay reproductores de menor tamaño que un walkman, que permiten almacenar hasta 12 horas de música. Otros reproductores poseen tarjetas de memoria para expandir su capacidad, de manera que es posible almacenar más canciones o bien reemplazar una tarjeta por otra para conseguir una mayor independencia de la PC.

Por último, es importante mencionar otras dos ventajas de estos reproductores, que los distinguen del discman y el walkman. En primer lugar, las baterías tienen una mayor duración, ya que el equipo no posee funciones mecánicas. Además, al carecer de partes móviles, no se producen saltos o vibraciones durante la reproducción.

Los reproductores portátiles le permitirán almacenar sus temas preferidos y escucharlos donde usted lo desee.

CDs de MP3 en equipos de audio

Además de los reproductores portátiles especialmente diseñados para escuchar archivos MP3, en la actualidad se ha desarrollado una cantidad significativa de equipos de audio convencionales que incluyen la posibilidad de reproducir archivos de este formato almacenados en CDs. La aparición de estos equipos es la señal más clara de que el MP3 llegó para quedarse, ya que de esta forma, se logra vencer uno de los principales obstáculos de esta tecnología: la restricción de su área de influencia al mundo de las PCs. También hay reproductores portátiles de CDs especialmente diseñados para escuchar música en MP3.

Excel

Conozca los aspectos básicos de Excel y su facilidad para manejar desde las cuentas del hogar o el presupuesto de la oficina, hasta su agenda personal.

Una planilla electrónica de cálculo es una herramienta pensada para administrar de manera eficaz la información que, habitualmente, se maneja usando tablas con datos. Si bien los procesadores de texto como Word cuentan con la posibilidad de utilizar tablas, carecen de las funciones de cálculo (suma, resta y totales, entre otras). Por eso, así como los procesadores reemplazan a la vieja máquina de escribir, las planillas de cálculo sustituyen al bloc de hojas cuadriculadas y la calculadora. Excel permite manejar planillas tan complejas como el presupuesto de una empresa, o tan simples como una agenda telefónica, pasando por una lista de precios, la contabilidad del hogar, un catálogo de videos o los ingredientes de una receta de cocina.

La organización de los datos

Antes de comenzar a trabajar con Excel, es importante conocer cómo se organizan los datos y cuáles son los elementos principales:

1. Los archivos que Excel genera al guardarse se denominan **Workbooks (Libros)** y tienen la extensión **.XLS**.
2. Dentro de un libro, se encuentran las **Worksheets** u hojas de cálculo (las hojas cuadriculadas); que pueden ser una o muchas, según el proyecto.
3. A su vez, en cada hoja se realizan las distintas **planillas** o **tablas**.
4. Cada planilla o tabla está formada por **celdas**: los rectángulos que se

visualizan al abrir Excel, y que se forman por la intersección de **filas** y **columnas**.

5. Dentro de cada celda se insertan los diferentes **datos**:
- **Textos**: por ejemplo, los títulos de las columnas o filas, que pueden tener características tales como negrita, cursiva, etc.
- **Números**: al igual que los textos, son datos invariables, es decir que se insertan y no cambian en relación con el contenido de las demás celdas.
- **Fórmulas**: si a todas las posibilidades de administrar datos se agrega la capacidad del programa de relacionarlos mediante fórmulas, tanto dentro de una tabla como con otros valores externos, descubrirá cómo las ventajas de Excel se multiplican.

En esta clase... (15')

> Aprenderá:

Cómo abrir el programa.

Los elementos principales de Excel.

> Necesitará:

Tener Excel instalado en su PC.

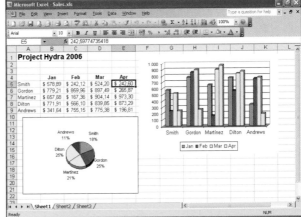

Excel permite calcular datos y también graficarlos de diversas maneras. Además, ambos tipos de presentación pueden combinarse en la misma hoja para imprimir o presentar informes.

Abrir Excel

El primer paso para crear una planilla de cálculo es aprender a poner en marcha el programa. Cuando usted instala Office en su PC, se agrega la opción **Microsoft Excel** dentro del menú **Start/All Programs/ Microsoft Office/Microsoft Office Excel**. De esta manera, queda configurado un acceso en forma permanente y sencilla. Si usted es usuario de Windows Millennium, al instalar Office, puede haberse generado un icono de acceso directo a Excel en el Desktop.

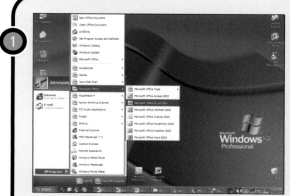

Vaya a Start/All Programs/Microsoft Office/Microsoft Office Excel. Aparecerá una lista de todas las aplicaciones instaladas; recórrala hasta encontrar Microsoft Excel. Haga clic allí para ejecutar el programa. Como se trata de una aplicación bastante completa, quizá tarde unos minutos en iniciarse.

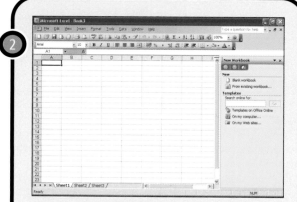

Excel se inicia con una planilla en blanco, para comenzar a cargar los datos. Los textos o números pueden ingresarse directamente en cada celda con un clic sobre ella para que aparezca el cursor de escritura. Las fórmulas, en cambio, deben escribirse preferentemente en la barra de fórmulas.

Preguntas frecuentes

¿Se puede abrir Excel de otra manera?

Efectivamente, al igual que todos los programas de Windows, Excel también puede abrirse con un doble clic sobre un archivo que esté asociado a él.

¿Cómo saber qué archivos corresponden a Excel? Muy sencillo. Son aquellos cuyo icono tiene una imagen a escala del logotipo de la aplicación. Pueden encontrarse en cualquier parte del equipo, e incluso, fuera de él. No obstante, en todos los casos primero se abrirá el programa, y luego, estos archivos se cargarán en la ventana principal. Los documentos de Excel, además del icono identificatorio, tienen la extensión .XLS. Para ubicarlos, no necesita recorrer todas las carpetas. Simplemente, vaya al buscador y localice todos los archivos terminados en .XLS. Para mayor información, consulte p. 127.

Trucos y Consejos

A todo color

En Excel XP, se han incorporado varias mejoras, como la posibilidad de agregar colores en las etiquetas de cada una de las hojas de cálculo del documento. Basta con hacer un clic derecho del mouse sobre las etiquetas, para que se despliegue un menú contextual con varias opciones. Las dos más utilizadas son **Rename**, que permite escribir en cada una el texto que le resulte más adecuado; y **Tab color...**, que presenta un muestrario de colores para elegir.

La ventana principal de Excel

Barra de título: a la izquierda, indica el nombre del programa y el del archivo, mientras que a la derecha, presenta los botones para Minimizar, Maximizar/Restaurar y Cerrar la ventana principal.

Barra de menús: contiene todas las opciones y comandos.

Barra de herramientas Standard: aquí encontrará las principales opciones generales para el manejo de archivos y los comandos más importantes del programa.

Barra de formato: incluye las opciones para modificar la presentación del texto y de las celdas.

Barra de fórmulas: es el lugar donde se insertan y modifican los datos de las celdas.

Cuadro de direcciones: indica la celda en la que se está trabajando.

Panel de tareas: incluye algunas de las funciones más utilizadas y varía según la actividad que se quiera realizar. En ocasiones, es conveniente cerrarlo para ampliar el área de trabajo.

Hojas de cálculo: fichas con los nombres de las distintas hojas del libro. Con el sistema de flechas, se puede avanzar o retroceder por ellas, o ir directamente al principio o al final del documento.

Barra de estado: presenta información sobre el documento y el elemento seleccionado. También indica el estado de ciertas teclas y funciones.

Barras de desplazamiento: permiten acceder a sectores del documento que no son visibles en la pantalla en determinado momento.

Área de trabajo: contiene la cuadrícula de celdas sobre la que se está trabajando.

La barra de herramientas Standard

Vista preliminar.

Pegar.

Cortar.

Insertar función Autosuma.

Ordenar en forma ascendente y descendente.

Abrir.

Enviar por correo.

Insertar hipervínculo.

Mostrar barra de dibujo.

Nuevo libro.

Imprimir.

Copiar.

Ayuda.

Guardar.

Copiar formato.

Zoom.

Permisos de acceso.

Verificar ortografía.

Buscar.

Deshacer y Rehacer.

Asistente para gráficos.

La barra de herramientas Formatting (Formato)

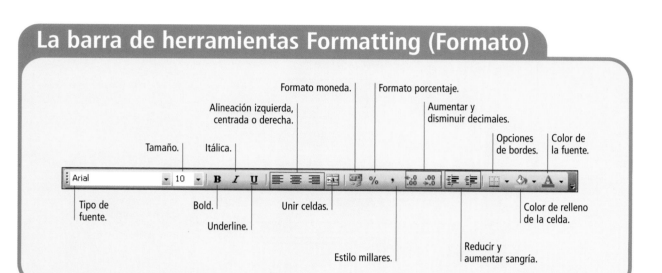

Formato moneda.

Formato porcentaje.

Alineación izquierda, centrada o derecha.

Aumentar y disminuir decimales.

Tamaño.

Itálica.

Opciones de bordes.

Color de la fuente.

Tipo de fuente.

Bold.

Unir celdas.

Color de relleno de la celda.

Underline.

Estilo millares.

Reducir y aumentar sangría.

Teclas rápidas

Abrir archivo	\<Control> + \<O>	Aplicar formato negrita	\<Control> + \<B>
Grabar archivo	\<Control> + \<S>	Aplicar formato cursiva	\<Control> + \<I>
Guardar como	\<F12>	Aplicar formato subrayado	\<Control> + \<U>
Imprimir	\<Control> + \<P>	Aplicar formato porcentaje	\<Control> + \<%>
Crear una nueva planilla	\<Control> + \<N>	Aplicar formato moneda	\<Control> + \<$>
Cerrar archivo	\<Control> + \<F4>	Aplicar formato tachado	\<Control> + \<5>
Cerrar programa	\<Alt> + \<F4>	Copiar el dato superior	\<Control> + tecla \<
Ir a la primera columna	\<Home>	Copiar el dato de la izquierda	\<Control> + tecla >
Ir a la celda A1	\<Control> + \<Home>	Copiar	\<Control> + \<C>
Seleccionar columna	\<Control> + \<Barra espaciadora>	Cortar	\<Control> + \<X>
		Pegar	\<Control> + \<V>
Seleccionar fila actual	\<Shift> + \<Barra espaciadora>	Rellenar hacia abajo	\<Control> + \<D>
		Rellenar hacia la derecha	\<Control> + \<R>
Seleccionar toda la hoja	\<Shift> + \<Control> + \<Barra espaciadora>	Deshacer última operación	\<Control> + \<Z>
		Repetir última operación	\<Control> + \<Y>
Ocultar fila seleccionada	\<Control> + \<9>	Insertar hora	\<Control> + \<:>
Ocultar columna seleccionada	\<Control> + \<0>	Insertar fecha	\<Control> + \<;>
Mostrar filas seleccionadas	\<Control> + \<Shift> + \<9>	Autosuma	\<Alt> + \<=>
		Abrir Asistente para funciones	\<Shift> + \<F3>
Mostrar columnas seleccionadas	\<Control> + \<Shift> + \<0>	Ingresar en el modo Edición	\<F2>
Modificar formato de celdas	\<Control> + \<1>	Revisar ortografía	\<F7>

La primera planilla

Comience a utilizar Excel y conozca las principales utilidades de este programa para el manejo de todo tipo de datos.

Usted ya conoce los elementos principales y la forma en que se organizan los datos en Excel. En esta clase veremos, de manera práctica, cómo utilizar el programa y realizar diversas operaciones. Más adelante conocerá algunas otras opciones un poco más avanzadas y se dará cuenta de que las posibilidades que ofrece Excel son muy numerosas.

Los tipos de datos

En Excel, la información se ingresa en las celdas. Los diferentes tipos de datos que se pueden registrar son:

- **Textos y números**: puede ser cualquier clase de textos, palabras, frases o valores numéricos. Se insertan directamente en las celdas, tal como desea que se muestren.

- **Fórmulas y funciones**: a diferencia de los datos anteriores, las celdas que contienen fórmulas y funciones presentan el resultado de una operación entre distintas celdas o números, es decir que varían según el contenido que se ingrese en otras celdas.

Crear un nuevo libro

Para comenzar a trabajar con Excel, primero abra el programa. Al hacerlo, seguramente encontrará un documento en blanco ya generado. Si por alguna razón esto no sucede, tendrá que presionar el botón **New**, de la barra de herramientas Standard, o elegir la opción **New...** del menú File. En este caso, se desplegará el panel de tareas New workbook, en el cual deberá hacer clic sobre la opción **Blank workbook**.

En esta clase... (35')

> Conocerá:

Cómo ingresar los datos.

La forma de copiar y mover elementos.

De qué manera aplicar diferentes formatos.

Las posibilidades para rellenar celdas.

Cómo agregar filas y columnas.

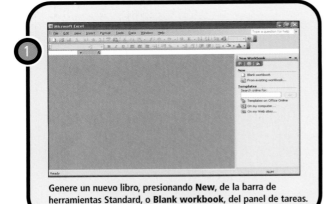

Genere un nuevo libro, presionando **New**, de la barra de herramientas Standard, o **Blank workbook**, del panel de tareas.

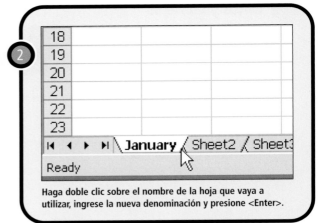

Haga doble clic sobre el nombre de la hoja que vaya a utilizar, ingrese la nueva denominación y presione <Enter>.

Ingresar los datos

El procedimiento para ingresar la información en las distintas celdas de Excel es bastante sencillo. Sólo deberá seleccionar la celda en la que quiere insertar cada dato, haciendo clic sobre ella, y comenzar a escribir. Al finalizar, presione <Enter>. De esta forma, los datos ingresados quedarán en la celda; en cambio, si presiona <Esc>, se cancelará la operación. Repita el procedimiento con todas las celdas de la planilla que desea completar.

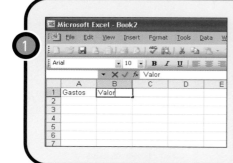

En general, las planillas contienen los títulos de las columnas en la primera fila. Seleccione la celda A1, escriba "gastos" y presione <Enter>. En la celda A2, ingrese "valor".

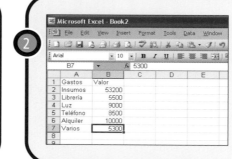

Ahora ingrese los distintos ítems (en la columna A) y sus correspondientes valores (en la columna B), hasta completar el listado de gastos.

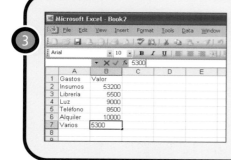

Para modificar el contenido de una celda, puede volver a escribir en ella o trabajar sobre la barra de fórmulas, para modificar los valores sin borrarlos por completo.

La celda

Una celda es el casillero que se forma por la intersección de una fila y una columna.
Dentro de Excel, las columnas se identifican con letras, mientras que las filas se representan con números. Entonces, la referencia a una celda se realiza utilizando la coordenada de columna y fila a las que pertenece: por ejemplo, **C4**. Es importante conocer esta identificación, especialmente en el momento de relacionar celdas entre sí.

Trucos y Consejos

Desplazarse dentro de la planilla

Si bien puede utilizar el mouse para seleccionar cada celda, existen también otras formas de "moverse" dentro de una hoja de Excel:

- Las flechas del teclado le permiten desplazarse hacia las distintas direcciones (dependiendo del sentido que indica cada una en el teclado).
- Con la tecla <Enter>, se moverá una celda hacia abajo.

- Con la tecla <Tab>, se desplazará una celda hacia la derecha.
- Si presiona simultáneamente <Control> y una flecha, se ubicará en la siguiente celda que contenga algún dato (en la dirección de la flecha pulsada).
- Al presionar <Control> + <Home>, irá hacia la celda A1.
- Con <Control> + <End>, hasta la última celda que contenga un dato.

Utilización del puntero en Excel

Normalmente, el puntero en Excel se presenta como una cruz blanca y gruesa, que se utiliza para seleccionar celdas. Sin embargo, la forma del puntero se modifica dependiendo del lugar de la pantalla en donde lo coloque, y cada uno permite realizar distintas tareas. Éstos son los principales:

- **Puntero normal**: tiene la forma de una cruz blanca, y se emplea para seleccionar una celda con el fin de insertar datos en ella, copiarla o moverla a otra ubicación (como aprenderá a continuación).
- **Puntero de creación de series o relleno de celdas**: cuando ubica el cursor sobre el vértice inferior derecho de una celda, adopta la forma de una cruz fina, de color negro, y se utiliza para rellenar celdas, como veremos en **p. 190**.
- **Puntero para mover celdas**: tiene la forma de una cruz con cuatro puntas y se usa para desplazar selecciones de un lugar a otro. Aparece al ubicar el cursor en cualquiera de los bordes de una selección.

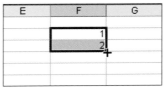

Con el **puntero normal** puede seleccionar celdas y rangos, haciendo clic con el mouse.

El **puntero de creación de series** aparece al colocar el cursor en el ángulo inferior derecho.

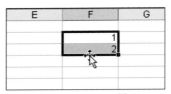

El **puntero para mover celdas** se muestra al posicionar el cursor en el borde de una selección.

Copiar y mover datos

Al igual que los demás programas (ver **p. 156**), Excel permite copiar y cortar celdas para, luego, pegar su contenido en otra ubicación.

En primer lugar, debe seleccionar las celdas que quiere copiar o cortar. Si se trata de una sola, simplemente haga clic en ella. En cambio, si desea seleccionar varias celdas que se encuentren juntas, haga clic sobre la primera y, sin soltar el botón del mouse, desplácelo hasta la última; verá cómo las celdas se van "pintando" de color azul. Una selección de varias celdas se denomina **rango de celdas**. Si quiere seleccionar celdas que no estén contiguas, vaya seleccionándolas una a una mientras mantiene presionada la tecla <Control>.

Luego de realizar la selección, elija el comando **Copy** o **Cut**, del menú Edit, según la acción que desee realizar. Entonces, sólo tendrá que posicionarse en la ubicación en la que quiera colocar los datos y elegir la opción **Paste**, del mismo menú.

Mover las celdas

También es posible mover una celda o rango de celdas de un lugar a otro directamente utilizando el mouse.

En primer lugar, realice la selección, tal como vimos antes.

Cuando comienza a desplazar una selección, el puntero se presenta como una flecha blanca, y podrá ver cuántas celdas ocupará en la nueva ubicación.

Luego, sitúe el mouse en el borde de la selección; notará que el cursor se transforma en una flecha con cuatro puntas. Presione el botón del mouse y, sin soltarlo, desplace la selección hasta su nueva ubicación. Al soltar el botón, el contenido se encontrará en el lugar elegido.

Insertar hojas, filas, columnas y celdas

Es posible agregar hojas, filas, columnas y celdas en cualquier lugar del documento de Excel. Para hacerlo, simplemente deberá recurrir a las opciones del menú Insert.

Los elementos que inserte se colocarán antes de la celda que esté seleccionada en el momento de efectuar la operación.

Hojas

Para insertar una hoja, seleccione la opción **Worksheet**, del menú Insert. La nueva hoja se incorporará delante de aquella en la que esté trabajando, pero podrá modificar su orden desplazando la ficha que se encuentra en la parte inferior de la pantalla. Allí también podrá cambiar el nombre de la hoja, como vimos anteriormente.

Filas

Sitúese debajo del lugar donde desea incorporar una fila completa y seleccione la opción **Row**, del menú Insert.

Columnas

Las columnas se insertan del mismo modo, pero debe seleccionar una celda que se encuentre a la derecha del lugar donde quiere agregar la nueva columna. Entonces, elija **Column**, del menú Insert.

Celdas

También puede insertar celdas dentro de una planilla. Ubíquese en el lugar donde quiera incorporar una celda y seleccione **Cells...** del menú Insert. Se abrirá un cuadro de diálogo en el que podrá elegir la opción que prefiera: desplazar las celdas hacia la derecha, desplazar las celdas hacia abajo, insertar toda una fila o insertar toda una columna.

Rellenar celdas

Excel ofrece una opción muy práctica para todas las planillas. Se trata de la posibilidad de completar celdas, que se utiliza para repetir un dato o para crear series.

Por ejemplo, si dentro de una celda escribe "pagado", por medio de esta opción podrá extender el mismo contenido hacia arriba, abajo, la izquierda o la derecha.

La practicidad de esta herramienta se observa, fundamentalmente, al crear series. Por ejemplo, para colocar los valores 1, 2, 3, 4, 5, etc., en celdas contiguas, realice el siguiente procedimiento:

1. Inserte los dos primeros valores en las primeras celdas: 1 en A4 y 2 en A5. Luego, seleccione ambas celdas.
2. Coloque el puntero del mouse sobre el cuadrado negro que se encuentra en el ángulo inferior derecho de la selección. Notará que el cursor se transforma en una cruz fina de color negro.
3. Haga clic y, sin soltar el botón del mouse, arrastre el cursor sobre el rango que desea completar. Al soltarlo, las celdas mostrarán los valores de las series.

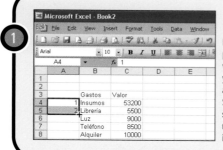

Introduzca los primeros dos valores de la serie y seleccione ambas celdas. Sitúe el mouse sobre el cuadrado negro del ángulo inferior derecho.

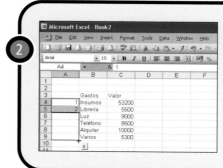

Cuando el cursor se transforme en una cruz negra, haga clic y, sin soltar el botón del mouse, arrastre el cursor sobre el rango a completar. Al soltar el botón, las celdas quedarán completas.

Algunos cálculos simples

Una de las principales ventajas de Excel es la posibilidad de efectuar cálculos relacionando los datos de las distintas celdas entre sí. Más adelante, veremos en detalle las diferentes formas de realizar operaciones: por un lado, las funciones predefinidas (como obtener un promedio, buscar valores, conocer la raíz cuadrada, etc.); y por otro, las fórmulas (en general, más simples), que podrá utilizar para realizar los cálculos que desee entre celdas y números.

A continuación, veremos algunas operaciones básicas, con las que podrá tener una idea de su aprovechamiento.

En este ejemplo, utilizaremos una de las funciones más simples. Se trata de la **autosuma (AutoSum)**, que, como su nombre lo indica, realiza la suma de un conjunto o rango de celdas.

Luego, haremos una fórmula para restar el resultado obtenido en la suma anterior del total de ingresos, y así conocer la cantidad de dinero que queda.

El signo =

Como aprenderá en detalle en **p. 193**, cuando se ingresan operaciones entre celdas, es necesario comenzar con el signo **=**. De esta manera, le indicará al programa que lo que va a ingresar después es una operación y no un valor más.

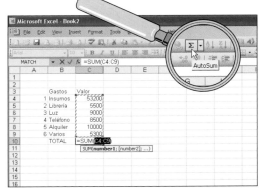

Para realizar la suma (así como cualquier otra operación), sitúese en la celda donde quiere que aparezca el resultado. Luego, presione el botón Autosum, de la barra de herramientas Standard. Automáticamente, Excel interpretará que usted quiere realizar la suma del rango de celdas que se encuentra por encima de la actual; como esto es correcto, sólo deberá presionar <Enter>. En **p. 197** aprenderá más sobre el uso de funciones y la forma de modificar sus parámetros.

Para conocer el saldo entre los ingresos (celda C11) y los gastos (C10), realizaremos una resta. Como en el caso de las funciones, deberá situarse en la celda donde quiera que aparezca el resultado y allí comenzar a escribir la fórmula. Primero, coloque el símbolo = y, luego, ingrese los datos y operadores de la fórmula: las celdas donde se encuentran y el signo –, porque se trata de una resta. La fórmula deberá quedar de la siguiente manera: **=C11-C10**. En **p. 193** verá otras opciones para aplicar fórmulas.

Trucos y Consejos

Guardar el libro

Recuerde que es muy importante ir guardando el archivo a medida que avanza con el trabajo, para evitar perderlo si ocurre algún problema. Al igual que en otros programas (ver **p. 159**), la primera vez que quiera almacenar el documento, deberá seleccionar la opción **Save As...** del menú **File**.

De esta manera, se abrirá un cuadro de diálogo en el que deberá establecer el nombre y la unidad de almacenamiento donde desea guardar el archivo.

Modificar el aspecto

Una vez generadas las planillas, podrá aplicarles distintos formatos para diferenciar los tipos de información y mejorar su aspecto. Por ejemplo, los títulos o encabezados de las columnas pueden destacarse del resto de los datos, asignándoles una tipografía mayor. También es posible agregar bordes a las planillas y color de relleno a algunas celdas, si así lo desea, y modificar el tamaño de las filas y columnas para ajustarlo a su contenido.

Formato del texto

Puede modificar el formato del texto (ya sean letras, números, resultados de cálculos, etc.), tal como lo realiza en los demás programas: cambiar el tipo de fuente, tamaño, color; aplicar negrita, cursiva, subrayado, etc. También puede alinear el texto en relación con la celda en la que se encuentra. Simplemente seleccione la o las celdas y elija la opción que desee de la barra de formato (**p. 186**).

Formato de las celdas

En cuanto a las celdas, es posible aplicarles bordes de distinto grosor y seleccionar un color de relleno. También podrá modificar el tamaño de las filas y columnas, y aplicar muchas otras opciones que aprenderá a lo largo de estas clases.

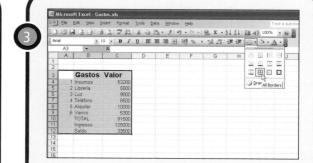

Seleccione las celdas y modifique las opciones de formato de texto, utilizando la barra de formato. Por ejemplo, para los títulos, cambie la tipografía, aumente el tamaño y varíe el color.

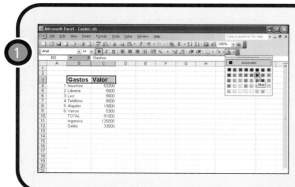

Si desea modificar el ancho de una columna, sitúe el cursor en el borde derecho del área gris que contiene la letra que la identifica. El cursor se convertirá en una flecha de doble punta. Haga clic y, sin soltar el botón del mouse, desplácelo hasta alcanzar el tamaño deseado.

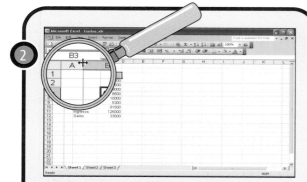

Seleccione toda la planilla (o las celdas a las que desea aplicar el formato), despliegue las opciones de borde y, allí, elija All Borders. También podrá aplicar un color de relleno para las celdas y las demás opciones de la barra de formato, que encontrará en detalle en p. 186.

Imprimir la planilla

Una vez que la planilla esté lista, podrá imprimirla. Si bien Excel presenta varias opciones a la hora de imprimir (que conocerá en **p. 206**), podrá hacerlo seleccionando **Print...** del menú File, donde deberá marcar:
- En **Print range**: All.
- En **Print what**: Active sheets.

- En **Number of copies**: 1 (o la cantidad que necesite).

Luego, presione OK y espere a que la impresora haga su trabajo.

Las fórmulas

Las fórmulas son un recurso vital en toda planilla de cálculo, dado que con ellas podrá efectuar operaciones entre las diferentes celdas.

Una de las principales ventajas de las planillas que se generan con Excel es la posibilidad de realizar todo tipo de cálculos de una manera rápida y sencilla. En este sentido, el programa permite efectuar operaciones entre celdas a través de las fórmulas, en un proceso automático.

En esta clase veremos cómo llevar a cabo los cálculos más simples, utilizando los operadores matemáticos más usuales (sumas, restas, divisiones, multiplicaciones). Más adelante, en **p. 197**, también conocerá las funciones, comandos predeterminados que permiten realizar operaciones más complejas.

El signo =

Los datos que contienen las celdas pueden ser constantes o variables. Al ingresar cualquier valor en una celda (ya sea un texto, un número o una combinación de ambos), Excel lo toma de manera literal, y así permanecerá hasta que se lo cambie. Este tipo de datos, como su nombre lo indica, es constante.

En cambio, cuando se realiza un cálculo, se espera que el programa muestre el resultado de la operación y no los valores tal como fueron escritos. Como puede imaginar, si se modifica alguno de los valores que intervienen en la operación, el resultado cambia. Si usted ingresa un cálculo en una celda (por ejemplo, 1+1) y presiona <Enter>, Excel lo tomará como si fuera un dato constante y no efectuará la operación. Para que esto suceda, cada vez que necesite ingresar una fórmula o función, debe anteponer el signo **=** (igual), para que el programa asuma que a continuación se insertará parte de una operación. Haga la siguiente prueba: abra una planilla de cálculo, escriba en una celda **1+1** y presione <Enter>. Luego, en otra celda escriba **=1+1** y también pulse <Enter>. En el primer caso verá la sintaxis de la operación, mientras que en el segundo aparecerá el resultado.

A continuación del signo = se coloca el contenido del cálculo o función. Por supuesto, pueden ser valores fijos (números o valores) o referencias a celdas. Por ejemplo, si en una celda ingresa la fórmula **=A1+10**, el resultado será la suma del valor que contiene la celda A1 y 10. Si en algún momento cambia el valor alojado en A1, el resultado del cálculo variará automáticamente.

Microsoft Excel - Book1

File   Edit   View   Insert   Format   Tools   Data   Wind

B1 f_x =A1+10

	A	B	C	D	E
1	15	25			
2					
3					
4					
5					
6					
7					

Insertar fórmulas

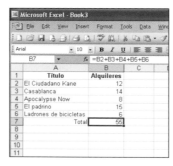

Para analizar las principales operaciones que se pueden realizar a través de fórmulas, nos basaremos en una planilla de ejemplo, en la que se procura llevar una estadística sobre los alquileres de películas clásicas realizados durante el primer trimestre del año. En ella será posible calcular el total de películas rentadas, el porcentaje que le corresponde a cada una, y hacer una estimación sobre cuántos alquileres se realizarán en todo el año.

Calcular un total

Con el fin de obtener el porcentaje de alquiler de cada película, en primer lugar habrá que calcular el total de rentas realizadas. Para hacerlo, será necesario sumar las celdas que contienen los valores correspondientes. Posiciónese en la celda donde aparecerá el resultado (B7) e ingrese la siguiente fórmula **=B2+B3+B4+B5+B6**. Luego, presione la tecla <Enter>.

Es importante tener en cuenta que no todos los operadores de Excel son similares a los de una calculadora. Para las multiplicaciones se utiliza el asterisco (*) y para las divisiones, la barra (/).

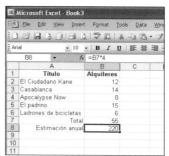

Para calcular un total, se deben sumar las celdas que contienen los distintos valores. Si selecciona la celda donde aparecerá el resultado, en la barra de fórmulas podrá observar la operación a realizar.

Para obtener una estimación de cuántas películas se alquilarán durante todo el año, multiplique el total del primer trimestre por 4. Sitúese en la celda B8 e ingrese la fórmula =B7*4.

La barra de fórmulas

En caso de que desee modificar el contenido de una celda que incluye una fórmula o función, deberá seleccionarla y acudir a la barra de Fórmulas, ubicada en la parte superior de la ventana. Cuando haga clic sobre ella para modificar el contenido de una celda, la barra mostrará tres botones y un casillero. El primer botón se utiliza para cancelar una operación; el segundo, para confirmar el ingreso de los datos (es como presionar <Enter>), y el tercero, para acceder al Asistente para insertar función (que se verá en **p. 198**).

Por su parte, en el casillero se muestra el contenido de la celda, y es allí donde se ingresan y modifican los valores.

Trucos y Consejos

Totales en la barra de estado

Una opción interesante para conocer totales rápidamente consiste en recurrir a la barra de estado. Entonces, si selecciona algunas celdas que contienen datos numéricos, sobre la izquierda de esta barra aparecerá en forma automática la suma realizada, antecedida por la leyenda Sum=. Si hace un clic derecho sobre dicha palabra, verá desplegarse un menú contextual que le ofrecerá otras operaciones que se pueden realizar de manera automática.

Calcular porcentajes

Luego de haber obtenido el total de los alquileres, deberá calcular qué fracción representa cada valor parcial, y cuál es la diferencia entre lo rentado el año anterior y este trimestre.

Con respecto a la diferencia, ingresaremos en una celda el total de alquileres del año anterior, y restaremos ese valor de la cantidad de películas rentadas en el primer trimestre.

En cuanto a obtener los porcentajes de alquiler de cada película, a continuación, verá cómo realizar la fórmula correspondiente y la manera de copiarla a todas las celdas.

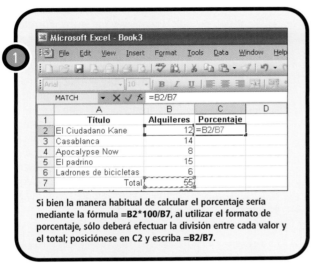

Si bien la manera habitual de calcular el porcentaje sería mediante la fórmula **=B2*100/B7**, al utilizar el formato de porcentaje, sólo deberá efectuar la división entre cada valor y el total; posiciónese en C2 y escriba **=B2/B7**.

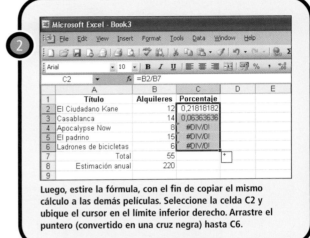

Luego, estire la fórmula, con el fin de copiar el mismo cálculo a las demás películas. Seleccione la celda C2 y ubique el cursor en el límite inferior derecho. Arrastre el puntero (convertido en una cruz negra) hasta C6.

Referencias relativas y absolutas

En el ejemplo anterior, al copiar la fórmula hacia las celdas inferiores, se produjo un error. Para saber lo que sucedió, haga clic en la celda C4 y observe la fórmula. Podrá apreciar que, al copiar el contenido de la celda, Excel asignó el cálculo **=B4/B9**. Analicemos esta operación: el primer dato es correcto, ya que en esa celda (en B4) hay que considerar la cantidad de alquileres de la película *Apocalypse Now*. Esto quiere decir que al copiar la celda dos casilleros más abajo, Excel modificó la referencia en dos celdas (antes era B2 y ahora es B4). El problema es que, en lugar de dividir ese valor por el total de alquileres (en

B7), pretende hacerlo por B9, una celda vacía.

Tenga en cuenta que Excel realiza esas modificaciones porque, al estirar o copiar una fórmula, toma en cuenta la posición relativa de las celdas. Para que una referencia quede fija, será necesario anteponer el signo $.

Entonces, la primera parte de la fórmula debe ser una referencia relativa para que cambie en cada fila; pero la segunda debe ser absoluta, para que la división sea siempre sobre la misma celda. De esta manera, la fórmula debe quedar **=B2/B$7** (así, el signo pesos está fijando el 7, que es el indicador de la fila, y el que no debe moverse).

Entonces, borre el contenido de las celdas C3 a C6. Seleccione la celda C2, haga clic en la barra de fórmulas y modifique el cálculo para que quede de la siguiente manera: **=B2/B$7**. Estire la celda para copiar la operación al resto de las celdas de la columna. En la próxima página veremos cómo conseguir que los nuevos valores adquieran el formato de porcentaje.

Aplicar formato a las fórmulas

En **p. 192** aprendió cómo aplicar distintos estilos y formatos a las celdas. Muy bien, con los resultados de una fórmula o función se puede hacer lo mismo. En este ejemplo veremos cómo asignar a las celdas de la columna C el formato de porcentaje, para que no aparezcan números decimales. El mismo procedimiento es efectivo con cualquier tipo de formato, y cada vez que realice una operación similar, deberá evaluar cuál es el formato más conveniente para la operación.

Para empezar, seleccione el rango de celdas en el que quiere aplicar el formato; en este caso, los valores de las celdas **C2:C6**.

Luego, vaya al menú **Format/ Cells...** y, en la ventana que se abre, elija la ficha **Number**. Allí encontrará, a la izquierda, un panel con diferentes categorías. Cuando haga clic sobre un tipo de formato (en este ejemplo, Percentage), a la derecha aparecerán las opciones configurables (en este caso es la cantidad de posiciones decimales, pero varían según el formato elegido). Como siempre, al terminar pulse OK.

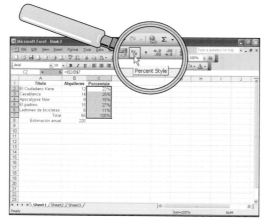

Tanto el porcentaje como los formatos de números más utilizados tienen su botón en la barra de herramientas. Si bien al utilizarlos se agiliza el procedimiento, no permiten definir todas las opciones del formato.

En la ficha Number encontrará diferentes categorías de formato. Una vez que seleccione alguna, podrá definir sus parámetros.

#VALUE!

Si cuando intenta realizar una operación la celda muestra la palabra #VALUE!, se debe a que Excel está tratando de hacer un cálculo matemático con una celda cuyo contenido es un texto.

 Trucos y Consejos

Autoformat

Excel dispone de una herramienta que le permitirá dar un aspecto elegante y profesional a sus planillas. A través de la opción Autoformat, puede aplicar un formato preestablecido a una lista, tabla o rango que tenga elementos distintos. Para hacerlo, sólo deberá realizar dos pasos:

1. Posicione el cursor sobre una de las celdas de la tabla y seleccione la opción Autoformat... del menú Format.
2. Escoja un formato de tabla entre los ejemplos y luego presione OK.
Listo, el aspecto de la planilla habrá mejorado considerablemente.

Las funciones

Las funciones predeterminadas de Excel permiten realizar operaciones más complejas. Conozca cómo utilizarlas a través del Asistente para funciones.

L as funciones de Excel se utilizan, al igual que las fórmulas, para realizar cálculos. La diferencia consiste en que las funciones son comandos predeterminados que permiten llevar a cabo diferentes operaciones, que no son exclusivamente matemáticas.

Tal como sucede con las fórmulas, las funciones se colocan en la celda en la que se quiere obtener el resultado. Allí, se puede escribir la función o, simplemente, seleccionarla de una lista a través del **Asistente para pegar función**.

Las funciones están organizadas en categorías, según su aplicación. Existen funciones estadísticas, financieras, de búsqueda y referencia, para el manejo de texto, y para realizar cálculos con fechas y horas, entre otras. Algunas son simples y de uso común, y otras son complejas y de uso específico.

Para entender el uso de estas últimas, es necesario tener ciertos conocimientos sobre la disciplina en la que se utilizan (como las financieras o algunas funciones de estadística). Igualmente, Excel incluye una completa descripción de cada función y sus usos más frecuentes, de modo que cualquier usuario, con paciencia, puede convertirse en un experto en funciones.

Un ejemplo sencillo: SUM

En **p. 191** vimos cómo realizar la suma del contenido de algunas celdas, utilizando una fórmula. El método aplicado puede resultar útil para sumar dos o tres celdas, pero se vuelve complejo si es necesa-

rio efectuar la suma de más de diez celdas. Para simplificar este tipo de cálculo, se utiliza la función **SUM**. Los datos que se le deben proporcionar son las celdas que se incluirán en la operación. En este caso, podrán ser rangos de celdas, es decir, conjuntos de celdas contiguas.

1. Ubíquese sobre la celda en la que quiere obtener los resultados (E7).
2. Ahora escriba la función. Comience con **=** y luego ingrese el nombre correspondiente, en este caso, **SUM**.
3. Luego, debe indicar, entre paréntesis, los argumentos (valores, celdas o rangos sobre los que se aplicará la operación). En este ejemplo, ingrese el rango de celdas en el que están los valores a sumar (B7:D7). En definitiva, la función debe quedar **=SUM(B7:D7)**.
4. Presione <Enter> para que Excel realice la operación. El resultado de la suma se mostrará en la celda correspondiente.

En esta clase... (25')

> Conocerá:

Las formas de incorporar funciones.

El Asistente para funciones.

Cómo realizar una suma y un promedio.

Algunas funciones de fecha y hora.

> Necesitará:

Conocer el funcionamiento de las fórmulas (**p. 193**).

Otra forma de realizar esta operación es seleccionar el rango de celdas que contiene los valores a sumar (B7:D7) y presionar el botón AutoSum. En la celda contigua al rango seleccionado, aparecerá el resultado de la operación.

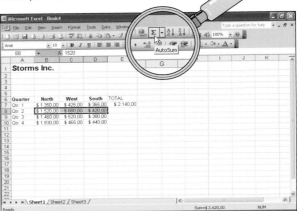

El Asistente para funciones

Excel incluye un gran número de funciones. Por lo tanto, es sumamente difícil que una persona recuerde todas las opciones que se pueden utilizar; al mismo tiempo, es bastante improbable que memorice la sintaxis de cada una de ellas.

Para facilitar el uso de esta herramienta, existe el **Asistente para funciones**, en el que se incluye una lista de todas las funciones disponibles, divididas por categorías, y una descripción del uso de cada una.

Además, el Asistente brinda una gran ayuda a la hora de completar la función con los datos de la propia planilla.

A continuación, veremos el uso del Asistente con una de las funciones más utilizadas en todo tipo de planillas: el cálculo de un promedio.

1

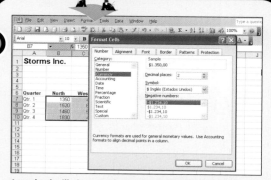

Arme la planilla ingresando los datos necesarios. Recuerde que desde Format/Cells… (**p. 196**), puede definir las características de las celdas que contienen los números, seleccionándolas previamente (en este caso, se determinó que tengan dos dígitos decimales y que lleven el signo $).

2

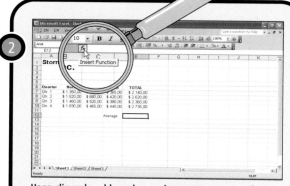

Haga clic en la celda en la que desee que aparezca el resultado del promedio (en el ejemplo, E12) y presione el botón **Insert function** (*f*x), que se encuentra a la izquierda de la barra de Fórmulas. De esta manera, se iniciará el Asistente para funciones.

3

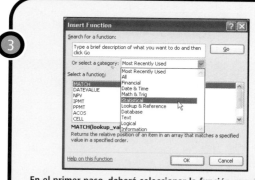

En el primer paso, deberá seleccionar la función que desea utilizar entre todas las opciones incluidas en Excel. Lo primero que debe hacer es elegir la categoría. Despliegue la lista y seleccione Statistical. En el listado inferior, se visualizarán todas las funciones correspondientes a la categoría seleccionada.

Trucos y Consejos

Buscar funciones

Si desea realizar una operación, pero desconoce cuál es la función apropiada, puede realizar una búsqueda. Escriba en inglés, por supuesto, un texto que describa la acción a ejecutar, y presione el botón Go. Verá una lista de las funciones que se adapten a lo solicitado. Al hacer clic en una, aparecerá una descripción. Para continuar con el siguiente paso, elija la que quiera y presione Ok.

4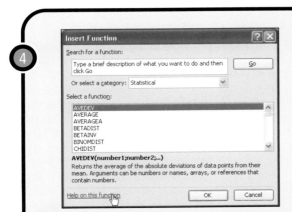

Desplácese dentro de la lista de funciones, hasta encontrar la buscada. Cuando seleccione una función, en la parte inferior del cuadro de diálogo verá una descripción de su uso y su sintaxis completa. Para obtener más información, haga clic en el vínculo Help on this function. Luego de escogerla y seleccionarla, presione OK.

5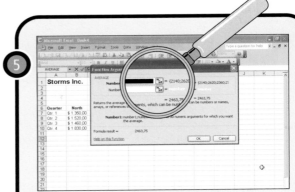

En el cuadro que se abre una vez elegida la función, aparecerán varios casilleros, donde deberá ingresar los distintos argumentos que se requieren. En el caso del promedio, tendrá que indicar las celdas o el rango sobre el que se efectuará el cálculo. Si desea, puede escribirlos directamente (recuerde que los rangos se separan con :). También puede seleccionarlos con el mouse, presionando el botón que se encuentra a la derecha.

6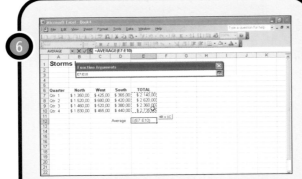

El recuadro se reducirá y usted podrá seleccionar las celdas (en este caso, E7:E10), directamente desde la planilla, evitando tener que recordar en qué celdas se encuentran. Luego, para volver al Asistente, presione <Enter> o el botón ubicado a la derecha del recuadro reducido.

7

Después de haber definido los datos para la función, presione Ok. De esta forma, en la celda aparecerá el resultado de la operación realizada. Si desea ver o modificar la sintaxis de la función, puede hacerlo a través de la barra de fórmulas.

Recordatorio de sintaxis

Una de las novedades de Excel XP es el Recordatorio de sintaxis. Al comenzar a escribir una función en una celda, aparecerá debajo del cursor un pequeño recuadro con la sintaxis correcta. Esta opción resulta muy práctica, ya que permite ingresar funciones en las celdas directamente, aunque no se recuerde con exactitud cómo se escriben. De esta manera, es posible evitar todos los pasos del Asistente cada vez que desee incluir una función. Además, al hacer clic sobre el nombre de la función en el recordatorio, se abrirá la ayuda de Excel con la descripción correspondiente.

```
=forecast(
FORECAST(x; known_y's; known_x's)
```

Funciones de fecha y hora

Las funciones de fecha y hora son bastante sencillas de aplicar y muy útiles en muchas ocasiones. Se las suele utilizar para realizar cálculos cronológicos, o mostrar el día o la hora actual.

Entre este tipo de funciones se encuentran las que devuelven la fecha u hora actual (la registrada en la computadora en la que se está trabajando) y las que realizan cálculos según ciertos parámetros, como puede ser buscar cuál es el primer día laborable después de determinada fecha.

En el siguiente ejemplo, veremos cómo utilizar la función que permite insertar automáticamente la fecha actual en una hoja de cálculo y, por otro lado, determinar cuándo se realizará un control, teniendo en cuenta que éste debe llevarse a cabo 15 días después de la fecha de emisión del resumen.

Preguntas frecuentes

¿Cómo calcula Excel las fechas?

Para el cálculo de fechas, Excel considera cada día como el número de una serie, tomando al 1° de enero de 1900 como 1. A partir de allí, por ejemplo, el número 39.082 corresponde al 31 de diciembre de 2006. Para ver a qué fecha corresponde un número, sólo debe ingresarlo en una celda y, luego, asignarle formato de fecha (ver recuadro).

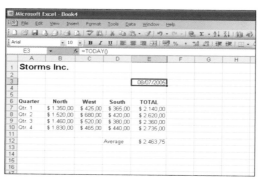

La función que se utiliza para que Excel complete automáticamente la fecha actual es TODAY. Esta función no incluye ningún argumento, pero debe colocar los paréntesis vacíos. Ubíquese en la celda en la que desea mostrar la fecha, escriba =TODAY() y presione <Enter>.

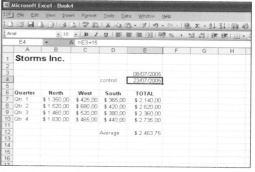

Para calcular qué día debe realizarse el control (15 días después), se emplea una simple fórmula que suma a la fecha actual (tomada de la celda E3) el valor 15. Colóquese en la celda donde quiere obtener el valor, ingrese =E3+15 y presione <Enter>.

Formato de fechas

El modo como se muestran las fechas en Excel depende del formato de fecha que esté establecido. Sin embargo, usted puede modificar el formato para adaptarlo a sus necesidades o preferencias, siguiendo estos pasos:

1. Seleccione la o las celdas donde se encuentran las fechas cuyo formato desea modificar.

2. Vaya al menú Format/Cells... y seleccione la ficha Number.

3. En la lista **Category**, escoja Date. Dentro de **Type:**, encontrará las diferentes alternativas para modificar las fechas. Seleccione la que más le agrade, visualizando el resultado final en el recuadro de muestra.

4. Presione OK, y las fechas tomarán el formato elegido.

Bases de datos con Excel

Conozca las herramientas de Excel para el manejo de datos: ordenamiento, búsquedas y filtros, que facilitarán el trabajo con gran cantidad de información.

Si bien existen programas específicos para manejar grandes cantidades de información (por ejemplo, Access, incluido en el paquete Office), las planillas de cálculo como Excel suelen incorporar instrucciones destinadas al manejo de bases de datos. Las herramientas que ofrece Excel pueden resultar de gran utilidad cuando es necesario trabajar con bases simples, ya que permiten manejar datos de una manera sencilla y eficaz.

¿Qué es una base de datos?

Una base de datos es un conjunto de elementos que se pueden relacionar entre sí, como catálogos, agendas telefónicas, listas de precios, inventarios, membresías, etc.

Las bases de datos se organizan de una forma particular, que las distingue como tales y las diferencia de cualquier planilla de Excel. Este tipo de ordenamiento de los datos presenta dos características:

- Cada elemento de la base ocupa una fila: cada artículo de una lista, cada libro de un catálogo, cada persona de una agenda, etc. Estas filas se conocen como **registros (records)**.
- Cada registro de la base tiene ciertas propiedades; por ejemplo, los libros de la lista incluyen un autor, un título, un año de edición, una editorial, etc. Esos atributos constituyen los **campos (fields)** y corresponden a las columnas de una planilla.

¿Qué operaciones se pueden realizar con los datos organizados de esta manera?

Además de tener un orden particular, las bases de datos permiten llevar a cabo operaciones específicas. Por ejemplo, en caso de que estuviera confeccionando un catálogo de libros, podrían efectuarse dos tipos de tareas:

- Ordenar la lista, clasificando los elementos por autor, año de edición, editorial, cantidad de páginas, género, etc.
- Realizar búsquedas, como localizar aquellos libros editados en el año 2001. Esta opción resulta de suma utilidad en aquellos casos en que la base de datos incluye un gran número de registros. Imagínese, por ejemplo, que es normal que una librería cuente con no menos de 10000 títulos.

En esta clase... 30'

> Aprenderá:

Qué son y cómo se organizan las bases de datos en Excel.

A ordenar los datos.

De qué manera aplicar filtros.

A establecer encabezados y pies de página.

Las opciones de impresión.

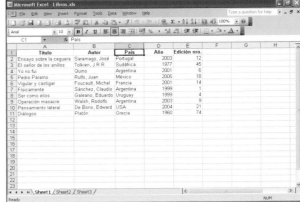

Esta base de datos realizada en Excel corresponde a una colección de libros, con diez registros (uno por libro) y cinco campos (cada columna o tipo de dato).

Ordenar una planilla

En primer lugar, genere una planilla que contenga diferentes campos y varios registros. Puede realizar una similar a la que se encuentra en la página anterior.

Seleccione cualquier celda de la tabla y elija **Sort...** del menú Data. Se abrirá un cuadro de diálogo en el que se incluyen todas las opciones para ordenar los elementos. Allí, deberá indicar el criterio de ordenamiento, ingresando la siguiente información:

- La **columna** a partir de la cual se ordenarán los registros.
- El sentido del ordenamiento, que puede ser **Ascending** (de menor a mayor) o **Descending** (de mayor a menor).

- Si la lista presenta fila de encabezamiento (este dato es sumamente importante, ya que en caso de tener títulos, éstos no se incluirán en el ordenamiento y quedarán en la primera fila).

Dentro de este cuadro de diálogo, es posible especificar hasta tres criterios de ordenamiento. Por ejemplo, los libros podrían ordenarse por autor, y en caso de que hubiese dos obras de la misma persona, éstas se ordenarían por título. En la guía telefónica, por ejemplo, los abonados están ordenados por apellido; cuando un apellido se repite, se listan por nombre; y cuando tanto el apellido como el nombre son iguales, se ordenan por dirección.

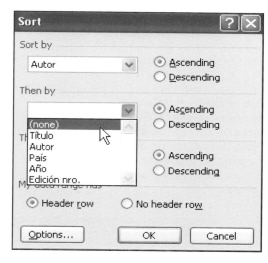

En el cuadro Sort, es posible ingresar hasta tres criterios de ordenamiento para la base de datos.

Un ejemplo

Ahora que ya conoce las principales nociones del ordenamiento de bases de datos, veremos cuáles son los pasos a seguir para ordenar la tabla realizada anteriormente. En este caso, lo haremos por autor:

1. Haga clic en la lista desplegable **Sort by:** y seleccione el campo Autor. Todos los registros de la base de datos se ordenarán en función de los valores de dicho campo.
2. Haga clic sobre la opción **Ascending**.
3. En la lista **Then by**, elija Título (para los casos en que haya más de un registro del mismo autor).
4. Marque la opción **Header now**. De esta forma, la primera fila no será ordenada, y sus valores serán considerados los rótulos de cada uno de los campos.
5. Finalmente, haga clic sobre el botón OK.

La tabla quedará ordenada en función de los criterios especificados. Si ingresa más registros y desea mantener el orden, puede repetir el procedimiento anterior cuantas veces considere necesarias, incluso cambiando los criterios de ordenamiento.

Trucos y Consejos

Ordenar una tabla en un solo paso

Las bases de datos también pueden ordenarse haciendo uso de los botones rápidos que se encuentran en la barra de herramientas Standard (**p. 185**). Esta opción es muy sencilla, aunque sólo permite usar un único criterio para ordenar:

1. Sitúese en cualquier celda de la columna o campo según el cual quiere realizar el ordenamiento (por ejemplo, Autor).
2. Pulse el botón Sort Ascending o

Sort Descending, de acuerdo con su preferencia.

Los filtros

Hemos estado trabajando sobre una lista de diez libros, es decir, una base de datos compuesta por diez registros. Como ya adelantamos, es posible manejar bases de datos que pueden tener decenas, centenas y hasta miles de registros. En estos casos, puede ocurrir que sólo quiera consultar o visualizar los registros que cumplan con determinada condición; por ejemplo, los libros editados durante cierto año o los de un autor en particular. En tales situaciones, lo que usted necesita es limitar la base de datos a una serie de registros específicos, proceso que se denomina **filtrar**. La operación equivale a pasar la tabla por un filtro, que retiene únicamente aquellos registros que cumplen con la condición establecida, en tanto deja pasar los demás (o los oculta momentáneamente). Excel permite utilizar varias clases de filtros, entre los cuales la opción más práctica es la de los filtros automáticos o autofiltros.

Realizar un "filtrado"

Supongamos que desea filtrar la base de datos para ver exclusivamente los libros editados en el año 2001:

1. Ubique el cursor sobre cualquier celda de la tabla y marque **Autofilter**, del menú Data/Filter. Junto al título de cada campo verá unas pequeñas flechas. Son los filtros, que se manejan como listas desplegables.

2. Haga clic en la flecha correspondiente al año; aparecerán todos los años disponibles en la base de datos.

3. Busque 2001 y haga clic en él. Inmediatamente la lista se contraerá, para dejar visibles sólo los registros de aquellos libros editados durante el año indicado.

Aplicar varios filtros

Una vez que aplicó un filtro, verá sólo los registros que coincidan con el criterio especificado. En color azul aparecen los números correspondientes a las filas y el filtro utilizado. Si desea, puede seguir filtrando los datos obtenidos, eligiendo otro criterio de búsqueda de un campo diferente.

Así, por ejemplo, podrá ver en primer lugar los libros editados en un año y, luego, entre los datos obtenidos, seleccionar un autor. De esta forma, estará aplicando un filtro doble. En una base de datos de diez registros no tiene sentido seguir utilizando esta herramienta, pero en bases más grandes, es posible aplicar tantos filtros como campos existan.

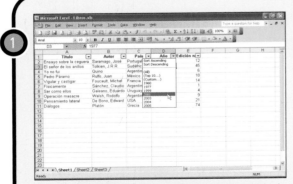

Cuando se visualicen las listas desplegables, podrá elegir el filtro a aplicar.

Una vez que el filtro fue aplicado, sólo verá aquellos registros que cumplan con la condición.

Filtros personalizados

Al desplegar el listado de un autofiltro, además de todos los valores posibles del campo, aparecen otras alternativas. Una de ellas es **(Custom...)**, que permite establecer criterios específicos para filtrar la base de datos. Por ejemplo, es posible aplicar filtros que tengan en cuenta valores mayores o menores a una cifra o letra. Para aplicar un filtro de ese tipo, siga el procedimiento que se detalla a continuación:

1. Despliegue las opciones de fil-

tro de alguno de los campos de la base (por ejemplo, Año de edición).

2. Entonces, haga clic en **(Custom...)** para que se abra el cuadro de diálogo Custom AutoFilter.

3. En el primer listado, en el que se encuentran los diferentes tipos de comparación, seleccione la opción "**is greater than**" y, en el casillero ubicado a la derecha, escriba el valor que desea comparar (1998).

4. Por último, presione el botón Ok.

Una vez que termine de realizar este procedimiento, la tabla mostrará sólo los registros que cumplan con la condición indicada: únicamente aquellos libros que hayan sido editados a partir de 1999. En caso de que desee incluir también los correspondientes a 1998, deberá seleccionar la condición "**is greater than or equal to**".

Seleccione (**Custom...**) de la lista desplegable de cualquiera de los filtros, para acceder a Custom AutoFilters.

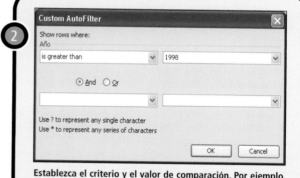

Establezca el criterio y el valor de comparación. Por ejemplo, mostrar sólo aquellos libros que fueron editados con posterioridad al año 1998. En ese caso, deberá seleccionar la opción **is greater than**, puesto que tendrá en cuenta sólo aquellas obras que aparecieron luego de esa fecha.

Preguntas frecuentes

¿Cómo se quitan los filtros?

Si después de aplicar un filtro, usted desea volver a ver la totalidad de los registros de la base, puede hacerlo de dos formas:

• **Anular los filtros**: en este caso, acceda una vez más a Data/Filter/Autofilter. De esta manera, desaparecerán las flechas de filtro y se visualizarán todos los registros.

• **Desactivar un filtro**: despliegue la lista del filtro aplicado y seleccione la opción (**All**). En caso de que haya realizado más de un filtrado, deberá repetir esta operación con cada uno de los campos. Entonces, podrá ver la totalidad de los registros, pero manteniendo los autofiltros en la planilla.

Encabezados y pies de página

Al igual que Word (ver **p. 292**), Excel permite insertar encabezados y pies de página en las planillas. Por un lado, el programa brinda una serie de opciones predeterminadas, como el número de página, el nombre del archivo, la fecha actual, etc. Además, es posible armar encabezados y pies originales, diseñados por cada usuario para cubrir sus propias necesidades.

A continuación, explicaremos cómo generar un pie de página personalizado. Tenga en cuenta que los mismos pasos se aplican a la creación de un encabezado:

1. Seleccione **Header/Footer...** del menú View. Se abrirá el cuadro de diálogo Page Setup, en la ficha correspondiente. En la parte superior, un recuadro blanco representa el encabezado, mientras que en la parte inferior, un recuadro similar representa el pie.
2. Para seleccionar un pie de página entre los predeterminados, despliegue la lista correspondiente y seleccione la opción que mejor se adapte a sus necesidades. Si ninguna cubre sus expectativas, puede diseñar su propio pie de página, presionando el botón **Custom Footer...**.
3. Se abrirá una ventana, dividida en tres secciones: Left, Center y Right. En cada uno de estos cuadros, podrá escribir el texto del pie, según dónde quiera colocarlo.
4. El botón representado por la letra **A** permite elegir el formato del texto (tipo de letra, tamaño, estilo, etc.). Los otros botones sirven para incluir elementos especiales en el pie, tal como se explica al final de esta página.

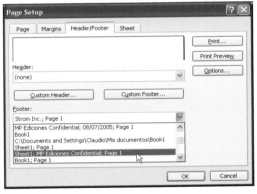

Puede seleccionar alguno de los pies de página predefinidos, eligiéndolo de la lista desplegable.

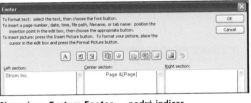

Si presiona Custom Footer..., podrá indicar exactamente qué quiere colocar en cada sección: izquierda, centro y derecha.

Las opciones para insertar

Cambiar el formato del texto.

Insertar el número de página.

Insertar la cantidad total de páginas del libro en la hoja activa. Excel ajusta la cifra automáticamente cada vez que se agregue o elimine una hoja.

Incluir la fecha actual.

Ingresar la hora.

Insertar la ruta (unidad y carpeta) y el nombre del archivo del libro activo.

Insertar el nombre de la hoja.

Agregar el nombre del archivo.

Insertar una imagen.

Modificar el formato de la imagen insertada.

Opciones de impresión

Mientras trabaja en la hoja de cálculo de Excel, no tendrá una noción clara de cómo quedarán presentados los datos una vez que estén en el papel. Por este motivo, los procedimientos a través de los cuales se establecen las opciones de impresión son muy importantes en Excel, ya que permiten imprimir los datos de forma correcta. Este programa ofrece diversas opciones: desde la configuración de los márgenes, hasta la impresión de sólo algunas celdas.

Configurar página

Con el fin de lograr una buena impresión, el primer paso es configurar la página de destino. Para hacerlo, ingrese en la opción **Page Setup...** del menú File. Allí encontrará cuatro fichas, una de las cuales ya hemos analizado (Header/Footer). Las restantes son las siguientes:

- **Page**: aquí debe indicar el tamaño de la hoja y su orientación (vertical u horizontal). También puede establecer, a través de un porcentaje, la escala en la que se imprimirá.
- **Margins**: en esta ficha tiene que ingresar el tamaño de los márgenes, en centímetros. También puede indicar que el contenido se centre vertical u horizontalmente en la hoja.
- **Sheets**: aquí puede definir cuestiones más específicas, como el área de impresión, o si desea imprimir o no los títulos y las líneas de división de la cuadrícula. También puede establecer el orden en el que se imprimirán los datos.

Definir área de impresión

Excel brinda la posibilidad de imprimir sólo algunas celdas, sin necesidad de ocultar o borrar las demás. Para realizar esta acción, seleccione las celdas que desea imprimir y luego elija **Set Print Area**, del menú File/Print area.

La impresión

Después de haber definido todas las opciones, podrá imprimir su trabajo. Para hacerlo, elija **Print...** del menú File. Se abrirá un cuadro de diálogo en el que debe indicar la cantidad de copias y las páginas que desea. También puede modificar la configuración de su impresora, presionando el botón **Properties**. Por último, pulse el botón OK para comenzar la impresión.

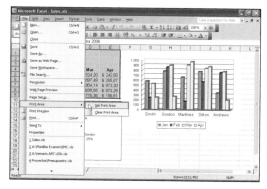

Para imprimir sólo algunas celdas, luego de seleccionarlas, presione **Set Print Area**, del menú File/Print Area. Entonces, imprima el documento de la forma habitual.

Las opciones de impresión en Excel son bastante similares a las de los demás programas. Una de las principales variantes es la posibilidad de imprimir la Selection, las Active sheets o Entire workbook.

Trucos y Consejos

Botón Print

Utilizando el botón Print, de la barra de herramientas Standard, podrá imprimir su trabajo directamente con las opciones preestablecidas y en la impresora predeterminada. De esta forma, se ahorrará todo el proceso de configuración, pero podrá imprimir sólo una copia de la hoja activa y no podrá seleccionar una parte o el libro completo.

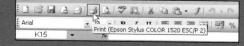

PowerPoint

Conozca las opciones principales de PowerPoint, el programa más utilizado para realizar presentaciones atractivas y profesionales.

C uando se realiza una exposición en público, es útil preparar una serie de láminas o proyecciones, para acompañar la explicación y hacerla más didáctica y comprensible. Tradicionalmente, el material complementario consistía en diapositivas, en transparencias o en simples hojas que se repartían entre los asistentes. La gran difusión de las computadoras simplificó notablemente la elaboración de este material. Programas como PowerPoint facilitan mucho la forma de preparar presentaciones. En la actualidad, ni siquiera es necesario imprimirlas: pueden ser proyectadas directamente desde la computadora. Además, de manera muy fácil, es posible agregar diferentes elementos y animaciones, y aplicar distintos diseños que harán de sus presentaciones todo un éxito.

El programa

PowerPoint es un programa especialmente creado para desarrollar imágenes que luego serán proyectadas. Cada paso de una proyección se denomina **slide**, en una clara analogía con las presentaciones tradicionales. Las diapositivas de PowerPoint constituyen un archivo (la **presentación** o **slide show**), y se proyectan directamente desde la PC. También pueden imprimirse en papel común, para distribuir entre los asistentes, o en transparencias, para utilizar con un proyector.

El trabajo con textos e imágenes en PowerPoint es muy similar al que se realiza en Word. Si usted utiliza frecuentemente ese procesador de texto, podrá emplear PowerPoint sin ningún inconveniente, luego de aprender sus recursos y utilidades particulares.

En esta clase... (10')

> Conocerá:

Algunos conceptos sobre PowerPoint.

Las características de la ventana principal.

La barra de herramientas Standard

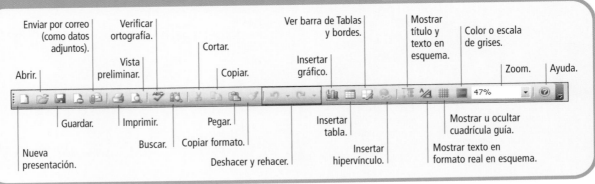

Enviar por correo (como datos adjuntos). | Verificar ortografía. | Ver barra de Tablas y bordes. | Mostrar título y texto en esquema. | Color o escala de grises.

Abrir. | Vista preliminar. | Cortar. | Copiar. | Insertar gráfico. | Zoom. | Ayuda.

Guardar. | Imprimir. | Pegar. | Insertar tabla. | Mostrar u ocultar cuadrícula guía.

Buscar. | Copiar formato. | Insertar hipervínculo. | Mostrar texto en formato real en esquema.

Nueva presentación. | Deshacer y rehacer.

47%

La ventana principal de PowerPoint

Barra de Menús: contiene todas las opciones y comandos del programa.

Diapositiva: muestra cómo se verá el slide en la proyección.

Barra de Título: sobre la izquierda, se indican los nombres del programa y del archivo, mientras que a la derecha, presenta los botones para minimizar, maximizar, restaurar y cerrar el programa.

Barra de herramientas Standard: incluye las principales opciones para el manejo de archivos y de slides.

Barra de formato: incluye todas las opciones para modificar el aspecto de los elementos de las diapositivas.

Panel Outline: presenta el contenido de las distintas slides. Se lo puede ver en forma de texto o de slides en miniatura.

Panel de tareas: incluye algunas de las funciones más utilizadas, y varía según la actividad que se quiera realizar. En ocasiones, es conveniente cerrarlo para ampliar el área de trabajo.

Vistas: botones con los que se puede cambiar el modo de visualización: Normal, Slide sorter y Slide show.

Panel de notas: permite insertar texto que no será proyectado (a modo de guía para el orador).

Barra de Estado: presenta información sobre la presentación y sobre el elemento seleccionado.

Barra de Dibujo: posee las herramientas para generar elementos gráficos.

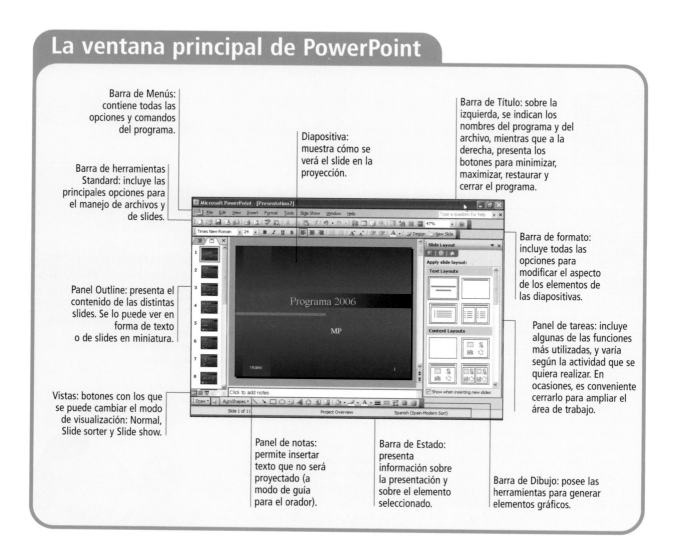

La barra de herramientas de formato

Subrayado.

Agregar sombra al texto.

Agrandar y disminuir fuente.

Color de la fuente.

Agregar nuevo slide.

Cursiva.

Negrita.

Viñetas.

Fuente.

Alineación izquierda, centrada o derecha.

Reducir y aumentar sangría.

Tamaño.

Numeración.

Estilo del slide.

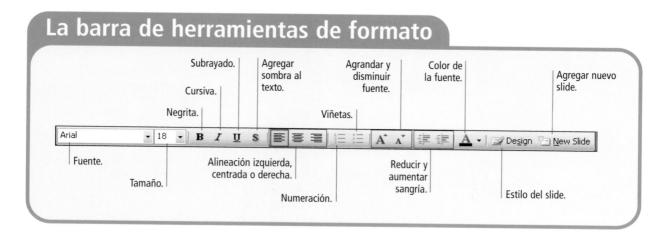

Slide show (presentaciones)

Aproveche PowerPoint al máximo, y aprenda a utilizar las diferentes herramientas que le permitirán realizar presentaciones de forma rápida y efectiva.

PowerPoint es la aplicación ideal para realizar presentaciones y luego exhibirlas a través de una computadora, ya que no sólo permite pasar las diapositivas una tras otra, sino que también de la opción de utilizar sonidos, animaciones y videos en cada una, además de incluir efectos de transición entre ellas.

Para comprender mejor el funcionamiento del programa y el concepto de presentación, es importante conocer los principales componentes y la forma en que se relacionan entre sí:

- **El contenido**: texto, imágenes, gráficos, esquemas, tablas, etc.
- **Los slides**: son las diferentes proyecciones que se exhiben en la conferencia. Cada diapositiva es tratada dentro del programa como si fuera una hoja.
- **El diseño**: la organización del contenido se realiza dentro de cada diapositiva. PowerPoint ofrece variados diseños preestablecidos para las diferentes presentaciones (formales, informales, de negocios, educativos, entre otros).
- **Slides transition**: al proyectar el show, las diapositivas se suceden una tras otra. La transición puede realizarse al hacer un clic o al cumplirse determinado lapso.
- **La presentación**: se denomina así a todos los elementos que constituyen un solo archivo de PowerPoint.

Crear una slide show

Una de las características de PowerPoint es la posibilidad de obtener presentaciones de excelente nivel desde los primeros pasos, tanto a través de los asistentes como mediante el uso de plantillas.

Al ingresar en el programa, o eligiendo **New...** del menú File, el panel de tareas **New presentation** le ofrecerá algunas opciones para comenzar a trabajar:

- Abrir una presentación existente.
- Crear una presentación en blanco.
- Crear una presentación basándose en un template de diseño.
- Crear una presentación utilizando el Autocontent Wizard (Asistente para autocontenido).
- Crear una presentación nueva a partir de una existente.

Según la opción que elija, se abrirá una caja de diálogo o cambiará el panel de tareas. El manejo de los diferentes elementos se realizará del mismo modo en cualquiera de las opciones, como veremos a lo largo de este capítulo y en **p. 315**.

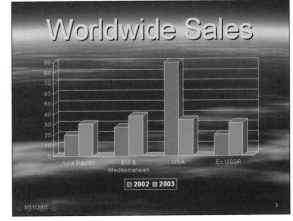

Autocontent Wizard

Si es la primera vez que realiza una presentación, el **Autocontent Wizard** puede resultarle muy útil, ya que lo orientará tanto en lo referido a la organización visual como en la creación del contenido de su exposición.

La principal característica de este asistente es que ofrece temas predefinidos, entre los cuales podrá elegir el que más se adapte a su presentación. Al iniciarlo, se presentará un asistente con varios pasos, en los que deberá seleccionar algunos datos relativos al tema y a la forma de la presentación:

1. **El Tipo de presentación**: PowerPoint ofrece una serie de alternativas temáticas (Genérico, Corporativo, Proyectos y Ventas y Marketing) cada una con diferentes temas de presentaciones.

2. **El Estilo de presentación**: deberá seleccionar de un listado la forma en que efectuará la presentación (en pantalla, proyección, impresión de transparencias, etc.), para que la aplicación optimice los recursos.

3. **Las Opciones de la presentación**: para ingresar algunos datos, como el título, y la información que desee mostrar en todas las diapositivas (fecha, número).

4. Luego de estos pasos, el Wizard le informará que ya ha reunido toda la información necesaria. Al presionar **Finish**, se crearán las diapositivas de la presentación con el diseño y el contenido preestablecidos, para comenzar a trabajar.

![AutoContent Wizard dialog]

El Wizard ofrece variadas opciones temáticas, que resultan útiles si el tema se ajusta a lo que quiere comunicar.

Desarrollar el contenido

Al finalizar el Wizard, aparecerá en la pantalla de PowerPoint una serie de slides con contenido referido al tema seleccionado. Por ejemplo, en caso de haber elegido **Proyect overview**, las diapositivas mostrarán los posibles temas, como Metas del proyecto, Descripción, Procedimientos, etc. Lo único que deberá hacer será modificar el contenido para adaptarlo a la información de su proyecto.

A la izquierda de la pantalla, encontrará el panel Outline, con las diapositivas de la presentación numeradas. Si desea modificar el contenido de una diapositiva, sólo deberá seleccionarla en este panel para visualizarla. La primera diapositiva contiene el título de la presentación y, además, permite incluir un subtítulo. Para ingresarlo, simplemente haga clic donde se le indica y comience a escribir. Recuerde que el trabajo con los elementos es similar al que puede realizarse en Word, por lo que podrá moverlos y variar su tamaño, entre otras posibilidades, sin dificultad (ver **p. 167**).

Al utilizar el Autocontent Wizard, en cada diapositiva se le indicará qué escribir, dónde y cómo hacerlo. Por supuesto, usted podrá ingresar los datos que quiera, y dejar en blanco, borrar o mover cualquier elemento.

El panel Outline

En el panel Outline podrá ver todas las diapositivas, una debajo de la otra, con sus respectivos títulos y textos. Allí también podrá escribir los textos directamente y definir los distintos niveles jerárquicos.

Para bajar de nivel, luego de presionar <Enter>, oprima <Tab> y comience a escribir el texto de esa jerarquía. Si desea volver a la categoría superior, deberá pulsar <Shift> + <Tab>. De esta forma, puede ingresar los diferentes niveles de texto en sus slides.

Presentación en blanco

También puede crear una presentación desde cero, de manera muy fácil y adaptándola a sus necesidades. Para comenzar, seleccione la opción **Blank presentation** del panel de tareas **New presentation**. Se creará una presentación que contiene, en principio, una sola diapositiva. El diseño de la primera diapositiva incluye dos elementos: título y subtítulo. Este tipo de diapositivas suele utilizarse como carátula de la presentación o como primera diapositiva. Para agregar el texto, puede hacer un clic sobre los elementos y comenzar a escribir, o ingresarlo directamente desde el panel Outline. Para incluir más elementos en su diapositiva, busque entre los diseños disponibles si alguno incluye todos los que usted

requiere (ver Aplicar diseños). También puede insertarlos manualmente, seleccionándolos del menú Insert o a través de las barras de herramientas.

Para añadir una nueva diapositiva a la presentación, seleccione **New slide...** dentro del menú Insert, o pulse las teclas <Con-

trol> + <I>. De esta manera, se agregará una diapositiva a continuación de la actual, y se abrirá el panel de tareas **Slide Design** para que seleccione el modelo que desea usar. Deberá realizar el mismo procedimiento con todas las diapositivas que quiera incorporar.

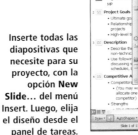

Inserte todas las diapositivas que necesite para su proyecto, con la opción New Slide... del menú Insert. Luego, elija el diseño desde el panel de tareas.

Aplicar diseños

Antes de avanzar con el contenido de una diapositiva, es conveniente definir qué diseño tendrá y cuál será su estructura, es decir, cómo se organizarán los diferentes elementos que la compondrán y de qué tipo serán. Power-Point ofrece diferentes modelos de diapositiva en el panel de tareas Slide Design, agrupados en cuatro categorías:

- **Diseños de texto**: en ellos se puede ingresar, por ejemplo, un título y uno o dos listados.
- **Diseños de objetos**: para incluir un título y un gráfico, una imagen o un diagrama.
- **Diseños de texto y objetos**: para combinar viñetas con objetos.

- **Otros diseños**: se pueden incluir, por ejemplo, archivos multimedia y tablas.

Para aplicar un diseño, visualice la diapositiva y luego haga clic sobre el diseño del panel de tareas. De esta forma, se asignarán en la diapositiva los espacios correspondientes a los elementos que contenga ese diseño.

Para ingresar el contenido de la diapositiva, debe cumplir las indicaciones inscriptas en cada elemento. Por ejemplo, en una diapositiva cuya estructura incluye un objeto, al hacer clic sobre el icono **Insert Chart**, se abrirá una hoja de cálculo donde podrá ingresar los datos en los que se basará el gráfico.

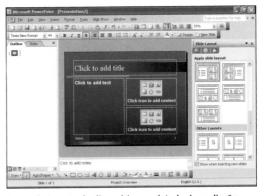

Luego de insertar la diapositiva, podrá elegir su diseño (qué objetos tendrá y cómo estarán organizados) desde el panel de tareas Slide Design.

Los modos de visualización

Las tareas que se realizan en cada una de las etapas del desarrollo de una presentación son muy diferentes, y es necesario poder visualizar las diapositivas para resaltar las características sobre las que se desea trabajar. Por ejemplo, para establecer el orden de las diapositivas, lo mejor será poder ver todas; para analizar las notas, es importante poder verlas en detalle, etc. Por esta razón, PowerPoint ofrece distintos modos de visualización, que podrá cambiar desde el menú View o presionando los botones correspondientes:

- **Normal**: para que la diapositiva seleccionada ocupe la mayor parte de la ventana, de manera que sea posible modificar su contenido y su diseño. A la izquierda se visualiza el esquema y, debajo, las notas.
- **Slides Sorter**: muestra todas las diapositivas, una al lado de la otra, lo cual permite organizar su orden de aparición.
- **Slide Show**: se realiza la presentación de las diapositivas en pantalla completa y en el orden seleccionado.
- **Notes Page**: permite ver una hoja, en cuya parte superior se incluye la diapositiva, y en la inferior, las notas correspondientes. Puede servir como resumen de la presentación y como material adicional para repartir entre los asistentes.
- **Master**: se trata de la estructura de las diapositivas, los elementos que las componen y sus formatos preestablecidos.

En el modo **Slide Sorter**, se puede modificar el orden de la presentación. Seleccione la dispositiva que desee, y desplácela hasta el lugar donde quiera que aparezca.

En la vista **Notes Page**, observará la diapositiva y, debajo, una caja de texto con las notas del orador, que no se verán en la presentación.

Proyectar la presentación

Para ejecutar la presentación de una manera sencilla, seleccione **Slide Show** del menú View o pulse <F5>. De esta forma aparecerá la primera diapositiva en toda la pantalla, y pulsando cualquier tecla o haciendo clic con el mouse, podrá pasar a las siguientes. Al finalizar la presentación, PowerPoint retornará a la vista en la que se encontraba antes de iniciarla. Para hacer uso de las diferentes opciones de proyección, haga clic derecho y seleccione la que corresponda del menú que se despliega.

De este sencillo modo, podrá exhibir la presentación en la pantalla de su PC. Si conecta un proyector al equipo, además de aparecer en la pantalla, ésta se ampliará.

Consejos sobre seguridad

Conozca algunos aspectos esenciales para proteger su equipo y, así, evitar los problemas relacionados con la pérdida de datos.

Todos aquellos que utilizan la computadora necesitan algún grado de seguridad para proteger la información que allí almacenan: desde los niños que la usan para hacer las tareas escolares hasta los responsables del área informática de grandes empresas, pasando por aquellos que la emplean habitualmente para trabajar, comunicarse o entretenerse.

Para cualquiera de ellos, perder los datos guardados en su PC constituye un problema: siempre implica rehacer algún documento, volver a configurar las opciones o no poder recuperar información vital para una empresa.

Principales peligros

Si bien a lo largo de este capítulo aprendió cómo utilizar la PC de forma ordenada y con total seguridad, lo cierto es que existen varios factores que pueden poner en peligro los datos. Para minimizar estos perjuicios, es conveniente tomar conciencia de la importancia que adquieren las copias de respaldo o seguridad, como veremos en la siguiente página.

A continuación, encontrará un listado de los principales daños que pueden sufrir los datos. Como verá, la mayoría son casi imposibles de prevenir y le pueden ocurrir a cualquier usuario, ya sea un principiante o un experto en informática.

- **Desperfectos técnicos**: pueden afectar a un componente o a todo el equipo. Cualquiera sea el caso, se impedirá la normal utilización y el acceso a los datos. Como la información se guarda en el disco duro, si este componente se mantiene a salvo, podrá ver los datos, conectando el disco en otra PC, tarea que debe ser realizada por un técnico.
- **Destrucción**: otra posibilidad es la destrucción física del equipo (incendio o cualquier otro tipo de accidente).
- **Hurto**: puede ocurrir, también, que su PC sea objeto de un robo.
- **Sabotaje**: este problema, más común en las empresas o en el caso de usuarios profesionales, tiene que ver con personas malintencionadas que buscan lograr el perjuicio que puede ocasionar la pérdida de los archivos.
- **Borrado accidental**: se pueden eliminar archivos por error. Si bien existe la Recycle bin (**p. 105**), este problema igualmente puede suceder.
- **Virus**: este tema es el más conflictivo, y en **p. 215** conocerá más sobre este peligro y sobre la forma de protección adecuada.

> Conocerá:

Los principales riesgos que pueden sufrir los datos.

Cómo realizar copias de seguridad y para qué sirven.

En esta clase... (10')

Backups (copias de respaldo)

Ya vimos que existen varios factores que pueden provocar la pérdida de los archivos y los datos guardados en su computadora.

Si bien no es algo muy común o que pase habitualmente (la PC es bastante segura en sí misma), cuando sucede algún desperfecto como los vistos en la página anterior, las conductas preventivas adquieren una vital importancia. Lo único que le permitirá seguir trabajando es contar con un **backup** o **copia de respaldo** (llamada también **copia de seguridad**).

¿Qué son?

Básicamente, una copia de respaldo es un medio de almacenamiento (CD, disquete, zip o cualquier otro) que contiene una copia de sus archivos importantes, para recuperar o seguir trabajando con ellos en caso de que suceda alguna falla en su disco duro.

¿Cómo realizarlas?

Si bien hay aplicaciones especialmente generadas para realizar copias de seguridad (éstas, sobre todo, son utilizadas en empresas), la forma más sencilla de hacer un backup es por medio de cualquier soporte de almacenamiento, según lo que desee guardar (ver **p. 40**).

Actualmente, el medio más indicado son los **CDs**, por su capacidad y su bajo costo. Sin embargo, se puede utilizar cualquier otro; por ejemplo, **disquetes** para hacer una copia rápida y momentánea de algún documento (sus desventajas son su fragilidad y su baja capacidad de almacenamiento). También los **discos ZIP** pueden ser una buena opción, sobre todo porque se pueden rescribir.

¿Qué archivos copiar?

En realidad, lo más importante es copiar los archivos resultantes de su trabajo (documentos, planillas, fotos, presentaciones, etc.). Para hacerlo, es fundamental mantener organizados todos sus archivos en distintas carpetas (ver **p. 92**), ya que así evitará demoras y simplificará su trabajo en el momento de realizar el backup.

En cuanto a los programas, lo mejor es mantener a mano los CDs de instalación, para poder volver a realizar el proceso en caso de que sea necesario.

¿Cada cuánto tiempo?

Este punto dependerá de la intensidad con la que genere o modifique archivos. Por ejemplo, en una empresa, se deberá realizar una copia de respaldo de los datos de facturación una o más veces por día.

Usted tendrá que decidir cada cuánto tiempo realizar sus propias copias de respaldo; debe basarse en la información que esté dispuesto a perder, en la importancia de esos datos, y en el tiempo y los costos que requieren las copias. Por ejemplo, podrá hacerlas al finalizar cada semana, cada 15 días o el primer día de cada mes. Más allá de lo que decida, lo importante es respetar estos plazos y tomarse el tiempo necesario cuando sea el momento de realizarlas. Aunque resulte un poco fastidioso, lo apreciará cuando tenga que recurrir a ellas.

Además de las copias periódicas, podrá generar backups de trabajos o archivos específicos cuando lo crea conveniente: al finalizar un proyecto importante o al promediar un trabajo complejo.

¿Dónde guardar las copias?

Otro punto importante es dónde guardar las copias (los CDs, disquetes, ZIPs, etc.). Como norma de seguridad adicional, puede mantener los programas originales y las copias de seguridad en un lugar físico alejado de la PC, para prevenir su daño o desaparición en caso de incendio o robo.

Organizar las copias

Además de programar cada cuánto tiempo deben hacerse las copias de respaldo, deberá decidir qué archivos guardar en cada oportunidad. Una posibilidad es, cada vez que se realiza la copia, guardar todos los archivos que se encuentren en las carpetas que utiliza para almacenar sus trabajos. Con esta opción, sin embargo, tendrá varias veces los mismos archivos. Para evitarlo, una alternativa es buscar todos los archivos que fueron modificados en el último período (ver **p. 127**) y guardarlos en una carpeta o unidad identificada con esa fecha.

Los virus informáticos

Los virus pueden causar graves daños en la información de la PC e, incluso, provocar la destrucción total del sistema. Conozca cómo operan y cómo prevenirlos.

Seguramente, ya habrá escuchado acerca de los virus, tema sobre el que existen infinidad de teorías, explicaciones, fábulas y mitos. En esta clase veremos todos los aspectos que debe conocer acerca de los virus, mientras que en la siguiente (**p. 219**) aprenderá a utilizar los programas antivirus. De esta forma, podrá trabajar seguro y libre de cualquier interferencia.

Como sucede con los otros tipos de virus (los "biológicos"), los informáticos pueden causar distintos niveles de daño, en este caso, a los datos de la PC.

Además, una vez que el virus ingresa en una computadora, tiene la capacidad de replicarse y contagiar a otros archivos. Si bien algunos no provocan deterioro (sólo abren ventanas a modo de broma), otros pueden llegar a borrar por completo la información del disco duro.

En los últimos años, y con el desarrollo y expansión de las computadoras y de Internet, aumentó notablemente la cantidad de virus existentes. Todos los días surgen nuevas formas de virus que se expanden a través de la Red y por medio del intercambio habitual de archivos.

En esta clase... ⓴

> Conocerá:

Los tipos de virus.

Cómo funcionan.

Cómo se contagian.

Las precauciones que debe tomar para prevenirlos.

Tipos de virus

Cada clase de virus funciona y se reproduce de un modo particular. Si bien hay muchos subtipos de virus que combinan varias características, los principales que se pueden encontrar en la actualidad son los siguientes:

Tipo de virus	Características	Propagación
Sector de arranque	Residen en las primeras pistas de los discos duros y disquetes.	Con el intercambio de disquetes.
Parásitos	Infectan los archivos ejecutables (EXE, COM) y se activan al ejecutar el archivo infectado.	Con estos tipos de archivos.
De macros	Se ejecutan con las macros, partes de los documentos de Office capaces de realizar acciones.	Con los archivos de Office que contengan macros infectadas.
Gusanos	Su principal característica es la posibilidad de replicarse rápidamente a través de las redes.	Por medio de redes o el e-mail, una vez que se infecta una PC.
Troyanos	Se distribuyen como programas beneficiosos. Pueden hacer que otras personas tengan acceso a su computadora, sin que usted lo sepa.	Principalmente, a través de archivos que se envían en el chat o desde sitios de Internet.

¿Cómo funcionan los virus?

Lo primero que hay que conocer acerca de los virus es que son programas de computación cuyo fin es dañar los datos (o realizar algún otro tipo de acción). Es decir que, aunque sean bastante pequeños y posean características especiales, se trata sólo de programas.

Para generar un virus no es necesario ser un genio ni mucho menos. Quienes los realizan son personas con conocimientos de programación, y algunos temas relacionados con la seguridad y los mecanismos internos de las computadoras y las redes.

La principal diferencia entre los virus y los programas es que estos últimos se presentan como tales y usted sabe lo que está ejecutando al abrirlos. Los virus, para poder operar, se esconden detrás de la apariencia de otros tipos de archivos o se mantienen ocultos.

Una vez que los virus ingresan en una PC (como verá en la página siguiente), pueden actuar de diferentes formas, dependiendo de sus características. Básicamente, todos tienen la capacidad de autorreproducirse y copiarse a otros archivos y computadoras.

Principales efectos

Existen miles de virus, y cada uno afecta de distinta manera a las computadoras infectadas. Por supuesto, hay diferentes niveles de daño, que pueden ir desde un simple susto o broma, hasta la pérdida total de la información del disco duro.

Además del deterioro que causan, los virus se definen por su capacidad para reproducirse y contagiar otras computadoras. Con la difusión de Internet, este aspecto se vio beneficiado, y los desarrolladores de virus tuvieron un nuevo camino para utilizar.

Básicamente, podríamos decir que hay cuatro niveles de daño:
- **Bromas sin daños reales**: son bastante comunes, y su finalidad es asustar a quienes se ven infectados. No alteran el funcionamiento del sistema ni causan pérdida de la información, aunque suelen tener la capacidad de autorreplicarse y, por ejemplo, enviarse por e-mail a los contactos sin que el usuario se dé cuenta.
- **Infección de algunos archivos**: la mayoría de los virus son de este tipo. Se caracterizan por infectar diversos archivos de trabajo (programas y documentos) y, en muchas ocasiones, dejarlos inutilizables.
- **Modificación de archivos vitales**: otros virus afectan archivos del sistema operativo, con lo cual dificultan gravemente el trabajo cotidiano, hasta el punto de que el usuario debe reinstalar Windows.
- **Pérdida total**: los virus más peligrosos eliminan definitivamente el acceso a los datos, tanto del sistema, de los programas y de los archivos que se hayan creado. En general, luego de un ataque de estas características, es preciso volver a instalar todo, como si hubiera adquirido un nuevo disco duro.

Preguntas frecuentes

¿Quién realiza los virus?

Del mismo modo que algunos programadores generan aplicaciones, otras personas se dedican a fabricar virus. Para desarrollarlos, no hace falta tener grandes conocimientos ni habilidades. De hecho, es mucho más difícil crear un programa que trabaje correctamente, que un virus, ya que éste no tiene que funcionar a la perfección ni ser fácil de usar; mucho menos, cumplir con las exigencias de un producto de difusión masiva.

Tratar de entender cuál es el fin de aquellos que fabrican los virus sería como intentar indagar en sus mentes. Además, el objetivo de cada uno puede variar, desde hacer una simple broma hasta causar daño, pasando por la posibilidad de ser conocido en los medios.

Formas de contagio

Un virus puede entrar en su PC de varias maneras, todas ellas bastante fáciles de evitar. Para mantenerse prevenido, sólo deberá conocer las distintas modalidades. De esta forma, estará a salvo y no tendrá inconvenientes.

Disquetes u otros medios de almacenamiento

Cada vez que utilice un disquete u otro medio de almacenamiento en su computadora, deberá verificar que no contenga virus, recurriendo a un antivirus actualizado (**p. 219**). Los virus pueden ubicarse tanto en los archivos como en el sector de arranque del disquete mismo.

Otra medida muy importante a tener en cuenta es retirar los disquetes una vez que fueron utilizados y, sobre todo, verificar que no estén en la disquetera al encender la máquina, dado que, al cargar el sistema, la PC lee el sector de arranque del disquete que se encuentre insertado.

Archivos enviados por e-mail

Una regla fundamental es revisar todos los archivos que le en-

víen a través del correo electrónico. Cuando reciba un mensaje con archivos adjuntos, primero guarde los archivos en el disco duro, analícelos con un antivirus y, una vez seguro de que están limpios, ábralos.

Es muy importante que nunca rompa esta regla. No importa cuánta confianza le merezca la persona que le envía un archivo: éste puede estar infectado sin que ella lo sepa.

Este mismo consejo se aplica a los archivos recibidos por otros medios, como el chat, videoconferencias (**p. 273**), ICQ o Messenger (**p. 263**).

Archivos descargados de la Web

En el caso de los archivos que baje de la World Wide Web (**p. 269**), ocurre lo mismo que con los que reciba a través del e-mail. Guárdelos en su disco duro y revíselos antes de ejecutarlos, para estar seguro de que no contienen virus.

Mensajes de correo electrónico

Últimamente, surgieron virus que se activan con sólo leer un mensaje de correo electrónico. Si

bien son poco comunes, se ejecutan a partir de mensajes que contienen lenguaje HTML (utilizado para dar formato y agregar elementos a los mails habituales). Una buena medida para evitarlos es configurar su programa de correo electrónico para que muestre los mails sólo en modo de texto sin formato. Todos los demás elementos aparecerán como un archivo adjunto, que usted podrá analizar y luego abrir, si lo desea.

Cuando reciba un mensaje con archivos adjuntos, guárdelos en el disco duro y revíselos con un programa antivirus (**p. 221**) antes de abrirlos.

También, guarde y revise cada programa o archivo que descargue de la Web.

Trucos y Consejos

Alertas falsas

Seguramente, habrá recibido por e-mail mensajes en los que se advierte sobre los diversos virus que recorren la Web. Si bien la mayoría de estos avisos son reales y bien intencionados, algunos tienen otros fines.

Por lo tanto, para asegurar la integridad de sus datos, lo más importante es mantener actualizado el programa antivirus y tomar los recaudos explicados en estas clases. Así como debe estar atento a cualquier archivo que reciba, también tiene que considerar el contenido de los mensajes de alerta, ya que muchos de ellos son falsos (denominados hoax). Por ejemplo, hace unos meses, un mail aseguraba que para librarse de un virus, había que

borrar un archivo de Windows. Sin embargo, este archivo resultaba imprescindible para el funcionamiento de la PC, y al eliminarlo, todo el sistema dejaba de funcionar. De más está aclarar que no debe prestar atención a este tipo de mensajes. Recuerde que, ante cualquier duda, la mejor alternativa es ejecutar un antivirus actualizado.

Los síntomas

Si bien la mejor opción para saber si su PC está infectada es analizarla con un programa antivirus, existen algunos síntomas que pueden indicarle que su equipo se ha contagiado:
- Aparición de mensajes de error o pantallas extrañas sin razón aparente.
- Sonidos que se ejecutan al azar, sin que usted lo indique.
- Lento funcionamiento de la

PC o mensajes de error que le indican que no dispone de memoria (cuando, en realidad, sí tiene la cantidad suficiente para trabajar).
- Falta de capacidad de los discos, o cambio en los nombres de las unidades.
- Desinstalación de archivos o programas.
- Aparición de programas y archivos desconocidos.
- Incapacidad para ejecutar

ciertos archivos que antes funcionaban de manera normal.
- Dificultades al encender la PC.
- Cambios en el funcionamiento habitual.

Éstas son sólo algunas señales posibles, pero todos los días surgen nuevos virus con características diferentes. Por lo tanto, mantenga actualizado su antivirus y analice con frecuencia la totalidad de la PC, tal como aprenderá en **p. 221**.

¿Qué debo hacer si hay un virus en mi PC?

Cuando el programa antivirus encuentra un virus, ofrece varias opciones para realizar. Por ejemplo, si recibe un archivo de

Word infectado, podrá eliminar los virus y, una vez limpio, abrirlo. En algunas oportunidades, esta tarea es imposible debido al tipo de virus presente, de modo que la única alternativa es eliminar el archivo.

Cuando el virus ya se ejecutó y se encuentra instalado en el sistema, el proceso de limpieza puede ser un poco más complejo, pero el programa antivirus le indicará todos los pasos a seguir.

En algunos casos extremos, sin embargo, deberá borrar todo el disco e instalar los programas otra vez. Recuerde, entonces, la importancia de realizar copias de respaldo de sus datos (**p. 214**).

Si intercambió archivos o mensajes con otras personas, comuníqueles lo sucedido; ellas también podrían estar infectadas, y cuanto antes lo sepan, más rápido podrán tomar los recaudos necesarios.

Macros

Como vimos, los archivos de Office también pueden contener virus, debido a que son capaces de guardar macros, componentes de los documentos que permiten ejecutar diversos comandos de forma automática.
Al abrir un archivo que contenga macros en cualquier programa de Office, un mensaje le advertirá el peligro al que está expuesto. Desde este mismo mensaje podrá deshabilitar las macros, habilitarlas o cancelar la operación.

Trucos y Consejos

Algunos consejos
- Instale un antivirus y manténgalo actualizado (**p. 219**).
- Desconfíe de cualquier archivo que reciba, y analice absolutamente todo antes de abrirlo, por más apurado que se encuentre o por más que quién se lo haya enviado sea una persona de confianza.
- No abra los archivos que lleguen por mail directamente. Guárdelos en su disco duro y analícelos. Una vez que esté seguro, puede ejecutarlos.
- Realice copias de respaldo (**p. 214**) de sus datos, con cierta frecuencia.

Los programas antivirus

Aprenda a utilizar los programas antivirus, que protegerán los datos de su PC y mantendrán la seguridad de todo el sistema.

En el capítulo anterior, mencionamos la importancia de los programas antivirus ante la presencia casi permanente de estos riesgos en Internet y algunas computadoras. Ya conoció cómo operan los virus, sus consecuencias y algunos consejos para mantener su equipo a salvo.

A lo largo de este capítulo, veremos en profundidad cómo funcionan los programas antivirus, y cuál es su importancia para proteger el sistema y los datos que guarde en su PC. En la actualidad, es imposible trabajar sin un antivirus, de modo que éste es el principal consejo de seguridad: usted puede tomar muchas otras precauciones, pero **es esencial contar con un programa antivirus actualizado**.

Funciones de un antivirus

Para que tanto el sistema como los archivos se mantengan seguros, los programas antivirus deben realizar varias tareas, muchas de ellas, incluso, sin que el usuario se dé cuenta:

- Analizar cualquier archivo o unidad.
- Realizar actualizaciones periódicas, ya que día a día surgen nuevos virus.
- Emitir alarmas ante cualquier problema con los archivos o cuando sea necesario actualizar el programa.
- Analizar los cambios en el sistema de archivos, para detectar anormalidades que puedan deberse a algún virus.
- Controlar permanentemente todo lo que ingrese en la PC, aunque el usua-

rio no lo analice en forma manual.
- Si se encuentra un virus, ofrecer las opciones para remediar el problema: reparar los archivos, borrarlos o analizarlos en mayor profundidad.

Por todos estos motivos, es importante que adquiera un antivirus reconocido y que pueda actualizarse periódicamente.

La instalación

En este caso, veremos el funcionamiento de Norton AntiVirus, uno de los productos más utilizados desde hace varios años (podrá descargar una versión de prueba en **www.symantec.com.mx**, en la sección Descargas o Downloads). Sin embargo, es importante aclarar que existen muchas otras marcas, cuyos productos son similares. Al adquirir un antivirus, recuerde los puntos vistos anteriormente, en especial, la posibilidad de realizar actualizaciones.

La instalación de estos productos no suele generar inconvenientes y resulta similar a la de cualquier otro programa (**p. 107**). Sin embargo, es importante que, antes de ejecutarla, cierre todas las aplicaciones que estén abiertas. Durante el proceso, lea y siga atentamente las instrucciones, que le indicarán cómo actuar en las distintas situaciones.

(**p. 107**)

En esta clase... (25')

> Aprenderá:

A utilizar los antivirus.

Cómo verificar los archivos y discos.

A mantener actualizado el programa.

El programa

Una vez instalado, el programa antivirus ya estará protegiendo su PC. Seguramente, se agregará un icono en la Notification Area de la Taskbar, para indicar que se encuentra activado. El programa se cargará cada vez que se inicie Windows, analizando cualquier elemento que ingrese en la computadora: no sólo disquetes o CDs, sino también todos los mensajes de correo electrónico.

Si bien existe esta "autoprotección", para configurar el programa, actualizarlo y realizar análisis manuales, es necesario abrirlo. En el caso de Norton, debe dirigirse al menú Start/All programs/Norton AntiVirus/Norton AntiVirus 2002. En la pantalla principal, encontrará todas las opciones disponibles, que veremos en las próximas páginas.

Actualizar las definiciones

Luego de instalar el antivirus, el paso siguiente es actualizar la definición de los virus. Esta etapa es fundamental debido a que el listado de virus que se encuentra registrado (los que la aplicación será capaz de detectar) corresponderá al momento en el que se desarrolló el programa, de modo que puede tener varios meses o, incluso, años de atraso.

Además, siguiendo el mismo procedimiento que se explicará a continuación, podrá realizar la actualización cada vez que lo considere necesario. Lo ideal es configurar la actualización para que se efectúe de forma automática cada cierto período de tiempo (una semana, quince días, etc.); de esta manera, usted no tendrá que recordar cuándo debe realizarla.

1 En la pantalla principal, presione LiveUpdate. Se abrirá el Asistente que lo guiará en la actualización a través de Internet (deberá estar conectado). En el primer paso, presione Siguiente.

2 El programa buscará las actualizaciones disponibles y se las indicará. Marque las que desea descargar (lo recomendable es bajar todas las que propone) y pulse Siguiente.

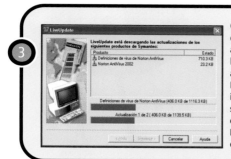

3 Comenzará la descarga de los archivos que, luego, se instalarán automáticamente. El último paso le indicará que todo se realizó con éxito. Presione Finalizar y reinicie el equipo.

Trucos y Consejos

Descargar las definiciones del sitio web

Otra forma de obtener las definiciones es ingresar en el sitio web del fabricante del antivirus y, desde allí, descargar el archivo con la última actualización. En general, se trata de archivos ejecutables que se instalan con un simple doble clic. Así, el antivirus quedará actualizado, como si se realizara el procedimiento tradicional.

Verificar el disco

Además de controlar cada archivo que ingresa en su PC y de contar con la protección automática del antivirus, es importante realizar con cierta frecuencia un control total del disco duro, especialmente, después de una actualización (para confirmar que no posea ninguno de los nuevos virus).

De esta forma, el antivirus indagará en todas las unidades, carpetas y archivos en busca de virus. Al finalizar, podrá seguir trabajando, con la seguridad de que todo se encuentra en orden.

Para comenzar con el procedimiento de control, abra Norton AntiVirus y, en el panel de la izquierda, haga clic en **Búsqueda de virus**.

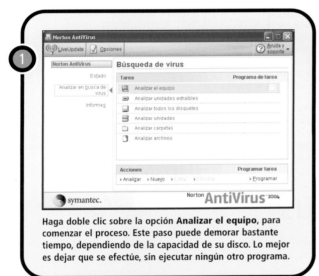

Haga doble clic sobre la opción **Analizar el equipo**, para comenzar el proceso. Este paso puede demorar bastante tiempo, dependiendo de la capacidad de su disco. Lo mejor es dejar que se efectúe, sin ejecutar ningún otro programa.

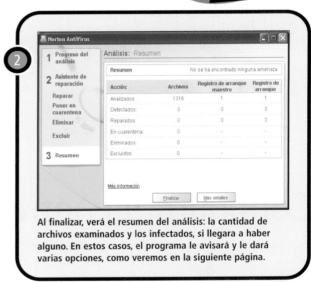

Al finalizar, verá el resumen del análisis: la cantidad de archivos examinados y los infectados, si llegara a haber alguno. En estos casos, el programa le avisará y le dará varias opciones, como veremos en la siguiente página.

Analizar un archivo

También podrá analizar un archivo en particular, el contenido de una carpeta o varios archivos, de un modo muy sencillo y sin que sea necesario abrir el programa antivirus.

Por ejemplo, si recibe un archivo por e-mail en Outlook Express, primero tendrá que guardarlo en su disco duro, seleccionando **Save Attachments...** del menú File.

Luego, abra la carpeta en donde lo almacenó y selecciónelo. Haga clic derecho y, del menú contextual que se despliega, elija **Scan with Norton AntiVirus**.

Unos segundos después, verá el resumen, como en el caso anterior, indicando los resultados de la operación.

Para analizar uno o varios archivos, selecciónelos y elija Scan with Norton AntiVirus, del menú contextual que se despliega al hacer clic con el botón derecho del mouse. Tenga cuidado de no hacer doble clic sobre el archivo, para evitar abrirlo.

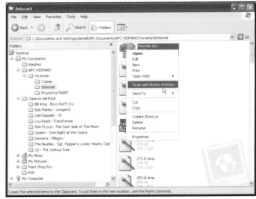

Al encontrar un virus

Si al realizar cualquier análisis, el programa encuentra algún archivo infectado, automáticamente se ejecutará el **Asistente de reparación**, que le recomendará la acción que le conviene realizar.

En primer lugar, tratará de reparar el archivo, de modo que pueda seguir utilizándolo. En caso de que esta opción no sea posible, propondrá "poner el archivo en cuarentena". De esta forma, los documentos infectados se guardan en un lugar apartado del disco, desde el que no pueden interactuar con el resto de los archivos (y, por supuesto, no pueden infectar a otros ni ejecutarse). Desde allí, también, es posible enviar los archivos a través de Internet al centro de investigaciones del programa antivirus, para que allí efectúen su análisis.

La última posibilidad es eliminar el archivo infectado, cuando no es posible repararlo ni ponerlo en cuarentena.

El Asistente de reparación le indicará cuál es el archivo infectado y el virus que se encontró. Le sugerirá, también, la acción que le conviene realizar; en este caso, por ejemplo, Poner en cuarentena.

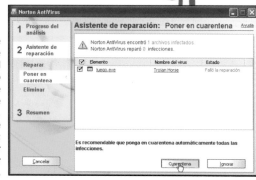

Configurar el antivirus

Para obtener un alto grado de seguridad en todos los aspectos, la mejor alternativa es dejar las opciones establecidas por defecto al instalar el antivirus. Sin embargo, también es importante que conozca dónde y cómo se modifican algunos de los parámetros, para cambiar el que crea conveniente.

En primer lugar, presione el botón **Opciones**, ubicado en la parte superior de la pantalla principal de Norton AntiVirus. La ventana que se abre muestra, en el sector izquierdo, las distintas categorías, y en el derecho, las opciones correspondientes a cada una de ellas:

- **Sistema**: permite activar las opciones de autoprotección o desactivarlas, configurar qué hacer ante la presencia de un virus e indicar los tipos de archivos a analizar.
- **Internet**: aquí podrá configurar las opciones de análisis para el ingreso y la salida de correo electrónico y la forma de realizar las actualizaciones (Live Update).
- **Otros**: incluye opciones del registro de actividades y los mensajes que muestra el programa.

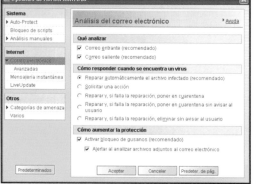

Por ejemplo, dentro de Internet, podrá configurar el comportamiento del programa cuando se reciban mensajes de correo electrónico.

INTERNET

Aprendiendo**PC**

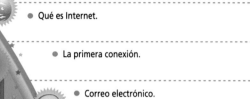

¿Qué es Internet?

La "Red de redes" es uno de los medios de comunicación más importantes. A través de ella es posible conectarse con personas y computadoras de todo el planeta.

Si se busca una definición técnica, se podría decir que **Internet es una inmensa red de computadoras**; es decir, una gran cantidad de máquinas conectadas entre sí que pueden intercambiar información de todo tipo.

Los principales motivos por los cuales se decide conectar varias computadoras en una red son, básicamente, dos: facilitar la transmisión de la información, ya sean mensajes o archivos de todo tipo; y compartir recursos (por ejemplo, en una red es posible tener una sola impresora "conectada" a todas las máquinas, en lugar de tener que adquirir una para cada PC).

En la actualidad, muchas empresas, universidades y escuelas suelen poseer sus propias redes, con el fin de compartir información y recursos, por lo que es posible que usted, aun sin darse cuenta, ya esté utilizando una. Si desde su PC puede imprimir sus documentos en una impresora que no esté conectada a su computadora, o si puede acceder a los archivos que se encuentran en el disco de otra máquina, significa que usted está usando una red.

Lo mismo sucede con Internet, pero con una gran diferencia: así como la red de una empresa conecta las computadoras que están en un mismo edificio, Internet conecta millones de máquinas ubicadas en todo el planeta.

Para que las computadoras integren una red hacen falta dos elementos: un medio de conexión físico que las conecte (generalmente, un cable), y un lenguaje común para que se puedan entender. Ahora bien, sería una locura tender un cable que fuera uniendo millones de computadoras en todo el mundo. Entonces, ¿cuál es el cable que pasa por la mayoría de las casas y es apto para transmitir información? La respuesta es sencilla: el cable telefónico. Por este motivo, la mayoría de los usuarios que se conectan a Internet en la actualidad lo hacen a través de la línea de teléfono. También existen otros medios que son muy utilizados, como el cablemódem, mediante el cual la conexión se realiza por el mismo cable empleado para ver televisión por cable (ver **p. 277**).

En caso de que usted se conecte por medio de la línea telefónica de la manera tradicional, necesitará un dispositivo llamado **módem** (ver **p. 33**). A través de él, su computadora se conectará con la PC de un proveedor de Internet (ver **p. 230**), que a su vez lo comunicará con el resto de la Red. Es por esta razón que acceder a una página web ubicada en China, o enviar un mensaje a Australia o a su vecino tiene exactamente el mismo costo.

¿Qué se puede hacer en Internet?

Usted ya sabe que Internet es una inmensa red de computadoras interconectadas, distribuidas en todo el mundo. Ahora es necesario que conozca las diferentes posibilidades que brinda. A continuación, encontrará un resumen de las actividades más difundidas hasta el momento. Decimos "hasta el momento" porque Internet es un medio muy dinámico y en constante evolución, de modo que, periódicamente, surgen novedades que los usuarios no tardan en aceptar.

Los servicios de Internet

Le Red de redes, con millones de computadoras interconectadas en el mundo, ofrece diversas maneras de comunicación. Éste es un resumen de las actividades más populares en la actualidad.*

(*) Internet, una red sumamente dinámica, está en permanente cambio. Nuevos servicios surgen día a día.

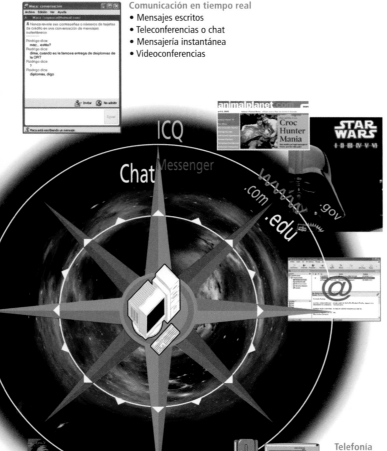

Comunicación en tiempo real
- Mensajes escritos
- Teleconferencias o chat
- Mensajería instantánea
- Videoconferencias

World Wide Web
Personas, empresas, organizaciones y gobiernos del mundo publican información en variados formatos (textos, sonidos, animaciones, archivos, etc.).

Correo electrónico (
De uso masivo, permite intercambiar mensajes escritos, de manera rápida y a bajo costo. Pueden adjuntarse sonidos, imágenes, videos, programas, y todo lo que se pueda digitalizar y convertir en archivo. Está desplazando al fax, al correo tradicional y al teléfono.

Telefonía
Para comunicarse directamente con teléfonos de todo el mundo a tarifas reducidas. Se necesita una tarjeta de sonido, parlantes, un micrófono y el software correspondiente.

Música
Circula en formato digital, favorecida por la masificación de Internet en los últimos años. Además de oír emisoras de radio de todo el planeta, puede descargar e intercambiar música de distintos géneros.

La Red es de todos

Con lo que usted ya conoce acerca de la Red y las inmensas posibilidades que ofrece, seguramente se estará preguntando quién es el dueño de Internet.

Aunque parezca sorprendente, la respuesta es "nadie"; Internet no pertenece a ninguna empresa ni ente gubernamental, sino a más de 300 millones de usuarios (usted será uno de ellos en breve), sin que nadie tenga mayor poder o autoridad que el resto. Cualquiera puede acceder a la Red y publicar allí lo que desee.

¿Cómo se paga?

Para conectarse a Internet, es necesario contratar una empresa proveedora de acceso (en **p. 230** encontrará más información al respecto). Estas compañías están conectadas a Internet permanentemente, y poseen la infraestructura necesaria para dar conexión a todos sus clientes, que se comunican por medio de un llamado telefónico. Claro que por este servicio cobran un abono mensual, que varía según el tipo de conexión que ofrecen (por lo general, los proveedores cuentan con diferentes servicios para que los clientes puedan elegir el que más se acerque a sus necesidades).

En caso de que usted se conecte telefónicamente, además de abonar la conexión, tendrá que pagar el costo de la llamada. En este punto, es muy importante entender que siempre que usted acceda a Internet por teléfono, estará llamando a su proveedor, por lo que pagará una comunicación local, sin importar si está visitando un sitio en su ciudad o del otro lado del mundo.

Cualquiera sea la manera en que se conecte, una vez en la Red, podrá acceder gratuitamente a miles de sitios, así como aprovechar los diferentes servicios que ofrece este medio, y que iremos viendo en detalle a lo largo de esta sección.

¿Quién mantiene Internet?

Otra de las preguntas que seguramente se estará planteando es la siguiente: si el acceso y uso de la mayoría de los servicios de Internet es gratuito, ¿quién se encarga de mantenerlos? Al igual que en otros medios de comunicación, la publicidad financia muchos de los sitios de la Red. Además, otros están desarrollados voluntariamente por personas que quieren demostrar lo que saben, y compartir con el resto del mundo algún hobby, la admiración por un artista, información de distintas actividades o, incluso, fotografías de un álbum familiar. Eso es lo bueno de Internet: todos pueden ser espectadores y protagonistas del mismo fenómeno.

Un medio fascinante e interactivo

Para entender el fenómeno de Internet, tal vez resulte útil efectuar una comparación con otro de los medios masivos de comunicación: la televisión. En la TV, la actitud del espectador es pasiva: usted puede usar el control remoto para cambiar entre distintos canales, pero no tiene la posibilidad de modificar los contenidos que recibe (lo único que puede hacer es decidir si quiere ver o no lo que se está emitiendo). Internet, en cambio, es un medio completamente interactivo, ya que le permite intervenir, agregando su propia información o configurando lo que visualiza, según sus preferencias.

En la TV, la comunicación parte de uno y se destina a muchos, y muy poca gente puede emitir un programa. En Internet, todas las personas pueden publicar una página web, abriendo fácilmente un canal de comunicación ante un público potencial de millones de usuarios.

Con la misma simplicidad, es posible conectarse a la página personal de alguien que publicó cientos de fotografías de su artista favorito, o a los sitios de periódicos de todo el mundo, como Le Monde de Francia (**www.lemonde.fr**) o The New York Times (**www.newyorktimes.com**), que son visitados por miles de personas diariamente, y contienen una gran cantidad de secciones e información.

Los programas

Para aprovechar las distintas herramientas de Internet vistas en este capítulo, es necesario contar con las aplicaciones adecuadas y, por supuesto, saber utilizarlas. De todas maneras, quédese tranquilo porque el software que se utiliza para manejar los recursos de este medio está dirigido a usuarios sin experiencia, de modo que no se requieren conocimientos técnicos.

A lo largo de este capítulo iremos viendo cómo funciona cada uno de estos programas y, debido a que en su mayoría son gratuitos, usted los podrá instalar desde los CDs que acompañan a esta colección. Aunque hay una gran cantidad de programas disponibles, bastará con dos principales: un navegador para recorrer las páginas web, y una aplicación para manejar el correo electrónico.

En la actualidad, el navegador **Internet Explorer** y el cliente de correo **Outlook Express** (ambos de Microsoft) son los que emplean la mayoría de los usuarios en todo el mundo. Esta popularidad tiene dos motivos: por un lado, cumplen en forma eficiente y sencilla con las necesidades de los internautas; por el otro, vienen incluidos con Windows (se instalan automáticamente al cargar el sistema operativo), por lo que están presentes en casi todas las PCs.

Estos dos programas integran el mismo paquete de aplicaciones, llamado, justamente, Internet Explorer. Las explicaciones que encontrará en este capítulo están basadas en la versión 6 de este paquete, que se instala junto con Windows XP. En caso de que usted todavía cuente con una versión anterior de este sistema operativo, no se preocupe, ya que podrá obtener la nueva versión en **www.microsoft. com**. De todos modos no encontrará dificultad en utilizarlos, ya que todos funcionan de manera similar.

A través del navegador Internet Explorer (que se verá en p. 251), podrá recorrer la Web obteniendo información, leyendo los periódicos, o bajando archivos, canciones y programas, sólo por nombrar algunas actividades posibles.

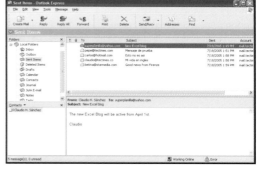

Outlook Express (ver p. 235) es uno de los programas más utilizados para el manejo del correo electrónico. Cuando aprenda a trabajar con él, podrá intercambiar mensajes con personas de todo el mundo, con asombrosa facilidad.

Preguntas frecuentes

Para utilizar Internet, ¿es necesario saber inglés?

Por haberse originado en los Estados Unidos, gran parte de la información que se encuentra en Internet está en inglés. De hecho, muchos de los sitios desarrollados en países donde no se habla este idioma también disponen de traducciones al inglés, ya que, al igual que en el mundo de los negocios, éste se ha convertido en el idioma estándar de la Red.

De todas maneras, el español está adquiriendo cada vez mayor protagonismo en Internet, dada la cantidad de países hispanohablantes que hay en el mundo. Por lo tanto, ya no es tan difícil como hace algunos años encontrar material en nuestro idioma (incluso, los grandes sitios internacionales están comenzando a incluir traducciones de su contenido al español).

La primera conexión

Configure su acceso a Internet, conéctese y comience a disfrutar de esta experiencia de un modo sencillo y entretenido.

Uno de los motivos que hicieron de Internet un medio tan popular es que, para acceder a ella, no se requieren conocimientos ni recursos extraordinarios.

A lo largo de este capítulo, irá aprendiendo a utilizar los programas que precisará para aprovecharla al máximo, y conocerá los elementos necesarios y cómo conectarse a la gran Red de redes.

Qué se necesita
- **La PC**: en la actualidad, las computadoras suelen estar provistas de los elementos de hardware específicos para la utilización de Internet, ya que para la mayoría de las tareas no hace falta contar con grandes requerimientos. Por este motivo, a menos que haya comprado su PC hace más de cuatro años, podrá usar casi todos los servicios de Internet sin dificultades.
- **Módem**: para las conexiones mediante la línea telefónica, este dispositivo es la vía de comunicación con su proveedor de Internet, por lo que resulta vital para lograr una buena comunicación (la calidad del módem guarda estricta relación con la de la conexión a Internet). Para obtener más información sobre este componente, diríjase a **p. 33**. En caso de que se conecte utilizando otra tecnología (**p. 277**), necesitará un dispositivo diferente que también funcionará como intermediario entre su PC y la Red.

- **Línea telefónica**: para conectarse por este medio (el más difundido a nivel hogareño), deberá tener una línea conectada al módem. Tenga en cuenta que mientras esté conectado a Internet, la línea estará ocupada y nadie más podrá utilizarla.
- Además, necesitará contar con los diversos programas. Windows XP está preparado para la conexión con cualquier proveedor de servicios de Internet. También incluye todo el software que se requiere para navegar por páginas web (**p. 247**), utilizar el correo electrónico (**p. 235**), y emplear los servicios de mensajería de Windows Messenger (**p. 267**) y de Microsoft NetMeeting. Con Windows Media Player, podrá escuchar las emisiones de radio a través de la Red, mientras que NetPhone le permitirá utilizar el servicio de llamadas telefónicas por medio de Internet.

En esta clase... ⏱30′

> Conocerá:

Los requerimientos para ingresar en Internet.

Cómo elegir un buen proveedor.

La forma de configurar el acceso.

Trucos y Consejos

Banda ancha

Además de la conexión a través de la línea telefónica (dial up), que soporta un máximo de 56 KB, existen otras modalidades de acceso a la Red, denominadas de banda ancha. En estos tipos de conexiones, la velocidad es bastante mayor, no se ocupa el teléfono y se obtiene una conexión permanente.

Según los planes, la velocidad puede variar entre 128 KB y 1 MB, dependiendo de la zona, el servicio, el proveedor y la tarifa. Los distintos servicios de banda ancha se verán en detalle en **p. 277**.

El proveedor

Además de los elementos vistos en la página anterior, para conectarse a la Red necesitará contratar un **proveedor de Internet** (también llamado ISP, sigla de *Internet Service Provider*). Estas empresas se encargan de mantener una conexión directa y permanente con Internet, y cobran un abono a sus usuarios para que hagan uso de ella.

Por supuesto, las compañías ofrecen abonos de distinta clase, destinados a usuarios con necesidades diversas. Por este motivo, es conveniente que, antes de contratar una cuenta, compare los servicios y elija el que más se acerque al uso que le dará. Así, evitará pagar por prestaciones que no tiene la intención de utilizar (por ejemplo, si no va a publicar una página web, no contrate un servicio que incluya alojamiento de sitios).

En el recuadro que se presenta en esta página encontrará una serie de aspectos a considerar a la hora de elegir un proveedor.

Proveedores gratuitos

Aquellos usuarios que acceden a Internet a través de la línea telefónica y no desean contratar una cuenta de acceso, tienen la posibilidad de conectarse sin pagar un abono. Esto se debe a que, en los últimos años, han aparecido proveedores gratuitos. En general, estas cuentas suelen carecer de soporte técnico sin costo, no ofrecen buzón de correo electrónico, o brindan menor velocidad de conexión, entre otras posibilidades. Como siempre, el usuario es quien debe tomar la decisión acerca de la alternativa más conveniente.

Cómo elegir un buen proveedor

A la hora de elegir un proveedor de acceso a Internet, debe tener en cuenta varios aspectos, y buscar un equilibrio entre las prestaciones que obtendrá y el precio que está dispuesto a pagar.

Cantidad de líneas telefónicas

Cada vez que se quiera conectar a la Red, necesitará realizar una llamada telefónica a su proveedor a través del módem. Por lo tanto, preste atención a la cantidad de líneas de entrada que posea el proveedor, para que no le dé ocupado cuando intente conectarse. Para ofrecer un buen servicio, un proveedor debería tener, por lo menos, una línea cada 20 usuarios.

La velocidad

Imagine un sistema de cañerías: si tiene un caño ancho, saldrá más agua por los grifos, pero si hay muchos grifos abiertos, la presión del agua bajará. En Internet sucede lo mismo. Además

de ser importante el "ancho de banda" de la conexión directa entre el proveedor e Internet, hay que considerar si ésta es apta para la cantidad de usuarios que tiene: a mayor número de usuarios navegando al mismo tiempo, menor será la velocidad de conexión que podrá lograr cada uno de ellos.

La tarifa

La mayoría de los proveedores ofrece una conexión plana; es decir, cobra un abono mensual fijo que permite a los usuarios utilizar todos los servicios sin límite de tiempo. Otras empresas brindan abonos que, por un cargo fijo, contemplan una determinada cantidad de horas de uso, y además, cobran un cargo adicional por cada hora o minuto extra que se utiliza.

Servicios adicionales

Algunos proveedores suelen ofrecer servicios adicionales junto con la cuenta de acceso, como espacio gratuito para publicar páginas en la Web, mayor cantidad de casillas de e-mail o cursos de capacitación. Evalúe en cada caso si hará uso de estos servicios, con el fin de saber si vale la pena pagar por ellos.

Soporte técnico

Por lo general, los proveedores brindan soporte telefónico a sus clientes, pero, dependiendo del plan, éste puede ser o no gratuito (en algunas cuentas, las consultas son ilimitadas; mientras que en otras no se incluye este servicio, sino que se debe pagar cada consulta).

Configurar la conexión

El proceso para configurar la conexión a Internet utilizando Windows XP es relativamente sencillo. Para llevarlo a cabo, deberá contar con los siguientes datos, que le facilitará su proveedor:

• **Número telefónico**: es el número que marcará automáticamente el módem cada vez que tenga que conectarse a Internet.

• **Nombre de usuario**: su identificación ante el proveedor (su nombre o un seudónimo).

• **Contraseña**: es el dato que le asegura que nadie pueda utilizar su cuenta de Internet. Recuerde que un mismo usuario no puede usar varias veces –en simultáneo– una cuenta, de modo que si alguien obtiene su clave de identificación, tendrá

que comunicarse con su proveedor para modificarla.

Una vez que disponga de estos datos, podrá configurar la conexión sin mayor dificultad. Windows XP le proporciona un accesible asistente, al que puede ingresar yendo a **Start/All programs/ Accesories/Communications/ New connection Wizard**.

El primer paso del Asistente es informativo; presione Next para continuar.

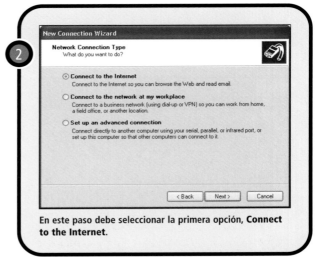

En este paso debe seleccionar la primera opción, **Connect to the Internet**.

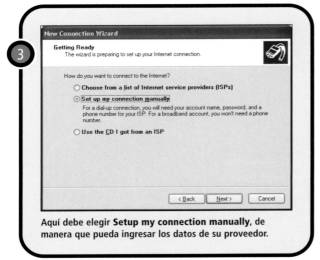

Aquí debe elegir **Setup my connection manually**, de manera que pueda ingresar los datos de su proveedor.

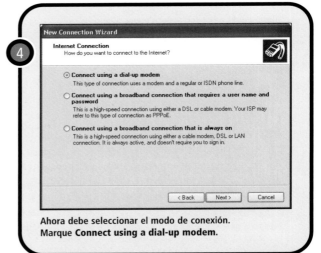

Ahora debe seleccionar el modo de conexión. Marque **Connect using a dial-up modem**.

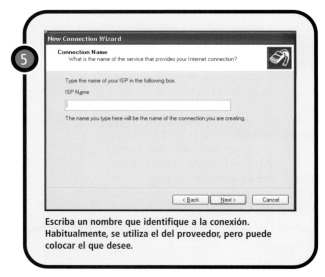

5

Escriba un nombre que identifique a la conexión. Habitualmente, se utiliza el del proveedor, pero puede colocar el que desee.

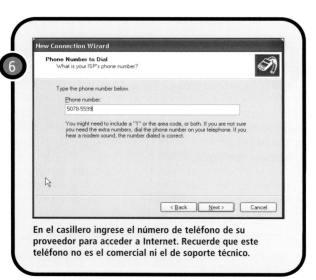

6

En el casillero ingrese el número de teléfono de su proveedor para acceder a Internet. Recuerde que este teléfono no es el comercial ni el de soporte técnico.

7

Escriba el nombre de usuario y la contraseña (para confirmar que sea correcta, debe ingresarla dos veces). También puede seleccionar si quiere que cualquier persona pueda utilizar esta conexión desde esa computadora.

8

El último cuadro le informa que terminó de ingresar los datos. Si marca el casillero, en el Desktop se generará un icono de acceso directo a esta conexión, a la que podrá ingresar haciendo doble clic sobre él.

Windows Millennium

Acceso telefónico

En las versiones anteriores de Windows, la conexión se realiza utilizando el Dial up networking. Despliegue el menú Start y, en Setting, elija **Dial up networking**.
En la ventana que se abre, haga do-ble clic en **Make a new connection**. De esta forma, se abrirá un asistente, que requerirá datos similares a los del Asistente para conexión nueva, de Windows XP.

Conectarse

Una vez ingresados todos los datos necesarios a través del **New connection wizard (Asistente para conexión nueva)**, ya podrá establecer la conexión telefónica y comenzar a trabajar en la Red.

El procedimiento es sencillo, y los pasos a seguir son los mismos para la mayoría de los proveedores. En caso de que luego de seguir las instrucciones que se encuentran a continuación no logre conectarse de la manera correcta, comuníquese con el soporte técnico del proveedor, ya que posiblemente requiera alguna configuración adicional.

Si en el último paso del Asistente marcó la casilla para agregar un acceso directo en el Desktop, allí encontrará un icono representando la conexión. Haga doble clic en él para abrir el cuadro de conexión.

Si no lo encuentra en el Desktop, deberá seleccionar la opción (el nombre que le asignó en el Asistente) dentro de **Connect to** del menú **Start**.

Windows Millennium

Establecer la conexión

En las versiones anteriores de Windows, una vez ingresados todos los datos por medio del Asistente, para conectarse a Internet deberá utilizar el acceso telefónico a redes que fue configurado. Entonces, abra la carpeta donde fue creado este elemento y haga doble clic sobre el icono correspondiente. Ingrese su nombre de usuario y contraseña, y presione Connect.

Para conectarse puede hacer doble clic sobre el icono de acceso directo del Desktop o seleccionar el nombre de la conexión en Connect to, del menú Start.

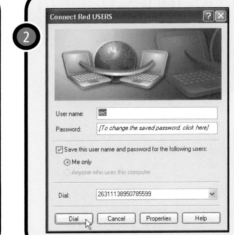

Se abrirá un cuadro con los datos ingresados en la configuración de la conexión. Presione Dial, para comenzar la llamada.

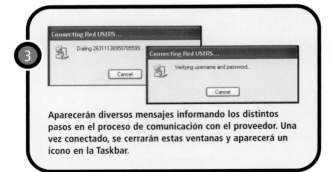

Aparecerán diversos mensajes informando los distintos pasos en el proceso de comunicación con el proveedor. Una vez conectado, se cerrarán estas ventanas y aparecerá un icono en la Taskbar.

El icono representado por dos computadoras, en el sector derecho de la Taskbar, le informará que se ha establecido la conexión con el proveedor. El parpadeo indicará la actividad del módem.

Una vez conectado

Si siguió el procedimiento explicado en este capítulo, usted ya se encuentra conectado. Como vimos en la página anterior, estará viendo un icono en la Notification Area de la Taskbar de Windows.

Luego de establecer la conexión, podrá utilizar todas las posibilidades que brinda la Red de redes. Pero antes de detallar los distintos servicios, es importante conocer algunos aspectos útiles que le servirán en diversos momentos de su conexión.

Verificar el estado

Haciendo doble clic sobre el icono de conexión, se abre una ventana con algunos datos útiles sobre la conexión, como la velocidad (indicada en Kbps, Kilobits por segundo) y el tiempo transcurrido.

Desconectar

Para finalizar la comunicación con el proveedor, sólo debe presionar el botón **Disconnect**, ubicado en el cuadro de estado de su conexión.

Para terminar la comunicación, no tiene más que oprimir el botón Disconnect, en el cuadro de estado de la conexión.

Algunas opciones para la conexión

Cuando está abierto el cuadro de estado de la conexión, oprimiendo el botón Properties, se accede a las fichas de configuración.

En **General**, puede indicar si desea ver o no el icono de conexión en la Taskbar. En **Options**, puede configurar la cantidad de intentos para el marcado (en caso de que dé ocupado o si está desconectado). También puede indicar que, si no utiliza Internet durante un período determinado, se desconecte automáticamente.

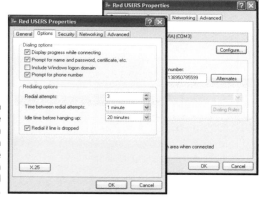

Indicando un tiempo de inactividad, podrá configurar que la PC se desconecte si no registra actividad en ese período.

Preguntas frecuentes

¿Cómo saber si la conexión está funcionando bien?

Una vez realizado el procedimiento descripto, la mejor forma de comprobar el correcto funcionamiento de la conexión a Internet es utilizándola. Entonces, abra el navegador (seleccionando Internet Explorer, del menú Start), y en el casillero Address, escriba la de algún sitio que conozca; por ejemplo, la versión digital del diario La Opinión (www.laopinion.com). La aparición de la página al cabo de unos minutos es una señal de que todo funciona correctamente. En p. 247, conocerá en detalle el funcionamiento de la Web y todas las utilidades del navegador Internet Explorer.

Correo electrónico

Conozca la herramienta más utilizada de Internet e intercambie mensajes con personas de todo el mundo, de forma sencilla, rápida y económica.

Uno de los medios de comunicación más utilizados en Internet desde su creación hasta la fecha es el correo electrónico o e-mail (abreviatura del inglés *electronic mail*). Con esta herramienta es posible enviar y recibir mensajes y archivos electrónicos desde y hacia cualquier parte del mundo, en forma rápida, efectiva y económica.

El funcionamiento del correo electrónico es bastante sencillo y, para comprenderlo mejor, se lo puede comparar con el servicio de correo postal tradicional. Cada usuario de e-mail posee una dirección (fácilmente identificable porque contiene el símbolo @) a la que se dirigen los mensajes, al igual que las cartas en papel se envían a nombre de una persona y a cierto domicilio. Así como en el correo tradicional el envío es realizado por camiones, aviones y otros medios de transporte, entre una computadora y otra, los e-mails se transmiten a través de proveedores, utilizando Internet.

Debido al gran desarrollo de la Red, los mails tardan apenas unos instantes en llegar a destino. Y, así como no hace falta que esté todo el día frente al buzón de su casa esperando al cartero, tampoco es necesario mantener la computadora encendida y conectada todo el tiempo, ya que los mensajes que le envíen quedarán archivados en los equipos de su proveedor hasta que usted se conecte para transferirlos o "bajarlos" a su PC. Simplemente, deberá conectarse con cierta frecuencia: una vez por mes, todas las noches, dos veces por día, cada media hora, dependiendo de sus necesidades y horarios.

Recuerde, además, que siempre que se conecte para acceder a cualquier servicio de Internet, lo hará mediante una llamada telefónica local, con lo cual el costo del servicio resulta bastante económico.

Por otra parte, el correo electrónico brinda la posibilidad de mandar no sólo texto, sino también todo tipo de información que se encuentre digitalizada (ver **p. 144**): imágenes, música, videos, planillas, programas y toda clase de archivos.

En resumen, el correo electrónico es una forma muy eficiente de comunicarse con familiares y amigos, sin importar en dónde se encuentren.

En las próximas páginas aprenderá a utilizar el correo electrónico y todas las herramientas que ofrece. Incorpórelo en sus comunicaciones laborales y personales: pronto notará que es muy sencillo de usar, y que facilitará y optimizará muchas tareas.

En esta clase... (35')

> **Aprenderá:**

Cómo son las direcciones electrónicas.

A configurar su cuenta de correo.

Cómo utilizar Outlook Express.

A recibir y enviar mensajes.

> **Necesitará:**

Outlook Express.

Tener una cuenta de e-mail.

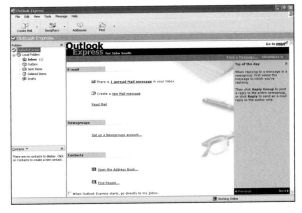

Las direcciones de correo electrónico

Al enviar una carta por correo postal, es preciso indicar el nombre del destinatario y su domicilio. Cuando utiliza el e-mail, sucede algo parecido: para que un mensaje llegue a una persona, deberá conocer e indicar su dirección electrónica. Estas direcciones son muy fáciles de identificar, ya que siempre están compuestas por un nombre de usuario, el símbolo arroba (@) y los datos del dominio del proveedor del servicio (nombre, tipo de sistema y país, al igual que las direcciones de los sitios web).

Es muy importante prestar atención a la hora de escribir una dirección de e-mail, ya que el más mínimo error hará que el mensaje no llegue a destino.

¿Qué significa @?

Aunque en español este símbolo representa una unidad de medida (equivalente a 11 kilos y 502 gramos), hay que tener presente que el e-mail fue creado por un estadounidense. En inglés, este carácter se denomina "at" (en), y fue seleccionado para formar lo que hoy se conoce como dirección de correo electrónico. Así, **caro@tectimes.com** le indica al programa que envíe el mensaje al servidor **tectimes.com**, donde se encuentra la casilla de correo electrónico de **caro**, el destinatario.

Estructura de las direcciones

caro@tectimes.com

Nombre de usuario.

Nombre del proveedor o servidor.

@tectimes.com

Reconocer el nombre del proveedor

Los datos del proveedor que aparecen en la dirección de e-mail (después del símbolo @) son el nombre, el tipo de servicio o sistema, y el país de origen. Algunos dominios no llevan identificación de país, en particular, los registrados en los Estados Unidos. A continuación, verá algunos ejemplos:

Tipos de dominios		Países	
.biz	Negocios	.ar	Argentina
.com	Organización comercial	.br	Brasil
.edu	Institución educativa	.cl	Chile
.gov	Áreas de gobierno	.es	España
.info	Información variada	.mx	México
.net	Redes	.uk	Reino Unido
.org	Organizaciones varias	.uy	Uruguay
.tv	Emisoras televisivas	.ve	Venezuela

Outlook Express

Para usar el correo electrónico es necesario contar con un programa específico que se encargue de confeccionar, mandar y recibir los e-mails, organizarlos y comunicarse con el proveedor, entre otras tareas.

Existen varios utilitarios que se ocupan de realizar estas funciones y, básicamente, todos se utilizan de manera similar.

Las explicaciones que encontrará en este capítulo corresponden a **Outlook Express 6**, la última versión de esta aplicación que se instala junto con Windows XP y el navegador Internet Explorer (ver **p. 251**).

Antes de empezar a utilizar los servicios de correo electrónico, es necesario configurar la cuenta con los datos que le asignó su proveedor. Para hacerlo, Outlook

Express ofrece un asistente que lo guiará paso a paso durante este proceso.

El Asistente se abrirá la primera vez que utilice Outlook Express. Si esto no ocurre, o desea configurar una nueva cuenta en otro momento, seleccione **Accounts...** del menú Tools. En la ventana que se abre, presione el botón Add y, del menú que se despliega, elija **Mail...**.

Trucos y Consejos

Correo POP y Web

La cuenta de correo que se configura mediante este procedimiento es del tipo POP. Estas cuentas se basan en un servidor de correo que guarda y envía los mensajes, y necesita una aplicación para poder utilizar el servicio de correspondencia (por ejemplo, Outlook Express).

Por otro lado, las cuentas de webmail se utilizan mediante páginas web, sin necesidad de contar con un programa extra. En **p. 243** aprenderá más sobre este tema y cómo configurar una cuenta de estas características.

Windows Millennium

Instalar Outlook Express 6

La versión 6 de Outlook Express se instala en su PC junto con Windows XP. En caso de utilizar una versión anterior del sistema operativo, podrá instalar este programa de correo bajándolo del sitio www.microsoft.com.

Outlook Express es parte del paquete de aplicaciones Internet Explorer 6.

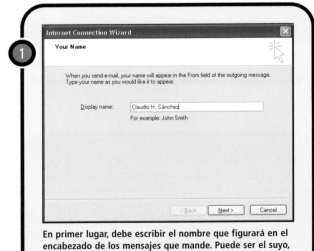

En primer lugar, debe escribir el nombre que figurará en el encabezado de los mensajes que mande. Puede ser el suyo, el de su organización o uno de fantasía. Ingréselo y presione Next.

Luego, escriba su dirección de correo electrónico. Asegúrese de que no tenga errores y escriba todo en minúscula. Recuerde la estructura de las direcciones de correo, vistas en la página anterior.

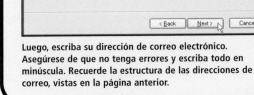

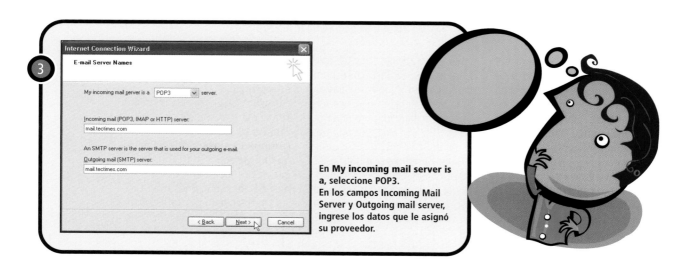

3

En **My incoming mail server is a**, seleccione POP3.
En los campos Incoming Mail Server y Outgoing mail server, ingrese los datos que le asignó su proveedor.

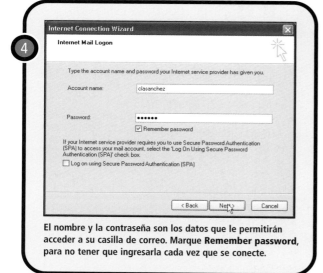

4

El nombre y la contraseña son los datos que le permitirán acceder a su casilla de correo. Marque **Remember password**, para no tener que ingresarla cada vez que se conecte.

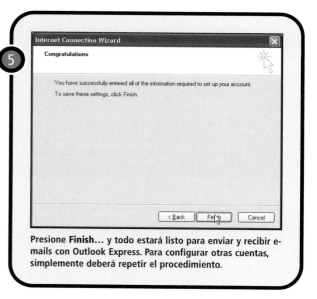

5

Presione **Finish…** y todo estará listo para enviar y recibir e-mails con Outlook Express. Para configurar otras cuentas, simplemente deberá repetir el procedimiento.

Trucos y Consejos

Escribir @ (arroba)

Cada vez que deba escribir una dirección de correo electrónico tendrá que incluir el símbolo @. Por lo tanto, es importante que se familiarice con el modo de hacerlo, ya que el lugar en donde se encuentra este carácter depende del teclado que posea y de su configuración.

Hay varias opciones; pruebe en su computadora para ver qué combinación de teclas le corresponde:
• Presionar simultáneamente la tecla <Alt Gr> (o <Alt> de la derecha del teclado) y el número <2>.
• Presionar simultáneamente las teclas <Alt Gr> y <Q>.

• Presionar <Shift> + <2>.
• Otra posibilidad, que se puede usar con cualquier teclado y configuración, es oprimir la tecla <Alt> (de la izquierda) y, sin soltarla, marcar el número 64 del teclado numérico de la derecha, o keypad.

Usar Outlook Express

Si no tiene abierto el programa, acceda a él a través de Start/All programs/ Outlook Express.

Esta aplicación ofrece la posibilidad de trabajar sin estar conectado todo el tiempo a Internet. De esta manera, podrá leer y redactar sus mensajes, y conectarse únicamente para realizar la transferencia, tal como veremos en la página siguiente, lo que implica un importante ahorro de dinero en llamadas telefónicas.

En principio, verá una pantalla de bienvenida (en el sector de la derecha) que aparecerá cada vez que inicie el programa.

Para acceder a la lista de mensajes, haga clic sobre **Inbox**, en el sector izquierdo. Una buena medida es hacer que, cuando ingrese en el programa, se muestre automáticamente esta carpeta. Para lograrlo, dentro de la pantalla de bienvenida, marque la opción **When Outlook Express go directly to my Inbox**, que se encuentra en la parte inferior.

Escribir un mensaje

Como ya configuró su cuenta de correo, todo está listo para enviar y recibir correspondencia.

Redactar un mensaje es una tarea muy sencilla. Presione el botón **Create mail**, para que se abra una ventana donde debe escribir el mensaje. Además del texto, también tendrá que completar cierta información (denominada "encabezado"), tal como se indica en la guía visual de esta página.

Una vez que haya ingresado todos los datos y el texto del mensaje esté listo, presione el botón **Send**. Si está conectado, el mail será enviado inmediatamente. Si estuvo trabajando sin conexión, el mensaje pasará a la Outbox, hasta que decida conectarse y se realice la transferencia de datos.

Los datos a completar

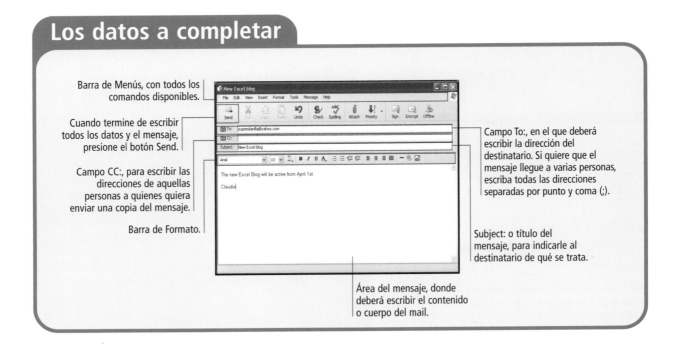

Barra de Menús, con todos los comandos disponibles.

Cuando termine de escribir todos los datos y el mensaje, presione el botón Send.

Campo CC:, para escribir las direcciones de aquellas personas a quienes quiera enviar una copia del mensaje.

Barra de Formato.

Campo To:, en el que deberá escribir la dirección del destinatario. Si quiere que el mensaje llegue a varias personas, escriba todas las direcciones separadas por punto y coma (;).

Subject: o título del mensaje, para indicarle al destinatario de qué se trata.

Área del mensaje, donde deberá escribir el contenido o cuerpo del mail.

Recibir y leer los mensajes

Seguramente, usted ya escribió un mail, presionó el botón Send y, como estaba trabajando sin conexión, éste quedó almacenado en la Outbox. Para enviarlo, y también recibir los

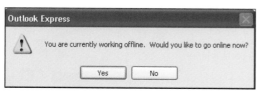

Si no está conectado, cuando presione el botón Send/Recv, aparecerá este aviso. Para conectarse, presione Yes.

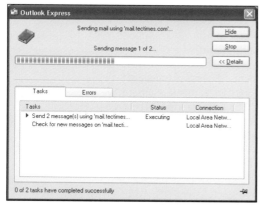

Una ventana le mostrará el estado de la transferencia de mensajes. Si presiona el botón Details, verá un listado de las tareas a realizar.

mails que le hayan mandado a usted, debe conectarse a Internet. Entonces se realizará la transferencia de mensajes: "subirá" al servidor aquellos que haya escrito y "descargará" los que le hayan enviado a su dirección. Una vez finalizado este proceso, podrá desconectarse y leer los mails recibidos, contestar aquellos que desee, redactar nuevos y volver a conectarse sólo cuando necesite realizar nuevamente esta transferencia de mensajes (ver recuadro Trabajar sin conexión).

1. Para comenzar, presione el botón **Send/Recv**, de la barra de herramientas.
2. Como no se encuentra conectado a Internet, aparecerá el mensaje **You are currently working offline. Would you like to go online now?** Presione **Yes**. Se establecerá la comunicación, tal como vimos en **p. 233**.
3. Una vez establecida la conexión, se abrirá la ventana que informará sobre el proceso de recepción. Haciendo clic en el botón **Details**, se desplegará

un panel en la parte inferior, donde podrá visualizar el estado de la transmisión.
4. Si al terminar la transferencia de mensajes no va a seguir usando Internet (por ejemplo, para visitar un sitio web o realizar una teleconferencia), deberá desconectarse, tal como vimos en **p. 234**. Recuerde siempre desconectarse al finalizar su trabajo en la Red, para no tener la línea ocupada y evitar el gasto de pulsos telefónicos.

Inbox

En el sector izquierdo de la ventana, haga clic sobre la Inbox para acceder a la carpeta donde se alojan los mensajes recibidos. Como podrá apreciar, el sector derecho de Outlook Express está dividido en dos paneles: en la parte superior aparece el listado de los mails alojados en esa carpeta, mientras que en la inferior se muestra el contenido del mensaje seleccionado. Entonces, para leer un mail, simplemente haga clic sobre él.

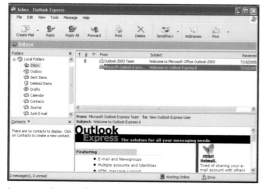

Los mensajes que llegan se alojan en Inbox. Para leer alguno, simplemente haga clic sobre él, y su contenido se visualizará en el panel inferior.

Trucos y Consejos

Trabajar sin conexión

Para configurar el programa de modo que pueda trabajar sin conexión, ingrese en Options... del menú Tools:
1. En la ficha Send, desmarque la casilla **Send messages immediately**.
2. En General, desmarque los casilleros **Send messages at startup** y **Chek for new messages every...**.
3. Si quiere, en Connection, marque **Hang up after sending and receiving**. De este modo, al finalizar la transferencia, la conexión terminará automáticamente.

Responder y reenviar mensajes

Para contestar el mensaje que está leyendo, presione el botón **Reply**. Se abrirá una ventana similar a la de escritura de mails. Notará que el campo To: ya está completo (con el remitente del mensaje a responder), mientras que en el campo Subject: figura el mismo del original, con el prefijo **Re:**, para indicar que se trata de una respuesta.

Además, en el campo del mensaje aparecerá escrito el texto que redactó su destinatario. Esta opción resulta muy útil a la hora de saber sobre qué tema se está respondiendo.

Ingrese la respuesta y presione **Send**, como si se tratara de un mensaje normal.

Responder a todos

Hay muchos mensajes que se envían a un conjunto de personas; en estos casos, en el campo To: o en CC: aparecen las direcciones de varios destinatarios. Si por algún motivo usted desea que la respuesta se dirija a todos los que han recibido el mensaje original, presione el botón **Reply all**, o seleccione la misma opción desde el menú Message. El procedimiento es el mismo que si respondiera a uno solo; la diferencia es que todos los que han recibido el mail original leerán también la respuesta.

Reenviar un mensaje

Quizá recibió un mensaje que puede resultar interesante para otra persona. Entonces, selecciónelo y presione **Forward**. En el campo To:, escriba la dirección del destinatario. Notará que en el Subject, aparece el tema original, antecedido por **Fw:**. Si lo desea, puede agregar algún texto indicativo en el cuerpo del mensaje. Para terminar, presione Send.

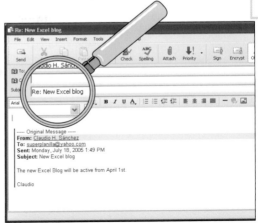

Cuando responde un mensaje, lo ideal es dejar el original para que quien lo reciba sepa sobre qué le está contestando. Aparecerá el asunto original antecedido por Re:, indicando que se trata de una respuesta.

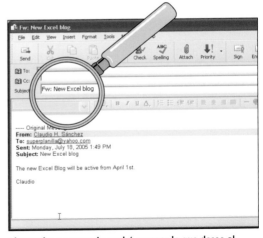

Al reenviar un mensaje, podrá agregar lo que desee al original. Como indicador de que se trata de un reenvío, aparece el asunto original precedido por Fw: (de *forward*, reenviar, en inglés).

Preguntas frecuentes

¿Cómo puedo saber si el correo electrónico funciona?

Si quiere estar seguro de que su cuenta de correo funciona correctamente, puede mandarse un mensaje a usted mismo. En caso de que todo marche bien, a los pocos minutos de haberlo enviado, lo recibirá en su PC nuevamente.

Borrar mensajes

Si desea borrar algún mensaje, selecciónelo (haciendo clic sobre él) y presione el botón Delete. También puede hacerlo pulsando la tecla <Supr> (o <Del>, si su teclado está en inglés). Como sucede cuando borra algún documento en Windows, los mails no desaparecen definitivamente, sino que quedan almacenados en la carpeta Deleted items. Para borrarlos, presione el botón derecho sobre esa carpeta y, del menú que se despliega, elija Empty "Deleted Items" Folder (Vaciar la carpeta).

Algunos consejos útiles

Ya habrá comprobado la utilidad del correo electrónico, tanto para intercambiar mensajes de trabajo como entre sus amigos, sin importar el lugar en donde se encuentran. Pero para aprovechar esta herramienta al máximo, es importante tener en cuenta algunos aspectos:

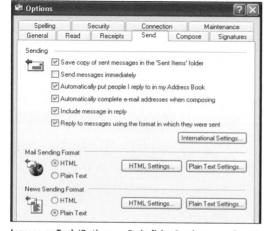

Ingrese en Tools/Options…. En la ficha Send, marque la casilla **Include message in reply**. De esta manera, el texto original se incorporará automáticamente en los mails que conteste.

 Al responder un mail, incluya el texto original. De este modo es más fácil seguir la "conversación", porque tanto usted como su interlocutor sabrán sobre qué están hablando. Además, representa una opción muy práctica, ya que no deberá explicar por qué escribe, sino que podrá, simplemente, incluir la respuesta.

 No escriba direcciones con mayúscula, o con mayúscula y minúscula, porque puede llegar a ocurrir que algunos servidores de correo no las reconozcan como válidas. Para asegurar la correcta transmisión de los mensajes (que lleguen a quien corresponda), ingrese todas las direcciones en letras minúsculas.

 Responda al tema sobre el que le escribieron. Es más simple oprimir el botón Peply, que enviar un mail nuevo si se va a referir a uno recibido.

 Relea el mensaje antes de enviarlo, para evitar equívocos y asegurarse de que ha escrito lo que quería. Tenga presente que el correo electrónico es instantáneo y, una vez enviado un mensaje, ya no puede arrepentirse.

De todos modos, recuerde que, al trabajar sin conexión, los mails quedan en la Outbox. De esta forma, puede visualizar los mensajes que se encuentran allí y, haciendo doble clic sobre alguno, abrirlo y modificar lo que desee. Cuando termine, presione Send, como si se tratara de un mensaje nuevo.

 Cuide el contexto y la formalidad. Si bien el e-mail surge como un medio menos formal que las cartas convencionales, asegúrese de estar usando el tono correcto. Una buena medida es pensar quién lo leerá y si ese mismo texto resultaría adecuado en caso de que fuera enviado por carta tradicional.

Trucos y Consejos

Organizar los mensajes

Es recomendable organizar los mails en distintas carpetas, ordenándolos por tema o remitente. La organización es similar a la utilizada con los archivos en el disco duro: dentro de la Inbox, puede generar nuevas carpetas y, a su vez, hacer que éstas contengan otras. Para hacerlo, presione el botón derecho del mouse sobre la carpeta dentro de la cual quiera crear una nueva y, del menú que se despliega, seleccione New folder… Ingrese el nombre que desea asignarle y presione <Enter>.
Para mover un mensaje de una carpeta a otra, selecciónelo y arrástrelo hacia su nueva ubicación. Si desea hacer una copia del mail, mantenga presionada la tecla <Control> mientras lo mueve.

Mensajes con formato

Outlook Express brinda la posibilidad de escribir mensajes con diseños más vistosos. Para lograrlo, presione la flecha que se encuentra a la derecha del botón Create mail, y entre las opciones que se presentan, elija la que desee.
Se abrirá la ventana de redacción del mensaje, con el diseño elegido de fondo. Redacte el mail como siempre y presione Send.
Cabe aclarar que para que la persona que recibe el mensaje pueda verlo tal como usted lo diseñó, debe tener una aplicación de e-mail que soporte mensajes con formato HTML (como Outlook Express).

Webmail

Utilice una cuenta de correo electrónico sin importar en qué lugar del planeta se encuentre: conozca todas las ventajas del e-mail a través de la Web.

Pudo haber surgido como una buena estrategia para atraer usuarios hacia las páginas de los portales, o bien como una alternativa práctica que permitiera usar el correo electrónico desde computadoras ubicadas en diferentes lugares (lo que significa un recurso ideal para aquellos que viajan con frecuencia). Más allá del motivo que dio origen a esta utilidad, lo cierto es que, en la actualidad, el uso del Webmail, o correo electrónico a través de la World Wide Web, está sumamente extendido.

Al ser un servicio que se puede manejar desde una página de Internet, lo único que necesita es contar con un navegador, para poder visualizar páginas web (**p. 247**). Es importante mencionar que los servidores de Webmail son gratuitos y que existen diferentes sitios en español que ofrecen este servicio. Otra ventaja es que los mensajes quedan disponibles en el servidor, por lo que, además de no ocupar espacio en su disco duro, pueden verse desde cualquier computadora.

Una de las dificultades que presenta el Webmail es que hay que estar conectado para escribir los mensajes. Por este motivo, algunos sitios cuentan con la posibilidad de usar el Webmail a través de programas de correo convencionales, como Outlook Express.

En esta clase aprenderá a utilizar el servicio de Webmail que ofrece Microsoft, denominado Hotmail. Este servicio se integra perfectamente con Outlook Express y, además, incluye una aplicación denominada MSN Explorer, que conjuga diferentes utilidades como el correo, la navegación de páginas web, el chat, la mensajería, etc.

El Webmail y la confidencialidad

El tema de la seguridad del Webmail ha generado ciertas controversias. Algunos expertos en la materia afirman que este servicio no sólo no es confidencial, sino que, además, los datos que alojan sus servidores están expuestos a cualquier pirata de la Red que quiera utilizarlos. Justamente, un ataque al sitio de Hotmail a mediados del año 2001 provocó la suspicacia de muchos usuarios y entendidos. Sin embargo, los defensores de esta forma de comunicación argumentan que su nivel de seguridad y confiabilidad no debería ser un motivo de alarma, más allá de ese sobresalto puntual.

De todas maneras, mientras los especialistas siguen debatiendo, cada vez más usuarios abren una cuenta de Webmail.

En esta clase... (20′)

> **Aprenderá:**

Qué es el Webmail.

Los pasos para abrir una cuenta de Hotmail.

Cómo utilizar Hotmail desde Internet Explorer.

A usar Hotmail desde Outlook Express.

El uso de Hotmail con MSN Explorer.

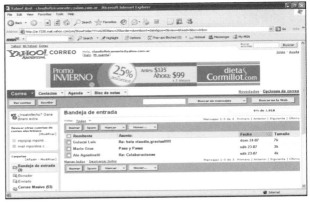

Crear una cuenta

Los pasos para generar y utilizar una cuenta de Webmail están muy bien detallados en la mayoría de los sitios que proveen este servicio. A continuación, encontrará una guía paso a paso para registrarse en el sitio de Microsoft y uti-

lizar una cuenta de Hotmail, una de las más populares. Para hacerlo, abra el navegador y escriba la dirección **www.hotmail.com**. Una vez que ingrese en la página de Hotmail, haga clic en el enlace **Sign Up**. Desde esta misma pantalla, también podrá

acceder a su cuenta una vez que la haya dado de alta.

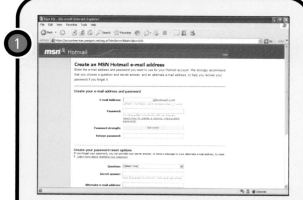

En primer lugar, debe completar un formulario con algunos datos principales. Luego, escriba el nombre que desea para su cuenta y una contraseña. Ingrese una pregunta y su respuesta, cuya finalidad es recordarle su clave en caso de que la olvide. Para seguir adelante, presione **Sign Up**.

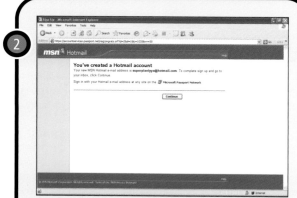

Presione el botón Continue en Hotmail, para acceder a su correo. La primera vez que ingresa, aparece el convenio de utilización del servicio. Léalo y presione el botón **Accept**. Puede elegir alguno de los servicios ofrecidos por Hotmail. Marque los que desee y presione **Continue**.

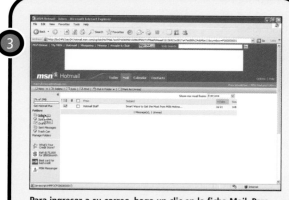

Para ingresar a su correo, haga un clic en la ficha Mail. Para luego ver los mensajes recibidos, haga un clic, sobre el panel izquierdo, en Inbox.

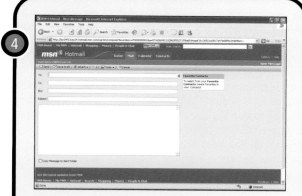

Para generar un mensaje nuevo, seleccione la ficha **New**. Se abrirá el formulario para escribir el mail. Ingrese todos los datos, el texto del mensaje y haga clic en el botón **Send**.

Hotmail desde Outlook Express

Tanto Hotmail, como Yahoo, Tutopia y otros, ofrecen la posibilidad de utilizar sus servicios de Webmail desde Outlook Express. Para hacerlo, debe realizar el mismo procedimiento descripto para configurar una cuenta (**p. 235**), pero con algunas modificaciones. A continuación, encontrará los pasos que tiene que seguir para configurar Hotmail en Outlook Express:

1. Una vez abierto Outlook Express, vaya a **Tools/ Accounts...**
2. Oprima el botón **Add** y elija **Mail**.
3. En el cuadro que se abre escriba el nombre que utilizará su cuenta como título.
4. Luego, ingrese la dirección registrada en el sitio Hotmail: **nombredeusuario@hotmail.com**.
5. Oprimiendo el botón **Next**, automáticamente se le indicará que el servidor es **HTTP** (el protocolo que utilizan las páginas web), y la dirección correspondiente. No cambie ningún dato y pulse **Next**.
6. Se le pedirá que escriba nuevamente la dirección de Hotmail y la clave de acceso ingresada al registrarse. Si marca

Remember password, evitará tener que escribir su clave cada vez que descargue los mensajes.

7. Al terminar la configuración, un mensaje le preguntará si **Would you like to download folders from the mail server you added?**. Presione **Yes**.
8. Se le informará el estado de la transmisión (deberá conectarse si no lo está) y, finalmente, se instalarán las carpetas de Hotmail en el panel izquierdo, debajo de las carpetas personales de Outlook Express
9. A partir de este momento, puede manejar el correo de Hotmail como cualquier otra cuenta (en las carpetas correspondientes que fueron generadas). Además, si ya tenía otra cuenta, al escribir un mail, podrá elegir desde cuál enviarlo. En la ventana de redacción de mensajes, aparecerá un primer renglón con la opción **From:**, en la que se listarán todas las cuentas configuradas.
10. Para recibir los mensajes de Hotmail o de todas las cuentas, oprima el botón **Send/Recv.**, de la barra de botones, tal como vimos en **p. 240**.

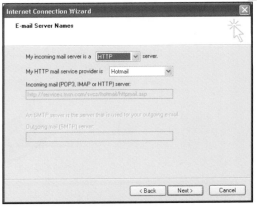

Como se trata de una dirección de Hotmail, en esta ficha Outlook Express configura automáticamente la dirección del servidor.

Se le preguntará si quiere descargar carpetas especiales. De esta manera, la cuenta se manejará en forma independiente.

Ahora tendrá las carpetas personales y las carpetas de Hotmail. Puede mover los mensajes de una a otra arrastrándolos con el mouse. Los que traslade de la Inbox de Hotmail hacia la de carpetas personales serán eliminados del servidor de Microsoft.

Trucos y Consejos

Mantenimiento

Por más que utilice Outlook Express para administrar la cuenta de Hotmail, ésta sigue siendo del tipo Webmail. Como los mensajes quedan alojados en el servidor, y su capacidad es limitada, es necesario hacer una limpieza periódica para eliminar aquellos que no desee guardar. Para hacerlo, lo mejor es ingresar vía Web, marcar los mails que ya no le son de utilidad y borrarlos. Cuando realice la transferencia de mensajes, Outlook Express mostrará los que quedaron en el servidor.

Yahoo! Mail

Hotmail no es el único sitio que ofrece Webmail gratuito. Uno de los más populares es Yahoo!, el buscador. Es gratuito y, con 1 GB de capacidad, es uno de los más poderosos. Suscribirse es muy simple.

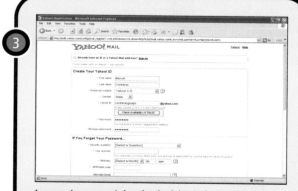

1 Ingrese en la página principal de Yahoo! (www.yahoo.com) y haga un clic en Mail. Ingresará en la página de Yahoo! Mail. Para suscribirse, haga un clic en Sign Up Now.

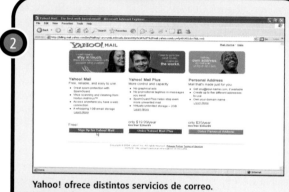

2 Yahoo! ofrece distintos servicios de correo. Haga un clic en Sign Up For Yahoo! Mail para suscribirse al servicio gratuito.

3 Ingresará en una página donde deberá elegir un nombre, una contraseña y escribir sus datos personales. Como último paso deberá escribir lo que Yahoo! muestra en una imagen (son letras y numeros deformados). Para terminar, haga un clic en I accept.

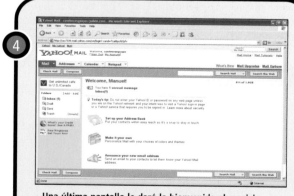

4 Una última pantalla le dará la bienvenida al servicio. Haga un clic en Continue to Yahoo! Mail para ingresar en el correo propiamente dicho.

La World Wide Web

Leer periódicos del mundo, comprar en lugares distantes o visitar museos desde su PC son algunas de las posibilidades que ofrece la "telaraña mundial".

Páginas, sitios, enlaces, acceso, www... Todas estas palabras que ya son parte del lenguaje cotidiano están íntimamente ligadas a Internet y, en particular, a la World Wide Web. Vale la pena recordar que, si bien estas dos denominaciones suelen utilizarse como sinónimos, están bien diferenciadas. Internet es una vía de comunicación general, constituida por una red mundial de computadoras, que ofrece diversos servicios, entre ellos, el correo electrónico y las teleconferencias. Por su parte, la World Wide Web o, simplemente, la Web, es uno de los servicios de Internet. Su relevancia, marcada a través de las múltiples prestaciones que ofrece, llevó a asociar ambos términos y a emplearlos, en general, para hacer referencia a lo mismo.

La World Wide Web está constituida por un conjunto de páginas –archivos informáticos– que contienen textos, fotos y diversos formatos multimedia, como audio, video, animaciones, etc. La particularidad de estas páginas es que están enlazadas o vinculadas unas con otras.

Para graficar el funcionamiento de la Web, podemos imaginar una gran biblioteca en la que los libros mantienen algún tipo de relación entre sí. Cada libro es un sitio (*site*, en inglés), con una página principal o *home page*. Desde ella (el índice, por ejemplo), y también desde algunas páginas interiores, es posible acceder a otras páginas pertenecientes al mismo libro o a otros libros diferentes. Aunque mucha veces página y sitio se utilizan como sinónimos, en rigor, un sitio puede estar formado por una o varias páginas.

Navegar

La palabra navegar se utiliza para representar la acción de ir pasando por las diferentes páginas. La operación es muy simple y no requiere contar con ningún conocimiento de informática. Tan sólo hay que presionar el botón del mouse sobre los enlaces. Cuando el puntero del mouse pasa sobre un vínculo (que puede ser un texto, una foto, una animación u otro elemento), adopta la forma de una mano. Entonces, al hacer clic, se salta a otra página del mismo sitio o de un sitio diferente.

Para navegar por Internet, sólo es necesario contar con una aplicación denominada, justamente, navegador. Las últimas versiones de Windows incluyen el navegador Internet Explorer, que aprenderá a manejar en **p. 251**.

que aprenderá a manejar en **p. 251**.

¿Qué se puede hacer en Internet?

Muchos de los sitios de Internet reflejan variados aspectos de la vida cotidiana. A continuación, un resumen de las alternativas que encontrará cuando comience a recorrerlos.

 Artes plásticas: sitios que permiten visitar reconocidos museos e, incluso, comprar en las galerías de arte. También, la posibilidad de que miles de artistas den a conocer su obra a través de páginas personales.

 Fotografía: además de las fotos que ilustran miles de páginas, es posible encontrar archivos especializados con imágenes que responden a las más variadas inquietudes y necesidades. También se pueden hallar reproducciones de pósters y afiches de diversas épocas y disciplinas, para imprimirlos y, en algunos casos, comprarlos.

 Deportes: gran cantidad de información sobre las más variadas disciplinas deportivas. Con datos actualizados, reglamentos, historias, y cientos de páginas dedicadas a deportistas, clubes y asociaciones.

 Moda: la moda no puede estar ausente de la Web. Aquí encontrará páginas retrospectivas de las grandes colecciones, las tiendas más importantes, y las firmas de diseñadores novatos y consagrados.

 Gastronomía: recetas, guías de restaurantes, información nutricional y consejos para convertirse en un gourmet internacional.

 Literatura: numerosas obras clásicas ya tienen su versión disponible en la Web. Además, puede encontrar extractos de libros actuales e información de todo el mundo editorial: biografías de autores, críticas, análisis, reseñas, catálogos de bibliotecas, librerías virtuales y mucho más.

 Espectáculos: desde la cartelera cinematográfica hasta la programación de su compañía de cable, incluyendo comentarios, opiniones, información de conciertos y demás manifestaciones artísticas. También podrá ver algunas películas y series.

 Organizaciones: tanto gubernamentales como no gubernamentales, con información detallada sobre sus actividades y la posibilidad de contactarse, adherirse o efectuar algún trámite.

 Servicios bancarios y financieros: sin moverse de su escritorio, podrá operar su cuenta bancaria o realizar inversiones. En la Web se ofrecen tanto información para orientar a los usuarios, como servicios especializados para profesionales.

 Juegos: además de brindar la posibilidad de descargarlos de la Web, es posible participar de los más variados juegos a través de Internet. De esta manera, es factible compartir con personas de todo el mundo desde los clásicos, como el ajedrez o las damas, hasta juegos de guerra y aventura, sólo por nombrar algunos ejemplos.

 Medios: Internet permite estar actualizado al instante. Leer periódicos del mundo, escuchar radios de todos los países y, en ocasiones, mirar televisión resulta tan cómodo como hacerlo a través de los medios tradicionales.

 Contenidos para adultos: sensualidad, erotismo, imágenes condicionadas y pornografía forman parte del mundo del sexo en la Red. Para resguardar a los menores y evitar que aquellos que no estén de acuerdo ingresen, es posible instalar programas que restrinjan el acceso a estas páginas.

 Opinión: Internet es uno de los espacios donde se puede opinar con mayor libertad. Al navegar encontrará encuestas, foros de discusión, sitios para dejar su opinión o votar, entre otras opciones.

 Educación: la enseñanza y el aprendizaje ocupan un lugar privilegiado en la Red. Información de instituciones, solicitudes de inscripción en línea, actividades de intercambio entre alumnos de lugares distantes y bancos de datos de cursos a distancia son algunas de las posibilidades dentro de este rubro.

 Comercio: la Red brinda un espacio para adquirir todo tipo de productos de cualquier parte del mundo, pagando con tarjeta de crédito y recibiendo lo comprado en el domicilio. También existen las subastas on line, para comprar y vender lo que se necesite al mejor postor.

Hipertextos: la clave de la Web

La World Wide Web está compuesta por sitios, conjuntos de páginas alojados en diversas computadoras de todo el mundo. El usuario puede navegar por ellas a través de un simple clic del mouse.

Las páginas de la Web no presentan una estructura secuencial, como un texto clásico dividido en capítulos. Por el contrario, el sistema de enlaces entre las páginas hace que el lector pueda elegir de qué forma realizar la lectura. Esta estructura recibe el nombre de **hipertexto** y está concebida como un árbol, en el que hay un tronco con algunos conceptos básicos del que nacen distintos niveles de ramas que, a su vez, pueden estar conectadas entre sí.

Estos **enlaces** o **links** que dan paso a otras páginas suelen estar resaltados por un subrayado o por un color diferente, y el puntero del mouse se transforma en una mano al pasar sobre ellos.

Claro que las páginas web no sólo tienen textos. Un enlace puede ser una foto que, a su vez, conduzca a una nueva página, a otra fotografía o a un video. Por este motivo, la World Wide Web se define como un hipertexto multimedia a escala mundial. Si ya desea experimentar algunas de las posibilidades que ofrece la Web, una buena alternativa es ingresar en el sitio de la empresa Disney. Abra Internet Explorer (ver **p. 251**) y, en la barra Address, escriba **www.disneylatino.com** y presione <Enter>. Allí encontrará distintos elementos:

* Botones con texto.
* Ilustraciones que funcionan como enlaces.
* Publicidad.
* Información de distinto tipo.

Simplemente recorra el sitio pulsando los diferentes enlaces. En tan sólo unos minutos, y sin siquiera pensarlo, estará recorriendo la Web.

Desde la página inicial de un sitio, puede acceder a muchas opciones a través de los enlaces.

Reconocer un enlace es sencillo: cuando se ubica el puntero del mouse sobre él, se convierte en una mano.

Glosario

En este punto de la explicación, es conveniente aclarar el significado de ciertos términos para usarlos apropiadamente.

Internet: red informática mundial encargada de enlazar otras redes de computadoras de alcance regional, local e institucional. Es el canal por el cual se utilizan los diversos medios de comunicación: correo electrónico, chat, videoconferencia o World Wide Web.

World Wide Web: conjunto de sitios ubicados en computadoras de todo el mundo, relacionados por medio de una estructura hipermedial.

Sitio: páginas alojadas dentro de una computadora, que tienen como raíz una misma dirección electrónica.

Página principal o **home page**: portada de un sitio, desde donde se puede ingresar en otras páginas utilizando los enlaces.

URL: acrónimo de *Universal Resource Locator*, es el nombre que reciben las direcciones de las páginas web.

Enlace o **link**: palabra, frase o imagen que permite pasar a una nueva página.

Las direcciones de la Web

La World Wide Web se ha expandido rápidamente en la mayoría de los países del mundo, y todo parece indicar que cada vez se hará más y más popular. Incluso se cree que, en los próximos años, éste será el medio de comunicación que prevalecerá en las preferencias de la gente.

Uno de los tantos motivos que hizo de la Web un medio masivo es la facilidad con la que es posible recorrerla: con sólo ingresar en un sitio y hacer clics en los diferentes enlaces, se puede acceder a las diferentes opciones y navegar sin mayores dificultades.

Cómo llegar a un sitio

Ingresar en un sitio es muy sencillo: simplemente hay que escribir la dirección en el navegador y esperar a que la página termine de cargar. Las direcciones de los sitios también se denominan URL, y cada página tiene la suya propia.

Debido a que la mayoría de las direcciones de la Web comienzan con www, cuando vea estas tres letras sabrá que se trata de una URL. Pero tenga en cuenta que esto no siempre es así, y hay muchas direcciones que empiezan de otra manera.

Para salir de un sitio, simplemente, escriba una nueva dirección en la barra o cierre el programa.

Como se imaginará, es imposible conocer todas las direcciones de la Red. Entonces, para poder encontrar los contenidos que desea, existen los denominados **buscadores** (ver **p. 259**), así como cientos de sitios que funcionan como guías, brindando direcciones y recomendaciones acerca de las distintas páginas de Internet.

Además, para facilitar la navegación, cuando usted encuentra un sitio al que quiera regresar en otro momento, puede almacenar su dirección para no tener que escribirla nuevamente. Para esta tarea, existe una carpeta denominada **Favorites** (ver **p. 255**), en la que usted puede organizar sus sitios web preferidos según el criterio que desee.

Preguntas frecuentes

¿Por qué algunos sitios no llevan identificación de país?

Habrá notado que muchas direcciones de sitios web no incluyen la identificación correspondiente al país. Esto sucede, particularmente, con los sitios pertenecientes o registrados en los Estados Unidos. Al registrarlos de este modo, muchas empresas y organismos obtienen direcciones más cortas que los usuarios pueden recordar con más facilidad.

Las direcciones

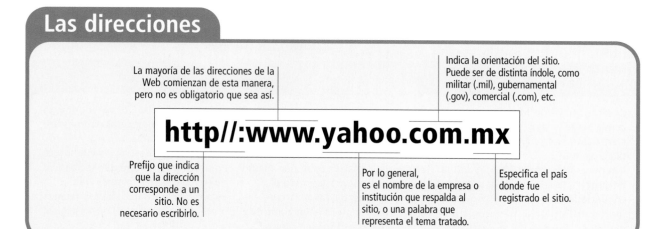

La mayoría de las direcciones de la Web comienzan de esta manera, pero no es obligatorio que sea así.

Indica la orientación del sitio. Puede ser de distinta índole, como militar (.mil), gubernamental (.gov), comercial (.com), etc.

http//:www.yahoo.com.mx

Prefijo que indica que la dirección corresponde a un sitio. No es necesario escribirlo.

Por lo general, es el nombre de la empresa o institución que respalda al sitio, o una palabra que representa el tema tratado.

Especifica el país donde fue registrado el sitio.

Internet Explorer

Navegar por la Web usando Internet Explorer es muy fácil. La nueva versión del programa incluye todo lo necesario para disfrutar de Internet sin complicaciones.

Ahora que ya tiene una idea de todo lo que puede encontrar y hacer en la Web, solamente resta aprender la forma de lograrlo.

Como usted ya sabe, además de un módem, la línea telefónica y la conexión a Internet (a través de un proveedor), es necesario disponer de un **programa navegador**, que interprete el código de las páginas y las muestre en su monitor. La principal función de los navegadores es trasladar a la pantalla del usuario toda la capacidad gráfica y multimedia que se puede hallar en Internet, incluyendo textos, gráficos, tablas, fotos, videos, sonidos, etc.

A esta altura, usted se estará preguntando dónde puede conseguir estos programas. No se preocupe: cuando contrata una cuenta de acceso a Internet, el proveedor suele suministrárselos; además, a través de la misma Red tiene la opción de obtener tanto los programas como sus actualizaciones.

A lo largo de estas páginas, explicaremos cómo funciona **Microsoft Internet Explorer** en su versión 6. Su uso es muy sencillo, y las indicaciones que aquí se brindan también pueden aplicarse sin problemas a Netscape, Firefox u otros navegadores.

Una vez que haya instalado el software, hallará el icono del programa en **Inicio/Internet Explorer**. Con Windows XP se incluye la versión 6 de Internet Explorer, pero si usted posee Windows Millennium o 98 y desea obtener la versión 6, puede obtenerla en **www.microsoft.com**.

Instalar Internet Explorer 6

Si por algún motivo no tiene instalado Internet Explorer, debe ir a **Start/ Control Panel/Add or Remove Programs/Add/Remove Windows Components**, y allí marcar la casilla que dice Internet Explorer. Seguramente se le pedirá el CD de Windows XP. Una vez que lo coloque en la lectora, los archivos correspondientes se copiarán a su disco duro.

En esta clase... 35'

> Conocerá:

Los componentes de Internet Explorer 6.

Los botones y las teclas rápidas.

Cómo navegar por sitios web.

La forma de marcar páginas como favoritas.

Cómo ver, guardar e imprimir páginas e imágenes.

Sobre el audio y video en la Web.

Componentes de Internet Explorer 6

El programa que utilizará al navegar por la Red es siempre el mismo: el navegador. Por este motivo, es importante que conozca los principales componentes de la aplicación que usará; en este caso, Internet Explorer.

Barra de título: indica el nombre de la página por la que está navegando.

Barra de menús: incluye las principales opciones del programa.

Barra de herramientas Standard: un acceso rápido a las acciones realizadas con mayor frecuencia.

Barra de direcciones, donde debe escribir la URL del sitio a visitar y presionar la tecla <Enter> para dirigirse a él.

Barra de desplazamiento vertical, para avanzar o retroceder por el contenido de la página.

En este sector se carga el contenido de la página web.

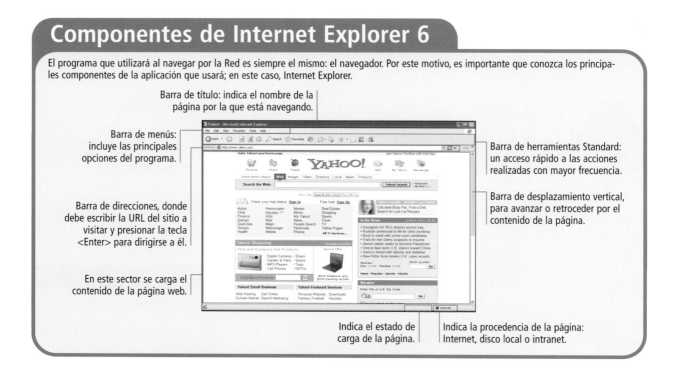

Indica el estado de carga de la página.

Indica la procedencia de la página: Internet, disco local o intranet.

La barra de herramientas Standard

En esta barra encontrará los principales comandos para navegar sin inconvenientes. Cada uno de los botones cumple una función particular, que se indica a continuación.

Back y Forward

 Los comandos Back y Forward sirven para retroceder o avanzar por las páginas ya visitadas. Pulsando las flechas ubicadas a la derecha de estos botones, se despliega un listado de los sitios para ingresar en ellos directamente.

Stop

 Permite suspender la carga de la página en cualquier momento.

Refresh

 Permite volver a cargar la página que se está viendo.

Home

Para ir a la página configurada como de Inicio.

Search

Abre la ventana de un buscador de Microsoft.

Favoritos

 Abre el panel Favorites, para agregar la dirección de una página u organizar las URLs almacenadas (ver **p. 255**).

Multimedia

 Abre el panel de Multimedia (a la izquierda de la ventana), con enlaces a archivos del disco, y a radio y video en línea.

History

Este botón abre el cuadro History, para volver a ingresar en las páginas visitadas, tal como verá en la siguiente página.

Mail

Permite enviar por correo electrónico una página completa o en forma de vínculo.

Imprimir

Se utiliza para imprimir la página que se está viendo.

Editar

 Para editar la página con Front Page, alguna aplicación de texto como Word o, simplemente, con el Notepad.

Discuss

 Abre una ventana para realizar teleconferencias.

Messenger

 Ejecuta Windows Messenger, la aplicación de mensajería instantánea que se incluye con Windows XP (similar a ICQ, que se ve en **p. 263**).

Atajos de teclado

Internet Explorer es muy fácil de usar, ya que, como habrá podido apreciar, no requiere tener demasiados conocimientos en el manejo de computadoras.

Para facilitar aún más la navegación, el programa cuenta con "atajos" que le permitirán obtener un mejor rendimiento, tan sólo empleando combinaciones de teclas. A continuación, las teclas rápidas más utilizadas en Internet Explorer.

- **<F11>**: visualizar la pantalla completa. Se minimiza la barra de botones y desaparecen las restantes, haciendo que el contenido de la página ocupe toda la pantalla. La vista anterior se restaura pulsando otra vez <F11>.
- **<Alt> + <Flecha izquierda>**: regresar a la página anterior.
- **<Alt> + <Flecha derecha>**: si ha retrocedido, permite ver la página siguiente.
- **<Alt> + <Home>**: ir a la página configurada como de inicio.
- **<Control> + <E>**: abrir el panel de búsqueda (ver **p. 262**).
- **<Control> + <I>**: mostrar el panel Favorites a la izquierda de la ventana.

- **<Control> + <H>**: mostrar el listado de sitios almacenados en el History (ver recuadro en esta página).
- **<Control> + <N>**: abrir una nueva ventana para navegar por dos páginas diferentes. Si bien es posible recorrer la Web utilizando varias ventanas en forma simultánea, tenga en cuenta que mientras más instancias de navegación abra, más lenta será cada una.
- **<Control> + <O>**: abrir un elemento guardado en el disco; también permite ingresar una

nueva dirección de Internet.
- **<Control> + <S>**: guardar una página web.
- **<Control> + <P>**: imprimir una página.
- **<Control> + <F>**: buscar una o varias palabras dentro de la página que se está visualizando.
- **<Control> + <A>**: seleccionar todo el contenido de la página.
- **<Control> + <C>**: copiar el contenido seleccionado para que esté disponible en el Clipboard de Windows (ver **p. 106**) y pueda ser pegado en otra aplicación.

History (historial)

Internet Explorer es capaz de almacenar las direcciones de las páginas visitadas en las últimas semanas, y dejarlas disponibles en la memoria para que usted pueda volver a recorrerlas cuando lo desee, sin necesidad de recordar la URL y escribirla nuevamente. Para ingresar en ellas deberá oprimir el botón History de la barra de herramientas, o ir al menú View/Explorer bar/History. Allí aparecerán los sitios ordenados según el tiempo transcurrido. Si desea acceder a alguno de ellos, sólo haga clic sobre él.

Preguntas frecuentes

¿Es posible configurar el History?

Si por algún motivo usted no desea que Internet Explorer guarde un registro de las páginas por las que navega, o si desea ampliar la cantidad de días que el programa almacena las direcciones en el History, debe seguir estos sencillos pasos:
1. En primer lugar, vaya a Tools/ Internet Options.
2. En la ventana que se abre, diríjase

a la ficha General, donde encontrará tres paneles, de los cuales el último corresponde al History.
3. Allí verá un casillero de texto, donde deberá ingresar la cantidad de días que deben pasar antes que Internet Explorer borre las direcciones del History.
4. Por otra parte, si pulsa el botón Clear History, quitará todas las

direcciones almacenadas, eliminando el rastro de los sitios por donde estuvo navegando.
5. Por último, presione OK.
En caso de que no quiera borrar todas las direcciones, pero sí desee eliminar una en particular, abra el History, haga clic derecho sobre el sitio en cuestión y, del menú que se despliega, escoja la opción Delete.

Navegar

Recorrer la Web es muy sencillo, y todo lo que necesita saber para hacerlo está a la vista en la pantalla principal de Internet Explorer.

Más allá de las páginas que visite, la forma de navegar es siempre la misma. Por lo tanto, para explicar los principales pasos de la navegación, recurriremos a un ejemplo; en este caso, la lectura de un periódico a través de Internet.

En la actualidad, la mayoría de los diarios tienen presencia en la Web, y entrando en sus sitios, es posible consultar el contenido de la edición en papel, además de material complementario, como

secciones especiales, noticias de último momento, etc.

De esta manera, si usted viaja, podrá leer el periódico de su preferencia desde cualquier parte del mundo, para lo cual sólo necesitará disponer de una PC con conexión a Internet y seguir las próximas instrucciones.

1. Conéctese a Internet (**p. 233**) y abra Internet Explorer.
2. Mediante un clic, ubique el puntero en la barra Address y escriba la dirección **www.el-universal.com.mx** (o la URL del sitio que desea visitar). Luego, presione <Enter>.
3. En la pantalla aparecerá la portada del periódico. Este proceso puede demorar unos segundos o minutos, dependiendo del tipo de conexión que usted esté utilizando y la cantidad de elementos que posea la página. Observe que, mientras la página se carga, el icono de Internet Explorer (ubicado en el vértice superior derecho) se mantiene en movimiento.
4. Como ya habrá visto, al pasar el puntero del mouse sobre un vínculo (que podrá reconocer porque está subrayado, en otro color o destacado de alguna manera), éste se transforma en una pequeña mano. Al hacer clic sobre el enlace, la mayoría

de las veces pasará a la página vinculada (en ocasiones, también puede abrir un archivo, o reproducir un sonido o clip de video, dependiendo del link).
5. Si accedió a otra página y quiere regresar a la anterior, simplemente presione el botón **Back**.
6. Si desea imprimir el contenido de la página, pulse el botón representado por una impresora.
7. Para ir a otro sitio distinto, por ejemplo, el que corresponde al diario El País de España, sólo tiene que ingresar la URL correspondiente en la barra Address; en este caso, **www.elpais.es**.
8. Cuando quiera dejar de navegar, cierre el navegador y, si no desea realizar otra actividad en Internet, desconéctese.
9. Si no quiere visitar más páginas, pero desea mantener en la pantalla la que está visualizando, puede desconectarse sin cerrar el navegador. Si bien podrá seguir leyendo sin conexión la página cargada, no podrá ejecutar los vínculos.

En ocasiones, los enlaces no están señalizados de ninguna manera, y sólo se reconocen cuando el puntero del mouse se transforma en una mano. En otros casos, pueden aparecer indicados con un icono, un color, subrayados o con la forma de un botón.

Trucos y Consejos

Autocompletar

Una de las funciones más prácticas del navegador es autocompletar. Como vimos, a medida que usted recorre la Web, Internet Explorer va confeccionando un historial, donde almacena todas las direcciones visitadas recientemen-

te. Gracias a esto, cuando usted ingresa en la barra Address las primeras letras del sitio que desea visitar, el programa la completa automáticamente. Así, con sólo presionar la tecla <Enter>, se dirigirá al sitio elegido.

En caso de que haya varias direcciones que comiencen de la misma manera, debajo de la barra se desplegará una lista con las distintas opciones, y allí usted tendrá que seleccionar la que busca, ya sea con el mouse o con las flechas del teclado.

Favoritos

Una de las funciones más interesantes de los navegadores es que permiten ir almacenando las direcciones de los sitios por los que estuvo navegando, para que, una vez que quiera regresar a ellos, pueda hacerlo mediante un solo clic del mouse.

Internet Explorer da la posibilidad de guardar las direcciones de los sitios preferidos dentro de la carpeta **Favorites**, donde también podrá crear distintas subcarpetas para clasificarlos de acuerdo con su contenido o el criterio que usted desee. Así, por ejemplo, puede tener carpetas de periódicos, sitios de noticias o fotos, entre otras alternativas.

Entonces, para trabajar con los Favoritos, debe realizar los siguientes pasos:

1. Una vez que se encuentre en una página cuya dirección quiera almacenar para otro momento, vaya al menú **Favorites** y allí escoja la opción **Add to Favorites...**.
2. Se abrirá un cuadro de diálogo en el que podrá elegir la carpeta donde desea almacenar la dirección. Márquela y presione el botón **OK**.
3. Si la carpeta no existe, para generarla debe pulsar el botón **New folder...** y escribir el nombre. Ésta aparecerá en la lista ya seleccionada. Luego, presione el botón **OK**.
4. Más adelante, cuando quiera ingresar en alguno de los sitios almacenados, simplemente debe dirigirse al menú Favorites y seleccionarlo de la lista.

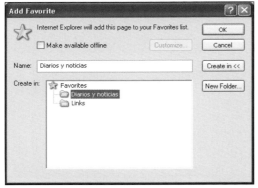

Si no desea organizar los favoritos en carpetas, en esta ventana sólo debe verificar que el nombre del sitio sea el correcto y presionar OK.

Es muy útil crear carpetas para almacenar los sitios siguiendo algún criterio. Para quien navegue durante mucho tiempo, éste es un recurso esencial, ya que permite organizar y clasificar la información recopilada.

Disponible sin conexión

El cuadro Add to Favorites incluye la opción **Make available offline** para que la página almacenada esté disponible sin conexión. Esto significa que podrá guardar su contenido, para luego visualizarlo sin necesidad de estar conectado a Internet. Si marca esa opción y presiona el botón Customize, aparecerá un asistente que lo guiará para realizar este procedimiento. Tenga en cuenta las consideraciones que se presentan a continuación:

Se le preguntará si desea descargar también los vínculos de esa página y, en caso afirmativo, cuántos niveles de enlaces quiere guardar. En ocasiones, esta opción puede resultar muy problemática. Imagine, por ejemplo, el caso del diario El Universal. Si usted descargara todos los enlaces de este sitio, posiblemente se quedaría sin espacio en el disco debido a la gran cantidad de contenido.

Si opta por sincronizar la página, encontrará dos opciones: hacerlo al elegir el comando Synchronize, del menú Tools, o programar la realización de esta tarea; por ejemplo, todos los días a las 12:00 am.

Tal vez necesite ingresar una contraseña si el sitio así lo requiere (no es muy frecuente).

Imágenes, audio y video en la Web

Una de las novedades de Internet Explorer 6 es que puede trabajar junto con **Windows Media Player**, una aplicación que Microsoft incorpora a Windows XP, y cuya función es ver y escuchar archivos multimedia de diversos formatos (si quiere saber más acerca de Windows Media Player, puede dirigirse a **p. 133**). Gracias a este acoplamiento, en ocasiones no es necesario abrir una aplicación externa para reproducir archivos de sonido o video, ya que esta tarea se puede realizar desde el mismo navegador.

Al presionar el botón **Multimedia**, a la izquierda de la ventana aparecerá el panel correspondiente, que en su parte superior contiene enlaces a archivos ubicados en sitios de la Web, y en la inferior, los comandos de reproducción de Windows Media Player.

Utilizando esta práctica herramienta, además de reproducir archivos multimedia, también puede escuchar estaciones de radio de varios países. Para hacerlo, deberá pulsar el botón **Multimedia** y, del menú que se despliega, escoger **Radio Tuner**, para que se abra Windows Media Player, donde tendrá la posibilidad de elegir la emisora según su género (melódica, clásica, etc.), país, forma de emisión y otras opciones más.

Por supuesto, para que todas estas herramientas funcionen, usted deberá estar conectado a Internet.

Windows Media Player esta completamente integrado a Internet Explorer. Es así que podrá reproducir los avances de los próximos estrenos directamente desde Internet.

También podrá sintonizar y reproducir decenas de radios de diferentes partes del mundo en vivo y en directo.

Imágenes en el navegador

Windows XP incorpora en Internet Explorer una utilidad para facilitar las operaciones con las imágenes que se incluyen en las páginas web. Así, al ubicar el mouse sobre ellas, aparecerá una barra de botones contextuales con cuatro opciones, que desaparecerá cuando mueva el puntero hacia otra ubicación.

Las funciones de estos botones, de izquierda a derecha, son: guardar la imagen, imprimirla, enviarla por correo electrónico y colocarla como fondo en el Desktop.

Si no desa utilizar esta barra de herramientas (o si posee una versión anterior de Internet Explorer), tenga en cuenta que las mismas operaciones pueden efectuarse presionando el botón derecho del mouse sobre la imagen y seleccionando la opción en el menú contextual.

Las páginas de la Web

Internet Explorer ofrece diversos recursos para que usted pueda almacenar una página, imprimir datos que se encuentren en ella o enviarla por correo. Todas estas tareas son muy sencillas de realizar, y a continuación, veremos cómo proceder en cada caso.

Guardar una página web

Mientras está navegando, tiene la posibilidad de guardar una página desde el menú **File/Save as...**. Cuando se abra el cuadro de diálogo **Save**, escriba un nombre para el archivo y elija en qué lugar del disco lo almacenará. Por defecto, el programa le asigna el nombre con el que figura en el servidor, pero usted puede ingresar el que prefiera.

Por lo general, todo el contenido se almacenará tal como usted lo visualiza en la pantalla. Sin embargo, en ocasiones quizás haya inconvenientes con el almacenamiento de algunas imágenes y formularios, debido a que ciertos sitios impiden guardar estos elementos.

Imprimir una página

Para realizar la impresión de una página, sólo tiene que pulsar el botón **Print** o ir al menú **File/Print...**. En el primer caso, Internet Explorer enviará directamente la página a la impresora.

En el segundo, se presentará el cuadro de impresión para que usted determine las opciones que desee (color, tamaño de página, copias, etc.).

Enviar una página por correo

Tanto el botón Mail, como la opción **Send** del menú **File** permiten mandar por e-mail la página completa o sólo su dirección, en forma de vínculo. Si manda la página completa, el destinatario podrá visualizar todo su contenido dentro de un mensaje HTML (ver **p. 239**). Si envía el vínculo, el mensaje incluirá únicamente el enlace a la dirección.

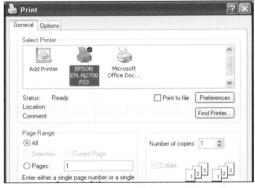

El cuadro de diálogo para imprimir una página web es similar al de la mayoría de los programas que funcionan bajo Windows (por ejemplo, Word, como se ve en **p. 160**). Por lo tanto, no tendrá dificultades en indicar los parámetros necesarios para obtener los resultados deseados.

Si opta por mandar la página por mail, se abrirá el programa de correo predeterminado, con la página ya insertada. Sólo deberá escribir la dirección del destinatario y, si lo desea, un texto para el mensaje. Recuerde que el destinatario deberá tener una aplicación que le permita visualizar el correo en formato HTML.

Trucos y Consejos

La página de inicio

Usted puede elegir la página que debe cargarse en su navegador cada vez que lo ejecute. Para hacerlo, diríjase al menú Tools/Internet options. En la ficha General aparece, en primer término, la opción de configuración para la página de Inicio. Allí podrá elegir que se abra en blanco, con la página que está viendo en ese momento o con otra dirección que deberá escribir en el casillero disponible. Tenga en cuenta que si opta por no tener página de Inicio, esto agilizará la apertura de Internet Explorer.

Problemas frecuentes

Es habitual que, durante la navegación, surjan algunos inconvenientes. Éstos no siempre se relacionan con un error de procedimiento, sino que pueden responder a diversos factores. Para evitar perder tiempo con consultas a la mesa de ayuda del proveedor o con búsquedas infructuosas, a continuación detallamos algunos de los problemas más frecuentes y sus posibles soluciones.

Imágenes faltantes

Internet Explorer carga las páginas y todo su contenido, pero en lugar de una fotografía, aparece un recuadro con una cruz. Esto puede deberse a que el diseñador de la página olvidó copiar la imagen, la borró de su ubicación en el servidor, o a que se haya cortado el proceso de carga.

Usted puede intentar visualizar la imagen faltante presionando el botón Refresh, para que la página se cargue nuevamente, o pulsando el botón derecho del mouse sobre el cuadro de la imagen y eligiendo **Show picture**, del menú contextual. Si la imagen sigue sin aparecer, lo más probable es que no esté disponible.

Page cannot be displayed

Este error puede ocasionarse porque el sitio ya fue dado de baja de Internet, o porque está momentáneamente desconectado. En ciertos casos, puede deberse a que han ingresado más visitantes de los que el sitio está preparado para recibir, de modo que se genera un estado de no disponibilidad. Otra causa posible es que la dirección sea incorrecta, en cuyo caso es conveniente que la revise o vuelva a escribirla.

Page not found

Algunos sitios no tienen un buen servicio de mantenimiento y conservan enlaces a páginas que ya fueron eliminadas. También puede suceder que la dirección esté correcta, pero el subdirectorio (aquella parte de la dirección que está después de la barra) no se encuentre disponible. En estos casos, es conveniente ingresar sólo la dirección del sitio, y luego probar sus distintos enlaces.

Página desactualizada

En ocasiones, Internet Explorer muestra alguna página ya visitada, pero con el contenido correspondiente a la última vez que ingresó en ella. Esto implica que la página estará desactualizada, y entonces deberá presionar el botón Refresh.

Cuando no es posible mostrar una imagen, aparece un cuadro con una cruz.

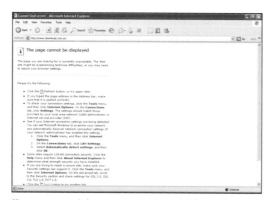

Si aparece una página como ésta, tal vez el sitio no exista, haya sido dado de baja o presente inconvenientes temporarios.

En ocasiones, el enlace a una página no ha sido actualizado, por lo que verá este mensaje en el navegador.

Cómo buscar en la Web

Encontrar lo que necesita entre millones de sitios no es tan difícil como parece. Sólo es preciso conocer los buscadores y aprender a sacarles el mayor provecho.

Como usted ya sabe, la Web está compuesta por millones de sitios que tratan los más variados temas. Incluso, todo indica que la Red seguirá creciendo, incorporando cada vez más contenido. Seguramente se estará preguntando cómo encontrar la información que necesita entre tantas páginas; no se preocupe, porque en esta clase hallará la respuesta.

Si bien existen cursos para aprender a buscar en Internet, y cientos de libros que actúan como guías temáticas, la solución está en la misma Web. Esto es así porque hay sitios dedicados a ofrecer alternativas a la hora de realizar una búsqueda, y aquí aprenderá a utilizar los más populares: **Yahoo!** y **Google**.

Es importante aclarar que un buscador no es un programa, sino un sitio como cualquier otro, en el que el usuario ingresa para hacer uso del servicio de búsqueda de contenidos.

Tecnologías de búsqueda

Básicamente, existen dos clases de buscadores, que se diferencian por el tipo de tecnología de búsqueda que utilizan.

Por un lado, se encuentran los **directorios**, en donde los sitios forman parte de un índice temático, organizado en categorías. Por otra parte, están los **motores de búsqueda**, basados, fundamentalmente, en programas informáticos que recorren las páginas de Internet y van recopilando todas las palabras que localizan para registrarlas en extensas bases de datos. De esta manera, cuando usted ingresa un término sobre el que desea obtener información, el motor de búsqueda le brinda un listado con todas las páginas que, según su base de datos, contienen dicho término.

Como podrá suponer, mientras que los directorios son mantenidos por personas que se encargan de categorizar los sitios, los motores de búsqueda casi no requieren de trabajo humano, ya que tanto el recorrido por la Web como el armado y mantenimiento de la base de datos se realizan a través de programas informáticos.

Más adelante analizaremos la conveniencia de cada método de búsqueda, y entonces usted podrá decidir cuál utilizar en cada ocasión. Más allá de las diferencias, es importante reconocer la gran utilidad de estos sitios, ya que sin ellos, buscar contenidos en Internet sería tan difícil como encontrar una aguja en un pajar.

En esta clase... (20')

> Conocerá:

Las diferencias entre los directorios y los motores de búsqueda.

Cómo buscar a través de Yahoo! y Google.

La herramienta de búsqueda de Internet Explorer.

Yahoo!

Una de las mejores opciones para comenzar a buscar en Internet es **Yahoo!**, el directorio más utilizado y mejor mantenido de la actualidad. Además de su sitio principal (en inglés, cuya dirección es **www.yahoo.com**), tiene una versión en español para países de habla hispana, que es la que aprenderemos a utilizar en esta ocasión:

1. Abra el navegador y, en la barra Address, escriba **español.yahoo.com** y presione <Enter>.
2. En cuestión de segundos, se cargará la página principal con enlaces a los diferentes servicios que ofrece este portal: correo, mensajes, noticias, clima y otros.
3. Una de las opciones para emprender una búsqueda consiste en determinar a qué categoría pertenece el tema que se está buscando. Por ejemplo, para buscar información sobre clonación, deberá ingresar en la categoría **Ciencia y tecnología**, haciendo clic en ella.
4. Pasará a otra página con diferentes subcategorías. Siguiendo con el ejemplo, podrá acceder a **Biología** y, dentro de ella, a **Genética**.
5. Finalmente, aparecerá una nueva página con la subcategoría **Clonación** y un número entre paréntesis, que indica la cantidad de sitios sobre el tema. Ingresando en esta página, encontrará los enlaces a los sitios referidos, de modo que sólo le restará acceder al deseado.

Para encontrar un sitio en Yahoo! puede optar entre dos caminos: por un lado, ingresar en una categoría y, una vez allí, navegar por las subcategorías hasta hallar el ítem buscado; por el otro, escribir una palabra clave en el casillero Buscar.

Trucos y Consejos

Yahoo! regional

Además de Yahoo! en español, este portal también posee versiones locales para los distintos países: México (**mx.yahoo.com**), Argentina (**ar.yahoo.com**), España (**es.yahoo.com**) y otros (encontrará las direcciones en la página principal del sitio). Los procedimientos utilizados para realizar una búsqueda en estos sitios regionales son similares a los explicados en esta página. De esta manera, si desea utilizar el sitio principal en inglés (**www.yahoo.com**) o alguna de las otras filiales, no tendrá ninguna dificultad, ya que los pasos son los mismos.

Búsqueda a través de palabras clave

Además de navegar por las distintas categorías temáticas de Yahoo!, también es posible hallar información sobre un tema determinado recurriendo a las palabras clave, tal como si estuviera utilizando un motor de búsqueda. Para hacerlo, simplemente, en el cuadro de búsqueda ingrese uno o más términos que sinteticen el contenido de lo que desea localizar (en este ejemplo, podría ser clonación). Luego de unos instantes, Yahoo! devolverá un listado con todos los sitios relacionados con el tema, incluidos en su directorio (como se ve en la imagen: 1 categoría y 9 sitios encontrados).

Google

Ahora que ya aprendió a buscar sitios en un directorio, explicaremos la forma de hacerlo en un motor de búsqueda, utilizando el mismo ejemplo para entender las diferencias entre estas dos modalidades.

Para aprender a manejar este tipo de buscadores, veremos uno de los más populares, completos y veloces de Internet: **Google**, cuya dirección es **www.google.com**. Una vez dentro del sitio, debe escribir la palabra clave (en este ejemplo, clonación) en el cuadro de texto que se encuentra en el centro de la página. Luego, presione el botón **Google Search**, para que comience el proceso.

Como puede apreciar, Google encontró en su base de datos 392000 páginas que contienen la palabra clonación. A simple vista, se puede ver que la diferencia con Yahoo! es abismal, y aquí radica la distinción entre un directorio y un motor de búsqueda. En los directorios, un grupo de personas se encarga de ordenar los sitios en categorías, con lo cual los resultados obtenidos corresponden a sitios que, efectivamente, tienen que ver con ese tema. Por el contrario, los motores de búsqueda devuelven un listado con todas las páginas donde aparece la palabra buscada, aunque sea de manera casual o secundaria (como consecuencia, no todas las páginas detectadas serán de utilidad).

De todos modos, para darle un mayor grado de efectividad a la búsqueda, Google ordena los sitios en relación con su relevancia, ubicando en primer término aquellos que son específicos sobre el tema.

Pero por más que los resultados estén ordenados por relevancia, tantas opciones pueden llegar a ser contraproducentes. ¿Cómo encontrar un página si el buscador devuelve una lista de casi 400000 direcciones, sin siquiera saber cuáles realmente tratan el tema buscado? Por supuesto que existen formas de precisar las búsquedas, así como también de realizar búsquedas avanzadas con el fin de reducir la cantidad de páginas a investigar, tal como veremos más adelante.

Por defecto, Google busca páginas en cualquier idioma. Pero si desea que los resultados contengan únicamente páginas en nuestra lengua, antes de comenzar con la búsqueda marque la opción Buscar sólo páginas en español.

De cada sitio, Google muestra el título (subrayado y en celeste), el párrafo de texto que incluye la palabra buscada y la dirección de la página. Una vez que decida en cuál desea ingresar, pulse el enlace correspondiente.

Tildes, mayúsculas y minúsculas

Aunque Google reconoce y acepta las tildes, en ocasiones es conveniente no incluirlas en las palabras clave, para que el buscador encuentre tanto los términos que las tengan como aquellos en que no estén escritas (por ejemplo, porque el diseñador del sitio ha ingresado mal la palabra).

Lo mismo sucede en el caso de las mayúsculas. Si las utiliza, Google buscará palabras que estén escritas tal como usted lo indicó. En cambio, si ingresa el término en minúsculas, buscará palabras escritas con ambos tipos de letras.

Directorio o motor de búsqueda

A la hora de escoger un sitio para efectuar una búsqueda, es conveniente que considere algunos aspectos, como los que se mencionan a continuación. De todas maneras, es ideal que usted realice su propia experiencia, probando ambos sistemas para luego decidir cuál usar en cada caso:

- Si no sabe muy bien adónde ir, un directorio es el lugar indicado, ya que podrá investigar las categorías y subcategorías que le vayan llamando la atención.
- Si lo que busca es específico (información sobre un término, definiciones, letras de canciones, etc.), los motores de búsqueda son más apropiados.
- Cuando quiere buscar sitios relacionados con un tema, pero no conoce direcciones específicas a donde acudir, los directorios pueden ser una gran ayuda, gracias a que un grupo de

personas ya hicieron el trabajo por usted, y relevaron el contenido de la Web, clasificándolo en categorías.

- Si lo que necesita es encontrar sitios de determinado país, región o localidad, siempre es conveniente recurrir a buscadores locales o a las filiales regionales de Yahoo!, y acotar la búsqueda a sitios sólo de ese país.
- Si desea información sobre un tema, sin importarle el idioma, tal vez sea conveniente utilizar Google, ya que la base de datos es más extensa y devolverá páginas en varias lenguas.

Búsquedas con Explorer

Internet Explorer cuenta con una herramienta para efectuar búsquedas desde su propia interfase, utilizando un servicio de Microsoft.

Haciendo clic en el botón **Search**, de la barra de herramientas, se abre el panel de búsqueda, donde deberá escribir la o las palabras clave en el casillero correspondiente. Luego de presionar el botón **Search**, en el mismo panel aparecerá el listado con los resultados. Haga clic sobre el que desee para que se cargue en la parte principal de la pantalla.

Cuando termine de revisar la lista de sitios, cierre el panel haciendo clic sobre la cruz ubicada en el vértice superior derecho.

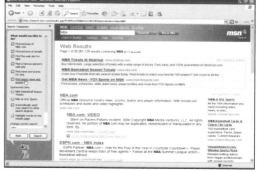

La herramienta de búsqueda de Internet Explorer también ofrece descripciones de algunos de los sitios. Para verlas, debe marcar la opción correspondiente.

Trucos y Consejos

Navegación simultánea

Por lo general, el resultado de una búsqueda arroja varios sitios. En ocasiones, con sólo leer el título o la descripción, usted sabrá cuál puede serle útil, pero muchas veces deberá ir viéndolos uno a uno hasta determinar cuál es el que necesita. En estos casos, tendrá que hacer clic sobre el enlace del primero, ingresar en él, recorrerlo, volver atrás, y

repetir el procedimiento con el sitio que sigue. Para evitar este trabajo, y mantener el listado siempre abierto, existe la posibilidad de abrir varias ventanas de Internet Explorer en forma simultánea y navegar por todas al mismo tiempo. Para abrir un enlace en una ventana nueva, simplemente debe hacer clic derecho sobre el vínculo y, en el menú

que se despliega, escoger la opción Open in New Window (otra posibilidad es hacer clic izquierdo sobre el enlace mientras mantiene presionada la tecla <Shift>).

Tenga en cuenta que no debe abusar de este recurso, ya que mientras más ventanas abiertas tenga, más lenta será la transferencia en cada una de ellas.

Mensajería instantánea

Comuníquese en tiempo real con personas de todas partes del mundo usando la mensajería instantánea, la manera más inmediata de contactarse en la Red.

Las teleconferencias permiten establecer comunicaciones en tiempo real con varios interlocutores al mismo tiempo, utilizando la Red como medio. Los mensajeros instantáneos son una manera aún más inmediata y sencilla de mantener una comunicación vía Internet. Algunas de sus características hacen que este tipo de aplicaciones sean las preferidas de los usuarios, por ejemplo:

- **Mantener conversaciones en el acto**: ya sea de persona a persona o en forma grupal.
- **Enviar archivos**: estos programas permiten compartir distintos tipos de documentos de manera muy sencilla.
- **Buscar contactos**: los mensajeros instantáneos ofrecen métodos de búsqueda para que un usuario pueda hallar con facilidad a aquellos contactos que forman parte de la red del programa y están conectados a Internet.
- **Estados**: es posible mostrar los estados de disponibilidad del usuario; por ejemplo, libre para conversar, ocupado o invisible.

Cómo funcionan

Los mensajeros instantáneos son, por lo general, programas pequeños y livianos, que fueron desarrollados para permanecer abiertos mientras existe una conexión a Internet, permitiendo que otros usuarios lo puedan "ver" y contactar.

En primer lugar, para usar un mensajero instantáneo es necesario suscribirse a una red de usuarios ingresando un apodo o realizando una suscripción que le permitirá tener un lugar dentro de esa red. Una vez que se registre, podrá buscar a los demás participantes y comunicarse con ellos, todo de manera gratuita.

Dos de los mensajeros instantáneos más populares son **ICQ** y **MSN Messenger**, cuyas listas de usuarios incluyen a decenas de millones de personas de todo el planeta. En esta clase veremos las principales funciones de cada uno de ellos. Tenga presente que, como el trabajo con este tipo de programas suele ser similar en todos los casos, no tendrá dificultades en manejar otras aplicaciones de mensajería instantánea.

En esta clase... (40')

> **Aprenderá:**

A buscar contactos.

Cómo enviar y recibir mensajes.

La manera de compartir archivos.

> **Necesitará:**

Instalar ICQ y MSN Messenger (puede obtenerlo en icq.com y www.msn.com, respectivamente).

Los programas de mensajería instantánea permiten comunicarse en tiempo real con personas de todo el mundo e interactuar con ellas.

ICQ

Ya finalizada la instalación de ICQ (un Asistente lo guiará en el proceso, para lo cual deberá estar conectado), es necesario incorporar contactos a su lista, para comunicarse con ellos cuando ambos estén conectados y tengan el programa abierto.

Diríjase a **Main menu/Add/ Invite users/Find User/ Add to list**. Aparecerá una ventana de búsqueda, en la cual podrá rastrear a una persona utilizando tres criterios: por su dirección de correo electrónico; por su apodo, nombre o apellido; o por su número de

ICQ. Luego de ingresar los datos, haga clic en el botón **Search** y espere unos segundos hasta que ICQ revise su directorio. Cuando finalice el proceso, aparecerá un listado de los usuarios encontrados. Para agregar a uno de ellos a la lista, haga doble clic sobre su nombre.

Autorizaciones

Puede suceder que la persona que usted buscó no desee ser incorporada automáticamente en la lista de contactos de otros usuarios. En ese caso, aparecerá un cuadro de diálogo para que envíe

un mensaje solicitando su autorización. Escriba su pedido y presione **Next**. También puede configurar el programa para que los usuarios que lo busquen deban pedirle su autorización. Para hacerlo, diríjase

a **Main/Preferences and Security** en el panel izquierdo, presione el botón **General** (dentro de **Security**) y seleccione **My authorization is required before users add me to their contact list**.

Debido a que pueden aparecer cientos de opciones, buscar usuarios por su nombre y apodo no es una tarea sencilla. La forma más segura de encontrar a un contacto es a través de su número de ICQ.

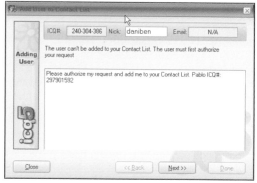

Al buscar a un contacto con ICQ, quizá sea necesario solicitarle su permiso para comunicarse, mediante un pedido de autorización.

Preguntas frecuentes

¿Cómo hacer para usar ICQ en español?

Si bien ICQ no fue desarrollado originalmente en español, existe una aplicación que traduce sus opciones e interfase a ese idioma. Se trata de LingoWare, un programa muy sencillo de utilizar, que podrá descargar desde el sitio **www.lingoware.com**.

Una vez que lo instale, siguiendo las instrucciones del asistente, y lo ejecute, deberá reiniciar la PC. Luego, abra LingoWare y active la opción de ICQ. La próxima vez que inicie una sesión, el programa de mensajería estará en español. Si no desea

traducir ICQ, no se haga problema, ya que aunque esté en inglés, es muy sencillo de utilizar.

Funciones básicas

Cuando se conecte a Internet, ICQ se ejecutará automáticamente (si no, podrá abrirlo desde el menú Start). La manera más inmediata de verificar si el programa está activo es detectar la presencia de un icono con forma de flor en la Taskbar. Haciendo doble clic sobre él, se accede a la pantalla de ICQ.

A su vez, en la lista de contactos aparecerán todos los usuarios que usted haya agregado, y allí podrá distinguir quiénes están conectados y quiénes no.

Enviar un mensaje

Una vez que tenga algún contacto en la lista, haga doble clic sobre su nombre. Se abrirá una pantalla dividida en dos sectores: en el superior, aparecerá la conversación que se desarrolle, mientras que en el inferior, podrá ingresar los mensajes para enviar, realizando los siguientes pasos:

1. Escriba su mensaje en el sector inferior de la pantalla.

2. Haga clic en el botón **Send**.

3. El mensaje pasará a la parte superior de la pantalla y lo recibirá su contacto.

Cuando usted reciba un mensaje, verá un pequeño aviso amarillo titilando en el lugar donde se encuentra la flor. Haciendo doble clic sobre él, abrirá el mensaje que le han enviado. Para responder, vuelva a escribir y pulse **Send**.

Tenga en cuenta que cuando minimice la ventana de ICQ, el programa seguirá activo (se mantendrá el icono de la flor en la Taskbar) y cualquiera podrá comunicarse con usted. En cambio, si lo cierra, ya no estará conectado a la red de ICQ por más que siga en Internet.

ICQ despliega todos los contactos en su cuadro principal, y los diferencia según sus estados o grupos. Si hace clic sobre alguno de ellos, encontrará diversas funciones para realizar.

Si bien éste es el método más simple para conversar con ICQ, en el Modo Avanzado conocerá cómo hacerlo de forma más práctica.

Cuando en la Taskbar aparezca un cartel amarillo titilando, ICQ le estará indicando que un contacto le ha enviado un mensaje.

Estados

Con ICQ es posible determinar estados de disponibilidad, que se expresan desde el icono de la flor. En el modo simple (modalidad utilizada durante esta primera parte de la clase), encontrará tres estados posibles:

• **Away**: aparecerá un aviso a quien envíe un mensaje, informando que usted no está disponible en ese momento.

• **Available/Connect**: los contactos asumen que usted está disponible para conversar.

• **Offline/Disconnect**: los contactos ven su nombre como si no estuviera conectado.

En las próximas páginas veremos el **Modo Avanzado**, en el cual encontrará, además de otras opciones, varios estados de disponibilidad adicionales, entre ellos, Privacy (Invisible).

Funciones avanzadas

Hasta aquí hemos visto las funciones más elementales del programa: agregar un contacto, y enviar y recibir mensajes. Estas herramientas son las que usará normalmente, pero debe saber que ICQ cuenta con una gran cantidad de opciones, como chat, transferencia de archivos entre usuarios, recordatorios, notas, e-mail, etc.

Chat

En muchas ocasiones, quizá se encuentre conversando con dos amigos simultáneamente, lo que significa que tendrá dos cuadros de mensaje abiertos. Sin embargo, también es posible realizar una conversación común, en la que se intercambien mensajes entre más de dos usuarios.

Para iniciar un chat, haga clic sobre el primer contacto que agregará a la conversación y elija la opción **Chat ICQ**. A continuación, deberá enviarle un mensaje pidiendo autorización para compartir la conversación. Si la otra persona acepta, se abrirá una pantalla de chat en la cual podrá comenzar a escribir y leer.

Para agregar otro participante más a la conversación, haga clic en el contacto deseado, seleccione la opción **Chat ICQ** y, en el cuadro que se abre, presione con un clic derecho el botón **Multiuser Chat**. En caso de que el contacto acepte, su nombre pasará a formar parte de la conversación grupal, de manera que aparecerá en la pantalla de chat.

Archivos

También es posible enviar un archivo a un contacto. Sólo tiene que hacer clic derecho sobre el que desea y seleccionar la opción **Send File**. Luego, elija de su disco duro el archivo que quiera mandar y haga clic en **Open**. Finalmente, escriba una breve descripción y presione **Send**. Recuerde que no es conveniente recibir archivos desde Internet y, en caso de hacerlo, es imprescindible verificar que estén libres de virus (ver p. **221**).

Información del contacto

Otra de las opciones que ofrece ICQ es conocer un poco más acerca de su contacto; por ejemplo, su fecha de cumpleaños, edad, nacionalidad, apariencia, gustos, dirección de correo, teléfono, etc. Para hacerlo, realice clic derecho sobre el contacto y elija **Users's Details**. Se abrirá un cuadro de diálogo con la información personal que el usuario ingresó al sumarse al servicio.

Si usted quiere modificar su propia información, debe ir a la opción **Main** y elegir **Main Menu/ View/Change My Details**. Se abrirá un cuadro de diálogo desde donde podrá realizar las modificaciones que desee. Una vez que los haya completado, presione **OK** para guardar y actualizar los cambios en el servidor.

Para enviar un archivo, el procedimiento es muy simple: sólo debe hacer clic izquierdo sobre el contacto y elegir la opción Send File.

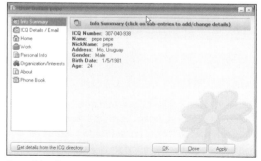

Es posible obtener más datos sobre el contacto haciendo clic derecho sobre él y, del menú que se despliega, seleccionando User's Details.

MSN Messenger 7

Otro de los mensajeros instantáneos más utilizados es Windows Messenger, la aplicación que Microsoft ofrece para esta modalidad de comunicación. Una de sus ventajas, además de la de estar incluido en Windows XP, es que está integrado en los programas de Internet, de manera que las posibilidades para comunicarse se multiplican.

Para utilizar este servicio, es necesario registrarse en la red de Microsoft. Al hacerlo, obtendrá una membresía llamada **Passport**, con la cual podrá participar de varios servicios integrados. Este paso puede realizarse simplemente dando de alta una dirección de correo electrónico en Hotmail (si quiere conocer el procedimiento, consulte **p. 244**).

Messenger le resultará aún más fácil de usar que ICQ, y en estas páginas aprenderá la manera de buscar contactos, cómo establecer una comunicación, a enviar archivos y a manejar distintos estados de disponibilidad.

Buscar contactos con Messenger

Para buscar contactos, debe dirigirse a **Contact/Add contact...** (en algunas versiones, este comando está en el menú Tools).

Se abrirá un asistente para buscar contactos a partir de su dirección de correo electrónico (si elige la primera opción), o por su nombre y país (si escoge la segunda); en ambos casos debe pertenecer a la red Microsoft. Elija la alternativa que desee y presione **Next**. Si el contacto está en línea, podrá incorporarlo en su lista.

Conectarse al servicio

Para comenzar a utilizar Messenger, es necesario abrir una sesión donde deberá ingresar el mismo nombre de usuario y contraseña que utiliza en su cuenta de Hotmail (u otro correo de la red de Microsoft). La ventaja de este procedimiento es que usted podrá utilizar Messenger desde el lugar donde se encuentre, ya que puede guardar sus contactos en la red de Microsoft y consultarlos desde cualquier computadora que tenga conexión a Internet.

Cuando quiera agregar un contacto, podrá elegir entre dos opciones. Con la primera, bastará con que ingrese la dirección de correo correspondiente para que el programa lo busque.

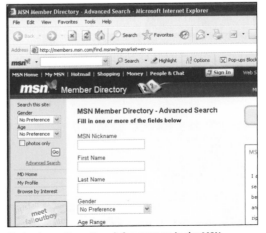

Haciendo un clic en Search for contacts in the MSN Member Directory podrá buscar a su contacto por sus datos personales.

Funciones básicas de Messenger

Enviar un mensaje con Messenger es más simple aún que hacerlo con ICQ, aunque no ofrece tantas opciones:
1. Haga doble clic sobre un contacto.
2. Se abrirá un cuadro de texto en el que debe escribir el mensaje. Luego, presione Send.
3. El mensaje aparecerá en el panel superior, donde podrá seguir la conversación.
4. Cuando alguien le envíe un mensaje, verá su nombre titilando en la Taskbar. Active la pantalla y responda, si así lo desea.

Además de enviar y recibir mensajes, la aplicación incluye otras funciones sencillas pero realmente útiles, que comentaremos a continuación.

Enviar archivos

Con Messenger, al igual que con ICQ, es posible intercambiar archivos con los demás usuarios. Para enviar un documento, vaya a **File/Send a File or Photo** y, de la lista que se despliega, seleccione el contacto. Si éste acepta, una pantalla le indicará el progreso de la transferencia. Cuando termine, el archivo habrá bajado a la computadora del otro usuario.

Cuando un contacto quiera enviarle un archivo, aparecerá en su pantalla una nota preguntando si desea recibirlo o no.

En caso afirmativo, deberá indicar dónde guardarlo.

Tenga cuidado de no abrir archivos que provengan de fuentes desconocidas.

Realizar un chat

Messenger también permite realizar conversaciones con varias personas. Sólo debe empezar a chatear con un contacto y, en el panel correspondiente, hacer clic en el botón Invite. Se desplegará un menú con los nombres de los contactos. Elija el que desee, y el panel quedará compuesto por todos los participantes de la conversación.

Estados de disponibilidad

Para cambiar de estado, puede dirigirse a **File/My Status**. Se abrirá una lista con las distintas opciones posibles.

Escoja la que crea conveniente, pero recuerde que los estados de no disponibilidad le impedirán recibir mensajes.

Entablar una conversación es sumamente simple. Sólo debe escribir los mensajes, presionar Send y leer las respuestas en el panel superior.

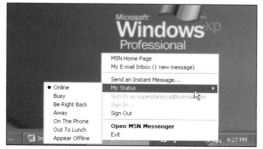

Haga clic derecho sobre el icono de la barra y vaya a My Status, para elegir su disponibilidad.

Cuando reciba un mensaje, una ventana minimizada aparecerá titilando en la Taskbar.

Descargar archivos

Sin moverse de su escritorio, usted podrá descargar información, fotos, archivos, programas, canciones y todo elemento que pueda procesarse digitalmente.

E l desarrollo de Internet generó una nueva vía para intercambiar información, poniendo a disposición de los usuarios diversos servicios con los que se puede acceder a toda clase de datos: imágenes, música, programas, videos, y todo tipo de archivos. Para hacerlo, existen variados recursos, como el correo electrónico, los programas de intercambio de archivos y los mensajeros instantáneos, entre otros. La Red permite que todo material capaz de ser procesado digitalmente pueda compartirse con usuarios de todo el mundo.

En esta clase, veremos cómo descargar programas desde Internet a su computadora. De esta manera, podrá ampliar las capacidades de su equipo, siempre y cuando verifique el origen del material a descargar (especialmente, que esté libre de virus, como se ve en **p. 219**).

Explorar la Red

Una de las formas para bajar contenido de la Red es hacerlo con el navegador. El proceso es simple y, en general, consta de los mismos pasos:

1. Dirigirse al sitio de descargas.
2. Seleccionar el archivo que se bajará.
3. Elegir la ubicación en donde almacenar el archivo.
4. Iniciar la descarga.
5. Ejecutar el archivo desde la carpeta correspondiente.

Recuerde que la velocidad de descarga dependerá del tipo de conexión que posea y del servidor desde donde la realice.

Legalidad

Todos los elementos que se encuentran en Internet están protegidos por derechos de autor. Esto significa que los autores de cuentos, novelas, fotografías, artículos periodísticos, programas, dibujos, música, películas, sonidos, etcétera, tienen el poder para decidir sobre la reproducción de sus obras. Por lo tanto, usted puede leer, ver o escuchar los elementos, pero necesita autorización del autor para difundirlos.

Las restricciones se refieren, especialmente, a la difusión comercial de las obras. Por ejemplo, un usuario puede guardar una fotografía de la Web en su disco duro para verla cuando lo desee, pero estaría incurriendo en un delito si la colocara, sin autorización de su autor, en su sitio web. Tenga presentes estos conceptos al utilizar los recursos de Internet.

En esta clase... 30'

> Aprenderá:

Los pasos para bajar programas de un servidor.

A ingresar en sitios específicos de intercambio de archivos.

Cómo guardar archivos en su computadora.

Las descargas son una de las actividades preferidas de los usuarios de Internet. Un portal que se dedica a esta tarea es **www.download.com**.

Cómo bajar programas

En Internet abundan los sitios dedicados a la distribución de aplicaciones. Algunos se ocupan sólo de esa actividad, e incluyen programas variados. Otros se centran en temas más puntuales, destinados a públicos específicos (planos de arquitectura en un sitio para arquitectos, por ejemplo), u ofrecen archivos de otro tipo (un currículum en una página personal).

En este caso, visitaremos el sitio **Download.com**, desde donde se pueden bajar programas de varias categorías, con distintas licencias de uso (freeware, trial o shareware). Como ejemplo, veremos todos los pasos que hay que seguir para descargar a su computadora un juego de ajedrez.

1 Ingrese la dirección de algún sitio dedicado a la distribución de programas; por ejemplo, **www.download.com**, de la empresa CNET. En el cuadro Search de la pantalla principal, escriba el nombre o alguna palabra de la aplicación que busca. Por ejemplo, **chess**, para encontrar un programa que le permita jugar ajedrez en su computadora.

2 La pantalla siguiente le devolverá la lista de aplicaciones que coincidan con su búsqueda. Preste atención a la fecha del juego y a la cantidad de personas que lo han descargado. Los más populares suelen ser los mejores. Claro que el tamaño también es un detalle importante, en especial si la conexión es telefónica. Haga clic en el nombre de aquel que le interese.

3 Aquí verá una descripción del programa y el enlace **Download Now**. Haciendo clic allí, aparecerá una pantalla que le pedirá que espere un instante hasta que comience la descarga. Luego de un lapso de tiempo que variará en función de la conexión y del servidor, se abrirá el cuadro de Download (Descarga) de Windows.

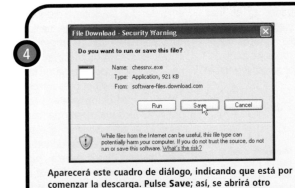

Aparecerá este cuadro de diálogo, indicando que está por comenzar la descarga. Pulse **Save**; así, se abrirá otro cuadro en el que podrá definir en qué carpeta desea ubicar los archivos.

Seleccione la carpeta en la que guardará el archivo. Si quiere, puede crear una nueva presionando el botón correspondiente.

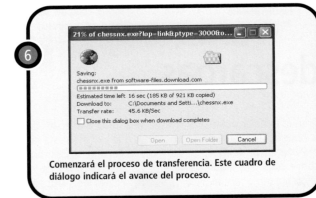

Comenzará el proceso de transferencia. Este cuadro de diálogo indicará el avance del proceso.

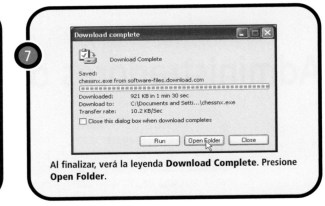

Al finalizar, verá la leyenda **Download Complete**. Presione **Open Folder**.

Se abrirá la carpeta donde se guardó el archivo. Controle que no posea virus (**p. 221**) y ejecútelo.

Tiempos de transferencia estimados

La ventana de descarga informa, a través de la tasa de transferencia, el estado del proceso, y permite estimar el tiempo aproximado que demorará. A continuación, puede observar la relación entre el tamaño del archivo y el tiempo estimado de descarga con un módem. Estos valores se reducirán en forma considerable en caso de que posea una conexión de banda ancha (**p. 277**):

- A una tasa de transferencia de 500 bytes/seg, se tardará 3 minutos y 25 segundos para bajar 100 KB, y 35 minutos para descargar 1 MB.
- Si la tasa es de 2 KB por segundo, la demora será de 50 segundos para 100 KB y de 17 minutos para 1 MB.
- A 4 KB por segundo, 100 KB tardarán 25 segundos, y 1 MB, 4 minutos con 15 segundos.

Bajar otros archivos

Como hemos visto, en la World Wide Web es posible encontrar sitios dedicados al intercambio y/o distribución de archivos informáticos de toda clase, centrados en los más variados temas y edades. Los portales, por ejemplo, incluyen material adecuado a todos los públicos. También hay sitios pertenecientes a empresas que publicitan o distribuyen sus productos por este medio. Otra alternativa son las organizaciones educativas, que suelen poner a disposición de los usuarios los formularios de inscripción a cursos.

Esta variedad de opciones no representa ninguna diferencia con respecto al procedimiento que se debe seguir para localizar determinado material. Por lo general, hay que hacer clic sobre el elemento a bajar, indicar la carpeta en donde se lo guardará e iniciar la descarga. Esta última etapa es la que presenta más variaciones, ya que depende de la capacidad de la computadora, de la disponibilidad del servidor y de la calidad de la conexión.

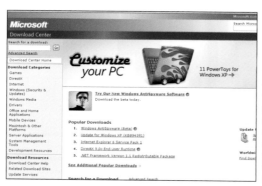

Microsoft cuenta con un sitio de descargas para todos sus productos, con distintos tipos de archivos orientados a perfeccionar el funcionamiento de la PC.

Administradores de descargas

Conocidos como **download managers**, estos programas fueron desarrollados para facilitar y ordenar la descarga de archivos. Con ellos es posible seleccionar categorías de elementos a descargar, dividir las categorías en carpetas, programar horarios específicos para realizar la operación, etc.

Estos programas también cuentan con opciones de integración en el sistema operativo, de modo que si comienza a usar alguno, podrá incorporarlo al entorno prácticamente sin notar su presencia (sólo tendrá que acceder a él en caso de que necesite realizar o modificar alguna configuración).

Existe una gran variedad de programas que cumplen esta tarea, y por lo general, se distribuyen a través de la Red en versiones de prueba o limitadas.

Preguntas frecuentes

¿Es peligroso bajar archivos?

Cuando manipule archivos en la Red, deberá ser prudente. Sobre todo, debe tener en cuenta que puede infectar su equipo con un virus o un troyano, e, incluso, tener problemas legales. Para evitar inconvenientes, considere los siguientes factores:

• **Uso de imágenes y otro tipo de archivos**: si bien es posible descargar imágenes y música de la Red, no podrá usarlas con fines comerciales sin contar con la autorización de su autor.

• **Sitios de confianza**: siempre intente recurrir a fuentes confiables; de lo contrario, estará corriendo serios riesgos.

• **Antivirus con las definiciones actualizadas**: a pesar de que la mayoría de los sitios oficiales suelen verificar la integridad de sus archivos, la descarga puede presentar algunos riesgos. Por lo tanto, es importante que revise el archivo antes de ejecutarlo o abrirlo (**p. 221**).

Videoconferencias

Aprenda a realizar una videoconferencia, una de las maneras más evolucionadas de relacionarse en la Red, utilizando video y sonido.

L as videoconferencias permiten que dos o más usuarios conectados a la Red se comuniquen a través de voz e imágenes. A pesar de que esta forma de comunicación existe hace poco tiempo, el concepto no es nuevo: hace años que las películas de ficción proponen tecnologías del futuro en las que las conversaciones por teléfono se complementan con imágenes de quienes participan de la comunicación.

Finalmente, la revolución tecnológica y la explosiva difusión de Internet hicieron realidad este interesante medio de comunicación. De hecho, cualquier persona que cuente con los elementos adecuados para captar audio y video (es decir, una **tarjeta de sonido**, **bocinas**, **micrófono** y una **webcam**) podrá participar de una videoconferencia. Por otro lado, el hardware necesario no es costoso, y tanto su manejo como el del software son sumamente sencillos.

Es importante aclarar que, más allá de ser práctico y entretenido, este servicio tiene muchas funciones:

- **Educación**: la educación a distancia permitirá asistir a conferencias que se realicen en cualquier lugar del mundo.
- **Medicina**: esta tecnología ha permitido que se puedan realizar intervenciones quirúrgicas a distancia.
- **Seguridad**: los sistemas de vigilancia y defensa pueden aumentar su eficacia y confiabilidad.

- **Ciencia**: las utilidades para esta disciplina son incalculables. Por ejemplo, las comunicaciones con expediciones al espacio exterior.

Éstos son algunos de los campos en los cuales las videoconferencias acercan importantes soluciones. Por supuesto que son sólo algunas de las posibilidades, y es muy probable que, a medida que este servicio se popularice, se vayan desarrollando nuevas utilidades.

En esta clase veremos cómo realizar una videoconferencia utilizando Windows Messenger, la aplicación de mensajería instantánea que conoció en **p. 267**, que permite llevar a cabo esta tarea de forma ágil y rápida.

En esta clase... (20')

> Aprenderá:

A configurar video y sonido.

Cómo realizar una videoconferencia.

A utilizar otras funciones.

> Necesitará:

Webcam.

Tarjeta de sonido, micrófono, bocinas o parlantes.

Configurar la aplicación

La integración de Messenger con NetMeeting, la clásica aplicación para realizar videoconferencias (ver recuadro), permite comunicarse en forma instantánea con un contacto que se encuentre en línea, utilizando un micrófono y una cámara para enviar sonidos e imágenes. Claro que ambas personas deben estar usando la misma aplicación, y tener estos elementos de hardware. En caso de que uno de los participantes de una videoconferencia no posea alguno de estos periféricos, no podrá emitir sonidos o enviar imágenes, aunque sí podrá recibirlos.

Antes de llevar a cabo su primera videoconferencia, es necesario configurar la aplicación y poner a punto los dispositivos que se utilizarán. Para hacerlo, abra Messenger y seleccione **Audio/Video Tunning Wizard...** del menú Tools. Se iniciará un asistente que le permitirá configurar estos periféricos para que funcionen de forma adecuada. Una vez que finalice este procedimiento, estará listo para iniciar una videoconferencia.

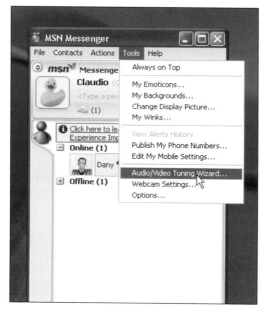

Antes de iniciar el Asistente para ajuste de audio y vídeo, asegúrese de cerrar las aplicaciones que tenga abiertas y controle que los periféricos necesarios estén conectados.

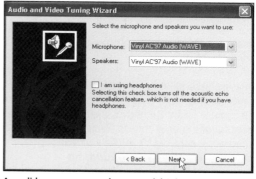

A medida que avance en los pasos del Asistente, realice las verificaciones que se le solicitan. De esta manera, se asegurará de que su equipo funcione correctamente.

Usar NetMeeting

NetMeeting es la aplicación clásica utilizada para realizar videoconferencias, hasta la llegada de las últimas versiones de Messenger.

Una de las principales características de NetMeeting es que posibilita conectarse con servidores en los que puede encontrar a muchos otros usuarios dispuestos a participar en videoconferencias. Para utilizar esta aplicación, en primer lugar deberá abrir Internet Explorer y, allí, seleccionar **Internet call** del menú File/New. Una vez abierta, para realizar una videoconferencia, deberá conectarse a un servidor y efectuar otras configuraciones más avanzadas.

Debido a que lo más común es realizar videoconferencias con personas conocidas y, sobre todo, dada su facilidad de uso, en esta clase se utilizará Messenger para explicar los procedimientos.

Iniciar una videoconferencia

Debido, sobre todo, a la integración de los servicios de Internet en la mayoría de las aplicaciones, Windows XP ofrece varias maneras de iniciar una videoconferencia. Seguramente, la forma más práctica para comenzar es a través de un contacto abierto en Messenger. Por lo tanto, en primer lugar, abra Messenger y haga doble clic sobre un contacto para acceder a la ventana de mensajes. Luego, proceda de acuerdo con los pasos que se enumeran a continuación. Tenga en cuenta que si un contacto no acepta su invitación, puede deberse a que no dispone de una tarjeta de sonido, una cámara o un micrófono.

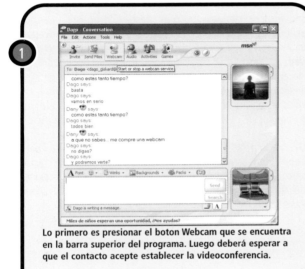

1 Lo primero es presionar el boton Webcam que se encuentra en la barra superior del programa. Luego deberá esperar a que el contacto acepte establecer la videoconferencia.

2 Una vez que el contacto acepta, podremos iniciar la videoconferencia. Asegúrese de que su cámara esté dirigida al sector que desea captar.

3 La conversión continúa normalmente pero con el agregado de poder transmitir imágenes en tiempo real.

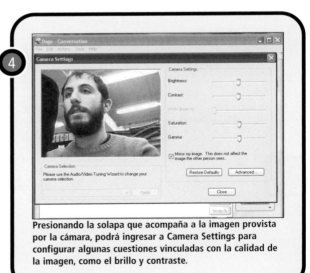

4 Presionando la solapa que acompaña a la imagen provista por la cámara, podrá ingresar a Camera Settings para configurar algunas cuestiones vinculadas con la calidad de la imagen, como el brillo y contraste.

Otras funciones

Messenger ofrece otras opciones que resultan muy prácticas para el trabajo en grupo: Whiteboard y Application Sharing.

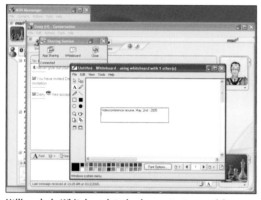

Utilizando la Whiteboard, todos los contactos participantes ven la misma aplicación (con funciones básicas de dibujo) y pueden ir generando el contenido. Todo lo que se incluya será visto por los demás.

Whiteboard

Esta herramienta permite compartir un espacio virtual con los participantes de la videoconferencia, donde realizar dibujos, esquemas y diseños, en los que todos podrán participar y visualizar los resultados en tiempo real.

Para activar esta opción, de la ventana de conversación de Messenger, despliegue el menú Actions/Start an Activity y seleccionar Whiteboard.

Se abrirá una aplicación, bastante parecida a Paint (**p. 281**), en la pantalla de todos los participantes, con funciones básicas de dibujo.

Application Sharing

La posibilidad de compartir cualquier aplicación amplía aún más las capacidades de trabajo en grupo de Windows Messenger. Con esta utilidad, por ejemplo, es posible que varios usuarios trabajen sobre un mismo documento de texto, directamente en el programa de origen.

Para utilizar una aplicación junto con un contacto que se encuentre conectado, en primer lugar deberá abrir el programa que desea compartir. Luego, desde la ventana de conversación, seleccione el contacto dentro del menú Actions/Start an Activity y realice un clic en Application Sharing. Se abrirá un cuadro de diálogo en el que deberá indicar cuál es la aplicación y presionar el botón Share.

Es importante aclarar que para que el otro usuario pueda ver y trabajar con la aplicación seleccionada, también deberá tenerla instalada en su PC .

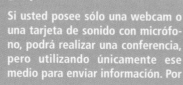

Luego de enviar la invitación para compartir aplicaciones, en este cuadro de diálogo deberá indicar de cuál se trata, haciendo clic sobre ella y presionando el botón Share.

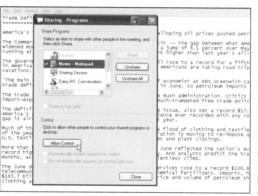

Si usted lo permite, es posible que la otra persona tome el control y pueda realizar cambios en el documento. Para hacerlo, una vez compartida la aplicación, presione el botón Allow Control.

Preguntas frecuentes

¿Es posible realizar una conferencia sin alguno de los elementos?

Si usted posee sólo una webcam o una tarjeta de sonido con micrófono, podrá realizar una conferencia, pero utilizando únicamente ese medio para enviar información. Por ejemplo, podrá enviar sólo voz o sólo imágenes. De la misma manera, las posibilidades de sus contactos dependerán de los periféricos que posean.

Internet de banda ancha

Cada vez son más las conexiones hogareñas a Internet a través de canales que posibilitan mayor velocidad de transmisión y enlace permanente.

L a banda ancha es sinónimo de Internet de alta velocidad. Se trata de una tendencia que se viene acentuando en los últimos tiempos, y se estima que su crecimiento será cada vez mayor. Hoy en día, existen muchos servicios de este tipo al alcance del usuario hogareño.

Las conexiones de banda ancha difieren notablemente de las que se realizan a través de la línea telefónica. El acceso a la Red se logra por medios que permiten estar conectado durante las 24 horas, no se utiliza el teléfono y permite obtener velocidades mucho más altas, de modo que se facilita la transmisión de grandes paquetes de datos (programas, música, videos, etc.) y, por ende, el acceso a contenidos multimedia.

Las diferencias en los distintos servicios de banda ancha se definen por la tecnología que utiliza cada tipo de conexión, y que veremos en la página siguiente.

Ventajas de los servicios de banda ancha

Como ya se ha dicho, las principales características de los servicios de banda ancha son:

- Conexión permanente a Internet.
- La velocidad de transmisión de datos puede llegar a ser hasta 10 veces mayor que la de un módem telefónico.
- La línea telefónica de voz queda liberada.

Estas especificaciones le permitirán aprovechar Internet al máximo, por ejemplo, para realizar las siguientes actividades:

- Recibir correo en instantes.
- Estar disponible todo el tiempo que lo desee para comunicarse a través de mensajeros instantáneos (usando ICQ o Windows Messenger, **p. 263**).
- Acceder a radios de todo el mundo y escucharlas con óptima calidad.
- Presenciar transmisiones de audio y video de alta calidad, en tiempo real.
- Ingresar en la mayoría de las páginas en pocos segundos, con lo cual la navegación se vuelve mucho más dinámica y se favorece la interactividad.
- Jugar en tiempo real con otros usuarios de la Red.
- Descargar y enviar archivos de aplicaciones, datos, música, etc., en un tiempo hasta 10 veces menor.
- Compartir la conexión entre varias computadoras en red, sin disminución significativa en la velocidad de acceso.

En esta clase... 10'

> Aprenderá:

Qué son los servicios de banda ancha.

A analizar sus ventajas.

Qué elementos tomar en cuenta para elegir un servicio y un proveedor.

Tipos de servicios de banda ancha

La mayoría de los servicios denominados de banda ancha comparten las características antes mencionadas, aunque puede haber algunas variaciones. Una de las principales restricciones es que la disponibilidad de los servicios está determinada geográficamente, y las ciudades grandes son las que ofrecen mayores opciones de conexión.

Las formas actuales de acceso a Internet de banda ancha son:

- **Cablemódem**: a través del cableado que se utiliza para la transmisión de televisión por cable, se conecta un módem a una placa de red en su PC.

Puede ser de dos vías (envía y recibe información) o de una vía (sólo recibe información). En este último caso, los datos que salen lo hacen a través del módem telefónico utilizando la conexión dial up.

- **ADSL**: el módem se conecta a la instalación telefónica, pero sin interferir en la utilización de la línea de voz.
- **Inalámbrico por radio**: también requiere de una placa de red y un módem especial que se conecta a una antena de transmisión de frecuencias de radio. Resulta muy útil en aquellas zonas en las que no llegan los

otros servicios, pero su funcionamiento está supeditado a las condiciones climáticas.

- **Satélite**: en algunas regiones está disponible el servicio de Internet por satélite, que conecta la PC a la antena satelital por la que también se pueden recibir transmisiones de televisión. Al igual que en el cablemódem, existen conexiones de una o dos vías. Una de sus ventajas es que está disponible en zonas alejadas o a las que no llegan los servicios basados en redes de cableado, pero también está sujeto a las variaciones climáticas.

¿Qué servicio elegir?

Los servicios varían mucho en función de la zona de residencia, de las posibilidades y de las prestaciones de los diferentes proveedores. En principio, todos brindan

acceso las 24 horas. En cuanto a la velocidad de transmisión, algunos ofrecen hasta 2 MB, pero el costo en este caso puede resultar elevado. La cantidad de casillas de correo electrónico que se ofrecen puede ser una diferencia importante para las familias con muchos usuarios, pero puede neutralizarse con el uso de correo gratuito (ver **p. 243**). Otro elemento a tener en cuenta

es la posibilidad que brindan muchos proveedores de alojar páginas web.

En cuanto a los costos, éstos varían, y existen promociones según la región y el proveedor. Otros aspectos fundamentales que debe tener en cuenta son la cantidad de usuarios, la disponibilidad de servicio técnico y la extensión de la Red, ya que determinarán el tipo de servicio que obtendrá.

Preguntas frecuentes

¿Es conveniente tener servicio de banda ancha?

Seguramente, la respuesta a esta pregunta debe nacer de un balance entre sus necesidades y su capacidad de pagar por este servicio. Si se conecta a Internet más de cuatro horas diarias para trabajar, entonces la banda ancha representaría una solución en lo que se refiere a la calidad

de la conexión, un recurso para la búsqueda de material y un aumento en la capacidad de comunicación. Por ejemplo, sería una buena alternativa para un periodista o un diseñador independiente. Para el uso hogareño, también puede ser una solución, en tanto es posible que

muchos integrantes de la familia se conecten varias veces al día. También es un servicio rentable para una oficina o empresa, para las que se suelen ofrecer servicios especiales preparados para admitir varios usuarios simultáneos y el tráfico de mayor cantidad de información.

PROYECTOS

- Un cartel con Paint.

- Tapas para CDs con Paint.

- Un calendario con Word.

- Prepare un curriculum.

- Gráficos con Excel.

- La contabilidad hogareña con Excel.

- Convertir canciones a MP3 y grabar un CD.

- Una presentación de negocios con PowerPoint.

Realizar un cartel con Paint

A partir de un ejemplo concreto (en este caso, un sencillo cartel de "No smoking"), conocerá las principales herramientas de Paint, el programa de dibujo que se instala en la PC junto con Windows.

Para empezar, entonces, abra esta aplicación, desplegando el botón Start. Allí, presione All programs y, dentro de Accesories, elija **Paint**.

En este proyecto... (20')

> Aprenderá:

Cómo configurar la página y el área de dibujo.

A realizar figuras simples.

La forma de agregar texto.

Cómo imprimir y guardar su trabajo.

Determinar el tamaño de la página (1)

En el primer paso, deberá definir el tamaño de la página en la que imprimirá el cartel. Es importante especificar las medidas de la hoja que tiene en su impresora, ya que de esta forma, todo el trabajo se realizará en base a ellas. Para hacerlo, seleccione **Page setup...** del menú File. Allí determine los siguientes datos y luego presione OK:

- **Size**: elija el que se adapte a las hojas colocadas en la impresora; por ejemplo, **A4**.
- **Source**: se refiere a la bandeja de la impresora que contiene el papel. En general, no hace falta cambiar la opción que ya está seleccionada.

- **Orientation**: define la posición en que se leerá la página (Portratit o Landscape). Para este ejemplo, se utilizará la orientación Portratit.
- **Centering**: se pueden marcar las dos opciones para establecer que el dibujo quede centrado tanto horizontal como verticalmente.
- **Margins**: puede definir los espacios izquierdo, derecho, superior e inferior que quedarán en blanco entre los límites de la hoja y el contenido (los valores están en pulgadas). En este caso, coloque 0,75 en todos ellos.
- **Scaling**: puede indicar un porcentaje para agrandar (mayor

que el 100%) o achicar (menor que el 100%) el dibujo en la página. Deje la opción establecida (Ajustar al 100% del tamaño normal).

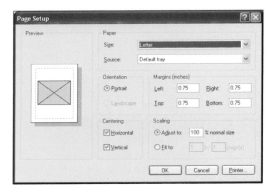

2 Definir las propiedades del dibujo

Además del tamaño de la página, antes de empezar a dibujar, Paint requiere que se especifiquen otras opciones. Para hacerlo, ingrese en **Atributes...**, del menú Image:

- En **Units**, marque la opción **cm**, para trabajar con ese sistema de medida.
- También deberá definir si el dibujo será blanco y negro (black and white) o en colores (colors). Este parámetro quedará establecido, sobre todo, por las posibilidades de su impresora (si ésta imprime en blanco y negro, no tiene demasiado sentido trabajar en colores).

- Otro punto importante es precisar las dimensiones del dibujo, colocando las medidas del **ancho (Width)** y **alto (Heigth)**. El cartel puede ser de cualquier tamaño, aunque, para luego imprimirlo en una hoja normal, deberá ser menor que la página definida en el paso anterior. Una forma de calcular el tamaño de la imagen es restarle, a la medida final, los márgenes: en este caso, entonces, quedarían **16** (ancho) y **12** (alto).

3 Realizar la circunferencia

En un caso como el de este ejemplo, es conveniente dibujar en primer lugar la circunferencia que contendrá al otro dibujo, para luego realizar la figura en su interior.

Como se requiere que la línea sea bastante gruesa, habrá que trazar dos circunferencias, una exterior y otra interior, y después pintar el espacio comprendido entre ambas.

Seleccione la herramienta **Elipse**. Entre las opciones que ofrece, elija la primera (trazo sin fondo), para dibujar sólo el borde de la figura.

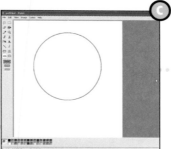

Desplace el cursor hasta el área de trabajo donde quiere comenzar el trazado (en el sector superior izquierdo). Para dibujar circunferencias perfectas, debe mantener presionada la tecla <Shift> mientras desplaza el cursor. Mueva el mouse hacia el sector inferior derecho del área de trabajo, hasta lograr una circunferencia del tamaño deseado.

Como se habrá dado cuenta, para dibujar una circunferencia, debe colocar el cursor un poco más afuera del lugar donde quiere que empiece el borde, y ahí comenzar a dibujarla, manteniendo presionado el botón del mouse. Por lo tanto, para que la segunda circunferencia salga a una distancia considerable de la primera, puede empezar a dibujarla ubicando el cursor en la línea de la anterior, en la parte superior izquierda. Si no le sale bien la primera vez (suele suceder), puede volver atrás, seleccionando la opción **Undo**, del menú Edit.

Luego seleccione el color rojo, haciendo clic con el botón izquierdo sobre él en el cuadro de colores.

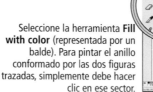

Seleccione la herramienta **Fill with color** (representada por un balde). Para pintar el anillo conformado por las dos figuras trazadas, simplemente debe hacer clic en ese sector.

Dibujar el cigarrillo

Ahora tiene que dibujar el cigarrillo dentro del anillo generado en el paso anterior. Lo mejor es crear figuras simples que sean fáciles de entender. En este caso, se utilizará un rectángulo de borde negro para delinear la figura principal, y un rectángulo menor en un extremo (de color rojo) para imitar la llama. Además, dibujaremos líneas curvas grises como si se tratara de humo.

a Seleccione la herramienta **Rectangle** y el color negro, y luego dibuje la figura en el centro del círculo: coloque el cursor donde quiere que comience la figura, haga clic y, manteniendo presionado el botón del mouse, desplácelo en diagonal hasta lograr la forma correcta.

b

Cambie el color de relleno, presionando el botón derecho del mouse sobre el rojo, en el cuadro de colores.

d

Para agregar el humo del cigarrillo, se utiliza la herramienta **Curve**. Selecciónela y elija un ancho mayor para la línea. También cambie el color, haciendo clic sobre el gris en el cuadro de colores.

c

Trace un rectángulo en el extremo derecho del anterior; éste quedará pintado de rojo.

e Trace una línea recta sobre el sector derecho del cigarrillo, dibujándola sin soltar el botón del mouse.

f

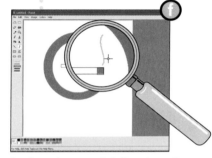

Para lograr las curvas de la línea, haga clic sobre algún sector de ella y, sin soltar el botón del mouse, desplácelo hacia la derecha. Luego, haga clic en otro sector y desplace el mouse hacia la izquierda. Así quedará definida la curva gris, simulando el humo. Del mismo modo, trace dos líneas onduladas más.

Tachar el dibujo

Para que el cartel adopte el significado de "prohibido", es necesario generar una línea roja que cruce el cigarrillo realizado anteriormente:

a Elija la herramienta **Line** y seleccione el color rojo, haciendo clic sobre él en el cuadro de colores.

b

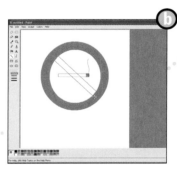

Trace una línea oblicua desde el sector superior izquierdo hasta el inferior derecho del círculo. Luego, marque otra línea a una distancia razonable de la anterior, para que, al pintar el espacio entre ambas, quede un ancho similar al del anillo.

c Seleccione la herramienta **Fill with color** y haga clic sobre las zonas a pintar entre estas dos líneas.

d

En caso de que queden sectores de otro color (como las líneas negras de la figura generada), deberá hacer clic en ellos con el fin de lograr que la línea de "prohibido" quede uniforme.

6 Colocar el texto

En este paso debe escribir el texto "No smoking" en la parte inferior del cartel. Si no puede visualizar este sector de la página, utilice la barra de desplazamiento vertical.

Seleccione la herramienta **Text**. Si lo desea, puede cambiar el color, haciendo clic sobre el que prefiera en el Cuadro de colores. En las opciones de la herramienta, elija la segunda (sin fondo).

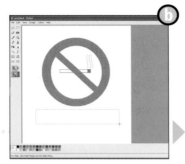

Asigne el tamaño que desee darle al texto dentro del dibujo. Para dibujar la "caja de texto", tiene que proceder como si dibujara un rectángulo, mientras mantiene presionado el botón del mouse.

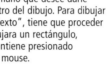

Se abrirá la barra Fonts, en la que podrá elegir el tipo de letra, el tamaño, y los atributos negrita, cursiva y subrayado (ver **p. 155**). Una vez establecidos estos parámetros, escriba la frase; si quiere hacerlo en mayúsculas, presione previamente <Caps Lock>.

Para terminar, haga clic fuera de la caja de texto, para que la frase quede fijada al resto del dibujo.

7 Imprimir y guardar

Ahora el cartel está listo para imprimir. Si pasa a la opción **Print Preview**, del menú File, podrá ver cómo quedará el trabajo final. De esta manera, tendrá una imagen de la página terminada antes de imprimirla. Si desea hacer alguna modificación, presione el botón Close para volver a la vista Normal y trabajar sobre el cartel.

Al terminar el trabajo, cierre Paint, presionando el botón correspondiente del ángulo superior derecho (X) o mediante la opción **Exit** del menú Archivo.

Si todo está como usted desea, desde la Vista preliminar, directamente, presione el botón **Print...** (en la vista Normal encontrará el mismo comando, dentro del menú File). En el cuadro de diálogo que se abre, puede indicar el número de copias que desea realizar, así como las páginas a imprimir (en aquellos casos en que el proyecto ocupe más de una). Presione **OK** y espere el cartel impreso a la salida de su impresora.

Un paso muy importante es guardar el trabajo para imprimirlo en otra ocasión o modificarlo si es necesario. Para hacerlo, seleccione **Save As...** del menú File. Allí establezca un nombre para el dibujo y la carpeta donde desea almacenarlo. Por último, presione **Save**.

Tapas para CDs con Paint

Si alguna vez grabó un CD, tal vez haya escrito en la tapa los nombres de las canciones. Pero, ¿no sería mejor crear carátulas vistosas y coloridas? En este proyecto, aprenderá a realizar una tapa para un CD, que incluya fotografías y texto. Verá que, siguiendo un simple procedimiento, logrará que cada CD se destaque y sea reconocido por el diseño de su tapa. En este caso, utilizaremos nuevamente Paint, el sencillo accesorio para dibujo y pintura que se instala junto con Windows.

En este proyecto... (25')

> **Aprenderá:**

Cómo ajustar el tamaño de una foto.

A escribir textos sobre una foto.

La forma de ajustar el formato y aplicar una sombra al texto.

> **Necesitará:**

Una foto

Abrir el archivo (1)

Para trabajar con una fotografía en **Paint**, primero es necesario abrir el archivo que la contiene. Despliegue el menú **File** y elija la opción **Open**. En el cuadro de diálogo que se presenta, haga doble clic en la unidad de disco, la carpeta y, por último, el archivo de la fotografía que desea utilizar en la tapa.

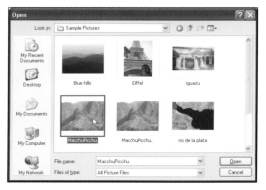

Comprobar la medida (2)

El próximo paso es obtener las medidas de la fotografía. Del menú **Image**, pulse en el comando **Attributes**. En la caja de diálogo que se abre, seleccione la unidad centímetros (**cm**). Tome nota, en un papel, de los valores de ancho y alto de la fotografía. Para cerrar la caja de diálogo, presione **OK**.

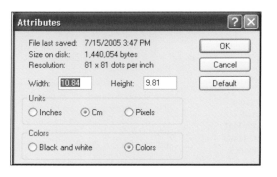

3 Adaptar la medida de la foto

Las medidas de la tapa deben ser 12 por 12 cm, para que ésta coincida con el espacio disponible en las cajas de los CDs. Para ajustar la fotografía a estas dimensiones, se utiliza la opción **Stretch and Skew...** del menú Image. En esta ventana puede au-

mentar o disminuir el tamaño de la fotografía, utilizando porcentajes (dependiendo del tamaño original de su foto, deberá aumentar o disminuir este valor para llevarlo a 12 cm). Para mantener la relación proporcional y evitar que la imagen se deforme,

tendrá que aplicar el mismo valor tanto vertical como horizontalmente. En el ejemplo, por las medidas originales de la foto, la imagen se amplió al 121%, pero usted deberá aumentar o disminuir el tamaño según la fotografía que utilice.

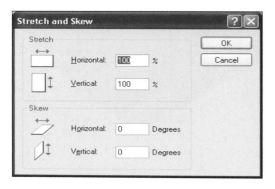

Trucos y Consejos

Guardar

Es conveniente guardar la tapa en un archivo diferente (con otro nombre), para conservar el original, la fotografía, intacto. Para hacerlo, despliegue el menú File y seleccione la opción Save As.... En la ventana que se abre, elija la unidad y carpeta en la que guardará el archivo, y luego escriba el nombre que le asignará a la tapa.

4 Ingresar el texto

Para que la tapa que está desarrollando quede completa, debe contener un título o algunos datos del CD.

La inserción de texto en Paint es una tarea muy sencilla de realizar, pero requiere de varios pasos: primero deberá crear una caja de

texto (como si estuviera dibujando un rectángulo), y luego, podrá comenzar a escribir lo que desee y aplicarle formato.

En primer lugar, seleccione la herramienta **Text** y elija la segunda de sus opciones (sin fondo).

Con el cursor convertido en una cruz, dibuje el rectángulo o caja de texto, manteniendo presionado el botón y desplazando el cursor desde un extremo hacia el otro.

Al soltar el botón del mouse, aparecerá el cuadro de texto. En su interior, un cursor titilante señala la posición donde podrá ingresar el texto que desee. Escriba allí el título del CD.

Modificar el formato del texto

5

Luego de escribir el texto de la tapa, puede modificar su formato. Primero tiene que seleccionar la frase, colocando el cursor al principio del texto y, con el botón izquierdo del mouse presionado, desplazarlo hasta el final. Al soltar el botón, el texto quedará seleccionado. El formato se modifica por medio de la barra de herramientas Fonts (allí encontrará el tipo de letra, tamaño y estilo). Si no está activa, despliegue el menú View y seleccione la opción Text Toolbar.

Moviendo el cursor hacia el borde de la caja, éste adoptará su forma habitual: la flecha. Esto significa que la caja de texto puede ser desplazada. Arrastre el texto hacia la ubicación que considere más apropiada.

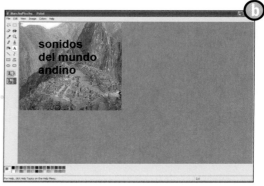

Luego de elegir el formato adecuado y de posicionar el texto en el sitio que le corresponde, ya podrá fijarlo al fondo de la imagen: ubique el cursor del mouse fuera de la caja de texto y haga un clic. El título ya quedó incorporado a la portada.

Agregar sombra al texto

6

A pesar de que Paint no es el programa más sofisticado para la edición de imágenes y textos, a través de ciertos "trucos" es posible mejorar el aspecto de la tapa, teniendo en cuenta algunos detalles. Por ejemplo, cuando los textos atraviesan zonas claras y oscuras alternativamente, es difícil elegir el color más apropiado. Una solución práctica es crear una sombra oscura, ingresando en primer lugar el texto en negro tal como lo hizo en el paso anterior, para que sea utilizado como sombra.

Luego, tiene que crear una caja de texto idéntica a la anterior (con igual texto y formato), pero con un color diferente, preferentemente claro o muy intenso.

Para simular el efecto de una sombra, sitúe esta última caja de texto sobre la primera, desplazándola un poco para simular la sombra.

7 Insertar una forma geométrica

Para que la tapa quede aún más interesante, una opción es incorporar algunos detalles gráficos. Por ejemplo, puede agregar el nombre de una ficticia compañía discográfica, utilizando una forma geométrica como fondo del texto.

Luego, dibuje la forma sobre la fotografía.

Antes de dibujar la forma, presione el botón de la herramienta deseada (en el ejemplo se utilizó **Rounded rectangle**), elija el estilo de relleno y el color.

Ahora ingrese el texto del logotipo. Para hacerlo, seleccione un color que contraste con el de la forma e inserte el texto tal como se indicó en los pasos anteriores.

8 Verificar los resultados e imprimir la tapa

Antes de finalizar el proceso, es conveniente visualizar cómo se imprimirá la tapa. Del menú **File**, elija la opción **Print Preview**. Allí podrá ver el aspecto que tendrá una vez impresa (para acercarse o alejarse presione los botones correspondientes). Para salir de la vista, presione **Close**.

Trucos y Consejos

La contratapa

El procedimiento para diseñar la parte posterior de la tapa es similar al visto en estas páginas, y depende de sus gustos y necesidades. Al realizar la contratapa, tenga en cuenta que las dimensiones no son iguales, ya que debe incluir también los lomos de la caja.

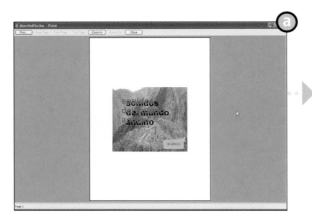

Una vez que la tapa está lista, guarde el archivo e imprímalo, seleccionando **Print** del menú File. En el cuadro de diálogo que se abre, podrá configurar algunos parámetros de impresión (como la cantidad de copias que se harán). Para comenzar la impresión, presione Print.

Para acercarse o alejarse, presione los botones correspondientes de la barra de herramientas. Cuando desee salir de la Print preview, pulse el botón Close. Si quiere realizar algún cambio, hágalo y vuelva a pasar a la Print preview.

 El último paso de este trabajo es recortar prolijamente la tapa por los bordes. ¡Listo! Ahora ya puede colocarla en la caja del CD.

Calendario con Word

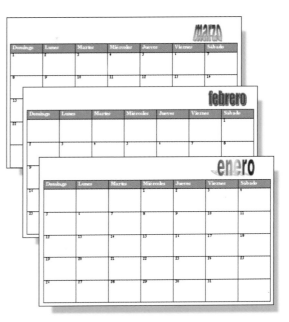

En este proyecto verá, de forma práctica, cómo generar un calendario utilizando tablas. Igualmente, podrá adaptar los procedimientos a otro tipo de documentos que requieran organización similar: recordatorios, cronogramas de pagos, horarios escolares, etc.

Además del manejo de tablas, veremos algunas otras herramientas para mejorar la presentación: WordArt para generar texto con efectos especiales, y encabezados y pies de página.

En este proyecto...

> **Aprenderá:**

A generar un calendario usando tablas y otras herramientas.

Cómo mejorar la presentación del proyecto.

A insertar encabezados y pies de página.

> **Necesitará:**

Conocimientos sobre tablas (**p. 169**).

Generar el documento ①

Por supuesto, el primer paso es generar un nuevo documento (antes, abrir Word si no lo hizo aún). Luego, debe definir algunas opciones con respecto a la página, ingresando en **Page Setup...** del menú File. En la ficha Margins, coloque 3 cm en todos y elija orientación **Landscape**. Esta orientación es la más adecuada para el tipo de documento que vamos a generar.

La mejor orientación para este proyecto es Landscape, pero puede elegir la que usted prefiera.

Modificar la vista ②

Para visualizar todos los elementos tal como van quedando dentro de la página, lo más apropiado es trabajar en la vista **Print Layout**. En el menú View, compruebe estar utilizando este modo de visualización; si no es así, selecciónelo.

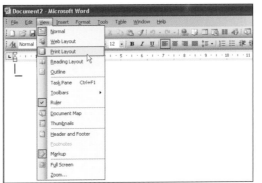

Print Layout es la vista más adecuada para trabajar con elementos gráficos en general.

③ Insertar la tabla

Ahora es el momento de insertar la tabla que servirá como marco para separar los distintos días. Para este ejemplo, haremos una tabla en cada página, cada una para un mes del año, de modo que serán 12 en total (usted puede hacer la cantidad de meses que necesite).

Primero, genere la estructura de la tabla, yendo a Table/Insert, y eligiendo **Table…**. Allí defina 7 columnas (una por cada día de la semana) y 6 filas (cinco semanas como máximo, y la primera para escribir los nombres de los días).

Defina una tabla de 7 columnas y 6 filas, y presione Ok. Deje los demás datos como están.

④ Modificar el tamaño de las filas

Al insertar la tabla, las columnas toman un ancho automático, resultado de dividir el ancho de la página por la cantidad creada. Dado que usted necesita que todos los días tengan el mismo tamaño, deje el ancho como está. En el caso de las filas, Word las generó con el mínimo tamaño posible, de modo que será necesario modificarlas: todas deberán tener igual altura, excepto la primera, que será menor.

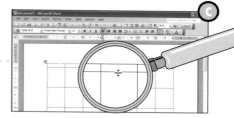

Coloque el mouse a la izquierda de la segunda fila y, cuando el puntero se convierta en una flecha blanca inclinada hacia la derecha, haga clic. Para seleccionar varias filas, deslice el mouse hacia abajo mientras mantiene presionado el botón.

Ingrese en Table/Table Properties…. En la ficha Row, asígnele 2.5 cm y pulse OK. Las celdas elegidas quedarán con esa altura.

Puede modificar la altura de una sola fila manualmente. Ubique el mouse sobre el borde inferior de la primera fila hasta que el cursor adopte la forma de una doble flecha y, sin soltarlo, desplácelo hasta alcanzar la medida deseada.

⑤ Agregar los títulos

En la primera fila, se colocarán los días de la semana. Sitúese en la primera celda de la tabla (la del ángulo superior izquierdo), haciendo un clic en ella. Escriba Domingo y pase a la celda siguiente presionando la tecla <Tab> o utilizando el mouse. Escriba Lunes, y así continúe con los demás días.

Trucos y Consejos

Ver toda la página

Una buena opción para trabajar con el diseño de la tabla es visualizar la página a un porcentaje menor que el 100%. De esta forma, tendrá una idea de cómo va quedando la tabla en su conjunto. Para hacerlo, elija la opción Zoom, de la barra de herramientas (ver p. 151), y seleccione un valor menor; por ejemplo, 75%.

Modificar el formato

a Para cambiar el aspecto de la tabla, es conveniente visualizar la barra de herramientas Tables and Borders (desde el menú View/Toolbars).

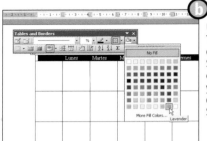

b Utilice las opciones de la barra Table and Borders para modificar el aspecto del calendario. Seleccione toda la fila correspondiente a los títulos y aplique algún color de fondo, desplegando las opciones de Shading Color.

c También puede modificar el tipo de letra y el tamaño, tal como si fuera texto común (**p. 154**).

Barra de herramientas Tables y Borders

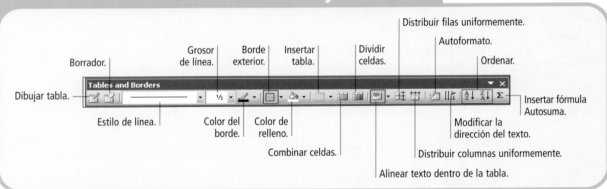

Borrador.

Grosor de línea.

Borde exterior.

Insertar tabla.

Dividir celdas.

Distribuir filas uniformemente.

Autoformato.

Ordenar.

Dibujar tabla.

Estilo de línea.

Color del borde.

Color de relleno.

Combinar celdas.

Alinear texto dentro de la tabla.

Modificar la dirección del texto.

Distribuir columnas uniformemente.

Insertar fórmula Autosuma.

Copiar y pegar la tabla

a Una vez que el formato está definido, debe copiar la tabla original para pegarla once veces en las otras páginas (una por cada mes).

c Sitúese debajo de la tabla, haciendo clic allí. Inserte un salto de página para crear la siguiente, yendo a **Break...** del menú Insert. En el cuadro de diálogo que se abre, marque Page break y presione OK.

d Se creará otra página y el cursor aparecerá en ella. Entonces, seleccione Paste, del menú Edit, para que se inserte allí una copia de la tabla.

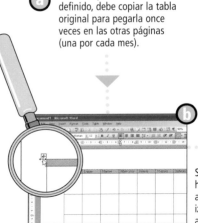

b Seleccione toda la tabla, haciendo clic en el recuadro que aparece en el ángulo superior izquierdo de la tabla, y diríjase a Copy, del menú Edit.

e Realice el mismo procedimiento para los restantes meses del año: insertar un salto de página y pegar la tabla. En total, deberán quedar doce páginas.

8 Agregar los meses con WordArt

Ahora debe volver a la primera página (puede presionar <Control> + <Home>) y comenzar a completar los números de los días de cada mes en el lugar correspondiente. Si lo desea, también puede modificar el estilo y tamaño de la tipografía, así como cambiar el formato de la tabla de cada mes, para diferenciar uno de otro.

Para agregar los títulos de los meses, recurriremos a WordArt, una aplicación general de Office (no sólo de Word) que permite crear textos con efectos especiales que se insertan en los documentos como si fueran objetos gráficos.

Hay varios efectos posibles, que resultan ideales para generar títulos llamativos.

Seleccione **WordArt...** del menú Insert/Picture. En el cuadro de diálogo que se abre, elija el estilo que prefiera.

Escriba el texto que quiere que aparezca (en este caso, "enero") y presione OK.

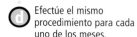

Si el objeto se coloca dentro de la tabla, selecciónelo, tome las opciones Format/WordArt y, en la ficha Layout, marque In front of text. Haga clic en OK. Luego, mueva el objeto hacia el margen superior de la página.

Efectúe el mismo procedimiento para cada uno de los meses.

9 Utilizar un pie de página

Si quiere colocar alguna información que se repita en todas las páginas del documento (por ejemplo, en este caso, el año), puede recurrir a los encabezados y pies de página. En primer lugar, seleccione **Header and Footer**, del menú View. De esta manera, se visualizarán estos dos sectores de la página, en donde podrá insertar el texto que quiera repetir en todo el documento.

Trucos y Consejos

Imprimir

Cuando termine de completar todas las páginas, puede pasar a la Print Preview, del menú File, para ver el aspecto general de su proyecto. También puede elegir esta opción en cualquier momento, para ver cómo está quedando alguna página. Si todo aparece de forma correcta, imprímalo (p. 160).

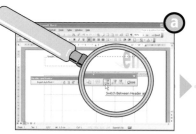

Si desea que aparezca algún texto en el encabezado, escríbalo en ese sector. Luego, presione el botón **Swith Between Header and Footer**, para pasar al sector inferior de la página.

Escriba allí el texto (por ejemplo, "año 2006") y aplíquele el formato que desee. Cuando finalice, haga doble clic en otro sector de la página o presione el botón Close, de la barra de herramientas Header and Footer.

Prepare un currículum

Seguramente estará consciente de la necesidad de presentar un currículum ordenado, prolijo y conciso al momento de buscar un empleo. Word es el programa ideal para realizar este tipo de documentos, debido a sus prácticas combinaciones de herramientas y asistentes. En este proyecto aprenderá todos los pasos necesarios para confeccionar un currículum con sus datos personales, una foto e, incluso, el sobre para enviarlo.

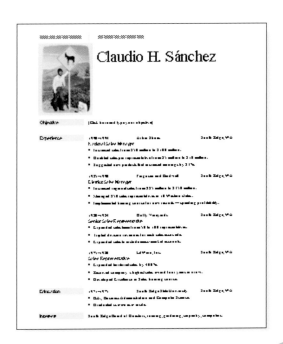

En este proyecto... (30')

> **Aprenderá:**

A armar un currículum vitae con y sin Asistente (Wizard).

A insertar una foto.

Cómo realizar sobres con el Asistente.

> **Necesitará:**

Escanear una fotografía personal y guardarla en su PC.

Redactar el contenido del currículum (1)

Word cuenta con varias plantillas preestablecidas que le ahorrarán mucho tiempo a la hora de realizar documentos estándar, como un currículum. Para ver las plantillas disponibles, vaya al menú **File** y seleccione la opción **New...**. Esta acción muestra en la pantalla el panel de tareas.

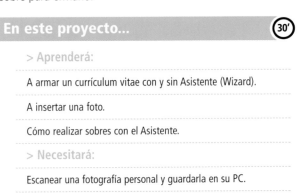

Se abrirá una nueva ventana donde verá las plantillas y los Asistentes de Word. Haga clic en la ficha Other Documents y seleccione el modelo Contemporary Resume. Presione OK.

El panel de tareas ofrece varias opciones para iniciar un nuevo documento o abrir otros existentes. Dentro de **Templates**, elija **On my computer...**.

El archivo elegido se abrirá en la pantalla, con las características definidas por la plantilla. El contenido de esta plantilla está jerarquizado y diseñado. Usted sólo deberá seleccionar cada uno de los párrafos o líneas, e ir reemplazando lo escrito por sus datos personales. Verifique que el texto ingresado sustituya correctamente al preexistente, para evitar que queden datos del modelo.

2 Escribir el encabezado y el pie

El encabezado y el pie de página son sectores de un documento muy útiles para insertar información adicional, como el logotipo de una empresa, la dirección, el número de página de un currículum o la fecha en que se realizó el documento, entre otras opciones.

Una sugerencia: muchas veces, las empresas archivan los currículum que reciben, para consultarlos en otro momento. Por lo tanto, es importante insertar la fecha en el encabezado, como referencia sobre la actualización del documento. También es fundamental que, si el currículum es extenso, incluya la numeración en los pies de página, para evitar que las hojas se mezclen.

Como vimos en **p. 292**, seleccione **Header and Footer** del menú View. Aparecerá la barra de herramientas correspondiente y un sector rectangular donde podrá escribir la información del encabezado. Utilizando las distintas opciones de la barra, podrá insertar la numeración (como en el ejemplo), entre otras opciones.

Presione el botón **Swith Between Header and Footer**, de la barra de herramientas. De esta manera, Word presentará en la parte inferior de la página otro rectángulo para el pie de página, que deberá completar de la misma manera. Cuando haya terminado de ingresar toda la información que desee, presione el botón **Close**, para seguir trabajando en el texto principal.

3 Insertar una fotografía

Una fotografía da relevancia y profesionalismo a un currículum. Para incluirla, en primer lugar es necesario que la foto esté escaneada y almacenada en la carpeta My Pictures (en **p. 57** encontrará más información sobre el escáner).

Ubique el cursor al inicio del nombre y pulse la tecla <Backspace>. De esta forma, se eliminará la sangría y el cursor quedará en el margen izquierdo, donde se insertará la fotografía.

Vaya a Insert/Picture/ From File… Se abrirá un cuadro de diálogo que lo ubicará en la carpeta My Pictures. Seleccione la fotografía que desee y pulse Insert.

La imagen aparecerá en el punto donde se encontraba el cursor. Para ajustar el texto del nombre y separarlo de la foto, coloque el cursor entre ambos elementos y aumente la distancia utilizando la barra espaciadora.

Haciendo clic sobre la foto, aparecen los controladores de tamaño. Al colocar el cursor sobre ellos, podrá aumentar o reducir las dimensiones de la imagen, siguiendo el procedimiento explicado en **p. 167**.

Usar el Wizard (Asistente)

4

Aunque el procedimiento detallado anteriormente es muy sencillo, Word también cuenta con un Asistente para currículos, que lo guiará paso a paso en la confección de su documento. Este Asistente resulta ideal cuando usted no sabe cómo organizar los datos, ya que ordena el contenido y crea una presentación estéticamente adecuada. Le solicitará algunos datos y ofrecerá varias opciones.

Del mismo modo que se explicó en el paso 1, abra el cuadro de diálogo con las plantillas y, en la ficha Other Documents, seleccione **Resume Wizard**. En la primera pantalla, que es informativa, presione el botón Next para empezar con el primer paso del proceso.

En el primer paso deberá elegir el modelo del currículum. Al presionar Next, pasará a la pantalla **Type**, donde deberá seleccionar la forma de organizar el contenido; marque **Entry Level** y pulse Next.

En el paso siguiente, el Asistente le solicitará sus datos personales. Preste atención al escribirlos, ya que esta información aparecerá al principio del currículum.

El paso denominado Personal presenta una lista de datos. Seleccione los que desee incluir en el currículum, marcando las casillas correspondientes.

A partir de aquí, el Asistente lo ayudará a determinar qué información sobre su actividad desea incluir. Verá un listado de las secciones del currículum. Marque las que desee incorporar.

El último paso ofrece la posibilidad de agregar títulos que no aparecen en los listados previos y decidir su orden. Después de hacer clic en Next, en la última pantalla presione Finish para cerrarlo.

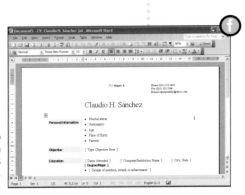

De esta manera, usted ha creado un documento base, es decir, una plantilla, pero configurada a su medida. Sólo resta ingresar los datos como hemos visto en los pasos anteriores. Al finalizar, revise la ortografía (**p. 175**).

5 Recurrir a la Print Preview (Vista preliminar)

Antes de pasar a la etapa de impresión, es conveniente guardar el archivo creado, para evitar inconvenientes en caso de que se produzcan fallas en el sistema o cortes de energía. Realice esta operación desde File/Save As…, tal como se explica en **p. 159**.

Aunque haya prestado mucha atención al preparar su currículum, por lo general todos los documentos necesitan ajustarse antes de iniciar la impresión. Así, podrá corregir pequeños errores, como textos cortados al final de las páginas, o dentro de los encabezados y pies. Entonces, recurra a la **Print Preview**, desde el menú File.

Esta acción ubicará el documento en una nueva ventana, donde apreciará la totalidad de la página y podrá asegurarse de que el contenido esté correctamente distribuido. Además, la Print preview dispone de una barra de herramientas propia; para conocer la función de cada uno de sus botones, puede consultar la guía visual que se encuentra a continuación.

a En la Print Preview, haga clic con la lupa en la zona del documento que desee ver con mayor precisión.

b Si algún elemento está fuera de la página, vaya al menú File y seleccione la opción Page Setup…, para modificar los valores dentro de la ficha Margins.

d Cuando decida que su currículum está listo, pulse Close, de la barra de herramientas, e imprímalo (**p. 160**).

c En caso de que descubra algún error, pulse el botón para cambiar a la modalidad del cursor, de la barra de herramientas. Luego, corrija el error de la manera habitual.

La barra de herramientas Print Preview

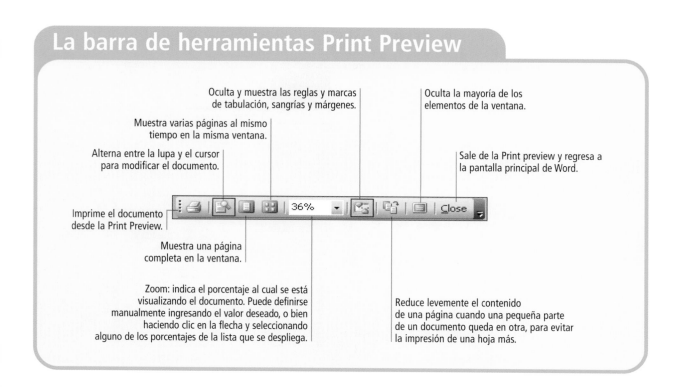

Oculta y muestra las reglas y marcas de tabulación, sangrías y márgenes.

Oculta la mayoría de los elementos de la ventana.

Muestra varias páginas al mismo tiempo en la misma ventana.

Alterna entre la lupa y el cursor para modificar el documento.

Sale de la Print preview y regresa a la pantalla principal de Word.

Imprime el documento desde la Print Preview.

Muestra una página completa en la ventana.

Zoom: indica el porcentaje al cual se está visualizando el documento. Puede definirse manualmente ingresando el valor deseado, o bien haciendo clic en la flecha y seleccionando alguno de los porcentajes de la lista que se despliega.

Reduce levemente el contenido de una página cuando una pequeña parte de un documento queda en otra, para evitar la impresión de una hoja más.

Imprimir el currículum

Una vez que el currículum está terminado y ya comprobó que todo está correcto a través de la vista preliminar, es momento de imprimir el documento.

Como se detalla en **p. 160**, imprimir un archivo en Word no representa ninguna complejidad. Simplemente, realice los siguientes pasos:

a Encienda la impresora y coloque algunas hojas en la bandeja de papel. Recuerde que deben tener el formato especificado previamente en la opción Page Setup (Carta, A4, Legal, etc.). Vaya al menú File y seleccione **Print....**

c Luego de definir todos los parámetros de impresión, presione el botón OK. A los pocos minutos, verá el currículum terminado saliendo de la impresora.

d Recuerde guardar los cambios antes de cerrar el archivo, para tenerlo disponible en futuras oportunidades.

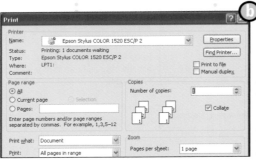

Se abrirá un cuadro de diálogo, donde deberá definir algunas opciones (en **p. 160**, encontrará una guía visual que explica cada una de las posibilidades del cuadro de diálogo Print). En la opción Copies, defina la cantidad de ejemplares que necesita.

e Todavía queda otro tema por resolver. ¿Cómo enviará el documento? Seguramente, necesitará confeccionar e imprimir sobres. Pues bien, en el próximo paso aprenderá a hacerlo, y así terminará de preparar una excelente presentación laboral.

Preguntas frecuentes

¿Qué es el Print manager (Administrador de impresión)?

Cuando Word termina de enviar el documento a imprimir y el cuadro de diálogo se cierra, en el área de notificación de la Taskbar (**p. 85**) aparece el icono de una impresora. Esto se debe a que antes de iniciar la impresión, las instrucciones van al controlador instalado en Windows, que es el dispositivo encargado de remitir los datos a la impresora, para luego obtener el resultado deseado. Si hace doble clic sobre el icono de la impresora,

se abrirá la ventana del **Print Manager**, que le indicará el nombre del documento que está imprimiendo, el tamaño y el estado del proceso, entre otros datos. Esta herramienta es muy útil cuando quiere realizar varias impresiones seguidas, ya que todas quedan listadas en el administrador, y usted podrá verlas, anularlas o cambiar el orden en que se efectuarán.

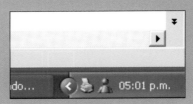

7 Imprimir un sobre

La confección e impresión de sobres presenta características especiales, debido a los diferentes formatos que se pueden utilizar, los lugares donde deben incluirse los datos y cómo insertarlos en la impresora. La información del sobre tiene que guardar ciertas proporciones, y estar ubicada de manera que la estampilla no oculte ningún dato ni dificulte su lectura. Para realizar esta tarea, Word cuenta con una herramienta muy sencilla de utilizar y que brinda resultados muy confiables, ya que contempla todas las variantes de formatos de sobres.

En primer lugar, tiene que armar el sobre. Con el archivo de su currículum abierto, vaya al menú **Tools** y despliegue la opción **Letters and Mailing**. Allí seleccione **Envelopes and Labels...**.

En la ficha Envelopes, dentro de **Delivery address:**, escriba los datos del destinatario. **Return address:**, complete sus datos con nombre y dirección. Para ajustarlos valores a sus requerimientos, pulse el botón Options.

Elija el tamaño del sobre que va a utilizar. En la Preview podrá observar el aspecto general que tendrá el sobre impreso. Con los botones **Font...** podrá ajustar la tipografía del destinatario y el remitente. Además, podrá definir las distancias desde la dirección y el destinatario, hasta los bordes del sobre, con los campos **From left:** y **From top:**.

En la ficha **Printing options**, deberá indicar cómo se insertará el sobre en la impresora. Como estas opciones dependen del modelo de su impresora, tenga a mano el manual de instrucciones de su equipo.

Si presionó Add to Document, (ver recuadro), el sobre aparecerá como la primera página. Sin embargo, la manera correcta de modificar su texto es recurrir a la caja de diálogo Envelopes and Labels.

Para terminar, pulse el botón **OK** y, luego, **Print**. Ahora, ya tiene también el sobre para su currículum, de modo que sólo resta ir al correo y enviarlo a quien corresponda.

Preguntas frecuentes

¿Cómo se guardan los sobres?

Word permite almacenar los sobres que ha confeccionado, junto con sus características de impresión, pulsando el botón **Add to Document**, antes de imprimirlo. Con esta acción, el programa guardará el sobre como primera página del documento, al comienzo, y se lo mostrará en la pantalla principal del programa. Para imprimir o modificar el sobre, luego de guardarlo, sólo tiene que seleccionar nuevamente la opción Envelopes and Labels..., del menú Tools/Letters and Mailing. Se volverá a abrir el cuadro de diálogo desde el cual podrá imprimirlo.

Gráficos con Excel

Los gráficos estadísticos son representaciones visuales de datos que forman parte de una planilla, y se utilizan para facilitar su análisis y efectuar comparaciones. Por medio de este recurso, es posible resumir en un gráfico gran cantidad de datos registrados en complejos cuadros.

Para aprender a armar gráficos estadísticos, tomaremos el ejemplo de una persona que utiliza Excel para comparar los gastos de su automóvil en dos años distintos. Entonces, partiendo de una tabla en donde se encuentran los datos, analizaremos los pasos a seguir para crear un gráfico y personalizar sus opciones.

En este proyecto... (30')

> Aprenderá:

A insertar gráficos en una hoja de Excel.

A modificar su formato.

Cómo insertar imágenes dentro de los gráficos.

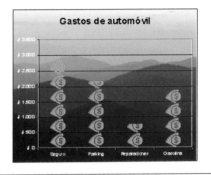

Gastos del automóvil 2005-2006

	2005	2006
Seguro	$ 2.880,00	$ 2.520,00
Parking	$ 2.160,00	$ 1.800,00
Reparaciones	$ 750,00	$ 1.650,00
Gasolina	$ 1.860,00	$ 1.590,00

Abrir el Chart Wizard (Asistente para gráficos)   1

Utilizando el Chart Wizard, podrá generar gráficos de manera prácticamente automática. Para hacerlo, sólo deberá seguir los pasos que se presentan en las diferentes ventanas, completando los datos necesarios y eligiendo las características que tendrá el gráfico.

Para probar cómo funciona este sistema, abra Excel y copie la tabla del ejemplo en una planilla en blanco. Luego, deberá abrir el Asistente, siguiendo los pasos que encontrará a continuación:

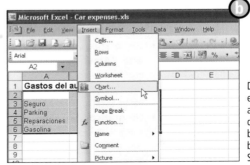

En primer lugar, seleccione el rango de celdas que contiene los datos a representar. En el ejemplo, es **A2:C6**. La selección debe incluir las filas y columnas de títulos, ya que estas referencias serán los rótulos del gráfico.

Despliegue el menú Insert y elija la opción **Chart...**. Se abrirá el Asistente. Otro modo de abrirlo es presionar el botón Chart Wizard, de la barra de herramientas Standard (**p. 185**).

Seleccionar el tipo de gráfico

El primero de los cuatro pasos del Wizard le permite escoger el tipo de gráfico que va a realizar. Esta elección es muy importante, y dependerá de los datos que posea y del uso que le dará al gráfico (realizar una comparación, seguir la evolución de ciertos gastos, etc.).

A la izquierda de la ventana encontrará un panel que incluye las categorías disponibles. Tenga en cuenta que cada modelo de gráfico presenta varios subtipos distintos, motivo por el cual tendrá una buena cantidad de opciones para elegir la que mejor se adapte a sus necesidades.

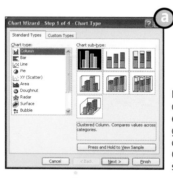

En el primer paso del Wizard debe elegir el tipo de gráfico. En este caso, utilizaremos Column; haga clic sobre esa categoría.

Haciendo clic sobre el botón **Press and Hold to View Sample**, podrá acceder a una vista previa del gráfico (con los datos reales), con el fin de comparar los diferentes tipos de gráficos y elegir el que mejor se adapte a sus necesidades.

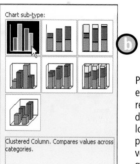

Para este ejemplo, es conveniente escoger el primer subtipo, ya que resulta ideal para comparar los valores de diferentes categorías (en este caso, los gastos del automóvil) en distintos períodos. En el recuadro inferior, podrá ver una descripción del subtipo de gráfico y de sus utilidades.

Luego de haber definido el tipo de gráfico, presione el botón **Next** para continuar con el próximo paso del Wizard. Si lo desea, en cualquier momento del proceso puede pulsar el botón Back para regresar a una ventana anterior y efectuar las modificaciones que precise.

Tipos de gráficos

La elección del tipo de gráfico dependerá de los datos que posea y del resultado que desee mostrar. Cada tipo y subtipo presenta una utilidad específica. A continuación, veremos los de uso más frecuente:
- Los **gráficos de líneas (Line) o de barras (Bar)** se emplean habitualmente para presentar una progresión de datos en distintos períodos de tiempo.
- Los **gráficos de torta (Pie) o de área (Area)** resultan útiles para mostrar la relación entre diferentes elementos y en función de un valor total.
- Los **gráficos de anillos (Doughnut)** suelen utilizarse para exponer series de datos a lo largo de distintos períodos de tiempo.
- Los **gráficos de cotizaciones (Stock)** permiten mostrar gráficamente valores específicos.
- Los **gráficos cilíndricos (Cylinder), piramidales (Pyramid) y cónicos (Cone)** poseen iguales características que los anteriores, pero con la particularidad de que se muestran en tres dimensiones, y así permiten obtener una mejor presentación.

Indicar el rango de datos

(3)

En el siguiente paso del Wizard hay que definir en qué lugar de la planilla se encuentran los datos que se utilizarán en el gráfico, y cómo se formarán las series a comparar. Debido a que los datos ya fueron seleccionados antes de iniciar el proceso, este paso sólo sirve para confirmar las celdas (verá el rango correspondiente a la selección realizada al co-

menzar). Si, por alguna razón, necesita modificarlo, presione el botón de la derecha y seleccione el nuevo rango.

Para cambiar la organización de las series (en este caso, no necesitará hacerlo), marque la opción Rows. De esta forma, los gastos no se agruparán según el rubro, sino de acuerdo con el año en que fueron efectuados.

Presione el botón contiguo al cuadro de texto Data Range. La ventana se reducirá, y le permitirá seleccionar el nuevo rango para el gráfico. Al terminar, presione otra vez ese botón para que la ventana regrese a su tamaño normal.

Definir las opciones del gráfico

(4)

El tercer paso del Wizard para gráficos ofrece una serie de fichas en las que se pueden ajustar algunos detalles relacionados con

el gráfico. A continuación, encontrará una descripción de las opciones que se incluyen en este paso del Wizard, pero tenga en

cuenta que, dependiendo del tipo de gráfico elegido, la cantidad de fichas puede variar y pueden agregarse algunas opciones:

Titles: permite incluir el título del gráfico y los de los distintos ejes de datos. En la vista previa, podrá apreciar cómo quedarán los elementos que incluya en el gráfico.

Axes: puede seleccionar que se vean o no los valores correspondientes a los ejes del gráfico. En este caso se decidió mostrar los importes (eje Y) y los nombres de las categorías (eje X).

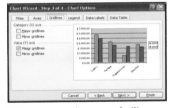

Gridlines: se utilizan para facilitar la visualización de los datos. Pueden ser verticales (para las categorías) u horizontales (para los valores).

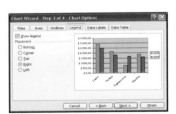

Legend: es el cuadro de referencia en el que se indica a qué serie corresponde cada color. Es posible mostrar la leyenda u ocultarla, y definir en qué lugar del gráfico debe ubicarse.

Data Labels: activando las diferentes opciones, se mostrarán los valores de cada categoría dentro del gráfico. Por lo general, es conveniente no utilizar ninguna opción, ya que dificultan la lectura del gráfico.

Data Table: la última ficha del Asistente da la posibilidad de incluir, junto con el gráfico, la tabla a partir de la cual fue generado. Esta opción se suele utilizar cuando se inserta el gráfico en una hoja separada.

5 La ubicación del gráfico

En el último paso del Wizard podrá definir dónde quiere ubicar el gráfico, entre dos opciones: en una nueva hoja o en alguna de las hojas existentes.

En caso de que elija la primera opción, deberá definir el nombre de la nueva hoja, escribiéndolo en el casillero correspondiente.

Muchas veces, es conveniente colocar el gráfico en la misma hoja que contiene la planilla de datos, ya que funciona como un complemento de la tabla. Entonces, si así lo desea, seleccione la segunda opción y, de la lista desplegable que se presenta, elija la hoja correspondiente.

Luego de marcar dónde quiere ubicar el gráfico, presione Finish, para salir del Wizard.

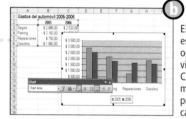

El gráfico se insertará en el lugar especificado, de acuerdo con las opciones escogidas. También se visualizará la barra de herramientas Chart, desde la cual podrá modificar sus atributos. En las próximas páginas veremos cómo cambiar su aspecto y configuración.

La barra de herramientas Chart

Cada vez que seleccione un gráfico, aparecerá la barra de herramientas correspondiente con las opciones que se presentan a continuación. Si por algún motivo esta barra no llegara a aparecer, marque **Chart** del menú View/Toolbars.

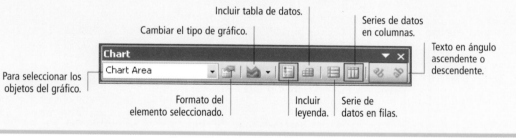

Incluir tabla de datos.

Cambiar el tipo de gráfico.

Series de datos en columnas.

Texto en ángulo ascendente o descendente.

Para seleccionar los objetos del gráfico.

Formato del elemento seleccionado.

Incluir leyenda.

Serie de datos en filas.

Trucos y Consejos

Crear un gráfico en un solo paso

A través del comando Chart predeterminado, puede evitar realizar los pasos del Wizard, y dejar que Excel cree el gráfico automáticamente con las opciones predeterminadas.

Para poder utilizar esta herramienta, debe agregar el botón correspondiente a la Taskbar, realizando los siguientes pasos:

1. Elija la opción **Customize…** del menú Tools. En el cuadro de diálogo que se abre, seleccione la ficha Comands.

2. En el recuadro **Categories:**, elija la opción **Chart**.

3. Busque en la lista Comands: el botón **Default chart** y arrástrelo hasta el lugar de la barra de herramientas donde quiera ubicarlo.

4. Cuando presione Close, el botón agregado ya estará disponible. Para utilizar este comando, sólo deberá seleccionar las celdas que contienen los datos a incluir en el gráfico, y presionar el botón correspondiente de la barra de herramientas. De esta forma, Excel creará el gráfico y lo insertará en la hoja de datos activa. Luego, usted podrá modificarlo según sus necesidades.

Modificar las opciones del gráfico

6

Luego de haber creado el gráfico, es posible modificar sus opciones. Para hacerlo, debe tener presente que los gráficos están formados por diferentes elementos, y que es posible trabajar tanto sobre el gráfico en su conjunto como con cada uno de los elementos por separado (por ejemplo, si quiere modificar la tipografía de una leyenda, primero debe seleccionar ese elemento, y después hacer los cambios que considere necesarios).

A continuación, veremos los pasos a seguir para ocultar la leyenda y, de esta forma, aumentar el tamaño del gráfico.

a Haga clic sobre el fondo. Asegúrese de que esté seleccionado el gráfico completo y no alguno de sus elementos, observando que hayan aparecido los puntos de control tanto en los vértices como en los lados del rectángulo. Notará que el menú Data desaparecerá, dejando lugar al menú Chart.

c Seleccione la ficha Legend y desmarque la opción Show Legend.

b Despliegue el menú Chart y seleccione **Chart Options...**. Se abrirá una ventana similar a la del tercer paso del Asistente, con seis fichas.

d Presione OK para que se produzcan los cambios en el gráfico.

Colocar una imagen como fondo del gráfico

7

Por defecto, el área de los gráficos tiene fondo blanco. Para mejorar la estética de sus planillas, puede colocar allí una imagen, realizando los siguientes pasos:

b Luego, presione el segundo botón de la barra (**Format Chart Area**). Se abrirá el cuadro de diálogo correspondiente, en el cual debe dirigirse a la ficha Patterns. Haga clic en **Fill Effects...** para que se abra una nueva ventana, donde deberá seleccionar la ficha Picture.

c Para agregar una imagen, haga clic en el botón **Select Picture...**. Se abrirá un cuadro de diálogo que le permitirá escoger la imagen que desea abrir. Elija el archivo y haga clic en Insert. Presione OK en los dos cuadros abiertos.

Antes de modificar cualquier elemento de un gráfico, debe seleccionarlo, mediante un clic sobre él o eligiéndolo en la lista desplegable de la barra de herramientas Chart. Despliegue esta lista y escoja **Chart Area**.

La imagen ha quedado establecida como fondo del área del gráfico. Si no está conforme con el resultado final y desea modificar la imagen, puede hacerlo repitiendo el proceso.

Gráfico con ilustraciones

Un método muy práctico que permite personalizar el aspecto de los gráficos y relacionarlos con su contenido consiste en utilizar ilustraciones para representar las diferentes series. En un gráfico de columnas, por ejemplo, se puede incluir un dibujo o una fotografía en lugar de las clásicas barras de colores.

A continuación, veremos los pasos a seguir para utilizar el dibujo de una moneda (o el que usted elija) en el gráfico de gastos del automóvil.

a En primer lugar, tendrá que insertar la imagen en la planilla. Sin que el gráfico esté seleccionado, elija la opción Insert/Picture/From file… Se abrirá un cuadro de diálogo en el que debe señalar el archivo que contiene la imagen y luego presionar Insertar. El archivo se incluirá en la hoja de Excel en la que esté trabajando (si lo desea, también puede incorporar una imagen prediseñada, siguiendo los pasos vistos en **p. 166**).

c Luego, seleccione la serie de datos (en este caso, las barras), haciendo clic sobre alguna de ellas y dirigiéndose al menú Edit/Paste.

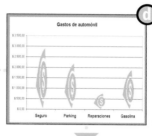

d La imagen se insertará en las distintas barras, con la altura correspondiente al valor que representa cada columna.

Haga clic derecho sobre la nueva imagen y, del menú que se despliega, seleccione la opción Copy.

e Para evitar que la imagen se deforme, es posible indicarle a Excel que las apile. Haga clic derecho sobre la serie de datos (cualquier columna) y, del menú contextual, seleccione **Format data series**....

En la ficha Patterns, presione **Fill Effects**... Allí, seleccione la ficha Picture y marque la opción Stack. Por último, presione OK. De esta forma, varias copias de la imagen insertada se apilarán, una tras otra, sin deformarse.

Preguntas frecuentes

¿Qué sucede si se modifican los valores de la planilla?

Una vez que indicó cuáles son las celdas que contienen los datos (ya sea antes de comenzar el Wizard o en el segundo paso), el gráfico establece referencias a dichas celdas. Entonces, si usted decide modificar el valor de alguna de las celdas especificadas, el gráfico cambiará automáticamente para reflejar esas variaciones. Por ejemplo, al aumentar un valor, se agrandará la columna respectiva.

Trucos y Consejos

Agregar datos a un gráfico

Una vez que el gráfico está realizado, es posible agregar series de datos a la tabla de origen, y hacer que éstos se incorporen al gráfico.
1. En primer lugar, escriba los nuevos datos en la tabla de origen (insertando filas o columnas).
2. Seleccione el gráfico.
3. Vaya a Chart/Source Data… para que se abra un cuadro de diálogo similar al del segundo paso del Asistente.
4. Indique el nuevo rango de datos y presione OK. De esta manera, el gráfico se actualizará en función de los nuevos datos.

La contabilidad hogareña

Una de las aplicaciones que se les da a las planillas de cálculo es llevar las cuentas del hogar. Probablemente, usted ya trató de realizar este control en forma manual, utilizando lápiz y papel. Si este método no le resultó eficaz, no se desanime, ya que existe otra posibilidad más sencilla: llevar la contabilidad en una planilla de cálculo. La confección del presupuesto que veremos a lo largo de este proyecto le permitirá controlar sus gastos, repasar los conceptos aprendidos acerca de Excel y, además, le servirá como base para elaborar un presupuesto para un comercio o pequeña empresa.

En este proyecto... (30')

> **Aprenderá:**

A configurar el formato monetario.

El uso de totales y subtotales.

Cómo incorporar nuevas hojas a un libro.

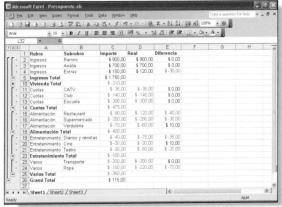

Una vez que haya finalizado el proyecto, llevar un control de los gastos en su hogar será una tarea más fácil y, además, tendrá la ventaja de poder administrar su economía de una manera inteligente y eficaz.

Organizar el material

1

Para realizar un presupuesto, es necesario partir de los gastos reales. Algunos son fáciles de obtener, porque son más o menos fijos: impuestos, electricidad, gas, teléfono, etc. Para registrar tales cifras, consulte los recibos de los últimos meses. Otros gastos son más difíciles de estimar, como los gastos de una salida de fin de semana, los del supermercado y de la ropa, por ejemplo.

En estos casos, lo más práctico sería guardar todos los comprobantes de pago durante algunos meses, para disponer de datos confiables al comenzar con la estimación.

Definir los rubros y armar la tabla

Luego de haber recabado la información sobre sus gastos más frecuentes, es preciso dividirlos en rubros y subrubros. De esta forma, podrá organizar mejor su presupuesto y realizar estimaciones más exactas. A continuación, le sugerimos una lista de rubros que, obviamente, puede ser adaptada a sus necesidades: Ingresos, Vivienda, Cuotas (cable, club, colegio, etc.), Alimentación, Limpieza y tocador, Entretenimiento y Varios (transporte, ropa, etc.). Con los rubros ya definidos, el procedimiento para armar la tabla que contendrá los datos es muy sencillo:

a En la fila 1, ingrese los títulos de las columnas: **Rubro** en la columna A, **Subrubro** en la B, e **Importe** en la C.

b Registre cada nuevo movimiento en una fila, indicando rubro, subrubro e importe. Recuerde que los valores correspondientes a los egresos deber ir precedidos por el signo - (menos), para indicar que son números negativos.

c Por último, aplique el formato de texto que le resulte más apropiado. Recuerde que, al igual que en Word (**p. 154**), puede modificar la fuente, el tamaño y la alineación, entre otras propiedades de las celdas (**p. 192**).

Ajustar el ancho de las columnas

Cuando el texto de una celda supera el espacio disponible, pueden suceder dos cosas: si la celda contigua se encuentra vacía, el texto sobrante se extenderá sobre ella todo lo necesario. En cambio, si la ceda de la derecha está ocupada, el contenido no podrá verse en su totalidad. Para evitar que esto suceda, es posible modificar el ancho de las columnas, ajustándolo a su contenido:

Ubique el puntero del mouse sobre la separación de las columnas, en el sector superior de la pantalla (el cursor tomará la forma de una doble flecha).

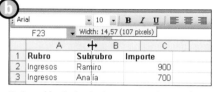

Oprima el botón izquierdo y arrastre el mouse hasta que la columna tenga el ancho deseado. A modo de referencia, Excel indicará su ancho. Así, podrá modificar el ancho de todas las columnas hasta visualizar la información completa de la planilla.

Trucos y Consejos

Extender el contenido de una celda

En p. 190 se ve que Excel permite extender el contenido de una celda a otras. De esta forma, es posible ahorrarse el trabajo de ingresar varias veces el mismo texto o valor (por ejemplo, los rubros que se repi-ten). Para extender el contenido de una celda, posicione el puntero del mouse sobre el vértice inferior derecho de la celda y, cuando se convierta en una cruz fina y negra, presione el botón del mouse y arrástrelo hasta cubrir todas las celdas a las que quiere extender el contenido. Recuerde que si extiende celdas que incluyen fórmulas o funciones, debe prestar especial atención a las referencias, tal como se ve en p. 195.

Aplicar el formato monetario

Si quiere tener una mejor visualización de los importes, es conveniente que aplique el formato monetario a su tabla. En este caso, será necesario seleccionar la columna correspondiente y, a continuación, realizar los siguientes pasos:

Despliegue el menú Format y seleccione la opción **Cells...**.

En la ventana que se abre, diríjase a la ficha Number y, en la lista de categorías, elija la opción **Currency**.

Defina el número de decimales que desea que aparezcan y cómo será el formato de los números negativos. Luego, presione el botón OK.

Ya está lista la versión preliminar del presupuesto. En este ejemplo, se modificó el formato de los títulos y se decidió que el monto de los egresos (números negativos) figure en rojo.

Calcular totales y subtotales

4

Una vez que ingresó los datos en la tabla, llega el momento de comenzar a efectuar los cálculos; en este caso, obtener los gastos totales discriminados según los diferentes rubros. Para lograrlo, Excel dispone de un comando específico: **Subtotals**, que se utiliza de la siguiente manera:

Complete los datos del cuadro tal como se ve en la figura: en la lista **At each change in:** elija Rubro; en **Use function:**, Sum; y en **Add subtotal to:**, Importe.

 Seleccione la totalidad de la tabla que acaba de armar.

En el menú Data, escoja la opción **Subtotals...**. Se abrirá el cuadro de diálogo del mismo nombre.

Lugo de presionar OK, Excel insertará filas con el cálculo del total general y el de los subtotales. Además, a la izquierda de la planilla aparecen los controles de subtotales, que aprenderemos a utilizar en el próximo paso.

Visualizar la planilla

5

Por medio de los controles de subtotales, tiene la posibilidad de visualizar la información contenida en la planilla de acuerdo con sus necesidades. Básicamente, existen tres grados diferentes de detalle que puede utilizar:
1. Sólo el Gran total.

2. Únicamente los subtotales y el Gran total.
3. Los datos individuales, los subtotales y el Gran total.

Para definir el grado de detalle, oprima los botones 1, 2 o 3. Al hacer clic en el botón 2, por ejemplo, se muestra el segundo grado de detalle: los subtotales y el Gran total.

Haciendo clic en un botón -, se contrae el grupo y se muestra solamente su subtotal, mientras que pulsando el signo +, se expande un nivel.

Eliminar los subtotales

En caso de que lo necesite, es posible deshacerse de los subtotales. La ventaja de esta posibilidad es que la planilla podrá volver a su estado anterior. Para hacerlo, debe seguir un procedimiento similar al realizado en el momento de incorporar los subtotales. Claro que, en este caso, en el cuadro de diálogo Subtotals, será necesario oprimir el botón **Remove all**, que hará efectiva su eliminación.

6 Mejorar el presupuesto

Un presupuesto es una proyección de lo que sucederá en el futuro. Después de cumplirse el período para el cual se proyectó el presupuesto (en este caso, un mes), hay que ingresar los datos verdaderos, para calcular la diferencia entre lo proyectado y lo real.

Entonces, para mejorar nuestro presupuesto, basta con agregar un par de columnas adicionales: una para los movimientos reales y otra para registrar las diferencias con respecto a los valores estimados. Antes de hacerlo, es necesario quitar los subtotales, para luego volver a incorporarlos tal como se hizo anteriormente.

 a En las columnas D y E, ingrese los títulos **Real** y **Diferencia**, respectivamente.

 b Luego, complete la columna D con los gastos realizados durante el mes.

c Cuando termine de ingresar todos los datos, posiciónese en la celda E2 para incluir una fórmula que calcule la diferencia entre el movimiento real y el estimado. Escriba **=D2-C2** y presione <Enter>.

d En la celda aparecerá el resultado del cálculo. Para que se repita en todos los subrubros, deberá extender la fórmula de la celda E2 a toda la columna. Luego, sólo restará volver a calcular los subtotales, siguiendo los pasos vistos con anterioridad.

7 Organizar mensualmente

Si se propone actualizar la planilla mensualmente, lo más conveniente es armar el presupuesto de cada mes en distintas hojas del mismo archivo. De esta manera, tendrá toda la información almacenada en un mismo libro de Excel.

a Para agregar otras hojas a su libro, debe dirigirse a Insert/Worksheet. De esta forma, una nueva hoja se incorporará en el libro.

b Para cambiar el nombre de una hoja, haga clic derecho sobre su ficha y seleccione la opción **Rename**. Luego, podrá ingresar el mes correspondiente en el rótulo de la hoja.

8 Guardar e imprimir

No olvide guardar el archivo cada vez que realiza una modificación. Cuando termine, sólo restará imprimirlo. Tenga en cuenta que en las planillas con controles de subtotales, únicamente se imprimen los datos que se muestran en pantalla, es decir que no se verán los rubros que estén ocultos. Defina el nivel de detalle que prefiera y diríjase a **File/Print...**.

Si desea que en la impresión se visualicen las líneas de división de la cuadrícula, debe ir a File/Page Setup..., seleccionar la ficha Sheet y marcar la casilla **Gridlines**.

Crear un CD de MP3

 n los últimos años, ha tenido lugar una doble revolución en el mundo de la música, en relación con las computadoras. Por un lado, surgieron los archivos MP3: un formato que permite comprimir las canciones logrando que ocupen poco espacio en el disco (ver **p. 177**), y por el otro, se difundieron ampliamente las quemadoras de CDs (como se ve en **p. 41**).

En este proyecto, veremos cómo realizar una compilación en MP3 que incluya diez discos de música.

En este proyecto... (30')

> **Aprenderá:**

A convertir archivos de audio en MP3 con MUSICMATCH.

A configurar las opciones y grabar un CD con Nero.

> **Necesitará:**

Instalar MUSICMATCH y Nero (puede obtener la versión en español en www.musicmath.com y www.nero.com).

Seleccionar los discos

Antes de comenzar con el procedimiento en sí, es necesario reunir todo el material con el que va a trabajar. Por lo tanto, el primer paso que debe realizar es elegir de su colección de discos los títulos que incluirá en la recopilación. Para hacerlo, es recomendable basarse en algún criterio, como por ejemplo, los diez discos que usted considere clásicos del rock (ésta será la pauta que usaremos en este caso). Establezca el criterio que le resulte más apropiado y separe los discos que integrarán la recopilación, ya que antes de comenzar a copiarlos, será necesario reunir cierta información.

Crear las carpetas

Una vez que haya seleccionado el material, deberá crear en el disco duro el árbol de carpetas en el que copiará los archivos MP3. Para hacerlo, vaya a My Documents y cree allí una nueva carpeta llamada **Clásicos del Rock** (o como usted de-

see). Abra esa carpeta y genere una nueva por cada CD que haya elegido, con su correspondiente título y autor. Deberá quedar un árbol de carpetas similar al de la imagen, pero con los títulos de los álbumes que integrarán su CD.

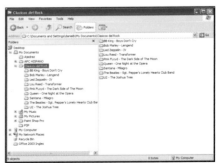

En la carpeta Clásicos del Rock, cree una subcarpeta por cada álbum que quiera incluir en la compilación. Tal vez, esta tarea resulte tediosa, pero es fundamental para tener bien organizados los temas musicales en el CD.

3 — Abrir un CD en MUSICMATCH

Para realizar los siguientes pasos, utilizaremos MUSICMATCH Jukebox, una popular aplicación destinada a reproducir archivos de audio y CDs musicales, con la que también se pueden convertir pistas de CDs de audio en archivos MP3.

Presione el botón **Abrir** de la ventana de lista de reproducciones, para agregar pistas.

a Ingrese en la lectora el primer CD que desea copiar. Luego, abra el programa a través de la opción **MUSICMATCH Jukebox** del menú Start/All Programs/MUSICMATCH.

En el cuadro que se abre, haga clic en la opción Reproductor de CD del panel de la izquierda y luego marque la unidad en la que ingresó el CD. Presione **Reproducir**.

Las pistas del CD se incorporarán a la lista de reproducciones y MUSICMATCH ejecutará el CD. Para detener la reproducción, presione el botón **Parar**.

4 — Configurar las opciones de grabación

Antes de comenzar el proceso de grabación de las pistas del CD como archivos MP3, es necesario configurar las opciones de grabación de MUSICMATCH. De esta forma, podrá establecer la calidad de los archivos que se van a crear, y la carpeta en la que se almacenarán.

a Vaya al menú **Opciones/Grabadora**, y elija **Configuración**….

c Luego, debe indicar la carpeta en la que se realizará la grabación. Para esto, presione **Directorio de pistas**….

Lo primero que debe definir en la ventana de configuración es la calidad con la que se realizará la grabación. Seleccione la opción **MP3 (96 kbps)**, ya que en este formato, el archivo mantiene la fidelidad con respecto al CD y se comprime notablemente, de modo que llega a ocupar, aproximadamente, un 10% del tamaño inicial.

d Seleccione la carpeta que creó en el paso 2, correspondiente al álbum que copiará. Desmarque las dos opciones de **Crear subruta usando**, para evitar que se generen nuevas subcarpetas. Luego, en **Dar nombre a archivo con:**, marque solamente la opción **Número de pista**. De esta forma, los archivos MP3 que se generarán tendrán como nombre su número de pista.

e Una vez que presione Aceptar en las dos ventanas abiertas, habrá concluido la configuración.

Convertir los archivos en MP3

Luego de haber configurado la grabación, sólo resta grabar las pistas del CD de audio en el disco duro y con formato MP3. Este proceso llevará entre 10 y 15 minutos, según la velocidad de la PC.

Se abrirá el panel Grabación, en el que se listan las pistas del CD. Asegúrese de que todas las casillas se encuentren marcadas, para copiar el CD completo. Si quiere seleccionar todas, presione el botón **TODO**.

Presione el botón **Grabar** de los controles de reproducción.

Para comenzar la grabación debe pulsar el botón **GRAB**. Al finalizar el proceso, MUSICMATCH expulsa automáticamente el CD.

Crear una lista de reproducción

Cuando termine el proceso de conversión de los temas y copie todos los archivos a un CD, tendrá aproximadamente 150 archivos MP3. Para ahorrar tiempo a la hora de reproducirlos, es posible crear listas de reproducción que incluyan todas las canciones de cada disco. Por lo tanto, haciendo doble clic, por ejemplo, sobre el icono de la lista Santana, se abrirá el programa y se reproducirán todos los archivos de ese disco. La creación de una lista de reproducción consta de los siguientes pasos:

a Lo primero que debe hacer es abrir los archivos que quiere incluir en la lista de reproducción. Vaya a **Archivo/Abrir…** o presione la combinación de teclas <Control> + <O>.

Presione el botón **Parar**. Luego haga clic en el botón **GUARD** del panel Lista de reproducción.

En el panel de la izquierda, pulse la opción **Pistas de biblioteca**. A la derecha, haga doble clic en la carpeta Todas las pistas, y luego seleccione todos los temas. Presione **Reproducir**.

Ingrese el nombre del autor y el título del álbum, y presione luego el botón Guardar. De esta forma, habrá creado una lista de reproducción. Más adelante, copiaremos todas las listas de reproducción a la carpeta Clásicos del Rock.

Preparar el contenido del CD

Después de realizar los mismos pasos con cada uno de los diez CDs de audio, deberá preparar el contenido, que luego grabará en un CD-R. La tarea que debe realizar es mover las listas de reproducción desde la carpeta en la que se encuentran hasta la carpeta principal de lo que será el CD.

 Abra My Computer e ingrese en la carpeta
C:/Programs files/Musicmatch/Musicmatch Jukebox/Playlist/Default.

Seleccione las diez listas de reproducción correspondientes a los CDs que se han convertido en MP3. A continuación, haga clic derecho y, del menú que se abre, seleccione la opción **Cut**.

Diríjase a la carpeta en la que se encuentran las subcarpetas con los archivos MP3. En el caso del ejemplo, My Documents/Clásicos del Rock. Haga clic derecho sobre el fondo de la carpeta y seleccione la opción **Paste** del menú que se despliega. De esta forma, se pegarán los archivos previamente cortados y el material quedará listo para ser copiado en el CD-R.

Abrir Nero

Para grabar los archivos MP3 en un CD, utilizaremos Nero Burning Rom, una de las aplicaciones más utilizadas a la hora de grabar contenidos en CDs.

Abra el programa con un clic en la opción **Nero-Burning Rom** del menú **Inicio/Todos los programas/Ahead Nero**.

Al ejecutar el programa, se abrirá el Wizard que, mediante una serie de opciones sencillas, lo ayudará a definir el tipo de CD que quiere crear:

En el primer paso del Asistente, debe indicar si creará un CD nuevo o si copiará uno ya existente. Seleccione la primera opción y presione Siguiente.

Luego, deberá seleccionar el tipo de CD que creará. Marque la opción **CD de datos** y presione Siguiente.

 Por último, el Asistente le preguntará si desea compilar un nuevo CD de datos o continuar un CD multisesión. Seleccione la primera opción y proceda con el próximo paso.

 El cuarto paso es sólo ilustrativo. Lea la información que se le brinda y presione el botón **Finalizar**.

Preparar el CD

Una vez que finalicen los pasos del Asistente, podrá visualizar en la pantalla de Nero dos ventanas de explorador: a la izquierda, **IS01**, la imagen del CD a grabar, en la que se deben copiar los archivos tal como desee que queden; sobre la derecha, un explorador de archivos muestra, por una parte, las unidades de disco, y por otra, el contenido de la carpeta seleccionada.

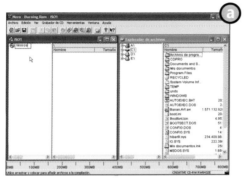

Antes de mover el contenido, debe asignarle un nombre al CD. Haga clic en el icono de CD que aparece en el panel izquierdo e ingrese el nuevo nombre; por ejemplo, Clásicos.

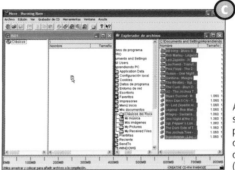

Arrastre los elementos seleccionados hacia el panel de la izquierda, como si realizara una copia entre carpetas (ver **p. 103**).

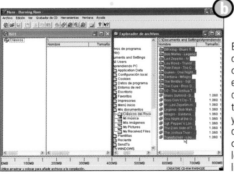

En el explorador de la derecha, busque la carpeta en la que se encuentran los archivos de música, y seleccione todas las carpetas y archivos que tiene que copiar al CD: en este caso, las diez carpetas y los diez archivos con las listas de reproducción.

Luego de mover todos los archivos que se copiarán en el CD, en la imagen se visualizan las carpetas y los archivos que lo compondrán. En el sector inferior de la pantalla, una línea azul señala la capacidad que tendrá el nuevo disco. En caso de que se exceda el tamaño estándar de los CDs, el sobrante se mostrará en rojo.

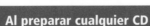

Trucos y Consejos

Al preparar cualquier CD

Cuando prepare archivos para generar CDs de cualquier tipo, es importante que tenga en cuenta algunos consejos:

• Genere una estructura de carpetas y archivos en la que resulte sencillo ubicar los distintos documentos. Tenga en cuenta que, tal como aparece en la ventana de la izquierda (la imagen del CD), la verá luego al visualizar el contenido del CD grabado.

• Si no piensa grabar nada más en ese disco en otro momento (o si el contenido ocupa casi todo el CD), es conveniente dejar el disco cerrado al generarlo. Así, no podrá volver a grabar en ese CD.

10 Grabar el CD

Luego de que termine de definir los archivos que compondrán el CD, sólo resta grabar los datos en él. Al proceso de grabación también se lo conoce como **quemado**, ya que ésta es la manera en que trabaja el haz de luz para grabar los datos sobre un CD-R.

Para comenzar la ejecución del Asistente de grabación, presione el botón **Grabar CD** de la barra de Herramientas.

En la pantalla del Asistente, deberá seleccionar los parámetros de la grabación. Marque la opción **Grabar**, que permite grabar directamente (sin hacer una prueba previa), y seleccione, de la lista **Velocidad de grabación**, la opción más alta que le permita su quemadora. Para comenzar a copiar los datos, presione **Grabar**.

Nero abrirá automáticamente la quemadora de CDs. Inserte un CD-R o CD-RW (ver **p. 43**) y presione Aceptar. Comenzará la grabación y, al finalizar, Nero le avisará mediante un cartel que la operación se ha realizado exitosamente, y expulsará el CD.

11 Utilizar el CD creado

Ya tiene en sus manos una colección de música en un CD, lista para escuchar. Hay dos formas de reproducir las canciones incluidas en el CD. Una es abrir los archivos correspondientes a las listas de reproducción en MUSICMATCH, y la otra, directamente abrir alguno de los archivos MP3.

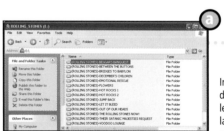

Inserte el CD, vaya a My Computer y haga doble clic en el icono correspondiente a la lectora. En la ventana, puede observar las carpetas y los archivos de la lista de reproducción. Haga doble clic sobre uno de ellos. MUSICMATCH se abrirá y comenzará a reproducir los archivos que estén incluidos en esa lista.

Otra forma de abrir cualquier archivo (así esté en la lista de reproducción o sea un archivo de audio) consiste en abrir MUSICMATCH y seleccionar **Abrir...** del menú Archivo. En el cuadro de diálogo que se abre, indique la carpeta, seleccione el archivo y presione **Reproducir**.

Una presentación de negocios

Como se explica en **p. 207**, PowerPoint es una excelente herramienta para realizar presentaciones de cualquier tema y en cualquier ámbito: laboral, escolar e, incluso, entre familiares y amigos. Por su facilidad de uso, se convirtió rápidamente en el estándar para estas tareas.

En este proyecto, verá todos los pasos necesarios para realizar una presentación completa, desde el inicio hasta su proyección. Notará que este programa es muy sencillo de usar y que, en unos pocos pasos, obtendrá una presentación con características sorprendentes.

En este proyecto... (40')

> **Aprenderá:**

A generar nuevas diapositivas y modificar el diseño.

La forma de incorporar texto, imágenes y organigramas.

A proyectar e imprimir la presentación.

Generar la presentación

(1)

En este caso, trabajaremos a partir de una presentación en blanco, con el fin de conocer cómo realizar todos los componentes. Pero tenga en cuenta que podrá utilizar el Wizard para autocontenido (ver **p. 210**) o recurrir a una plantilla (seleccionándola del panel de tareas New presentation).

Guardar

Recuerde ir guardando su trabajo a medida que avanza. La primera vez que lo haga (a través de la opción **Save As...** del menú File), deberá indicar en qué carpeta y bajo qué nombre almacenarlo. Luego, cada cierto tiempo, presione **Save** del mismo menú para ir archivando todos los cambios que realice.

En primer lugar, abra PowerPoint y cree una nueva presentación en blanco, en caso de que no se haya generado.

Se abrirá una presentación con una diapositiva, del tipo título. En el siguiente paso, verá cómo modificar el estilo de la diapositiva.

② Modificar el estilo de las diapositivas

Antes de continuar trabajando con el contenido y con las demás diapositivas, podrá indicar qué estilo usar. Esta acción modificará el fondo y la forma de todos los elementos que se incluyan en cada diapositiva.

 Seleccione **Slide Design…** del menú Format.

Se abrirá el panel de tareas Slide Design, que posee un muestrario de todas las plantillas de diseño disponibles para aplicar.

Desplácese por el cuadro hasta encontrar el estilo que más le guste. Si hace clic sobre él, se aplicará. De esta manera, toda la presentación tendrá un fondo, fuentes, colores y elementos iguales.

 De la misma forma, podrá cambiar el estilo de las diapositivas en cualquier momento del trabajo.

③ Escribir el texto

Ingresar texto en las diapositivas es muy sencillo. En este caso, por ejemplo, sólo deberá hacer clic en los sectores establecidos para el título y subtítulo, y comenzar a escribir.

Haga clic en la caja de texto e ingrese el tema de su presentación. Este texto se mostrará con la fuente, el tamaño, el color y todos los atributos correspondientes al estilo de diapositiva elegido en el paso anterior.

 Si lo desea, ingrese también un subtítulo. En caso de que no lo haga, en la proyección no se verá la caja de texto que haya quedado vacía.

④ Agregar diapositivas

Cuando finalice con la primera diapositiva, deberá incorporar las demás. Seleccione **New Slide …** del menú Insert. Aparecerá una nueva diapositiva y se visualizará el panel de tareas Slide Layout, desde donde podrá indicar qué tipos de elementos quiere incluir y su organización. Puede elegir cualquiera de los diseños de las distintas categorías.

Para la segunda diapositiva, que en este caso se utilizará para indicar los objetivos de la presentación, se utilizará un diseño de título y texto.

 Ingrese el texto correspondiente a esta diapositiva.

El formato del texto

Cuando se utilizan plantillas de estilos de las diapositivas, el texto que se incluye en ellas adopta un formato acorde con el fondo y con todos los elementos. Sin embargo, es posible modificar la tipografía, el tamaño, el color, etc., tal como sucede en los demás programas.

a Seleccione el texto que desea modificar.

b Utilice las opciones de la barra de herramientas Format (**p. 208**), para cambiar la tipografía, el tamaño, la alineación, el color, etc.

Text Boxes (Cuadros de texto)

Como habrá notado, todo lo que escriba en PowerPoint se coloca dentro de los llamados **Text Boxes**. Esta forma de trabajo tiene varias ventajas: la principal es que cada cuadro se maneja como un objeto independiente (con los cual es posible moverlo y modificarlo de un modo sencillo), a la vez que, en su interior, el texto puede modificarse y tratarse de la forma habitual.

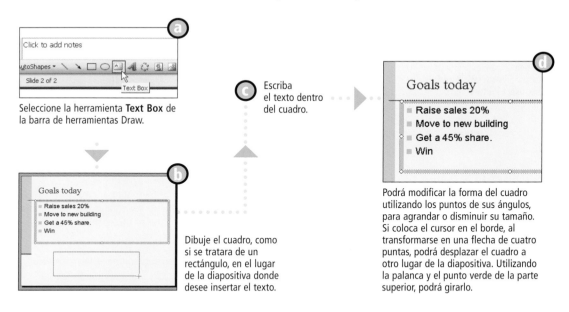

Seleccione la herramienta **Text Box** de la barra de herramientas Draw.

c Escriba el texto dentro del cuadro.

Dibuje el cuadro, como si se tratara de un rectángulo, en el lugar de la diapositiva donde desee insertar el texto.

Podrá modificar la forma del cuadro utilizando los puntos de sus ángulos, para agrandar o disminuir su tamaño. Si coloca el cursor en el borde, al transformarse en una flecha de cuatro puntas, podrá desplazar el cuadro a otro lugar de la diapositiva. Utilizando la palanca y el punto verde de la parte superior, podrá girarlo.

Las opciones de dibujo

En la barra de herramientas Draw, encontrará muchas otras opciones gráficas para insertar en sus diapositivas: líneas, flechas, rectángulos, elipses, estrellas, llamadas, botones, etc. Además, desde allí, también podrá modificar el grosor de las líneas y el color de estos elementos, así como agregar efectos 3D.

7 Agregar una imagen

Ya vimos cómo insertar diapositivas y cómo cambiar su diseño para que contengan varios elementos.

En este paso, realizaremos la tercera diapositiva, que incluirá un título y una fotografía; puede

utilizar este formato o, del mismo modo, elegir cualquier otra organización con imágenes.

Seleccione **New Slide...** del menú Insert. Del panel de tareas Slide Layout, haga clic en el modelo **Title and Content** (dentro de Content Layouts).

Escriba el título en el primer cuadro de texto. En el sector inferior, podrá insertar cualquier elemento gráfico por medio de un clic en los diferentes iconos. Para agregar una fotografía, presione **Insert Picture**.

En el cuadro de diálogo que se abre, seleccione el archivo que desea insertar.

Con la imagen ya colocada en la diapositiva, podrá modificarla, tal como lo hizo con los cuadros de texto y utilizando la barra de herramientas Picture, que se visualizará al seleccionar cualquier fotografía. Su uso es igual que en Word (**p. 168**).

8 Insertar diagramas

Otro elemento muy útil, sobre todo en las presentaciones de negocios, son los diagramas. Éstos se

utilizan para mostrar gráficamente, de un modo muy claro, distintos procesos u organizaciones.

Genere una nueva diapositiva; puede ser similar a la anterior, o contener título, texto y objetos.

Haga clic sobre el icono **Insert Diagram or Organization Chart**.

En el cuadro de diálogo que se abre, seleccione el tipo de diagrama que quiere incluir. En este caso, utilizaremos un organigrama, para representar la estructura jerárquica de una empresa. Presione **OK**.

Complete los casilleros con la información correspondiente. Con la barra de herramientas Organization Chart, podrá insertar nuevos eslabones y modificar el diseño.

Proyectar la presentación

9

Una vez que haya realizado todas las diapositivas, aplicado los efectos y revisado que todo se encuentre correctamente dispuesto, ya podrá presentar su trabajo frente a otras personas.

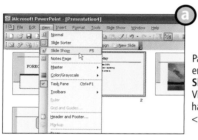

Para comenzar, entonces, elija la vista **Slide Show** del menú View. También puede hacerlo presionando <F5>.

 Así verá la primera diapositiva, ocupando toda la pantalla de su PC (o de la proyección, en caso de tener un proyector conectado). Cuando desee pasar a la siguiente diapositiva, simplemente haga clic con el mouse en cualquier lugar de la pantalla. De esta forma, aparecerá la próxima, con los efectos de transición aplicados.

Si hace clic derecho, se desplegará un menú con algunas opciones de avance: Next, Previous o Go to Slide, que le permitirá seleccionar una diapositiva por su título.

Luego de la última diapositiva, verá la pantalla negra. Haga clic para volver a PowerPoint.

Imprimir

10

PowerPoint también permite imprimir las diapositivas creadas, utilizando papel común o transparencias. Además, brinda la posibilidad de generar diversos tipos de impresiones: una diapositiva por página, varias, en forma de esquema o incluyendo las notas.

 Seleccione **Print Preview…** del menú File.

 Así, verá las hojas tal como se imprimirán. Despliegue las opciones de **Print:** para seleccionar cómo desea imprimir los elementos.

Luego, presione el botón **Print….** En el cuadro de diálogo que se abre, podrá elegir el número de copias y las opciones habituales de impresión de cualquier programa. También podrá modificar los elementos a imprimir y la cantidad de diapositivas por página. Presione OK y aguarde a que la impresora realice su trabajo.

La presentación y su contenido

El manejo de todas las herramientas de PowerPoint (vistas en este proyecto y en **p. 207**) le servirá para realizar presentaciones impactantes de calidad profesional. Sin embargo, como sucede con todos los programas, este conocimiento por sí solo no garantiza nada: es tan importante conocer las herramientas como planear y desarrollar el contenido. En definitiva, el mensaje dependerá tanto del contenido como de la manera de presentarlo. Para lograr un buen resultado, tenga en cuenta algunos consejos:

• Una buena idea es, una vez planteado el tema de la conferencia, establecer cuál será su duración y (sobre todo tomando este último dato) pensar cuántas diapositivas será necesario mostrar.

• En general, las diapositivas contienen un resumen con los puntos más importantes de lo que se está diciendo; no tienen que ser una reproducción de su discurso. Se utilizan para que los espectadores puedan tomar nota o seguir fácilmente el relato de la conferencia.

• Si bien es importante realizar diapositivas llamativas, no las sobrecargue de elementos, ya que distraerán la atención de los espectadores y los cansará rápidamente.